100가지 필수 용법으로 완성하는
실용영문법 테마 100

100 Essentials of Practical English Grammar
-Toward its Complete Mastery

100가지 필수 용법으로 완성하는
실용영문법 테마100 Vol. 1

2008년 6월 23일 초판 1쇄 발행
2010년 3월 20일 초판 2쇄 발행

저자 조용남
펴낸이 정정례
펴낸곳 삼영서관
디자인 디자인클립

주소 서울 동대문구 답십리3동 469-9 1F
전화 02)2242-3668 팩스 02)2242-3669
홈페이지 www.sysk.kr
이메일 sysk@paran.com
등록일 1978년 9월 18일
등록번호 제1-261호

책값 15,000원
ISBN 978-89-7318-312-8 13740

※ 파본은 교환하여 드립니다.

100가지 필수 용법으로 완성하는
실용영문법 테마 100

100 Essentials of Practical English Grammar
-Toward its Complete Mastery

조용남 저

Samyoung Publishing House

머리말

이 책은 필자가 수년 전에 출판한 「실용영문법 100문 100답」의 개정 보완판이다. 다만 기존의 문답 형식을 취하지 않고 직접 문법 항목들을 다루었다. 우리가 영어를 옳게 말하고, 읽고, 쓰려면 반드시 알고 이용해야만 하는, 그러나 우리 대부분이 잘 모르거나 잘못 알고 있는 그러한 실용영문법의 필수 주제 100가지에 대한 상세하고 심층적인 설명과 풍부한 용례들을 제공한다. 다시 말하면 이 책은 그것들을 이용하지 않고는 영어를 할 수 없는 영문법의 필수적 원리들, 규칙들, 구조들의 용법을 실용적으로 다루고 있다.

이 책은 '문법을 위한 문법'이 아니라 '실용을 위한 문법'이다

다루어진 주제들은 영어를 모국어로 쓰는 사람들의 많고 다양한 일상적인 영어사용의 현장에서 수집된 영문법의 용법들을 망라한 것이다. 이들 영문법 주제들은 어린이들의 동화책에서부터 각종 회화 교재들, 영화와 드라마 대본, 신문, 시사 잡지, 수필, 소설 그리고 학술 서적과 논문에 이르기까지 실로 다양하고 방대한 현대 영어사용 전 분야에서 수집되었다.

필자는 오랜 기간에 걸쳐 중고등학교, 대학 등의 정규 교육기관에서뿐만 아니라 학원, 기업체, 정부기관 등에서 많은 다양한 수준의 학생들에게 언어의 세 가지 기능, 즉 독해, 작문, 회화를 모두 가르쳤다. 이 중 특히 작문은 필자에게 학생들의 영어능력의 실상을 나타내는 자료들을 제공해 주었다.

어디에서나 수강자들의 최대 약점은 문법이었다. 영어로 생각과 느낌을 자유롭게 표현하기에는 우선 그들의 실용 문법지식의 레퍼토리가 너무 작았고 부정확한 것이 많았다. 따라서 표현하는 데 제약을 갖게 되어 생산된 문장들은 많은 경우 구조가 너무 단순하고 너무 초보적인 데다 그 의미마저 불분명했다. 동료 영어 모국어 화자들이 교정한 한국 사람들의 영작을 보아도 거의 언제나 교정된 것들의 대부분은 문법에 관한 것이었다. 그리고 비영어적 표현과 잘못된 어휘 선택이 나머지 작은 부분을 차지했다. 이런 현상은 우리의 최대 약점이 실용적인 문법지식과 그 응용능력의 부족임을 현실적으로 입증하는 것이다.

그럼에도 불구하고 '그동안 우리는 너무 문법에만 의존하며 벙어리 영어만 배웠다.'라는 자조적인 개탄을 주변에서 흔히 들으며 또 공감하고 있다. 이 개탄은 또 다른 중요한 현실을 반영한다. 전통적으로 학교문법은 많은 경우 가령, 품사나 문장의 정의와 분류, 문법 항목들의 이론적 분석과 용법의 기계적 나열 등 문법 항목들에 대한 학문이론을 세우는 것을 목적으로 하며 학습자는 그런 분류와 이론들을

Grammar

암기하는 데 공부의 초점을 맞추었다. 이런 문법은 언어를 실용적으로 쓰기 위해 배우는 사람들을 위한 것이 아니고 해당 언어를 이미 다 배워 아는 학자들이 종사하는 학문이며 따라서 '문법을 위한 문법'이라고 할 수 있다. 우리는 영어를 배운다면서 이러한 학문적 연구를 흉내 낸 문법을 공부해 온 것이다. 이런 문법은 영어를 사용하기 위해 배우는 우리에게는 전혀 쓸모가 없다. 학문적 문법을 통해 자기 모국어를 습득한 사람은 세상 어디에도 없기 때문이다.

모든 어린이는 두 살만 넘으면 말을 배우기 시작한다. 먼저 주변에서 들리는 말소리 중에서 자신과 제일 밀접한 관계가 있는 단어들로부터 시작하여 어휘 습득 범위를 점점 빠르게 넓혀가면서 이렇게 습득한 단어들을 연결하는 법을 배워 결국 문장을 만드는 것이다. 어휘는 그 자체만으로는 언어 구실을 못한다. 이것은 우리가 가령 영어사전을 송두리째 외웠다고 해도 그것만으로는 영어 문장을 만들 수 없는 경우와 같다. 어휘는 언어 그 자체가 아니라 언어의 도구이기 때문이다. 어휘를 연결하여 문장을 만드는 법이 곧 문법이고 언어이다. 세상 모든 어린이는 이렇게 자신의 모국어를 배워 열 두세 살이면 문법을 거의 완성한다. 우리도 영어를 배우는 목적이 영어를 말하고, 읽고, 쓰기 위한 실용 목적이므로 우리가 배워야 하는 문법도 어린이가 영어를 모국어로서 완성하는 과정에서 습득하는 바로 이 실용문법이라야 한다.

다루는 주제들에 대해서는 철저하고 심층적인 설명을 붙였다. 여기서 '심층적'이라 함은 영어의 모국어 화자들이 그들의 문법 항목들에 대해서 내적으로, 즉 무의식적으로 갖고 있을 것으로 여겨지는 언어적 관점의 인식에 근거함을 의미한다. 이것은 우리도 결국 심층적으로 그들과 동일한 문법적 인식과 관점에서 영어를 이해하자는 것이다. 비교적 단순한 항목들, 가령 some과 any, this와 that, come과 go 등의 상호 용법 차이로부터 시제의 분류, 가정법 동사의 의미, 전치사 용법, 관사의 기능, 표현의 스타일 등 우리 한국 사람들에게는 대단히 혼란스러운 항목들에 이르기까지 영어 문법의 많은 부분이 우리와 그들 사이에 사물과 개념의 인식과 분류에 있어 상당한 차이가 있음을 보여주기 때문이다. 그러나 설명이 아무리 심층적이고 철저하다 할지라도 설명만으로는 부족하다. 읽거나 듣는 순간에는 이해하지만 돌아서면 잊어버리기가 십상이다.

언어습득에 있어서는 어린이가 어른의 선생이다

여기서 우리는 어린이들이 모국어를 배우는 환경에 유의할 필요가 있다. 어린이는 주변에서 자신들에게 쏟아지는 말들 속에 묻혀 산다. 어린이의 모국어 습득에는 설명하는 '교사'가 따로 없다. 모든 것

머리말

을 어린이 스스로가 한다. 이것을 가능하게 하는 것은 언어 사용에의 전면적인 노출이다. 주변에서 끊임없이 들려오는 문장들은 그들이 짐작으로 알아차린 단어와 문법의 예문들인 것이다. 다시 말하면 어린이는 주변의 언어 환경, 즉 예문들에 노출되어 자신의 언어 지식을 확인하고 문장들을 생산하고 기대한 반응을 얻음으로써 자신들의 지식을 재확인, 재삼 확인하며 또 확장한다. 이처럼 모국어에의 완전 몰입 환경이 그들에게는 선생이요 설명이요 연습인 것이다.

언어는 인간의 무의식에 내재하는 정신 구조이다. 우리가 나타내고자 하는 의미는 우리의 의식 속에서 결정되지만 그것을 전달하는 문장 구조는 무의식적으로 결정된다. 언어 행위를 할 때 우리의 의식은 무엇을 말할 것인가를 생각하는 데 온통 바쳐지며 그것을 어떻게 문장화할 것인가는 의식할 여지가 없는 것이다. 만일 문장의 문법마저 일일이 의식하며 결정해야 한다면 현실적인 언어 소통은 불가능할 것이다. 이 때문에 인간은 언어 지식을 무의식화, 기계화, 자동화해야 하는 것이다. 어린이가 언어를 배우면서 주변의 언어 환경에 완전 몰입하는 것도 그것이 자신이 배우고 있는 언어지식이 무의식적으로 작동하도록 기계화, 자동화 하는 것이다. 유아들이 뒤집고, 앉고, 두 발만으로 일어서고, 걷고, 뛰는 것은 하느님이 인간 어린이들에게만 내린 생물학적 프로그램이다. 단순히 언어에 노출만 되어도 어휘와 문법을 정확하게 짐작하여 배우는 능력 역시 하느님이 인간 어린이들에게만 내린 지적 프로그램이다. 그러나 이 언어적 초능력은 사춘기가 지나면 사라져 버린다.

성인으로서 외국어를 공부하는 우리들에게는 불행히도 어린이의 모국어 습득 환경이 제공되지 않는다. 또 설사 그것이 제공되더라도 어린이처럼 그런 무질서하고 혼란스러운 언어 환경으로부터 어휘와 문법의 정확한 의미를 짐작해낼 수는 없다. 그러나 다행인 것은 이 단점은 어린이는 가질 수 없는 성인의 장점으로 상당 부분 보상받을 수 있다는 사실이다. 책이 있고 교사가 있으며 문법 항목 하나하나에 대한 설명을 통한 이해가 가능한 지적 장점이 있다. 그러나 이것만으로는 충분하지 않다. 원리의 이해가 실용성을 가지려면 그것이 작동되는 실례들에 수없이 노출되어 확인되고 강화됨으로써 그것이 영구적인 우리의 지식으로 자동화, 기계화되어 남아 있어야 한다. 이것이 영문법을 배우는 일이 지적 이해로만 끝나서는 안 되는 이유이다. 이것을 해결하기 위한 수단으로 필자는 문법 항목들의 설명과 더불어 다른 어느 책에서도 볼 수 없는 풍부한 예문들을 제시했다. 예로부터 'Example is better than precept.(실례를 보이는 것이 가르치는 것보다 낫다.)' 라고 했다. 예문들은 1, 2권을 합쳐 약 6천 개 정도가 될 것이다. 이들 중 상당수는 그 예문들을 제시하는 과정에서 각기 그 예문의 특성에 맞는 설명을 다시 부연했다.

그러나 언어 습득의 완전한 성공 사례인 어린이는 언어지식을 형성하는 수동적 과정으로 배움을 끝마치지 않는다. 그들은 일단 이해한 지식을 계속 수없이 반복하는 능동적 과정을 밟는다. 모국어를 습득하는 어린이는 전원 성공하는데 외국어를 배우는 성인은 대부분 실패하는 이유가 여기에 있다. 이것은 물론 어린이와는 달리 성인의 경우에는 자신이 습득한 외국어 지식을 이용할 수 있는 환경이 주어지기 어렵기 때문이다.

이 책을 이렇게 이용해 보자

일단 14~5세를 넘으면 영어권 국가에서 영어를 배워도 생각만큼 효과적이진 않다. 그러므로 성인으로서 영어를 배우는 우리는 차선의 방법을 찾아야 한다. 필자는 이 차선의 방법으로 독자들이 이 책에 나오는 그 많은 예문들을 원리를 이해하는 수동적 목적으로만 이용하지 말고 습득한 지식을 적용하여 영어 문장들을 생산하는 적극적인 목적으로도 이용할 것을 권한다. 가령 일단 읽어서 이해한 다음 예문들이 동반하는 우리말 번역문들 전부를 따로 옮겨놓고 우리가 얻은 지식이 희미해지기 전에 그 우리말 문장들을 반복적으로 다시 영어문장으로, 즉 원래의 예문으로 되옮기고 원래의 영어 예문과 대조해 봄으로써 이해한 지식의 능동적 활용 능력을 얻는다면 아주 효과적인 영어 습득 방법이 될 것이다. 이것은 어린이의 모국어 습득을 모방한, 말하자면 성인판 외국어 학습이라고 할 수 있을 것이다. 이 과정에서 독자가 만든 문장들이 원 예문들과 반드시 완전히 일치할 필요는 없다. 주된 원리의 적용이 맞으면 물론 좋지만 원리 적용이 맞지 않아도 자신의 실수나 착오를 스스로 발견하는 기회를 얻게 되는 것이기 때문이다. 이것은 배움의 필수 과정으로서 사실은 우리 영어능력의 향상 과정에서 겪는 '성장통'이다.

이렇게 영어를 배운 독자는 어느 날 영어 모국어 화자와 실제로 대화를 할 때 자신의 영어 능력에 스스로도 놀라게 될 것이다. 그러나 사실은 자신보다도 상대 화자가 더 놀랄 것이다. 그는 아마 영어를 단순히 유창하게 하는 한국인은 많이 보았겠지만 영어를 유창하면서도 정확하게, 그리고 거의 모국어 화자 수준의 실용 영문법을 구사하는 그런 한국인은 한국에서든 자기 모국에서든 별로 보지 못했을 것이기 때문이다.

목차

Vol.1

001 장소의 전치사 (1) – at _ 14

002 장소의 전치사 (2) – in _ 22

003 장소의 전치사 (3) – on _ 28

004 some과 any의 용법 _ 38

005 [have+목적어+(원형동사/~ing동사/과거분사)]의 구조에 대하여 _ 46

006 with tears in her eyes와 같은 [with+단축절]의 의미와 용법 _ 54

007 If(조건)절에 대하여 (1) _ 62

008 If(조건)절에 대하여 (2) _ 72

009 언어행위 동사 speak, talk, say, tell의 의미 및 용법의 차이 _ 82

010 be 수동(be+pp)에 대한 모든 것 _ 94

011 목적어로 to-infinitive를 취하는 동사들과 ~ing 형태를 취하는 동사들 _ 110

012 관계대명사의 용법 (1) _ 118

013 관계대명사의 용법 (2) _ 132

014 when, where, why, how, that 등 '시간,' '장소,' '이유,' '방법'의 관계사절에 대하여 _ 144

015 no부정과 not부정의 의미 차이에 대하여 (1) _ 154

016 no부정과 not부정의 의미 차이에 대하여 (2) _ 162

017 hit him on the head, kick him in the stomach, 등의 표현 형태에 대하여 _ 168

Grammar

- **018** — 정적 의미의 동사와 진행형 _ 176
- **019** — can과 could의 의미와 용법 _ 180
- **020** — 도치에 대하여 (1) – 주어와 본동사의 도치 _ 188
- **021** — 도치에 대하여 (2) – 주어와 조동사의 도치 _ 194
- **022** — 현재완료의 모든 것 (1) – 단순 완료형 _ 198
- **023** — 현재완료의 모든 것 (2) – 단순 완료형 _ 202
- **024** — 현재완료의 모든 것 (3) – 단순 완료형 _ 212
- **025** — 현재완료의 모든 것 (4) – 진행 완료형 _ 218
- **026** — [go+~ing]와 [no+~ing]의 의미 _ 226
- **027** — need와 dare의 용법 _ 230
- **028** — [be+going to+동사] 형태와 [be+~ing] 형태의 의미와 용법 _ 236
- **029** — '~으로 임명하다,' '~이라고 부르다,' 등의 '으로,' '이라고'를 나타내는 방법 _ 244
- **030** — 간접 목적어를 나타내는 전치사 to, for, with, of, on 등에 대하여 _ 248
- **031** — '이유' 접속사 because, since, as, for, now that의 의미와 용법 _ 254
- **032** — [진행형 주절+when절]의 의미와 용법 _ 258
- **033** — 문장 중간위치 부사의 의미에 대하여 _ 262
- **034** — 표현의 비문법성과 부자연성에 대하여 _ 268

목차

Vol.1

- 035 — may와 might의 용법 _ 278
- 036 — 분사구문에 대하여 _ 284
- 037 — politeness의 표현 방법 _ 296
- 038 — Excuse me와 I'm sorry의 용법 차이 _ 316
- 039 — '돕다' 의미의 help의 용법 _ 320
- 040 — 표현의 격식성과 비격식성에 대하여 (1) _ 326
- 041 — 표현의 격식성과 비격식성에 대하여 (2) _ 334
- 042 — 과거 습관을 나타내는 used to와 would의 용법 차이 _ 340
- 043 — 강조의 do와 exactly의 용법 _ 346
- 044 — 상태 변화를 나타내는 동사들 get, become, grow, come, go, turn의 의미와 용법 _ 352
- 045 — 동명사의 주어 표시 방법 _ 360
- 046 — worth의 용법 _ 364
- 047 — [no use/no good/no sense/no point +~ing] 형태에 대하여 _ 368
- 048 — '제외' 의 의미 except, except for, but의 용법 _ 370
- 049 — '택일' 의 접속사 if와 whether의 용법 차이 _ 376
- 050 — 관계대명사로서의 as, than, but의 용법 _ 380

Grammar

어구나 문장을 선행하여 붙은 기호들의 의미

* 그 뒤에 오는 문장 또는 어구는 문법적으로 잘못되었거나, 문법적으로는 하자가 없으나 영어에서는 쓰이지 않는 문장 또는 어구임을 나타냄.

   * She'll be angry unless she's invited.

→ 다음과 같이 바꾸라는 기호

   * She'll be angry unless she's invited.
   → She'll be angry if she's not invited.

? 그 뒤에 오는 문장 또는 어구는 영어 모국어 화자들에게 자연스럽게 들리지 않는 문장 또는 어구임을 나타냄.

   ? Excuse me a little.
   → Excuse me.
      Excuse me a moment/a second.

/ or 또는 and를 대신하는 기호

   It's time/about time/high time that we came to the aid of our country.
   (= It's time that we ... 또는 It's about time that we ... 또는 It's high time that we ...)

... 문장의 한 부분이 생략되었을 경우

   You'd be better to go abroad...

~ 우리말의 "무엇의"의 의미일 경우

목차

Vol.2

051 —— two-word verbs(구동사)에 대하여 (1)

052 —— two-word verbs(구동사)에 대하여 (2)

053 —— [in case+절]의 의미

054 —— urge, demand, prefer, insist 등 권고적/명령적 의미를 갖는 동사 다음에 오는 that절의 동사에 대하여

055 —— [come/go 등+and+동사]와 [come/go 등+동사]의 표현 형태에 대하여

056 —— 본동사 have의 의미와 용법

057 —— had better와 may as well에 대하여

058 —— 우리말과 의미가 다른 this와 that의 용법

059 —— 직접화법에 대하여

060 —— 간접화법에 대하여

061 —— 구어체 영어(colloquial expressions)에 대하여

062 —— over와 above – 그 의미와 용법의 차이

063 —— under와 below – 그 의미와 용법

064 —— '감정' 형용사와 함께 쓰이는 should

065 —— 영어의 come/go와 우리말의 '오다' / '가다' 의 의미 비교

066 —— 배수와 분수의 표현 방법

067 —— '하물며' 의 의미 much more, much less, still more, still less, let alone 등의 용법

068 —— [by/through/in+~ing]의 형태에서 이들 전치사의 의미 차이

069 —— 전치사가 절을 목적어로 할 수 있는 경우

070 —— get 수동(get+pp)의 의미와 용법 (1)

071 —— get 수동(get+pp)의 의미와 용법 (2)

072 —— 명사(구)의 반복을 피하기 위하여 쓰이는 대명사 one의 용법

073 —— '교통수단' 의 전치사 by, on, in 등의 용법

074 —— 감각동사의 목적보어로 원형동사가 오는 경우와 ~ing동사가 오는 경우의 의미 차이

075 —— as/so far as, as/so long as 그리고 [as+명사+go]형태의 의미와 용법

Grammar

- 076 — '기간'을 의미하는 for와 in의 용법 차이
- 077 — 두 가지 부정 응답 형태 I don't think so 부류와 I think not 부류에 대하여
- 078 — wh-word와 연결되는 전치사의 전치와 후치에 대하여
- 079 — so ~ that, such ~ that, such that, so that 등의 용법
- 080 — do so, do it, do that, do the same, so 등의 의미와 용법 차이
- 081 — can과 be able to의 의미와 용법 차이
- 082 — 부가 어구들(tags)에 대하여 (1)
- 083 — 부가 어구들(tags)에 대하여 (2)
- 084 — a long time과 long 그리고 a long way와 far의 용법 차이
- 085 — '피하다,' '안하다,' '막다' 등의 의미로 쓰이는 help의 용법
- 086 — must, have to, have got to 등의 의미와 용법
- 087 — sure와 certain의 의미와 용법 차이
- 088 — [There is A about/in/to/behind B]의 문장구조에서 각 전치사의 의미와 용법
- 089 — [can + 감각동사]의 의미
- 090 — '~에 관한'의 의미로 on, about, of, in의 용법 차이
- 091 — whole, all, entire의 의미와 용법 차이
- 092 — It was silly of me와 It was difficult for me에서 of와 for의 기능 차이
- 093 — these/this kind of dogs에서 kind of의 문법적 기능
- 094 — [소유대명사 + 최상급 형용사] 구조의 의미
- 095 — 제한적 의미의 because/when절에 대하여
- 096 — should와 ought to에 대하여
- 097 — rather than의 의미와 용법
- 098 — 무관사(zero article) 명사의 의미
- 099 — 정관사의 의미와 기능
- 100 — 부정관사의 의미와 기능

'장소'의 전치사 (1) – at

at은 어떤 장소를 하나의 점으로 나타낼 때 쓰인다. 다시 말하면 한 장소를 그 면적으로서가 아니라 단순히 하나의 '위치' 즉 '점' 으로 나타낸다:

- **At the North Pole, every direction is south.**
  북극점에서는 모든 방향이 다 남쪽이다.

- **With a shortage of manpower, worn-out equipment and reduced training, the U.S. Army is at the breaking point. But that may not be fixed very soon.**
  미 육군은 인력부족, 낡은 장비와 감소된 훈련으로 인해서 붕괴점에 도달해 있다. 그러나 이 상태가 당장 해결되기는 어려울 것이다.

- **He majored in computer science at Harvard.**
  그는 하버드 대학에서 컴퓨터과학을 전공했다.
  >> 하버드 대학은 그가 컴퓨터를 공부한 위치, 지점이다.

- **He's studying biology at the University of California at Los Angeles.**
  그는 UCLA에서 생물학을 공부하고 있다.

- **It's still unknown who is at the center of the coup.**
  쿠데타의 중심에 누가 서있는지 아직 알려지지 않고 있다.
  >> at the center는 중심 부분을 하나의 정확한 포인트로 나타낸다. 만일 in the center라고 한다면 중심을 면적으로 보는 것이어서 넓은 의미이며 정확한 초점으로서의 중심이 아니다.

- **I met him at the railroad station last week.**
  지난 주 나는 그를 기차 정거장에서 만났다.
  >> 기차 정거장은 대합실, 기차가 서는 플랫폼, 역사, 광장 등을 포함하는 넓은 곳이다. 그러나 이 모든 곳을 다 포함하여 하나의 점으로 본 것이다. 그러므로 실제로 내가 그를 만난 곳이 이들 중 어느 부분이든 상관없이 하나의 점에 속한다.

- **Our plane stopped for an hour at Paris on its way to Seoul.**
  우리 비행기는 서울로 가는 길에 파리에서 한 시간 머물렀다.
  >> 국가와는 달리 도시는 지도상으로 볼 때 점으로 나타낼 수 있다. 그러나 이 경우는 사실 도시 전체를 의미하는 것이 아니라 도시의 한 지점을 의미하는 것이다. 우리말에서도 도시의 한 부분을 도시 이름으로 나타낼 수 있는데, 가령 '대전에서 기차를 갈아탄다' 의 경우 '대전'은 사실 '대전역'을 의미하는 것이다. 마찬가지로 위 예문에서 파리는 비행기가 기착하는 파리공항을 의미한다. 예를 더 들면 미국의 주립대학들은 그 주의 여러 도시, 즉 도시의 특정 지점에 독립적 캠퍼스를 두고 있는 조직이다. 그래서 각 캠퍼스들은 the University of California at San Francisco, the University of California at Los Angeles 등에서 보듯이 대학명 뒤에 [at + 도시 이름]의 형태를 취하고 있다. 그러나 어떤 대학들은 at 대신 콤마를 찍거나 아예 at을 생략하기도 한다.

- - He won the gold medal in the 400-meter freestyle swimming event at Athens / at the Athens Olympics.

    그는 아테네 올림픽 400미터 자유형 수영에서 금메달을 땄다.

    >> 여기서도 at Athens는 아테네의 경기장들을 의미한다. 즉 도시의 특정 지점들이다. 그러나 가령 '그는 아테네에서 산다' 라는 표현은 He lives in Athens.로 해야 한다. 왜냐하면 사람이 어디에서 '산 다' 는 것은 그 행위가 그곳의 특정 지점에만 국한되는 것이 아니고 그 곳 전체를 전제하기 때문이다.

- - We had lunch at that restaurant.

    우리는 그 식당에서 점심을 먹었다.

    >> 가령 at 대신 in을 썼다면 식당 건물 안에서 먹었다는 뜻이 될 것이다. 그러나 at을 썼으므로 식당을 하나의 점이나 위치로 본 것이다. 따라서 식당 안에서든 식당 밖의 정원이나 인도에 차려놓은 식탁에서 든 그 식당이 제공하는 음식을 먹었다는 뜻이 된다.

- - How did you feel at the top of Mt. Everest?

    에베레스트 산 정상에 섰을 때의 기분은 어땠습니까?

    >> top은 '정상,' '꼭지점' 의 의미로 면적은 전혀 고려되지 않는다: at the top of the list '명단의 첫 머리에,' The final decision will be made at the top. '최종 결정은 최 상부(위치)에서 내려질 것이 다.' top은 on을 동반하기도 하는데 이는 주로 숙어화된 표현에서 관사없이, 가령 on top of that '그 것도 모자라,' '그것에 덧붙여,' be on top of the world '기뻐 들떠 있는,' 등처럼 쓰일 경우이다.

- - The mailman left the parcel at my door.

    우편배달원은 그 소포를 내 방 문에다 놓고 갔다.

- - I often buy my groceries at the traditional street market in my neighborhood.

    나는 자주 내 식품들을 동네 재래식 길가 시장에서 산다.

- - I often fell asleep at my desk in class.

    나는 수업 중에 책상에 머리를 대고 잠드는 경우가 더러 있었다.

- - If you want to borrow a book, ask the girl at the counter.

    책을 빌리고 싶으면 카운터에 있는 여자에게 물어 보시오.

- - The numbers are at the top of the page.

    번호들은 페이지 윗쪽에 있다.

    >> 어떤 것의 맨 위 지점과 맨 밑 지점을 위치로 나타낼 때는 at을 써서 각기 at the top of와 at the bottom of로 하지만 중간 위치는 in을 써서 in the middle of라고 한다. 맨 위나 맨 밑은 한계가 있어 분명한 지점이 될 수 있지만 중간은 일반적으로 중간을 나타내는 특별한 표시가 없이 다른 것으로 둘러 싸인 부분이므로 그 위치는 in을 써서 in the middle of라고 한다: at the top/bottom of the list '명 단의 맨 위에/맨 밑에,' at the top/bottom of the stairs '계단의 맨 위/맨 밑에,' at the bottom of the sea '바다 밑바닥에,' in the middle of the football field '축구장 한 가운데' 등.

- I'll be standing at the corner of the street.
  나는 길모퉁이에 서있겠다.

- During business hours call me at my office.
  근무시간 중에는 사무실로 전화해 주십시오.

- Outside of business hours I'm not at the office.
  근무시간 외에는 나는 사무실에 있지 않는다.

- The elevator is at the fifth floor.
  엘리베이터는 지금 5층에 있다.
  >> '5층에 산다'는 live on the fifth floor이지만 엘리베이터는 표면에 붙어있는 것이 아니기 때문에 on이 아니라 위치를 나타내는 at을 써야 한다.

- He sawed off the tree at its roots.
  그는 그 나무의 밑동을 잘랐다.
  >> 밑동은 그가 나무를 자른 위치이다.

- He was sitting, legs crossed at the knees.
  그는 두 다리를 무릎에 대고 꼬고 앉아 있었다.
  >> 다리를 꼴 때 두 다리가 겹치는 곳이 무릎이라는 뜻이다. 이것은 다리를 꼬고 의자에 앉아 있는 모양을 서술한 것인데 만일 무릎을 꼬고 방바닥에 앉아 있는 모습이라면 legs crossed at the ankles라고 하여 두 다리가 겹치는 위치를 복사뼈 지점으로 표시해야 할 것이다.

- These things are not learned at a parent's knee.
  이런 것들은 부모 슬하에서 배워지는 것이 아니다.
  >> at a parent's knee 또는 at one's mother's knee는 단순히 부모의 무릎뿐만 아니라 무릎 주변, 즉 부모 옆이나 근처 모두를 포함하는 의미이다. 즉 '어려서 부모 밑에서'란 의미인 것이다. 가령 글자 그대로의 의미인 '아이를 무릎 위에 앉히다'는 hold a child on one's knees가 될 것이다.

- The gray hair at his temples shows that he's getting old now.
  그 사람의 관자놀이에 난 하얀 머리는 그가 이제는 늙어가고 있다는 것을 보여준다.

- Turn left at that corner and go straight. The building is at the second intersection, on your right.
  저 모퉁이에서 좌회전해서 똑바로 가세요. 그 건물은 두 번째 교차로 오른쪽에 있습니다.

- I spent the day at the ocean sitting on the shore.
  나는 해변에 앉아 (바다를 바라보며) 그 날을 보냈다.
  >> 여기서는 ocean을 면적으로 보지 않고 단순히 하나의 장소로 제시하고 있다. 미국영어에서는 swim in the ocean처럼 흔히 ocean을 sea와 같은 의미로 쓴다.

- The envelope is likely to be at the top of the rubbish heap out there, because I emptied my wastepaper basket onto it only a minute ago.

그 봉투는 쓰레기 더미 맨 위쪽에 있을 것이다. 왜냐하면 내가 쓰레기통을 방금 그곳에 비웠기 때문이다.

- **When I was looking at the attractive dresses on display in a boutique window, my husband tugged at my arm as a sign suggesting that we move on.**
  내가 어느 양장점 쇼윈도에 전시되어 있는 매혹적인 드레스들을 보고 있을 때 남편이 그만 가자는 몸짓으로 내 팔을 잡아 당겼다.
  >> at my arm은 남편이 나를 잡아당긴 장소이다.

- **We're number 95. It looks like they are at number 89 right now. There are only six numbers ahead of us. It'll be our turn in less than a minute.**
  우리가 95번인데 지금 89번을 처리 중인 것 같다. 우리 앞에 여섯 번호밖에 없다. 아마 일 분도 안 되어 우리 차례가 될 것이다.

- **Ice melts at 0 degrees Centigrade.**
  얼음은 섭씨 0도에서 녹는다.

- **I'll always be at your side.**
  나는 언제나 너의 편에 설 것이다.
  >> 이 문장에서 at your side는 단순한 '위치'의 의미뿐 아니라 '너를 지지할 것이다'는 의미도 포함한다. on your side도 같은 의미이다. Whose side are you on/at? '너는 누구를 지지하느냐?' 그러나 가령 sit at the side of the road '길가에 앉다,' people standing at the roadside '길가에 서있는 사람들,' see a boxing match at the ringside '링사이드에서 권투시합을 보다,' walk at a person's side '누구의 옆에 붙어 걷다,' My dog's always at my side when we're out walking. '우리 개는 우리가 밖에 나가 걸을 때는 언제나 내 곁에 붙어서 걷는다.' 등에서는 '위치' 이상의 해석이 불가능하다.

- **With his arms swinging at his sides for balance, the man walked securely on the tightrope from one end of it to the other.**
  그 사람은 균형을 잡기 위해 두 팔이 자기 양 옆구리에서 흔들리는 상태로 밧줄의 한 끝에서 다른 끝까지 안전하게 걸어갔다.

at은 점으로서의 장소뿐만 아니라 시간의 순간적 위치, 즉 '시점'도 나타내며 또 순간이 아닌 지속적인 기간이라도 그것을 시점으로 나타낼 때나 수, 번호를 위치로 나타낼 때도 쓰인다: at birth '탄생의 시점에서,' at conception '임신의 시점에서,' at 10 '열시에,' at noon '정오에,' at sunset '일몰에,' at sunrise '해돋이에,' at night '밤에,' at midday '정오에,' midnight '자정에,' at 6 months '생후 6개월에,' at this number '이 번호로' (영국 영어로는 on this number), at maturity '성숙했을 때,' at times '여러 시점에서,' at present '현 시점에서' 등. (현재는 '순간'이지만 과거나 미래는 '순간'이 아니고 '기간'이다. 따라서 *at past나 *at future라고 하지 않고, in the past, in the future라고 한다. in times of need '궁핍의 시기에,' in ancient times '고대에,' earlier in the day '그날 중 더 이른 때에,' in the night '밤중에,' 등에서도 in은 기간을 의미한다.)

그런데 '낮'은 *at day나 *at day time이라고 하지 않고, in the daytime이라고 한다. 이것은 낮은 사람이 활동을 하는 기간이기 때문에 잠들었다가 깨면 없어지는 밤과 같은 순간으로 느끼지 않기 때문일 것이다: Some animals go hunting their prey in the night(time) and sleep in the day(time). '어떤 동물들은 밤 동안에 먹이 사냥을 하고 낮에는 잔다.'

at은 그 목적어가 갖는 기능과 관련된 행위를 나타내기도 한다:

- **You've just told a plausible lie. Tell me another while you're at it.**
  너는 방금 그럴듯한 거짓말을 했다. 내친김에 거짓말 하나만 더 해다오.
  >> at it의 it은 lie를 받는다. 그러니까 '거짓말을 하는 행위를 하는 상태에 있는 동안' 즉 '내친김에'라는 의미이다.

- **I was at the university from 1980 to 2000.**
  나는 1980년부터 2000년까지 대학에서 가르쳤다.
  >> 대학은 가르치는 기능과 함께 배우는 기능도 있으므로 주어가 교수 또는 학생의 신분일 수도 있으나 위 문장에서는 대학에 있었던 기간이 20년이나 되므로 학생의 신분으로서라기 보다는 교수의 신분으로 있었다고 보아야 할 것이다.

- **I was never good at school.**
  나는 학교 다닐 때 공부 잘하는 학생이었던 적이 없다.
  >> 여기서 school은 '교육'이라는 기능적 의미이다. 즉 '학교에 다닐 때,' '학생이었을 때'를 뜻한다. 그러나 가령 I didn't see him at school today.에서는 school은 단순한 장소의 의미만 갖는다.

- **He has his own business, and he's at his office all day long, working very hard at it.**
  그는 개인 사업을 하고 있다. 그래서 그는 온종일 자기 사무실에서 열심히 일하고 있다.
  >> 여기서 at his office는 단순히 사무실 안에 있다는 뜻이 아니다. 자기 업소에 출근하여 일한다는 뜻이다. 그러나 가령 in his office라고 하면 단순히 자기 사무실 안에 있다는 뜻이 될 것이다.

- **I can't call you when I'm at work/at the office.**
  나는 근무 중일 때는 너에게 전화를 할 수 없다.

- **Several of our ships are still anchored at the port but most are out at sea.**
  우리 배 몇 척은 아직 항구에 정박되어 있지만 대부분은 바다에서 항해 중이다.
  >> at sea는 기능적 의미로 '항해 중'이라는 의미이다.

- **He is at the wheel/at the table/at the telephone/at the computer/at the ironing board/at the sewing machine/at the movies.**
  그는 차를 운전하고 있다/식사를 하고 있다/전화를 하고 있다/컴퓨터를 하고 있다/다림질을 하고 있다/재봉틀질을 하고 있다/영화를 보고 있다.
  >> movies을 제외한 나머지는 모두 장소가 아닌 물건들로서 그것들이 갖는 기능과 연결된 행위 수행을 의미한다.

- **They'd already been at sea for a month and were anxious to set foot on land.**
  그들은 이미 한 달이나 항해를 하고 있었으므로 육지에 발 들여놓기를 갈망하고 있었다.

- **Did you have fun at the beach yesterday?**
  너희는 어제 바닷가에서 재미 있었니?
  >> 여기서 beach는 면적이 아니라 경계를 생각하지 않는 장소로 제시되어 있다. 그러나 beach의 모래밭, 즉 표면을 의식한다면 on이 적합하다: take a nap on the beach '바닷가 모래밭에서 낮잠을 자다,' play volleyball on the beach '바닷가 모래밭에서 배구를 하다,' 등

- **Many people like to eat and drink at a baseball game.**
  많은 사람들이 야구경기를 보면서 무엇을 먹고 마시기를 좋아한다.
  >> 여기서 baseball game은 단순한 장소가 아니고 경기장이 갖는 기능인 경기와 관련된 행위, 즉 '경기를 보는 행위를 하며' 를 의미한다.

- **He's at breakfast/lunch/dinner now.**
  그는 지금 아침식사/점심식사/저녁식사를 하고 있다.
  >> 여기서 '아침,' '점심,' '저녁' 은 물건, 즉 음식을 의미하므로 at은 음식과 관련된 행위, 즉 먹는 행위를 의미한다. 그래서 가령 He's at lunch at noon everyday.라고 하면 '그는 날마다 정오에 점심을 먹는다' 는 뜻이 된다.

- **In those days I would do an impersonation of the President, but I wasn't good enough that anyone caught me at it.**
  그 당시 나는 대통령의 흉내를 내는 연기를 하곤 했다. 그러나 별로 잘 하지 못하여 아무도 내가 그의 흉내를 내고 있다는 것을 알아채지 못했다.
  >> at it의 it은 흉내내는 행위이며, at은 그 행위를 하고 있음을 의미한다.

기능적 의미로 일상적으로 쓰이는 표현들은 흔히 관사 없이 쓰인다: at work '(직장에 나가) 일하고 있는,' at school '학교에 가서 공부하고 있는,' at home '집에(서 쉬고) 있는,' at church '(교회에서) 예배를 보고 있는' 등. 여기에 유의할 점이 하나 있다. 같은 기능을 의미하는 명사가 하나 이상 있을 수 있는데 이런 경우에는 가장 대표적인 명사만 관사 없이 쓰이고 그 외의 명사는 관사가 필요하다:

- **He is at church.**
  그는 성당에 나가 미사를 보고 있다.

- **He is at the cathedral.**
  그는 대성당에 나가 미사를 보고 있다.

- **He is at work.**
  그는 직장에 나가 일하고 있다.

- **He is at the office./at the factory./at the bank.**
  그는 사무실에서/공장에서/은행에서 일하고 있다.

- - He is at home.
  그는 집에 있다.

- - He is at the house.
  그는 집에 있다.

at이 행사를 의미하는 명사를 동반하면 그것이 행하여지고 있는 장소를 의미할 수 있는데 이 경우에는 관사가 생략되지 않는다: at a meeting/a conference '회의 중인,' at a dance '무도회장에서 춤추고 있는,' at a funeral '장례식에 참석 중인,' at a party '파티에 참석 중인,' at a wedding '결혼식에 참석 중인,' at a concert '음악회에 가 있는' 등:

- - I'll see you at your graduation tomorrow.
  내일 너의 졸업식(장)에서 만나자.

- - They didn't raise the question at the meeting.
  그들은 회의에서 그 문제를 제기하지 않았다.

- - Talking about sensitive political matters at a party is considered to be bad form.
  파티에서 민감한 정치 문제들에 대해서 이야기하는 것은 예의에 맞지 않은 것으로 여겨진다.

- - At the opening night of the film most of the actors and actresses starring in it appeared on the stage to greet the audience.
  그 영화의 개봉 행사 밤에 그 영화에 출연하고 있는 배우들 대부분이 관객들에게 인사하기 위해 무대 위에 나왔다.

    >> at the opening night은 단순히 '개봉하는 밤에' 라는 시간적 의미뿐만 아니라 개봉 행사의 장소를 의미한다. 단순히 특정한 시간을 의미하려면 on the opening night이라고 해야 한다. night이 일반적인 밤이 아니고 어떤 특별한 또는 특정 밤을 의미할 땐 on을 동반한다: on Saturday night '토요일 밤에,' on New Year's Night '설날 밤에,' on a cold night '어느 추운밤에' 등.

Idiomatic Expressions

turn over a new leaf:
'마음을 고쳐먹고 새 출발을 하다,' '좋지 않은 습관적 행동을 고치다'

>> leaf는 책의 낱장, 즉 두 페이지를 의미한다.

I have decided *to turn over a new leaf* and stop smoking and do some exercise everyday from now on. Only recently have I realized that there is nothing more precious than health.

나는 마음을 고쳐먹고 이제부터는 담배를 끊고 날마다 운동을 하기로 결심했다. 나는 최근에야 비로소 건강보다 더 소중한 것은 없다는 것을 인식하게 된 것이다.

002 '장소'의 전치사 (2) – in

in은 그 다음에 오는 명사가 경계가 분명한 면적, 입체물, 상자 또는 움푹 들어간 구석일 때 '그 안에서'란 의미로 쓰인다. 또 어떤 것이 '선' 안에 들어가 그 선의 일부를 형성하고 있는 경우에도 쓰인다:

- **Cows are grazing in the field.**
  암소들이 들에서(들의 경계 안에서) 풀을 뜯고 있다.
  >> in the field에서 the field는 경계가 분명한 면적이다. 경계를 전제하지 않은 '표면' 을 나타내려면 on을 써야 한다.

- **Can you point out the spot at which we're now in this map?**
  이 지도 (안)에서 지금 우리가 있는 위치를 지적해 줄 수 있겠어요?
  >> spot은 그 의미가 '점'이므로 at이 적합하다. 그러나 map의 경우에는 그것을 '표면' 으로도 볼 수 있고 '면적' 으로도 볼 수 있다: Look it up on/in the map. '지도에서 찾아보라.'

- **Fishing is prohibited in this lake.**
  이 호수에서는 낚시(고기잡는 일)가 금지되어 있다.
  >> 물고기는 물속에 있으므로 여기서는 호수를 입체로 인식하고 있다. 그러나 물 표면에서 하는 행위, 가령 보트 놀이는 호수를 '표면' 으로 취급하여 Let's go sailing on the lake.로 해야 한다.

- **I bought this book at a bookstore in Chongro.**
  나는 이 책을 종로에 있는 어느 서점에서 샀다.
  >> 영국 사람들은 길을 면적으로 보고 in을 주로 쓴다. 또 길의 면적을 폭넓게 인식하여 그 주변의 건물들도 길 안에 있는 것으로 느낀다. 반면 미국 사람들은 길을 '면적' 으로도 '선' 으로도 인식하여 in과 on을 다 잘 쓴다.

- **Don't scratch yourself in the eye when the air is thick with sandy dust.**
  공중에 황사가 많을 때는 눈을 비비지 마라.
  >> scratch는 입체물인 눈을 눌러 안으로 영향을 주는 행위이므로 in을 썼다. 그러나 scratch 행위의 영향이 표면에 국한되는 경우에는 on을 써야 한다: This is a gadget with which to scratch yourself on the back. '이것은 등을 긁는 데 쓰는 도구이다.'

- **He is in his office, in that building, in room 301, in the corner.**
  그는 저 건물 안에 있는 그의 사무실에 있는데, 그 방은 구석에 있는 301호실이다.
  >> 사무실, 건물, 방 등은 상자에 속하고, 방의 구석은 두 면이 막힌 공간이다.

- **I often get into trouble just by happening to be in the wrong place at the wrong time.**
  나는 자주 곤란한 상태에 빠지는데 (내가 무슨 잘못을 해서라기보다) 우연하게도 맞지 않은 때에 맞지 않은 곳에 있기 때문이다.
  >> place는 경계가 전제된 '장소' 즉 '면적' 이고, time은 '순간' 즉 '점' 이다. be in the wrong place

at the wrong time은 '좋지 않은 일이 생길 수 있는 곳에 좋지 않은 일이 생기는 바로 그 순간에 거기에 있다' 라는 의미로 일상생활에서 잘 쓰이는 표현이다. place는 일반적으로 '면적' 으로 인식되지만 '점' 으로 취급해야 하는 경우도 있다. 가령 arrive at a place에서 place는 '위치' 즉 '점' 이다. 면적에 도착하는 것이 아니고 위치에 도착하는 것이기 때문이다.

- **There is a cave in the side of the mountain.**
  그 산의 측면에 동굴이 하나 있다.
  >> 만일 cave 대신 house를 쓴다면 in the side라고 할 수 없다. house는 산의 측면, 즉 표면에 붙어 있는 것이지 측면 속에 들어 있을 수 있는 것이 아니기 때문이다. 따라서 There is a house on the side of the mountain.이 되어야 할 것이다.

- **She put a hundred-dollar bill in the poor man's hand.**
  그 여자는 그 불쌍한 사람의 손(안)에 백 달러 짜리 지폐를 쥐어주었다.

- **I've lost my ball in the grass.**
  나는 풀 속에서 내 공을 잃어버렸다.
  >> in the grass의 the grass는 공이 들어가 안 보일 정도로 키가 큰 풀밭, 즉 입체물로 취급되고 있다. 그러나 가령 '잔디밭에 공이 있다' 고 말하려면 There is a ball on the lawn.이 된다. '산에서' 는 in the mountain이라고 하는데 이는 산이 나무로 덮여있기 때문이다. hill의 경우에는 단수로 쓸 때는 보통 on a hill이지만 복수일 때는 in the hills이다.

- **It is possible that there are some innocent people in prison.**
  투옥되어 있는 사람들 중에는 무죄한 사람들도 있을 수 있다.
  >> 감옥은 사방이 담으로 막혀있는 공간이므로 그 안에 갇혀있음을 의미하는 경우는 in이 적합하다.

- **In his seat in the back row, he couldn't hear the lecturer very well.**
  뒷줄에 있는 그의 자리에서는 그가 연사의 소리를 제대로 들을 수 없었다.
  >> seat는 입체물로 취급한다. row는 줄, 즉 '선' 인데 그의 seat가 그 선의 일부를 형성한다.

- **The index is in the back of the book.**
  색인은 책의 뒤쪽 (뒷부분)에 있다.
  >> 전치사 in이 쓰였으므로 색인은 책 안에 있다. 가령 Four people can sit in the back of my car. '내 차의 뒷좌석에는 네 사람이 탈 수 있다.' 의 경우도 마찬가지이다. 그러나 어떤 것 안에 있지 않고 그것 밖에 뒤쪽으로 있다면 다음 예들에서처럼 at을 쓴다: The trash is picked up every other day at the back of the management office. '쓰레기는 이틀에 한 번 관리실 뒤쪽에서 수거한다.' There's a 100-year old pine tree at the back of the house. '그 집 뒤에는 100년 된 소나무가 하나 있다.' 미국영어에서는 at the back of 대신 in back of를 in front of와 대조적 의미의 숙어로 쓰기도 한다.

- **President Bush is so unpopular that the mood in the Democratic Party is one of optimism.**
  Bush 대통령의 인기가 너무 낮아서 민주당 내에서는 낙관적 분위기가 지배하고 있다.

- • **I read that article in this week's Time magazine/in yesterday's newspaper.**
  나는 그 기사를 금주판 *Time*지에서/어제 신문에서 읽었다.
  >> 책, 신문, 잡지 등도 입체적 물체로 취급된다.

- • **The passage is in the middle of the page.**
  그 구절은 그 페이지의 중간에 있다.
  >> middle이란 무엇으로 둘러싸인 상태를 의미하므로 in을 동반하지만 beginning이나 end는 그런 상태가 아니므로 포인트로 취급되어 at을 동반한다: at the beginning, at the end

- • **When we got to the seaside, we took off our shoes and socks and paddled in the sea.**
  해안에 도달했을 때 우리는 신발과 양말을 벗고 바닷물로 철벅철벅 걸어 들어갔다.

- • **He sat down in the chair and turned on the television.**
  그는 의자에 앉아서 TV를 켰다.
  >> 안락의자나 기타 등받이와 손잡이가 있는 armchair 같은 의자의 앉는 자리는 움푹 들어간 공간으로 인식되어 in과 같이 쓰지만 등받이만 있거나 그것마저도 없는 의자는 표면으로 인식되어 on과 같이 쓰인다. 그러나 가령 식사하기 위해 식탁에 앉거나 공부하기 위해 책상에 앉는 경우에는 목적어가 기능적 의미를 나타내므로 sit at a table, sit at a desk가 된다. 이 때는 식탁이나 책상은 단순히 면적이나 입체물이 아닌 것이다.

- • **She can't come to the phone because she's in bed.**
  그 여자는 잠자리에 들었기 때문에 지금은 전화를 받을 수 없습니다.
  >> in bed는 이불 속에 들어가 있다는 뜻이다. 그러나 가령 on the bed는 이불을 덮고 있는 것이 아니고 침대 위에 앉아 있거나 누워있다는 뜻이다.

- • **They walked all day in the rain/in the snow/in the cold/in the heat/in the storm/in the sun/in the fog.**
  그들은 비를 맞으며/눈을 맞으며/추위 속에서/더위 속에서/폭풍 속에서/햇볕 속에서/안개 속에서 하루 종일 걸었다.
  >> 예문의 비, 눈 등은 모두 입체적 현상으로 인식된다.

- • **They went swimming in the sea.**
  그들은 해수욕을 하러 갔다.
  >> 수영은 몸이 물에 거의 잠긴 상태에서 즉 물 '속'에서 하는 것이기 때문에 in을 동반한다. 그러나 가령 sailing은 배가 물 표면에 있는 상태에서 하는 것이므로 sailing on the sea라고 해야 한다.

- • **There is a misprint in the sixth line on page 20.**
  20쪽의 여섯째 줄에 미스프린트가 하나 있다.
  >> 미스프린트가 줄의 한 부분으로서 줄 '안에' 있는 것으로 인식된다.

- • **There's a hole in your sock; why don't you sew it up?**
  너의 양말에 구멍이 나 있구나. 꿰매 신으려무나.
  >> 구멍은 어떤 것 '안으로' 즉 '뚫고' 나 있는 것을 의미하기 때문에 그것이 나 있는 곳이 비록 양말의

한 표면이라 해도 in을 써야 한다.

- **Drive slowly; there are lots of potholes in this street.**
  차를 천천히 몰아라. 이 길에는 움푹 패인 곳들이 많다.

- **Would you please keep my place in the line while I go and get a cup of coffee from the machine?**
  제가 자판기에서 커피 한 잔 뽑아 오는 동안 줄의 내 자리를 좀 봐주시겠어요?
  >> 줄에서의 한 자리는 그 줄의 일부를 형성한다. 따라서 줄 속의 자리는 in으로 나타낸다.

- **Go to Gate 5 and get in the line.**
  5번 출구로 가서 줄을 서시오. (줄에 합류하시오.)
  >> '줄을 서다' 는 숙어화하여 관사 없이 stand in line이지만 기왕에 형성된 줄의 가운데 또는 꼬리에 가서 서는 것은 get in the line이다.

- **Park your car in a parking space at the curb.**
  너의 차를 길의 경계석 지점에 있는 주차공간 (안)에 세워라.
  >> 여기서 in a parking space는 면적이고, at the curb는 위치이다.

- **Seeing the police car in her mirror, she slowed her car down.**
  그 여자는 거울로 경찰차를 발견하고 차의 속도를 낮추었다.
  >> 거울 '속에' 나타나는 것을 이야기할 때 거울은 상자와 같은 입체물로 취급된다. 거울에 비친 것은 3차원적 영상이므로 평면으로 인식하기 어렵기 때문에 in을 쓴다. 그러나 가령 I see my reflection on the water. '물에 비친 내 모습이 보인다.' 에서는 on이 쓰였는데 이것은 물에 비친 영상은 거울에 비친 영상 만큼 확실하게 3차원적으로 보이지 않기 때문에 물을 그냥 표면으로 보는 것이다.

- **His shoes are always shined bright enough to shave in.**
  그의 구두는 언제나 그것을 들여다 보며 면도를 할 수 있을 정도로 반짝거리게 닦여있다.
  >> 반짝거리는 구두 표면을 거울처럼 취급하고 있다.

- **The girl in the blue overcoat in the background is his sister.**
  뒷편의 파란색 외투를 입고 있는 여자는 그의 여동생이다.
  >> 외투를 입은 사람은 그 외투 속에 있는 것이므로 in이 쓰였고, background는 면적의 의미이기 때문에 in이 쓰인 것이다.

- **On my way to Washington, D.C., I stopped in Los Angeles for a few days to visit several of my friends living there.**
  내가 워싱턴에 가는 길에 로스앤젤레스에 며칠 들러 거기 살고 있는 내 친구 몇명을 방문했다.
  >> stop in은 stop at처럼 어디에 단순히 정지했다가 다른 곳으로 떠나는 것이 아니고 어디에 들러 그 곳에서 돌아다니며 활동을 하는 것을 의미한다. 즉 이 문장에서의 로스앤젤레스는 점이 아니고 면적이다.

•• **In** the chemistry exam, he took first place and I finished **in** last place. But since I hadn't studied for it at all, that was the place **in** which I rightly belonged.

화학 시험에서 그는 일등을 하고 나는 꼴찌를 했다. 그러나 나는 시험준비를 전혀 안 했었던 터라 꼴찌는 당연히 내가 속했던 위치였다.

》 이 문장에서처럼 place가 물리적인 장소가 아니라 추상적인 장소일 때도 in이 쓰인다.

Idiomatic Expressions

beat about/around the bush:

'요점을 단도직입적으로 말하지 않고 에둘러 말하다'

>> 새를 잡기 위해서는 나무가지로 새를 직접 때려야 하는데 새가 숨어 있을 것 같은 관목 덤불주변을 때리는 행위에서 나온 표현이다. 즉 말하고자 하는 요점(새)을 직접 말하지 (치지) 않고 변죽(관목 덤불만 친다)만 울린다는 뜻이다.

■ ■ ■

I don't understand what you really mean. Please say it straight out without *beating about the bush.*

나는 네가 진정 무슨 말을 하고 있는지 모르겠다. 빙빙 돌려 말하지 말고 단도직입적으로 말해다오.

■ ■ ■

It takes time for me to catch his point, because he always *beats around the bush.* I wish he said directly what he meant.

그는 단도직입적으로 말하는 법이 없이 늘 애둘러 말하기 때문에 나는 그의 뜻을 알아차리는 데 시간이 걸린다. 그가 자기 뜻을 직접적으로 말했으면 좋겠다.

003 '장소'의 전치사 (3) – on

on은 '선이나 표면에 접한'의 의미이다. 즉 '접촉'을 의미한다. 여기서 '표면'은 '면적'과는 전혀 다른 의미이다. 면적은 필수적으로 경계를 전제하지만 표면은 경계를 전제하지 않는다:

- **Kim Il Sung had a knot on the backside of his neck.**
  김일성은 그의 목 뒤쪽에 혹이 있었다.
  >> on the back은 뒷쪽 표면을 의미한다.

- **The power steering and power brakes on this car are great!**
  이 차의 동력 조향장치와 동력 브레이크 장치는 아주 좋다.
  >> on this car의 on은 '표면에 부착된'의 의미이다.

- **The beads are on a string.**
  그 구슬들은 실에 꿰어 있다.
  >> on a string은 선에 붙어 있음을 의미한다.

- **The policeman put handcuffs on the wrists of the criminal.**
  그 경찰관은 그 범인의 두 손목에 수갑을 채웠다.
  >> on the wrists는 손목의 표면과의 접촉을 의미한다. 가령 She put the watch/bracelet on her wrist. '그 여자는 자기 손목에 그 시계를/팔찌를 찼다.' 도 같은 예이다. on의 목적어가 무엇인지 자명한 경우에는 목적어는 생략된다. 가령 He put his coat on. '그는 코트를 입었다.' 에서 코트가 무엇의 표면에 부착되는 것인지는 뻔하다.

- **Your leather jumper looks good on you.**
  너의 가죽 점퍼가 너에게 잘 어울리는구나.
  >> on you의 직역은 '너의 몸에 접촉된 즉 걸친 상태로'이다.

- **I've never seen a mink coat on her.**
  나는 그 여자가 밍크 코트를 입은 것을 본 적이 없다.
  >> = I've never seen her wearing a mink coat.

- **Seoul is situated on the Han River.**
  서울은 한강에 접해 있다.
  >> river, street, road, coast, border(line), beach 등은 모두 선에 속한다.

- **Don't leave your dirty clothes on the floor. I'm sick and tired of cleaning up after you. Pick up after yourself from now on.**
  입은 옷을 바닥에 마구 던져놓지 마라. 난 너의 뒤를 따라다니며 네가 벗어 놓은 옷들을 집어치우는 데 넌더리가 난다. 이제부터는 네가 벗은 옷은 네가 치워다오.

- **I was standing on the curb of the street and watching for a taxi.**
  나는 길의 경계석에 서서 택시를 기다리고 있었다.
  >> 여기서 on 대신 at을 써서 at the curb라고 하면 경계석 자체와 그 근방을 의미하지만 on the curb 는 경계석을 밟고 있는 것을 의미한다.

- **His daughter lives on the East Coast, his son on the West, and he in between them.**
  그의 딸은 동해안에 살고 그의 아들은 서해안에 사는데 그는 그 중간 지역에서 산다.
  >> coast는 선이므로 on은 '접하여'의 의미이다.

- **All the countries on the Pacific should cooperate in improving their economies.**
  태평양 연안에 (태평양을 접하고) 있는 모든 나라들은 그들의 경제를 개선하는 일에 서로 협조해야 한다.

- **Inchon is on the West Sea and Kangneung is on the East.**
  인천은 서해에 접해 있고 강릉은 동해에 접해 있다.

- **The flowers on both sides of this street are very beautiful in spring.**
  이 길의 양쪽에 있는 꽃들은 봄에는 아주 아름답다.
  >> on both sides는 양쪽 표면을 의미한다.

- **His villa, located on Lake Soyang, commands a good view.**
  그의 별장은 소양호에 접하고 있어 경치가 좋다.
  >> 바다나 호수가 on을 동반하면 물의 표면을 의미할 수도 있고 육지와의 경계선에 접한 상태를 의미 할 수도 있는데 여기서는 문장의 의미상 물론 후자의 의미이다. 그러나 가령 Look at those yachts sailing on the lake. 같은 문장에서는 on은 물의 표면을 의미한다.

- **My gas was getting to the bottom. The gas gauge was almost on empty.**
  내 차의 연료가 바닥을 치고 있었다. 연료계의 바늘이 거의 empty라는 글자 위에(또는 empty를 나타내는 눈금 위에) 내려 와 있었다.

- **They have a cottage on the coast.**
  그들은 해안에 접한 작은 집을 하나 갖고 있다.
  >> coast는 바다와 접한 곳을 의미하므로 선이다. 그러나 on the seashore의 경우 seashore는 바다 가까이에 있는 땅을 의미하므로 on은 표면을 의미한다. seaside는 육지와 접한 바다 끝, 즉 물을 의미 한다. 그러므로 seaside에 집을 지을 수는 없다. 따라서 가령 spend a vacation on the seaside같은 표현은 적합하지 않고 대신 spend a vacation by/at the seaside로 해야 한다.

- **The milk is on aisle nine.**
  우유는 9번 통로에 (접하여) 있다.
  >> milk 대신에 가령 dairy section '낙농 제품 구역'을 쓰면 on은 부적합하다. '구역'은 물건처럼 통 로에 접하여 있는 것이 아니고 통로를 포함하는 지역을 의미하기 때문에 The dairy section is in aisle nine.이라고 해야 한다.

- **Neil Armstrong was the first human ever to set foot on the Moon.**
  Neil Armstrong은 달에 발을 들여놓은 최초의 인간이 되었다.

- **There are no more seats – you'll have to sit on the floor.**
  자리가 없습니다. 바닥에 앉으셔야 합니다.

- **How much is the postage on this parcel?**
  이 소포에는(표면에는) 얼마의 우표를 붙여야 합니까?

- **He was staying on his back comfortably in the water without sinking by moving his hands and feet only slightly.**
  그 사람은 손과 발을 조금만 움직이면서도 편안하게 가라앉지 않고 물위에 누워 있었다.
  >> on one's back은 '등을 바닥에 접촉하고(대고)' 이다. 따라서 lie/stay on one's back은 등을 '바닥에 대고 누워 있다' 이고, lie on one's stomach는 '배를 깔고 엎드리다' 이며 swim on one's back은 '배영을 하다' 이다.

- **Look at those dirty stains on the mirror.**
  거울에 묻은 저 더러운 얼룩들을 보라.
  >> 거울 속에 나타난 것을 말할 때는 거울이 입체물로 취급된다는 것은 앞에서 설명했다. 가령 '너의 얼굴에 무엇이 묻어 있다. 거울을 봐라.' 라고 말한다면 얼굴은 표면이고 거울은 입체물이다. 그래서 There's something on your face. Look at yourself in the mirror.가 될 것이다. 예문의 stains는 거울 표면에 묻어 있기 때문에 stains on the mirror가 된 것이다. 예를 하나 더 든다면, 가령 우리말로 '거울을 보라' 라고 할 때 이것이 거울이라는 물체를 보라는 의미라면 Look at the mirror.라고 해야 하며 거울 속에 너의 모습을 비추어 보라는 의미라면 Look in the mirror.라고 해야 한다.

- **The X-ray shows a spot on the lung.**
  X선 사진이 폐에 반점이 있음을 보여주고 있다.
  >> 사진에 있는 폐는 입체물이 아니라 평면이다. 따라서 spot은 평면의 한 표면에 있는 것이다.

- **I have never lived on a farm.**
  나는 농장에서 살아 본 적이 없다.
  >> farm은 땅을 의미한다. 물론 현실적으로는 경계가 있지만 farm은 경계는 포함하지 않고 오직 표면만을 의미한다. 그래서 '농장에서'는 on a farm이다. 그러나 가령 live in a farmhouse '농가에서 살다,' (be) raised in a barn '헛간에서 자라다' 즉 '촌스럽게 행동하다' 등의 명사는 비록 농장에 붙어 있는 것이지만 건물을 의미하므로 in이 쓰였다.

- **I go to school on the bus.**
  나는 버스를 타고 등교한다.
  >> 수송 도구를 '타고' 라는 표현은, 승용차인 경우에는 in을 쓰지만, 사람이 그 안에서 서 걸어 다닐 수 있을 만큼 큰 것, 즉 bus, train, ship, airplane 등에는 in도 쓰지만 주로 on을 쓰며 bicycle, horse, boat 같이 덮개가 없는 것에는 on을 쓴다.

- **There is a good restaurant on the corner of Fifth Street and Maple Avenue.**
  5번가와 메이플가가 만나는 길모퉁이에 좋은 음식점이 하나 있다.
  >> corner는 두 선이 마주치는 지점인데 이 지점의 바깥쪽은 on이나 at으로 나타내고 안쪽은 in으로 나타낸다. 안쪽은 경계선으로 구획된 면적이나 공간으로 인식되는 반면, 바깥 쪽은 점이나 선으로 인식되기 때문이다: He was standing at /on the corner of the street. '그는 길구석에 서 있었다.' He was standing in the corner of the room. '그는 방구석에 서 있었다.' The page number is in the top righthand corner of the page. '페이지 번호는 페이지의 위 오른쪽 구석에 있다.'

- **On your mark, get set, go!**
  스타트 라인에 발을 대고, 준비, 출발!
  >> 이 말은 육상경기에서 쓰는 표현인데 on은 '출발선에 접촉하라' 는 의미이다.

- **There is a lot of mist on the mountain now.**
  지금은 산에 안개가 많이 끼어 있다.
  >> 안개가 산의 표면을 덮고 있는 것이다.

- **Write your address up here, and sign on this line.**
  여기에 당신의 주소를 쓰고 이 선 위에(선에 접촉하여) 서명을 하십시오.

- **The old man slipped and fell on his buttocks.**
  그 노인은 미끄러져서 엉덩방아를 찧었다.
  >> 여기서 on은 표면과의 접촉, 즉 길바닥과 몸의 접촉면을 의미한다. 가령 '(세워놓은) 자전거가 (옆으로) 넘어졌다' 도 땅과의 접촉 면이 옆이므로 on을 써서 The bicycle fell over on its side.라고 해야 할 것이다. 그러나 '미끄러져서 구덩이에 빠졌다' 라고 하려면 구덩이는 공간, 즉 입체를 의미하므로 in을 써서 fell in a hole이라고 해야 한다.

- **Don't wipe your nose on your sleeve, wipe it on a handkerchief.**
  옷소매에 코를 닦지 말고 손수건에 닦으라.
  >> wipe/dry one's nose on one's sleeve에서 on은 표면과의 접촉을 의미한다. 그러나 handkerchief는 표면이 아니라 도구로 취급하여 wipe one's nose with a handkerchief라고 해도 된다.

- **My baby rested his head on my shoulder and fell deep asleep. Seeing this, my wife put a blanket on him.**
  내 아이는 내 어깨에 머리를 대고 깊이 잠들었다. 이걸 보고 내 처는 아이 위에 담요를 올려 놓았다.
  >> on him 대신 over him이라고도 할 수 있다. on him은 '아이 위에 얹었다' 는 뜻이 되고 over him은 '아이를 덮었다' 는 뜻이다.

- **A: Would you give me a ride on the back of your bike to the bus stop, please?**
  버스 정류장까지 너의 자전거 뒷자리에 나를 좀 태워다 줄 수 있겠니?
  B: Sorry, but I can't. You're forbidden by law to sit on the back of a bike, here.
  미안하지만 그렇게 할 수가 없구나. 여기서는 자전거 뒷자리에 사람을 태우는 것은 법으로 금지되어 있단다.

- **Watch it! There's a speed bump ahead. There are lots of speed bumps on this street.**
    조심해! 앞에 차가 속도를 못내도록 설치된 범프가 있어. 이 길에는 튀어나온 범프들이 많아.
    >> speed bump는 차들이 속도를 내지 못하게 하기 위해 일부러 길 위에 설치한 장애물들을 의미한다. 이들은 길 표면에 붙어있으므로 뒤에 on을 동반했다. in을 쓸 경우는 길을 면적으로 보고 '그 면적 안에' bump들이 많이 있다는 의미가 될 것이다.

- **A: Please give me a ham sandwich.**
    햄 샌드위치를 주세요.
  B: Would you like it on rye bread or white?
    햄을 호밀빵에 얹은 것을 원하십니까 아니면 하얀 빵에 얹은 것을 원하십니까?

- **His lectures were all captured on tape/on film.**
    그의 강의들은 모두 테잎/필름에 기록되었다.

- **The doctor operated on the patient's stomach.**
    의사가 환자의 위를 수술했다.
    >> 외과 수술의 대상은 그것이 환자이든 환자 몸의 어떤 부분이든 언제나 on으로 나타낸다. 수술은 항상 그 부위나 기관의 표면에 나이프를 대는 것이기 때문이다: go through/get/undergo an operation on the left eye '왼쪽 눈을 수술 받다', get one's nose operated on '코를 수술받다'.

- **There's a dining car on the train.**
    그 기차에는 식당차가 붙어 있다.
    >> dining car는 train이라는 선에 붙어있는 것을 의미한다. dining car는 기차에 붙였다 뗐다 할 수 있는 것이다. 여기서 on 대신 in을 쓴다면 dining car가 마치 기차 안에 있는 것으로, 즉 기차가 dining car를 싣고 가는 것처럼 느껴진다.

- **You must keep your dog on a leash when you take it out to the street.**
    우리는 개를 길로 데리고 나갈 때는 줄에 묶어야 한다.
    >> leash는 '선'이다. 개를 선에 부착하는 것이다.

- **The dog was chewing on a bone.**
    그 개는 뼈를 물어뜯고 있었다.
    >> chew on a bone은 뼈와 이의 접촉에 초점을 맞추는 것으로 씹으려는 시도나 노력을 의미한다. 씹기가 쉬운 대상의 경우는 on을 쓸 필요가 없다. '음식을 삼키기 전에 잘 씹으라' 라는 표현은 Chew your food well before you swallow it.이라고 해야 한다.

- **Some candies are dangerous. Children may choke on them.**
    어떤 사탕들은 위험하다. 어린애들이 그런 것을 먹다가 (목에 붙어/걸려) 질식할 수도 있다.

- **Your train leaves on track 15.**
    당신이 탈 기차는 15번 철도 (위)에서 출발합니다.

•• **He lives in a cabin on a mountain.**
그는 산에 있는 통나무집에서 산다.
>> '산에서 살다' 는 live in a mountain 또는 live on a mountain이라고 할 수 있는데, in은 산을 나무 숲으로 인식한 경우이고, on은 나무는 의식하지 않고 산을 입체물의 표면으로 인식하는 경우이다.

•• **I rarely write anything on paper. I write almost everything on my PC.**
나는 종이에 무언가 쓰는 경우는 드물다. 나는 거의 모든 것을 내 PC에 기록해 둔다.
>> write on the computer/internet '컴퓨터/인터넷에 기록하다,' communicate on the computer/internet '컴퓨터/인터넷으로 통신하다,' get information on the computer/internet '인터넷에서 정보를 얻다,' find on Google '구글에서 발견하다' 등의 표현은 모두 컴퓨터나 인터넷도 on the list '명단에 있는,' on a baseball team '야구 팀에 들어 있는,' on a committee '위원회의 위원' 등의 경우처럼 조직체의 명단, 즉 종이로 인식되고 있음을 나타낸다고 볼 수도 있고, talk on the telephone '전화로 즉 전화에 접하여 이야기하다,' hear on the 9 o'clock news/on TV/on the radio/on KBS '9시 뉴스에서/TV를 통해/라디오를 통해/KBS 채널에서 듣다,' see a movie on cable '케이블 방송을 통해 영화를 보다' 등과 같이 on의 '접촉'의 의미를 이용한 표현 방식을 따른 것이라고도 볼 수 있을 것이다.

•• **He's a veteran agent on the police task force.**
그는 경찰 기동대의 베테랑 요원이다.

•• **If you click on this icon with the mouse, you'll get detailed help in solving your software problem.**
마우스로 이 아이콘을 누르면 너의 소프트웨어 문제를 해결하는 데 상세한 도움을 얻게 될 것이다.
>> on은 '접촉'의 의미로 '대고 누르면'이란 의미이다.

•• **My grandmother is 89 going on 90.**
나의 할머니는 89세이신데 내일 모래 90세가 되신다.
>> 90세에 거의 접하고 계신다는 뜻이다.

on이 갖는 '접촉'의 의미가 '근거,' '토대,' 의 의미로 확대되어 쓰일 수 있으며 행위 명사와 결합하여 그 행위를 하는 '시점'을 나타내기도 한다: live on a small income '적은 수입으로 살다,' run on diesel/electricity '디젤/전기로 달리다,' on delivery '배달되는 시점에,' on arrival '도착하자마자,' on taking office '취임하는 시점에서' 등:

•• **He started his business on a shoestring and built it up to a multinational conglomerate.**
그는 소자본으로 자기 사업을 시작해서 그것을 대형 다국적 기업집단으로 키웠다.
>> shoestring은 적은 액수의 돈을 의미하며 on은 '근거', '토대' 의 의미이다.

•• **In baseball, if you miss the ball on three tries, you're out.**
야구에서 우리가 세 번 시도했을 때도 볼을 놓치면 아웃이 된다.
>> on three tries는 세 번의 시도에 '접하여' 이다.

- **She got drunk on just two glasses of wine.**
  그 여자는 와인을 두 잔 마시고 취했다.

- **The longer a baby feeds on mother's milk, the healthier the baby will be.**
  아이가 모유를 오래 먹으면 먹을수록 그 아이는 그 만큼 더 건강해질 것이다.

- **He raised his children on strict traditional principles of home discipline.**
  그는 자녀들을 엄격한 전통적인 가정교육의 원리에 입각하여 길렀다.

장소의 전치사를 사용할 때 혼돈스러운 측면들도 있다:

- ***North Korea is increasing the military strength of its divisions stationed on the border with South Korea.**
  → **North Korea is increasing the military strength of its divisions stationed near the border with South Korea.**
  북한은 남한과의 경계선 근방에 주둔시킨 자기네 사단들의 군사력을 증강하고 있다.
  ≫ 첫 번째 문장이 잘못된 것은 border가 on을 동반한 때문이다. on the border는 '국경선에 접하여'이므로 남한을 침범한 것이 된다. 군대나 민간인이나 허가 없이 국경선에 접하면 안 되는 것이다. 어떤 상점이 어느 거리에 접하여 있는 것과는 전혀 다른 국경선 침범 행위이기 때문이다. 그러므로 on 대신 near를 써서 '침범'의 의미가 되지 않도록 해야 한다. 그러나 입출국 검문소는 국경선에 접할 수 있으므로 There's a checkpoint on the border.라고 말할 수 있다.

- **After office hours you can contact me on this number.**
  퇴근 시간 후에는 이 번호로 전화해 주세요.
  ≫ '이 번호로'를 영국영어에서는 '접촉'의 의미인 on을 써서 on this number라고 하는데 미국영어에서는 '위치'의 의미인 at을 써서 at this number라고 표현한다.

- **My house is on the southern side of Seoul.**
  내 집은 서울의 남쪽에 있다.
  ≫ on the side는 표면을 의미한다.

- **There's something at the bottom of the box.**
  상자 밑에 무엇인가 있다.
  ≫ at은 무엇인가 있는 위치를 나타낸다. 즉 무엇이 상자에 깔려 있다는 뜻이다.

- **There's something on the bottom of the box.**
  상자 밑면에 무엇인가 있다.
  ≫ on은 bottom을 표면으로 나타낸다. 무엇이 표면에 있다는 것은 어떤 글이 적혀있다는 뜻이다.

- **Sitting on the mantelpiece were two photographs – one of my sister and one of me.**
  벽난로 위에 두 장의 사진이 있었는데 누이의 사진과 내 사진이었다.
  ≫ be sitting on은 '어떤 표면에 무엇이 수직으로 있다'의 뜻이다. 그러므로 위 예문은 사진(틀)이 누

워있는 것이 아니고 똑바로 세워져 있음을 의미한다.

- **There were several books lying on the table.**
  테이블 위에 몇 권의 책이 놓여 있었다.
  >> be lying on은 '어떤 표면에 무엇이 납작하게 놓여 있다'는 뜻이다.

- **Several bottles of beer were standing on the table and beside the bottles was lying a small dish of peanuts.**
  테이블 위에 맥주 몇 병이 놓여 있었고 그 병들 옆에는 작은 땅콩 접시가 하나 있었다.
  >> be standing on은 '어떤 표면에 키가 큰(길쭉한) 것이 똑바로 세워져 있다'는 의미이다.

- **We keep flowerpots on the balcony.**
  우리는 화분을 발코니에 둔다.
  >> on the balcony의 balcony는 방의 창 밖에 내어 붙여놓은 바닥으로 인식된다.

- **Our seats are in the balcony.**
  우리의 좌석은 발코니에 있다.
  >> in the balcony 에서 balcony는 극장의 2층을 의미하므로 입체적 공간으로 인식된다.

- **We stopped at the village for a rest on our way here.**
  이곳으로 오는 길에 우리는 잠깐 쉬기 위해 그 마을에 들렀지요.
  >> village는 점, 위치로 취급되어 있다.

- **There are three churches in that small village.**
  그 작은 마을에 교회가 셋이나 있다.
  >> 여기서는 village가 면적으로 취급되어 있다.

- **Please sign your autogragh at the front of the book.**
  책의 첫 장에 당신의 싸인을 해 주십시오.
  >> 위치로서의 책의 front, 즉 책의 전면은 책의 표지 다음의 첫 페이지를 말한다.

- **Please sign your autogragh on the front of the book.**
  책의 표지에 당신의 싸인을 해 주십시오.
  >> 표면으로서의 책의 front는 책의 표지를 의미한다.

- **The parade of presidents, prime ministers, princesses and their attendant ministers began with the Asia-Pacific Economic Cooperation summit held in mid-November at South Korea's seaside city of Pusan. And it will end with the opening on Dec. 14 of the first East Asia summit in Kuala Lumpur.**
  대통령들, 수상들, 왕자들 그리고 이들의 보좌 장관들의 행렬이 한국의 해안 도시 부산에서 11월 중순에 개최된 아시아태평양 경제협력 정상회담으로부터 시작했고 12월 14일에 Kuala Lumpur에서 개최될 동아시아 정상회담 개막으로 끝날 것이다.
  >> at South Korea's seaside city of Pusan과 in Kuala Lumpur는 둘 다 장소를 나타내는데 전자에서는 at을 쓰고 후자에서는 in을 썼다. 도시는 의미에 따라 물론 point로 나타낼 수도 있고 면적으로

나타낼 수도 있다. 그러나 위의 경우 at과 in으로 구분하여 쓴 이유는 다른 데 있다. 전자의 경우에 in을 쓰면 그 바로 앞의 in November에 in이 있으므로 바로 뒤에 또 in을 쓰는 것은 우선 듣기에 안 좋으며 또 바로 뒤에 South Korea라는 장소가 나오므로 얼른 보기에는 마치 in이 South Korea에 걸리는 것 같은 느낌을 준다. 이 때 at을 쓰면 이 두 문제를 해결할 수 있기 때문이다. 도시는 point로 취급할 수 있으나 나라는 일반적으로 아주 넓은 것이기 때문에 point로 취급되지 않는다. 따라서 at이 South Korea에 연결될 가능성은 없다.

- **What's on your mind?**
  무엇이 너의 마음에 붙어 있느냐?
  >> 영어로 '마음에 붙어 있다' 는 것은 마음을 짓누르고 있다는, 즉 괴롭히고 있다는 뜻이다. 그러나 What's in your mind? '무엇이 너의 마음속에 있느냐?' 는 What are you thinking about?과 같은 의미이다. 또 [bear/keep + 명사 + in mind]의 표현도 있는데 '(무엇을) 잊지 않다,' '명심하다,' '마음 속에 두다' 등의 의미이다.

건물을 목적어로 할 때는 at과 in 둘 다 쓰일 수 있지만 의미나 뉘앙스에서 차이가 있다. at은 건물을 물체로서가 아니라 그 건물이 갖는 기능 또는 그것이 나타내는 조직체나 기관에 초점을 맞추는 반면, in 은 건물을 단순히 물체로 제시한다:

- **John works in a factory but Mary works in a bank/in an office.**
  John은 공장에서 일하지만 Mary는 은행에서/사무실에서 일한다.

- **How many employees are there at the bank? I mean, how many people work at the bank everyday?**
  은행에는 고용원이 몇 명이나 됩니까? 다시 말해서 은행에서 날마다 몇 사람이 일을 합니까?
  >> 기관, 조직에 '고용되어,' '소속하여' 라는 의미가 강하므로 in보다는 at이 적합하다.

- **How many vice presidents are there at the bank?**
  그 은행에는 몇 명의 부행장이 있습니까?
  >> 만일 in the bank라고 한다면 은행을 단순한 구조물로서 제시하는 것이 되어 은행 조직상의 부행장이라는 의미는 부각되지 않는다. 그러나 '은행에서 일하다' 라는 의미라면 work in the bank나 work at the bank나 차이가 없다.

- **Yesterday I studied until late at/in the library for the exam.**
  어제 나는 도서관에서 늦게까지 시험 공부를 했다.
  >> 공부하는 곳으로서의 도서관은 건물, 점, 위치 중 어느것으로 보거나 현실적으로 아무런 차이가 없다. '도서관에서 공부하다' 에서 도서관은 소속의 개념으로 이해하기 어렵기 때문이다.

- **He studied at/in Harvard University.**
  그는 하버드 대학에서 공부했다.
  >> 그가 하버드 대학에 소속하여, 즉 하버드 대학 학생으로 공부했다는 뜻이므로 at을 써야 한다. 대학은 소속의 대상이다. a professor at Harvard 같은 경우도 마찬가지이다.

• • **Most professors eat lunch in the cafeteria at the University.**
대부분의 교수들은 대학의 cafeteria에서 점심식사를 합니다.
>> cafeteria는 방이나 건물로 제시되고 University는 cafeteria를 포함하는 위치이다.

• • **Food service is available in the cafeteria in Mary Graydon Center.**
식사는 Mary Graydon Center 안에 있는 구내식당에서 제공됩니다.
>> 이 예문에서는 cafeteria는 Mary Graydon Center라는 건물 안에 있는 방으로 제시되어 있다.

• • **We were sitting in the airport terminal.**
우리는 공항 건물 안에 앉아 있었다.

• • **We were staying at the Hilton Hotel.**
우리는 힐튼호텔에 머물고 있었다.

그러나 두 전치사 중 어느 것을 쓰거나 그 근본적인 차이가 별로 중요하지 않은 경우도 있다. 이런 경우에는 어느 것을 써도 상관 없다:

• • A: **What's the name of this bird?**
이 새의 이름이 무엇이지?

B: **I don't remember at this moment. It's slipped my mind. But I'll try to bring it to mind. It's at/on the tip of my tongue.**
지금 당장은 기억이 안 난다. 잊어먹었다. 그러나 그 이름을 되살려 보겠다. 혀끝에서는 빙빙 도는데 (딱 나오지를 않는구나).
>> 혀끝을 표면으로 제시하든 위치로 제시하든 의미상 차이가 없다.

• • **Children should not be allowed to play on/in the street.**
아이들이 길에서 놀도록 두어서는 절대 안 된다.
>> 길은 표면으로 제시할 수도 있고 면적으로 제시할 수도 있다.

• • **Teachers love to put trick questions on/in multiple choice-tests.**
교사들은 선다식 시험에 함정 문제 넣기를 좋아한다.

• • **This kind of exercise will help the students' scores on/in examinations.**
이런 연습은 학생들의 시험 점수를 올리는 데 도움을 줄 것입니다.

• • **The cat lay asleep on/in her lap.**
그 고양이는 그 여자의 무릎에 누워 자고 있었다.

• • **I don't want to put my telephone number in/on the directory.**
나는 전화번호부에 내 번호를 올리고 싶지 않다.
>> directory를 '책'으로 의식하면 in을 쓸 수 있고, 그것을 '명단'으로 인식하면 on을 쓸 수 있을 것이다.

004 some과 any의 용법

우리는 수나 양을 의미하거나 '어떤' 이라는 의미를 갖는 some과 any에 대해서 흔히 긍정 서술문에는 some이 쓰이고 부정문과 의문문과 조건절에는 any가 쓰이는 것으로 안다. 이것은 기본적으로는 맞는 지식이다. 그러나 이같은 도식화된 지식은 많은 경우에 통하지 않는다. some과 any는 문장의 외형에 따라 자동적으로 선택되는 것이 아니고 내적 의미에 따라 선택되는 것이다. 문장의 내적 의미는 그 외적 형태와 언제나 일치하지는 않는다. 문장의 외형에 상관없이 문장의 내적 의미가 긍정이면 some, 내적 의미가 부정이거나 묻는 것이면 any가 쓰인다:

1. 문장의 외형과 문장의 의미가 일치하는 경우

- **I bought some apples yesterday.**
  나는 어제 사과를 조금 샀다.

- **Why don't you see if any of these clothes fit you?**
  이 옷들 중에서 너에게 맞는 것들이 있나 보려무나.

- **Do any of your fellow office workers bring their packed lunch to work?**
  너의 사무실 동료들 중에 도시락을 가져오는 사람들이 있느냐?

- **I don't have any friends here.**
  나는 여기에 친구가 없습니다.

- **If there are any good apples in the shop, buy me some.**
  상점에 좋은 사과가 있거든 나도 좀 사다 주세요.
  >> 조건절은 사실은 의문문이나 같은 것이다. 위의 예문은 Will there be any good apples in the shop? If so, buy me some.과 비슷한 의미이다. 그래서 조건절에는 일반적으로 any가 쓰인다.

- **Do you have any cars? – No, I don't have any.**
  당신은 차가 있습니까? — 아니오, 없습니다.

- **If you have any questions, ask me at this number.**
  질문이 있으면 이 번호로 문의하여 주십시오.

- **If you had ever listened to any of my lectures, you would have known the answer.**
  네가 내 강의를 한두 번만이라고 경청했더라면 그 답을 알았을 텐데.

- **Come and see me if you have any time.**
  시간이 나거든 찾아 오십시오.

- **What's the greatest height anyone has ever grown to?**
  지금까지 사람이 성장한 최고의 높이(즉 키)는 얼마입니까?

- **What's the greatest age anyone has ever lived to?**
  지금까지 사람이 산 최대 연령은 몇 살 입니까?

some과 any 다음에 오는 명사는 셀 수 없는 의미일 때는 단수형이 되지만 셀 수 있는 의미일 때는 복수형이 된다:

- **We didn't buy any apples yesterday.**
  우리는 어제 사과를 (하나도) 사지 않았다.

- **We didn't buy any cheese yesterday.**
  우리는 어제 치즈를 (전혀) 사지 않았다.

- **The public transit system is so good here that I actually don't need any cars.**
  여기는 대중 교통체계가 아주 잘 되어 있어 나는 사실상 자가용이 필요 없다.

- A: **Is there any food left for me?**
  내가 먹도록 남겨진 음식이 좀 있느냐?
  B: **Yes, there's some (food) for you.**
  네. 조금 있습니다.

2. 문장의 외형과 문장의 의미가 일치하지 않은 경우

- **If you eat some spinach, I'll give you ten dollars.**
  네가 시금치를 좀 먹어준다면 너에게 10달러를 주겠다.

  >> If you eat some spinach는 그 의미에 있어서 Will you eat any spinach?와 대응하지 않는다. some은 긍정의 의미이기 때문에 조건절에 쓰이면 그 조건절은 화자의 긍정적인 요구를 나타내게 되어 결국 긍정 명령문 Eat some spinach와 같은 뜻이 된다. 즉 '제발 좀 먹어다오. 그러면' 의 의미가 되는 것이다. 그 의미가 그냥 단순한 조건이라면 any를 썼을 것이고 그런 경우 화자는 청자가 시금치를 먹어도 좋고 안 먹어도 좋은 중립의 입장을 보이게 된다.

- **If somebody knows a way to restore free democratic capitalism in this country, I wish they would run for President in our next presidential election.**
  만일 누가 이 나라에 자유 민주주의 자본주의를 회복하는 방법을 안다면 그런 사람이 다음 대선에 출마하면 좋겠구나.

  >> 그런 방법을 알고 있는 사람들이 있다는 것을 믿거나 희망하고 하는 말이다. 즉 '있으면 출마하고 없으면 말고' 라는 식으로 체념하며 말하는 것이 아니다.

- **Would you have some coffee?**
  커피를 좀 드시겠습니까?

  >> 이것은 coffee를 마시라고 권하는 말로 Please have some coffee.나 마찬가지이다. 만일 여기에

any를 쓴다면 '혹시 coffee가 있는지요?' 라는 순수한 의문문이 될 것이다. 중립적 내지는 부정적 입장을 나타내는 any를 쓴다면 권하는 긍정 명령문의 의미가 될 수 없는 것이다.

•• **Do you have some money?**
돈이 좀 있느냐?
>> 이 문장은 I hope you have some money so that I can borrow some.과 같은 의미이다. 즉 문장의 외형대로의 의문문이 아니고 긍정적 대답을 기대하는 화자의 마음이 나타나 있다. 만일 여기에서 some 대신 any를 쓴다면 어느 쪽으로든 화자의 기대를 나타내지 않는 순수한 의문문이 된다.

•• **Didn't you borrow some books from the library last month?**
너는 지난달 도서관에서 책을 몇 권 빌리지 않았니?
>> 이 문장은 형식적으로는 부정문에 의문문까지 겹쳐 있지만 사실상 내용상으로는 긍정문이다. 즉 You borrowed some books from the library, didn't you?나 같은 의미이다.

•• **Please read this composition and correct any grammatical mistakes.**
이 작문을 읽고 혹시 문법적인 과오가 있으면 고쳐 주십시오.
>> 여기서 any mistakes는 의미상으로는 조건절로서 if there are any mistakes와 같은 의미이다. 조건절은 그 의미가 의문문과 같기 때문에 (Are there any mistakes? Then correct them.) any를 쓴 것이다. 만일 any mistakes 대신 some mistakes로 한다면 문장의 의미는 조건이 아니고 긍정 서술문과 긍정 명령문이 합쳐진 There are grammatical mistakes in this composition. Please correct some of them.이 된다.

•• **Correct mistakes, if any.**
혹시 틀린 데가 있으면 고쳐라.
>> if any는 if there are any mistakes라는 의미인데 any를 썼으므로 혹시 틀린 데가 있으면 고치고 없으면 그대로 두라는 뜻이다. 즉 화자는 틀린 데가 있는지 없는지 전혀 암시하지 않고 있다. We apologize for any confusion or misunderstanding caused by our article (Dec. 8) 본 지 (12월 8일 자) 기사로 인해 혼돈이나 오해가 야기되었다면 사과드리는 바입니다.

•• **Is someone coming this afternoon?**
오늘 오후에 누가 오느냐?
>> 이 문장은 Someone is coming, right?과도 같은 긍정적 의미이다. 즉 손님 맞을 준비를 하고 있는 모습을 보고 묻거나 확인하는 말이다.

•• **Is anyone coming this afternoon?**
오늘 오후에 누가 오느냐?
>> 우리말의 번역은 앞의 예문과 구분이 안 되지만 이 문장의 의미는 묻는 사람의 선입관적인 판단이 전혀 반영되지 않은 단순한 질문이다.

•• **Would somebody give this old man a hand?**
누가 이 노인에게 도움의 손길을 주지 않겠는가?
>> 이 문장은 누군가가 나서서 도와주라는 화자의 요구이다. 즉 Please give him a hand.와 같은 의미이다.

•• **Did somebody telephone last night?**
누가 어제 밤에 전화했지요 (그랬지요)?
>> 이 문장은 Somebody telephoned last night, right?과 같은 의미로 묻는 사람은 누가 전화했다는 어떤 근거를 가지고 있으며 지금은 그것을 단순히 확인하는 것이다. someone 대신에 anyone을 쓴다면 전혀 모르는 상태에서 그냥 묻는 순수한 의문문이 된다.

•• **Can I help you with something?**
뭘 좀 도와드릴까요?
>> 이 말은 상대방이 화자의 도움을 필요로 함을 화자가 느끼고 있음을 나타내며 동시에 화자가 도와줄 수 있다는 긍정적 태도를 나타낸다. 상점 점원이 가게로 들어오는 손님에게 '뭘 도와드릴까요' 라는 뜻으로 할 수 있는 말이다. 만일 something 대신 anything을 쓰면 점원이 손님을 도와줄 수 있을지 없을지 모른다는 뜻이 되므로 점원이 손님에게 할 수 있는 말은 아니다.

•• **Somebody there?**
거기 누구 왔소/있소?
>> 인기척을 듣고 확인하는 표현이다. I know somebody is there. Who is it?과도 같은 말이다. Anybody there?라고 한다면 '혹시 거기 누구 없소?' 의 의미로 사람을 찾을 때 할 수 있는 말이 된다.

•• **When can I hear something about this interview?**
이 면접의 결과를 언제 쯤 들을 수 있을까요?
>> 이 문장은 I want to hear something about this interview as soon as possible.라는 의미로 면접의 긍정적 결과를 기대하는 화자의 심정을 나타내는 말이다.

•• **You know something? Joe got married last week.**
무엇 하나 알려줄까? Joe가 지난주에 결혼했단다.
>> You know something?은 I have something to tell you.와 비슷한 표현이다.

•• **When you get home, if you wish you hadn't bought something, just bring it back. We'll give you a full refund.**
집에 돌아가서 만일 뭔가를 괜히 샀다는 생각이 들면 그것을 가져오십시오, 우리는 전액 환불해 드립니다.
>> 여기서 if절은 긍정절이다. you hadn't bought....는 긍정절에 들어 있는 한 부분에 지나지 않는다.

•• **How could you do something so stupid?**
너는 어찌하여 이렇게 어리석은 짓을 했단 말이냐?
>> 이 외형적 의문문은 내적으로 You did something stupid.를 전제한다.

•• **How can I tell you something I don't know?**
내가 모르는 것을 어떻게 너에게 말해 줄 수 있겠니?
>> = You're asking me to tell you something I don't know.

•• **How could I have done anything so stupid?**
내가 어떻게 그리도 바보스런 짓을 했겠는가?
>> 이 문장은 I didn't do such a stupid thing.이라는 기본 의미에 '그건 말도 안 되는 소리다' 와 같

은 의미를 부가하기 위해 의문문으로 한 것이다.

- **Before anyone will lend you money, they will ask for your financial history.**
  누가 당신에게 돈을 빌려주기 전에 그는 당신의 재정 이력을 요구할 것이다.
  >> 재정 이력을 알아보지 않고 돈을 빌려줄 사람은 없다는 부정적 의미이다.

- **Take this before I say anything different.**
  내가 딴소리 하기 전에 이것을 가져가라.
  >> 내가 마음을 바꾸면 네가 이것을 가져갈 수 없다는 부정적 내용의 전달이다.

- **I'm sorry I said anything.**
  제가 괜히 (쓸데없는) 말을 해서 죄송합니다.
  >> 이 말도 의미상으로는 부정문이다. 즉 '아무 말도 안 했어야 했는데'와 같은 의미이다. 그래서 anything이 쓰인 것이다.

- **Stop him before he does anything foolish.**
  그가 어떤 바보스런 짓을 하기 전에 그를 막아라.
  >> 위 문장에서 before 절은 부정적 의미이다. '하기 전에'는 '하지 못하도록'과 같기 때문이다. 즉 이 예문은 Do something so that he doesn't do anything foolish.와 같은 표현이다.

- **Get rid of it before anyone sees it.**
  누가 보기 전에 그것을 치워라.
  >> = Get rid of it so that no one sees it.

3. 외형상 긍정문이 부정 부사나 기타 부정적 의미를 내포하는 경우

- **I seldom get any sleep these days.**
  나는 요즈음 잠을 거의 자지 못한다.
  >> seldom은 부정적 의미를 갖는 부사이다.

- **Little did I expect any help from him.**
  나는 그에게서 도움을 기대하지 않았다.

- **Only two of us had any experience in sailing.**
  오직 우리들 중 두 사람만이 범주의 경험이 있었다.
  >> 이 문장은 사실상 부정문으로 '두 사람 빼고는 아무도 경험이 없었다.'의 의미다.

- **What makes you think you have any talent in singing?**
  어떻게 해서 너는 네가 노래에 재능이 있다고 생각하니?
  >> [What makes you think you + 동사?]의 문장형태는 [I don't think you + 동사]와 같은 의미로 결국 부정문이다.

- **He denied that he had received any money from them.**
  그는 그들로부터 돈을 받았다는 것을 부인했다.
  > = He said he hadn't received any money from them.

- **What is the greatest height anyone has ever grown to?**
  지금까지 사람이 성장하여 도달한 가장 큰 키는 얼마인가?
  > 최상급은 그 뒤에 부정적 의미를 가지고 있다. 이 문장도 그 키에 도달한 어떤 한 사람을 빼고는 아무도 그렇게까지 성장하지 못했다는 뜻이다. 그래서 anyone을 쓴 것이다.

- **He refused any money.**
  그는 돈을 거부했다.
  > refuse는 부정적 의미로서 not receive와 같은 뜻이다. 위 예문에서 refused 대신 received를 썼다면 any는 some으로 바뀌었을 것이다.

- **He lacks any talent in commerce.**
  그는 장사 재능은 없다.
  > He lacks = He doesn't have

- **I'm against anything like that.**
  나는 그런 것은 반대다.
  > against는 not for와 같다. 따라서 against 대신 for를 쓴다면 anything도 something으로 바뀔 것이다. 그러나 against 앞에 not를 넣으면 이중부정이 되어 결과적으로 긍정의 의미가 되므로 I'm not against something like that.으로 해야 한다.

- **I'll forgo any profit.**
  나는 어떤 수익도 차지하지 않을 것이다.
  > I'll forgo는 부정적 의미로 I won't have와 같다. 그러나 forgo 대신 가령 긍정적 의미인 demand를 쓴다면 any는 물론 some으로 바뀔 것이다. 또 이중부정을 이용하면 I won't forgo some profit.이 된다.

- **It was difficult to find any point in his argument.**
  그의 주장에서 수긍할 점을 발견하기는 어려웠다.
  > difficult는 not easy라는 부정적 의미이다. It was difficult 대신 가령 I failed to find를 써도 마찬가지이다.

- **Unless anyone has any questions, this meeting is adjourned.**
  아무도 질문이 없다면 본 회의를 이만 산회합니다.
  > unless는 부정적 의미를 갖는 조건 접속사 [if+not]이다. 따라서 '아무도 질문이 없다면'의 의미가 된다. 즉 If there isn't anyone who has any questions와 같은 의미이다.

- **I'm very sorry that anything like that happened.**
  그런 것이 발생한 것에 대하여 유감천만입니다.
  > 그런 일이 일어나지 않았어야 했다는 부정적 의미의 표현이다.

4. some과 any는 수량의 의미가 아닌 '어떤'이란 의미로도 쓰이는데 이 의미로는 단수명사와 복수명사 둘 다 동반할 수 있으며 이 때의 any는 긍정 서술문에도 쓰인다. any가 긍정 서술문에 쓰일 때는 '어떤 ~이라도'라는 강조의 의미가 되는데 이 때의 발음은 stress를 붙여 강하게 해야 한다:

- **Some** parts of the country are quite mountainous.
  그 나라의 어떤 부분들은 산이 꽤 많다.

- **Some** days you're lucky and **some** days you're not.
  사람이란 어떤 날에는 재수가 있고 또 어떤 날에는 재수가 없는 법이다.

- There must be **some** reason behind his resignation.
  그의 사임에는 어떤 연유가 있을 것이다.

- You can use this printer with **any** computer.
  이 프린터는 어떤 컴퓨터와도 같이 사용할 수 있다.

- **Any** student caught cheating on the exam will be disqualified from it.
  시험장에서 부정행위를 하다 적발되면 어떤 학생이라도 자격이 박탈된다.

- In **some** restaurants, you can walk in and sit down at **any** table you want.
  어떤 음식점에서는 그냥 들어가서 우리가 원하는 어떤 식탁에라도 앉을 수 있게 되어 있다.

- That was the last place **anyone** could expect to see him.
  그곳은 어떤 사람도 그를 발견하리라 기대할 수 있는 장소가 아니었다.
  ≫ 이 문장은 그 번역이 보여주는 것처럼 사실은 부정문이다. 즉 the last place가 부정적 의미이기 때문이다. 그래서 someone은 쓸 수 없다.

- It's been a week since he ate **anything**.
  그가 무엇을 먹은 지 일주일이 된다.
  ≫ = He hasn't eaten anything for a week.

- What kind of questions shall I ask you? — **Any** question will do.
  어떤 종류의 질문을 할까요? — 어떤 질문이라도 좋습니다.

- Take **any** pencils you want.
  연필을 얼마든지 많이 가져가라.
  ≫ 긍정 서술문에서 any가 복수명사 앞에 오면 '얼마든지 많은 수의'라는 의미가 된다. 따라서 앞 문장은 Take any number of pencils you want.와 같은 뜻이다.

- He doesn't just read **any** books.
  그는 아무 책이나 읽는 사람이 아니다.
  ≫ 위의 문장에서 just를 빼면 '아무 책도 안 읽는다.'의 의미가 될 수 있으므로 '아무 ~이나'의 의미를 확실하게 하기 위해서는 just를 넣는 것이 안전하다.

- **I can't give you the ignition key of this car without some identification.**
  신분증명을 보지 않고는 이 차의 시동키를 드릴 수 없습니다.
  >> without은 부정적 의미지만 some identification은 그 의미가 긍정인 Show me some identification이나 같다. 그러므로 without some identification은 '신분증을 보여라, 안 그러면' 이라는 긍정과 부정을 순차적으로 의미하는 말이다. 그러나 주절의 동사를 긍정으로 바꾸어 I can give you로 한다면 without any identification이 된다. 이 경우에는 without 구가 부정적 의미인 '신분증이 없어도'가 되기 때문이다.

- **Lock up everything just in case someone tries to break in.**
  혹시 누가 침범할지 모르니 모든 것을 안전한 곳에 두고 방에 자물쇠를 채워라.
  >> (just) in case는 '혹시 모르니'라는 가정적 의미이다. 그런데도 someone을 쓴 것은 그런 일이 발생할 가능성이 있다고 보며 하는 말이기 때문이다.

- **I came just in case there was anything for me to help you with.**
  혹시 내가 너를 도와줄 일이 있을까 해서 왔어.
  >> 이 문장에서는 in case절의 내용이 발생할 가능성을 부정적으로 즉, '내가 도울 일은 없을 것 같지만'이라고 전제하고 말하기 때문에 anything이 쓰였다. 가령 Can I help you with something?은 말하는 사람이 자기가 도울 것이 있다고 생각하며 하는 말이고 Can I help with anything?은 도울 것이 있는지 없는지 모르는 중립적 상태에서 하는 말이다.

- **You can't get something for nothing.**
  사람은 아무 수고도 하지 않고 (또는 대가를 지불하지 않고) 어떤 것을 얻을 수는 없다.
  >> 여기서 something은 좀 특별한 의미를 갖는다. anything과는 달리 긍정적 의미로 어떤 '좋은 것,' 어떤 '가치 있는 것'을 의미한다. 가령, 흔히 쓰는 표현으로 That's really something, isn't it? '그것 괜찮은 일인데, 안 그래?에서도 같은 뜻으로 쓰인 것이다. 만일 예문이 부정문이라고 해서 You can't get anything for nothing.이라고 말한다면 그 얻는 대상이 '좋은 것이든 나쁜 것이든'이 되어 우리가 의도하는 뜻과 거리가 생긴다. 위 예문과 비슷한 의미로 흔히 No pain, no gain.이라는 말이 있다. 즉 '수고가 없으면 얻는 것도 없다'는 뜻이다. 이처럼 anything은 이 의미를 갖지 않기 때문에 이 의미로는 문장의미의 긍정, 부정에 상관없이 언제나 something이다.

005 [have + 목적어 + (원형동사/~ing동사/과거분사)]의 구조에 대하여

1. [have + 목적어 + 원형동사]

이 구조에서 원형동사는 하나의 완성된 행위를 의미한다:

(1) '누구에게 무엇을 하도록 (요청해서) 시키다' (사역적 의미)

- **Have the next person come in** now please.
  다음 사람을 들어오게 하시오.

- The doctor **had his patient breathe** deeply.
  의사는 환자에게 숨을 깊이 쉬도록 했다.

- They **had me fill out** a form.
  그들은 나에게 어떤 서식에 (필요사항들을) 써넣도록 하였다.

- Don't **have anyone do** your homework for you. Do it yourself.
  누구에게 너의 숙제를 대신 하게 하지 말고 네가 직접 해라.

- Why don't you **have your servants play** the game for you? Why do you make yourself sweat playing it yourself?
  당신은 왜 당신의 종들을 시켜 경기를 하게 하지 않습니까? 왜 당신이 직접 하며 땀을 빼십니까?

- I've never **had him do** anything against his will.
  나는 지금까지 그에게 아무것도 억지로 시킨 적이 없습니다.

- I **had my secretary tell** me all about it this morning.
  오늘 아침에 나는 내 비서로 하여금 그것에 대한 모든 것을 나에게 보고하도록 했다.

- He never **has his wife cook** a meal for the family. He does the cooking.
  그는 자기 부인에게 가족을 위해 밥을 하도록 시키는 법이 없다. 그 자신이 밥짓는 일을 한다.

- What would you **have me do** now?
  지금 내가 무엇을 했으면 좋겠습니까?
  ≫ What would you have me do?는 What shall I do?와 마찬가지로 상대방의 뜻을 묻는 말이다.

- A: Could I speak to Mr. Brown, please?
  브라운 씨와 통화할 수 있을까요?
  B: Mr. Brown is not here now. Could I **have him call** you?
  브라운 씨가 지금 안 계시는데요. (그 분이 들어오시면) 선생님께 전화하시라고 할까요?

get도 have처럼 '시키다' 라는 사역동사로 쓰일 수 있다. 그러나 get은 목적어 다음에 「to + 동사」 형태가 와야 한다:

- **I got him to help me when I moved the piano.**
  내가 피아노를 옮길 때 그가 나를 돕도록 했다.
  >> = I had him help me when I moved the piano.

(2) '무엇이 무엇을 함을 겪다(당하다)' (수동적 의미)

have는 '시키다' 라는 능동의 의미와 '당하다' 라는 수동의 의미를 가진다. 그러나 언제 어떤 의미가 의도되었는지는 상식적으로 명확해진다. 즉 문장의 내용이 주어가 시킬 수 있는 종류의 일이면 '시키다' 의 의미가 되고, 그런 종류의 일이 아닌 경우에는 '당하다' 의 의미가 된다. 다음 문장들이 나타내는 일들은 주어가 시켜서 발생할 수 있는 것들이 아니다:

- **I like to have my friends visit me on Sundays.**
  나는 일요일이면 내 친구들이 나를 방문해 주는 것(즉 방문 받는 것)을 좋아한다.

- **I had a strange thing happen to me yesterday.**
  나는 어제 이상한 일이 나에게 일어남을 겪었다. (즉 이상한 일이 일어났다.)

- **I had a burglar break into my office last night.**
  어제 밤에 내 사무실에 도둑이 침입했다. (직역: 도둑이 침입함을 당했다.)

- **I had a friend of mine tell me the price of gasoline would go up very soon.**
  석유 값이 곧 오를 것이라고 내 친구가 말해 주더라.

- **It's lovely to have strangers smile at you in an elevator.**
  엘리베이터에서 낯선 사람들에게서 미소의 인사를 받는다는 것은 즐거운 일이다.

- **I'm delighted to have you visit me.**
  네가 나를 방문해 주어서 기쁘다. (너의 방문을 받아 기쁘다.)

- **Your battery is still new. So it's strange for you to have it go dead like that.**
  손님의 배터리는 아직도 새것인데 배터리가 그런 식으로 나가버리는 것은 이상합니다.
  >> for you to have …의 직역은 '손님이 배터리가 그런 식으로 나가버림을 당하는 것' 이다.

(3) have가 would와 같이 쓰이면 '누가 무엇을 하기를 바라다' 의 의미가 된다:

- **Do to others as you would have them do to you.**
  남들이 너에게 해주기를 바라는 대로 네가 남들에게 행하라.
  >> = Do for others what you want them to do for you.

- **What would you have me do for you?**
  내가 당신을 위해서 무엇을 해주기를 원하십니까?

- • Would you have your Government do everything for you?
  당신은 당신의 정부가 당신을 위해 모든 것을 해주기를 바랍니까?

- • I would have you know that I did it to help you.
  너를 돕기 위해서 내가 그 일을 했다는 것을 네가 알아주기 바란다.

2. [have + 목적어 + ~ing]

~ing동사는 하나의 완성된 행위가 아니고 행위의 진행 상태를 의미한다:

(1) '누가 무엇을 하는 현상(상태)을 일으키다' (사역적 의미)

- • The murder of the human rights fighter had millions of citizens coming out to the streets, staging violent mass demonstrations against the dictatorial regime.
  그 인권투사의 살해 사건은 수백만 시민들이 거리로 나와 독재정권에 대한 격렬한 대규모 항의 시위를 하게 만들었다.

- • He had all the guests dancing by singing a song.
  그는 노래를 불러 모든 손님들을 춤추게 만들었다.

- • The professor had us laughing all through his lecture.
  그 교수는 강의 내내 우리를 웃게 만들었다.

- • We weren't surprised when he was fired from his company. He'd had it coming (to him) for a long time.
  그가 회사에서 해고당했을 때 우리는 놀라지 않았다. 그는 이미 오랜 동안에 걸쳐 그런 사태가 자신에게 오도록 하고 있었다.

  》 [have + 명사 + coming (to a person)]은 '어떤 일이 자신에게 오도록 원인 제공을 하다'의 의미이다. 발생한 일이 나쁜 일이면 '자업자득이다'라고 번역할 수 있고 (이 구조는 주로 나쁜 일의 발생에 쓰인다.) 좋은 일인 경우에는 '당연한 보답을 받게 되다'로 번역할 수 있다.

- • I feel sorry about his failing the course, but he had it coming to him.
  그가 그 과목에 낙제한 것은 안 된 일이다. 그러나 실은 자업자득이었다.

- • No one can honestly deny that Nelson Mandela had it coming to him when he won the Nobel Peace Prize.
  넬슨 만델라가 노벨평화상을 받았을 때 그것은 당연한 보답이었다는 것을 아무도 정직한 마음으로는 부인할 수가 없을 것이다.

- • She soon had her husband eating out of her hand.
  그 여자는 얼마 안 가서 자기 남편으로 하여금 자기 말에 고분고분 따르도록 만들었다.

  》 eat out of a person's hand '누구의 말을 잘 따르다'

(2) '누가 무엇을 하는 (어떤 일이 발생하는) 현상을 겪다.' (수동적 의미)

- **If entertainers put their telephone numbers in the directory, they will have people calling them up day and night.**
    연예인들이 그들 전화번호를 전화번호부에 올려놓는다면 그들은 사람들이 밤낮으로 그들에게 전화를 걸어대는 현상을 겪게 될 것이다.

- **Some time ago I had a friend of mine telling me about his recent trip to North Korea.**
    얼마 전에 내 친구 하나가 나에게 그의 최근 북한 여행담을 들려주었다.
    >> A friend of mine was telling me about his trip. 즉 친구가 나에게 여행담을 해 주고 있었는데 나는 다 듣지는 못했다는 뜻이다. 진행을 의미하는 telling 대신에 하나의 완성된 행위를 의미하는 원형동사 tell을 쓰면 '나는 여행담을 다 들었다'는 뜻이 된다.

- **I can't get my car out. I have another car blocking my way.**
    나는 내 차를 뺄 수 없다. 다른 차가 내 길을 막고 있다.
    >> 위 문장은 There is another car blocking my way.와 그 객관적 의미는 같으나 말하는 사람의 심리적 태도의 차이가 있다. There is ~는 단순한 사실만을 전하는 데 반하여 I have ~는 주어가 어떤 현상을 겪고 있음을 나타내므로 화자의 감정적 태도까지 느끼게 하는 표현이다.

- **During the hard rain we had water dripping through the ceiling of our bedroom.**
    우리는 그 폭우 중에 물이 침실 천장을 뚫고 뚝뚝 떨어짐을 겪었다.
    >> 이 문장도 객관적 의미로는 Water was dripping.과 같지만 이렇게 표현할 경우 이 현상에 대한 주어의 감정적 반응이 나타나지 않는 순수한 객관적 표현이 되어 예문의 의미인 '우리가 고생을 했다'는 뜻은 나타나지 않는다.

(3) have가 will not이나 cannot를 동반하면 '허락이나 승인의 거절'을 의미한다. 즉 '누가 무엇을 하도록 용인하지/방치하지/참아내지/허락하지 않다' 라는 의미이다:

- **We can't have you going everywhere by taxi.**
    우리는 네가 어디든지 택시로만 다니도록 할 수는 없다.

- **I won't have you telling me what to do.**
    나는 당신이 나에게 이래라 저래라 하도록 하지는 않을 것이오.

- **I can't have you speaking to me like that.**
    나는 당신이 나에게 그런 식으로 말하도록 둘 수 없소.

- **Will you have your superior at the office forcing his political views on you?**
    당신은 직장의 상사가 자기의 정치적 견해를 당신에게 강요하도록 두겠습니까?

- **My parents won't have me staying out later than ten o'clock at night.**
    나의 부모님들은 내가 밤에 10시 이후까지 밖에 나가 있도록 허락하지 않으신다.

3. [have + 목적어 + 과거분사]

이 구조의 글자 그대로의 의미는 '무엇이 어떻게 된 상태로 갖다' 이다:

- When stopping for a light, it is potentially dangerous to have your wheels turned to the left. If hit from behind, you could be pushed into oncoming traffic.
  신호등에서 멈추었을 때 바퀴를 왼쪽으로 돌려놓고 있는 것(바퀴가 왼쪽으로 돌려진 상태로 갖는 것)은 위험할 수 있다. 다른 차가 뒤로부터 충돌하면 우리는 다가오는 차들 속으로 밀려들어갈 수 있는 것이다.

- I like to run at specially designed courses that have distances indicated on markers.
  나는 각 거리가 표지판에 표시되어 있는 (각 거리가 표지판에 표시된 상태로 갖고 있는) 특별히 설계된 주로에서 달리기를 좋아한다.

이 구조는 위의 기본적 의미 외에 다음과 같은 세 종류의 의미를 가진다:

(1) '무엇이 어떻게 되도록 (부탁하여 또는 대가를 주고) 시키다' (사역적 의미)

누구에게 시키는가는 가령 우리가 이발사를 시켜 머리를 깎는 것처럼 상식적으로 뻔한 경우에 주로 쓰인다. 그러므로 시킴을 받는 사람은 보통 표시되지 않는다. 그러나 시킴을 받는 사람이 특정인이면 그 사람을 [by + 사람]의 형태로 제시해야 한다. 그리고 우리말에서는 누구를 시켜 하는 것과 자신이 직접 하는 것이 표현상으로는 구별이 되지 않지만 영어로는 반드시 구별해서 표현해야 한다:

- I really must have my car repaired today.
  나는 오늘은 무슨 일이 있어도 내 차를 고쳐야 한다.
  >> 우리말 번역으로는 주어가 직접 고치는 것인지 전문인을 시켜 고치는 것인지 알 수 없다. 그러나 주어가 직접 고치는 경우라면 영어로는 I really must repair my car today. 라고 해야 한다.

- I had my battery replaced only three months ago, but the engine won't start. Something other than the battery must be wrong.
  나는 배터리를 겨우 석 달 전에 교체했는데 엔진이 걸리지 않는다. 배터리 외에 다른 문제가 있음에 틀림없다.

- Your hair is too long. Have it cut today.
  너의 머리는 너무 길다. 오늘은 깎아라.

- I had my fortune told yesterday.
  나는 어제 점을 쳤다. (직역: 내 운이 말해지도록 시켰다.)

- They say the woman is a wonderful palm reader. I'd like to have my palm read by someday soon.
  그 여자는 손금 보는 재주가 놀랍다고들 한다. 나는 조만간 그 여자에게 내 손금을 보게 하고 싶다.

- - Something's wrong with my eyes. I think I have to have them examined.
    내 눈에 무슨 이상이 있다. 검사를 해봐야겠다. (즉 받아봐야겠다.)

- - I want to have my English composition corrected by a native speaker.
    내 영작문을 영어 모국어 화자에게 교정받고 싶다.

- - Have you had your telephone service set up now?
    당신은 이제 전화 가설이 되었습니까?

(2) '(주어의 소유물 또는 주어의 몸의 한 부분이) 어떻게 됨을 당하다' (수동적 의미)

- - We had the roof of our house blown away in the gale last night.
    어제 밤 강풍에 우리 집 지붕이 날아갔다.

- - He had his leg wounded in the battle.
    그는 그 전투에서 다리를 부상 당했다.

- - The dictator had his head cut off.
    그 독재자는 그의 머리가 잘려짐을 당했다. (즉 참수되었다.)

- - He had his ribs broken in the accident.
    그는 그 사고에서 그의 갈비뼈가 부러짐을 당했다.

이 구조에는 유의할 점이 있다. '당하는' 주체는 문장 속의 목적어이고 문장의 주어는 그로 인해서 영향을 받는 것이다. 만일 주어가 당하는 것이라면 물론 [be + 과거분사]의 구조를 써야 한다:

- - He had his wallet stolen.
    그는 지갑을 도난 당했다.
    >> 주어는 자기 지갑이 도난됨으로 인해서 영향을 받은 것이다. 즉 그가 손해를 보았거나 기분이 나쁘다는 암시가 내포되어 있다. 그러나 위의 예문을 His wallet was stolen.으로 바꾸면 이 문장은 그의 지갑이 도난 당했다는 하나의 사실을 객관적으로 서술할 뿐이고 he의 감정에 대해서는 어떤 암시도 나타내지 않는다.

- - He had his arm broken in the accident.
    그는 그 사고에서 그의 팔을 부상 당했다.
    >> 그의 팔이 부러지게 한 원인 제공자는 사고이다. 만일 가령 He fell and broke his arm.이라고 한다면 그가 실수해서 팔이 부러진 것이다. 또한 His arm was broken.은 누구의 잘잘못을 말하지 않고 팔이 부러진 것을 순수하게 객관적으로 서술한다.

- - Here, tourists can pose with a lion that has had its front claws and teeth removed to protect visitors.
    여기서는 관광객들은 방문객들을 보호하기 위해서 앞발톱과 이빨을 제거 당한 사자와 사진을 찍을 수 있다.

- When 1999 rolls over to 00, the computers that have not had this glutch repaired will conclude that the date is 1900.
  1999가 00으로 굴러오면 이 결함의 시정을 받지 못한 컴퓨터들은 날짜 연도가 1900년이라고 결론 지을 것이다.

(3) '무엇을 해치우다' (성취, 완성의 강한 의미)

- Have this book read by Sunday.
  일요일까지는 이 책을 읽어 치워라.

- Let's have the dishes washed quickly and watch the Korea-Poland soccer game.
  설거지를 빨리 해치우고 한국 대 폴란드 축구경기를 보자.

- He lacks ability. He can't have things done.
  그는 능력이 없다. 그는 일을 해내지 못한다.

[have + 목적어 + 과거분사]의 구조에서 have 대신 get을 써도 된다. get은 have에 비해서 비격식적이고 구어적 표현이라는 차이가 있다:

- I really must get my car repaired today.
  오늘은 무슨 일이 있어도 내 차를 수리해야 한다.

- He got his new car stolen yesterday.
  그는 그의 새 차를 어제 도난 당했다.

- He can't get things done.
  그는 일을 해내지 못한다.

- A: I have to get these things stacked up before I go home.
  집에 가기 전에 나는 이것들을 다 정리해 치워야 한다.
  B: Then get started right now. You won't get it done standing around here talking.
  그러면 지금 당장 일을 시작하라. 잡담이나 하며 여기저기 서성거리면 일을 못 끝낼 것이다.
  ≫ get started는 get yourself started의 의미로 start보다 의미가 더 강하다.

- When a child got a finger stuck in a hole in the school bus, fire fighters were called to help free him.
  통학 버스에서 어린이의 손가락이 구멍에 끼었을 때 소방관들이 그 애를 구하는 것을 돕도록 불려왔다.
  ≫ 손가락이 구멍에 끼어 나오지 않는 현상을 당했을 때

Idiomatic Expressions

bite off more than one can chew:

'자신이 해낼 수 있는 이상의 일에 덤벼들다,' '무리를 하다' (직역: '씹을 수 있는 양 이상을 물어뜯다')

■ ■ ■

When he signed the contract that obliged him to remit millions of dollars to North Korea each year in return for its opening part of Mt. Keumgang to South Korean tourists, he was *biting off more than he could chew*. Sure enough, his business is reported to be on the brink of bankruptcy.

그가 금강산의 일부를 남한 관광객들에게 개방하는 대가로 매년 수 백 만 불을 북한에 송금하게 하는 그 계약을 체결했을 때 그는 해낼 수 없는 일에 덤벼들고 있었다. 아니나 다를까 그의 사업은 파산 일보 전에 있는 것으로 보도되고 있다.

■ ■ ■

Don't accept the position, which is beyond your ability. If you accept it you'll certainly *bite off more than you can chew*.

그 직책은 너의 능력을 벗어나는 자리이니 받아들이지 말라. 만일 그럴 경우 너는 해낼 수 없는 일을 받아들이는 것이 될 것이다.

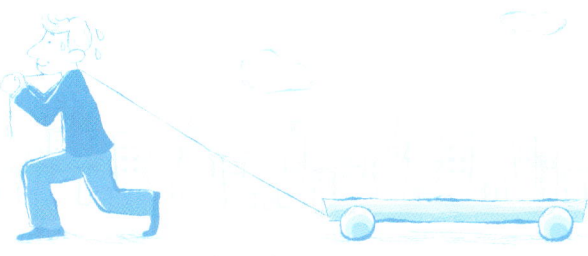

006 with tears in her eyes와 같은 [with + 단축절]의 의미와 용법

가령 With tears in her eyes, she heard the poor girl's story라는 문장에서 tears in her eyes는 의미상으로는 tears were in her eyes라는 절인데 be동사를 빼고 명사구로 만든 것이다. 이같은 명사구는 일종의 단축절이다. 이 때 with는 종속절을 주절에 연결시키는 사실상의 접속사 기능을 한다. 단축절의 의미 구성은 주어가 되는 명사(구)와 그것을 서술하는 술어로 되어 있다. 단축절을 만드는 방법은 간단하다. 위 예문의 경우처럼 원절에서 be동사가 술어이면 이 be동사를 생략하고, 원절에서 일반동사가 술어인 경우에는 이 일반동사를 ~ing형으로 바꾸면 된다.

따라서 앞 예문의 with tears in her eyes는 '눈에 있는 눈물을 가지고'가 아니라 '두 눈에 눈물이 고여있는 상태에서'라는 의미이다. 이처럼 단축절을 주절과 연결시키는 접속사 기능을 하는 with는 환경적 상황, 상태, 이유 등을 나타낸다. 이 구조는 대단히 생산적이며 단축절의 형태도 다양하다.

다음에서 단축절의 형태별 예들과 그 의미를 자세히 살펴보자:

1. **[with + 명사(구) + ~ing]** '무엇이 무엇을 하고 있는(하는) 상황(상태)에서,' '무엇이 무엇을 하고 있기(하기) 때문에'

   ・・ **With winter coming on**, it's time to buy warm clothes.
   겨울이 다가오고 있기 때문에 따뜻한 옷을 구입해야 할 때가 되었다.
   》 원절 : Since winter is coming on,

   ・・ I can't concentrate on my work **with someone watching me**.
   나는 누가 나를 지켜보고 있는 상황에서는 일에 집중할 수 없다.

   ・・ Don't walk around **with your shirt hanging out**.
   셔츠가 바깥으로 내밀고 나오는 상태로 입은 채 걸어 다니지 말라.
   》 원절 : in a state in which your shirt hangs out

   ・・ **With the class making so much noise**, I felt like stopping my lecture.
   반 학생들이 어찌나 떠들던지 나는 강의를 중단하고 싶었다.

   ・・ Labor is becoming increasingly less physical, **with machines doing most of the work** both on the job and in the house.
   각종 기계가 직장에서도 집에서도 일의 대부분을 하고 있어 노동은 갈수록 덜 육체적인 것이 되어 가고 있다.

   ・・ **With the exams coming** next week, I have no time for a social life.
   시험들이 다음 주에 있기 때문에 나는 지금 사교 생활을 영유할 시간이 없다.

•• A: **Can I help you with the packing?**
짐 꾸리는 일을 도와줄까?

B: **That's a wonderful idea. We'll finish much quicker with two people working.**
좋은 생각이다. 둘이 하면 훨씬 더 빨리 일을 끝낼 수 있지.

•• **With everyone watching, he stomped out of the room.**
모든 사람이 보는 속에서 그는 쿵쿵 소리를 내며 방을 걸어 나갔다.
   >> 원절 : While everyone was watching,

•• **The Korean War began in 1950 and ended in 1953, with neither side having won.**
한국전쟁은 1950년에 시작해서 1953년에 어느 쪽도 승리하지 못한 상태에서 끝났다.

•• **The 'Three Wise Monkeys' are supposed to represent "see no evil, hear no evil, speak no evil." They are three monkeys sitting in a row, one with its hands covering its ears, another with its hands covering its eyes, and the third with its hands covering its mouth.**
'세 마리의 원숭이'는 "악은 보지도 말고, 듣지도 말고, 말로 하지도 말라"라는 의미를 나타내는 것으로 되어 있다. 이들은 한 마리는 두 손이 자기의 두 귀를 덮고 있고, 다른 한 마리는 두 손이 자신의 두 눈을 가리고 있으며, 세 번째 원숭이는 두 손이 자신의 입을 가리고 있는 상태로 한 줄로 앉아있는 세 마리의 원숭이를 일컫는 것이다.

•• **With the cost of living rising and the economy sagging, as a result of amateur politicians leading our country, we see no ray of hope of better life for at least a couple of years ahead.**
아마추어 정치인들이 우리나라를 이끌고 있는 결과로 생활비는 오르고 있고, 국가 경제는 침체상태에 빠져들고 있는 속에서 우리는 적어도 앞으로 2년 동안은 더 나은 생활에 대한 희망의 빛을 전혀 볼 수 없다.

•• **With corruption scandals within his immediate circle being constantly disclosed by the press, the President is quickly becoming a lame duck.**
자신의 실세들 사이에서의 부패 의혹들이 언론에 의해서 끊임없이 폭로되고 있어서 대통령은 급속도로 레임덕이 되어 가고 있다.
   >> 원절 : Since corruption scandals ... are constantly disclosed ... 이 경우는 be동사가 술어동사이므로 are를 생략하여 단축절을 만들 수 있지만 그렇게 하면 수동 상태의 진행인지 단순한 상태인지 확실하지 않을 수 있으므로 are를 생략하는 대신 ~ing형으로 하여 진행의 의미를 확실하게 한 것이다.

•• **At this present moment in our history, with leftist ideology threatening the principles of democracy and market economy, we the non-leftist majority of the nation must stand up firmly against the anachronistic Marxist elements in our society.**
좌익 이념이 민주주의와 시장경제의 원리들을 위협하고 있는 우리 역사의 지금 이 시점에서 우리 비 좌익 국민 다수는 우리 사회의 시대착오적인 마르크스주의 분자들에 대항하여 단호하게 일어서야 할 것이다.

- **The baby fell asleep with its head resting on its father's shoulder.**
  그 아기는 머리를 아빠의 어깨에 대고 잠이 들었다.

2. [with + 명사(구) + pp] '무엇이 어떻게 된 상태에서/되었기 때문에'

- **I can find my way home with my eyes closed.**
  나는 두 눈을 감은 상태에서도 (감고도) 내 집을 찾아 갈 수 있다.
  >> 원절 : in a state in which my eyes are closed

- **With all his savings gone, he either has to work or starve.**
  자기 저축이 다 바닥난 상황이니 그는 일을 하거나 아니면 굶거나 해야 한다.

- **Don't just stand there with your arms folded. Do something.**
  팔짱을 끼고 거기 서있기만 하지 말고 뭘 좀 해봐라.

- **It's not easy to walk in a straight line with both eyes closed.**
  두 눈을 다 감고 직선으로 걷는 것은 쉬운 일이 아니다.

- **He stood with his head bowed in shame.**
  그는 부끄러워 머리를 숙이고 서 있었다.

- **I can knock him out with my right arm tied to my back.**
  나는 내 오른 팔을 등 뒤에 묶어 놓고도 그를 녹아웃시킬 수 있다.

- **In our school days students who were talking in class were brought to the front of the classroom and made to stand for some time with their arms raised in the air. But there was no parent who raised any objection to the punishment.**
  우리가 학교 다닐 때는 수업 중에 떠드는 학생들은 교실 앞에 불려나와 두 팔을 들어 올리고 얼마동안 서 있도록 되어 있었다. 그러나 그러한 벌에 대해서 어느 학부모도 이의를 제기하지 않았다.

- **I've been running around like a chicken with its head cut off.**
  나는 눈코 뜰 새 없이 바빴다.
  >> 직역하면 '머리가 잘리어 나간 닭처럼 바빴다'이다. 허물없이 말할 때 흔히 쓰는 표현인데 실제로는 머리가 잘리어 나갔으면 그 생물체는 죽었다는 뜻이고 그러면 움직이지 못하는 것이지만 이 표현은 그런 상태에서도 살아있다고 가정하고 있는 것이다. 머리가 잘리어 나갔으니 얼마나 아프겠는가. 그래서 이리 뛰고 저리 뛰고 아파 날뛰는 장면을 상상한 것이다. like a chicken ~대신 with my head cut off라고도 말한다.

- **How long can you keep standing with one leg raised from the ground?**
  다리 하나를 땅에서 뗀 채로 얼마나 오래 서 있을 수 있느냐?

3. [with + 명사(구) + 형용사(구)] '무엇이 어떤 상태이기 때문에/상태에서'

- **With the house empty** now, I can't go out.
  지금은 집이 비어 있어서 나는 나갈 수 없다.
  >> 원절 : Since the house is empty

- She was stitching her husband's shirt **with her baby sound asleep** on her lap.
  그 여자는 자기 아기가 무릎에 누어 곤히 잠든 상태에서 남편의 셔츠를 꿰매고 있었다.

- **With the trees (grown) tall** now, the streets look beautiful.
  나무들이 이젠 컸기 때문에 거리가 아름다워 보인다.

- **With a taxi soon available**, I was able to get to the meeting on time.
  택시를 곧 잡을 수 있어서 나는 회의에 정각에 도달했다.

- Don't talk **with your mouth full**.
  너의 입이 음식으로 가득 찬 상태에서 말을 하지 말라.

4. [with + 명사(구) + 부사] '무엇이 어디에 있는 상태로(상태여서)'

- **With her husband so much away from home**, she is lonely.
  자기 남편이 집에서 떨어져 있는 시간이 많아서 그 여자는 외롭다.
  >> 원절 : As her husband is so much away from home

- He put his socks on **with the wrong side out**.
  그는 양말을 안쪽을 밖으로 하고 (뒤집어) 신었다.
  >> with the wrong side out = with the inside out 안쪽이 밖으로 나온 상태에서

- I locked the car **with the key inside**.
  나는 키를 차안에 둔 채로 차 문을 걸었다.

- He wandered about **with one shoe off** and **with one shoe on**.
  그는 신발을 한짝은 벗고 또 한짝은 신고 배회했다.
  >> 원절 : in a state in which one shoe is taken off and one shoe is put on 이 경우에는 단순히 be동사만 생략한 것이 아니고 taken과 put까지 생략한 것이다. 이들 동사를 그대로 두어도 물론 되지만 그것들을 생략해도 off와 on의 의미가 각기 '벗다'와 '신다'를 나타내므로 의미의 모호성은 없다.

- **With profits up** by 60%, the company has had another excellent year.
  수익이 60%가 올라서 회사는 또 한 번의 좋은 해를 보냈다.

- Once there were blue skies **with white clouds high above**.
  전에는 높은 하늘에 하얀 구름 조각들이 흐르는 그런 파란 하늘이 있었는데.

5. [with+명사(구)+전치사구] '무엇이 어디에 있는 상태에서,' '무엇이 어떤 상태에 있는 속에서'

- He stood with his back to the wall.
  그는 자기 등을 벽에 대고 섰다.
  >> 원절 : in a state in which his back is put to the wall 이 경우 역시 동사 put을 생략하지 않아도 되지만 여기서는 to가 put의 의미를 나타내므로 생략한 것이다.

- Don't greet your superior with your hands in your pockets.
  호주머니에 손을 넣은 상태로 (손을 넣고) 상사에게 인사하지 말라.

- Don't talk with a cigarette between your lips.
  담배가 입술 사이에 있는 상태로 (담배를 입에 물고) 말하지 말라.

- I saw the drama on TV with tears in my eyes.
  나는 눈물이 눈을 가리는 속에서 그 드라마를 TV를 통해 보았다.

- With the children at school, we can't take our vacations when my husband and I want to.
  우리 아이들이 학교에 다니고 있어 우리는 남편과 내가 원하는 때에 휴가를 갈 수 없다.

- Don't eat with your elbows on the table.
  팔꿈치를 식탁에 댄 상태로 식사를 하지 말라.

- A used car with a very few miles on it costs more than one with a lot of miles on it.
  주행 거리가 얼마 안 된 상태에 있는 중고차는 주행 거리가 많은 상태에 있는 중고차보다 비싸다.
  >> 여기서 miles on it은 miles are recorded on it의 의미이다.

- Could a person play soccer with a cast on his foot/with his foot in a cast?
  사람이 발 하나를 깁스한 상태에서 축구를 할 수 있을까요?

- With most women in the work force, our country today is experiencing a profound change in family life.
  대부분의 여자들이 직장에 나가고 있어 오늘의 우리나라는 가정생활에 있어 격심한 변화를 겪고 있다.

- Bush did it all while conducting an increasingly unpopular war, with an economy on tiptoes and a public conflicted about many issues but most of all about himself.
  부시 대통령은 국가 경제는 아슬아슬한 상태에 있고 일반 사회는 여러 문제들, 그 중에서도 특히 부시 자신에 대해서 국론이 엇갈린 상태에서 갈수록 인기를 잃어가는 전쟁을 수행하면서 이 모든 것을 해냈다.

6. [with+명사(구) (+being)+명사(구)] '무엇이 무엇인 상태에서'

두 개의 명사(구)를 병치하여 단축 절을 만드는 경우에는 흔히 그 사이에 being이 들어간다:

- **Many Americans eat out everyday, with lunch (being) the most popular meal.**
  많은 미국인들이 매일 외식하는데 점심이 그 중에서도 가장 일반적인 식사이다.
  >> 원절 : in a state in which lunch is the most popular meal

- **The government party will be able to go into the election with the economy (being) a decided plus.**
  여당은 국가 경제가 자신의 당에 결정적인 유리함이 되는 상황에서 이번 선거에 임할 수 있을 것이다.

- **Americans observe many festivals, with Christmas (being) the biggest one.**
  미국인들은 많은 축일을 지키는데 그 중에서도 크리스마스가 가장 큰 축일이다.

- **With a good conscience our only sure reward, with history the final judge of our deeds, let us go forth to lead the land we love.**
  양심을 우리의 유일하고도 확실한 보답으로 삼고 역사를 우리 행위의 최종 심판자로 하며 우리가 사랑하는 나라를 이끌어 나아갑시다.
  >> Kennedy 대통령 취임 연설의 마지막 부분

7. [with 명사(구)+to+자동사]

- **With only a couple of years to go** before the next presidential election, I think the incumbent President should not be so reckless as to set about any big scale administrative plans that are strongly opposed to by many people and therefore could easily be discarded by the next regime.
  다음 대통령 선거까지 겨우 2년 남아 있는 상태이기 때문에 현직 대통령은 많은 사람들에 의해 강하게 반대를 받고 있고 따라서 차기 정권에 의해 폐기 처분될 가능성이 큰 그런 대규모 행정계획들을 착수하는 무모함을 범해서는 안 된다고 나는 생각한다.
  >> 원절: when only a couple of years is/remains to go before ~

- I bought this car by paying only half of the price, **with the rest to be paid** over the next three months.
  나는 정가의 반만 내고 나머지는 다음 3개월 동안에 걸쳐 분납하도록 하는 상태에서/조건으로 이 차를 샀다.

8. [with 명사(구)+to+타동사]

이 형태는 지금까지 설명한 with 구와 외형상 비슷하지만 [with + 단축 절]은 아니다. [to + 타동사]는 그 앞에 있는 명사(구)를 의미상 주어로 하는 술어가 아니고 그것을 목적어로 하는 수식어이기 때문이다. 즉 단순한 [with + 명사구]인 것이다. 이처럼 그 구조에 있어서는 다르지만 의미와 형태가 비슷하여 참고로 제시하는 것이며 의미는 Since there are ~ ('해야 할 무엇이 있어서')이다. 이 경우에는 be동사뿐 아니라 there까지 생략한다:

- **With so many children to support**, my wife and I both have to work full time.

부양해야 할 아이들이 많아서 내 처와 나는 둘 다 전업으로 일을 해야 한다.
>> 원절 : Since there are so many children to support

•• **With a lot of work to do**, he's as busy as he was before retirement.
그는 할 일이 많아 지금도 퇴직 전과 마찬가지로 바쁘다.

•• **With so many essays to write**, I can't take a vacation this summer.
써야 할 글들이 많아 나는 이번 여름에는 휴가를 갈 수 없다.

9. with 대신 without을 쓰면 부정적 상황이나 조건을 의미한다:

•• **Without anyone noticing**, I slipped out of the room.
나는 아무도 주목하지 않은 상태에서/아무도 모르게 방을 빠져 나왔다.
>> 원절 : in such a way that no one noticed

•• He wandered about **without shoes or socks on**.
그는 신발이나 양말을 신지 않은 상태로 배회했다.

•• **Without you helping me**, I couldn't have succeeded in it.
당신이 나를 도와주지 않았다면/나를 도와주는 상황이 아니었다면 나는 그 일에 성공하지 못했을 것이오.

•• **Without anyone to talk to**, I felt lonely there.
거기서는 이야기를 나눌 사람이 하나도 없어 나는 외로웠다.

•• The Three Wise Men from the East could not have got to the baby Jesus **without the will of God guiding them**.
그 세명의 동방박사들은 하느님의 뜻이 그들을 인도하지 않았더라면 아기 예수에게 이르지 못했을 것이다.

Idiomatic Expressions

blow hot and cold (about ~)
'(~에 대해서) 좋아했다 싫어했다 하다,' '(~에 대해서) 변덕을 부리다'

>> 입으로 손을 후후 부는 행위는 두 가지 상반된 기능을 할 수 있다. 목적어가 차가운 손일 때는 따뜻하게 하기 위한 것이고, 목적어가 뜨거운 음식일 때는 식히기 위한 것이다. 이것이 비유적으로 쓰이면서 따뜻하게 하는 것은 '칭찬하다'의 뜻을 갖게 되고 식히는 것은 '나쁘게 말하다'의 뜻을 갖게 되었다. 즉 '같은 대상에 대해서 좋아했다 싫어했다 하다'라는 의미이다.

I don't know what he really thinks of my plan. He *blows hot and cold about* it.

나는 그가 내 계획에 대해서 정말로 어떻게 생각하는지 알 수 없다. 그는 그것에 대해서 더러는 좋게 말했다가 더러는 나쁘게 말한다.

He's not to be depended on because he *blows hot and cold about* things.

그는 매사에 일관성 없이 이랬다 저랬다 하므로 신뢰할 사람이 못 된다.

007 If(조건)절에 대하여 (1)

if절의 동사 형태는 (1) 조건절의 내용이 현실이 될 수도 있는 일에 대한 것이면 직설법, (2) 조건절의 내용이 사실이 아닌 것 또는 사실이 될 수도 없는 일에 대한 것이면 가정법 과거형 또는 과거완료형 동사를 쓴다는 대단히 단순한 원칙에 따른다. 다만 담화 내용이 과거인지 현재인지 또는 미래인지에 따라 사용되는 동사의 시제가 다를 뿐이다:

1. 불확실한 일, 즉 그것이 실현될 수도 있고 실현되지 않을 수도 있는 일에 대해서 말할 때는 if절과 주절의 동사는 직설법이고 시제는 의도된 의미에 따른다. 다만 미래의 일에 대한 조건일 경우 절의 동사는 현재형이 쓰인다:

- **If** he **speaks** English well, we'**ll** give him the job.
  그가 영어를 잘한다면 우리는 그에게 그 일자리를 줄 것이다.
  ≫ 그가 영어를 잘하는지 못하는지 모르는 상태에서 하는 말이다.

- **If** he **keeps** his promise, I'**ll** keep mine, too.
  그가 그의 약속을 지키면 나도 내 약속을 지킬 것이다.

- **If** he **said** that, he **made** a big mistake.
  과거에 그가 그런 말을 했다면 (내가 직접 듣지 않아 확실하게는 모르지만) 그는 큰 실수를 한 것이다.

- **If** I **said** that, I **apologize**.
  과거에 내가 그런 말을 했다면 (비록 확실한 기억은 없지만) 지금 사과한다.

- **If** I **am** better tomorrow, I **will** go to work.
  내일 내가 좀 나아지면 (이것은 불확실한 미래의 일이지만) 나는 직장에 나가겠다.

- He looks **as if** he's getting better.
  그는 몸이 좋아지고 있는 것 같다.
  ≫ 확실하게는 모르지만 적어도 외적으로 보기에는 좋아지고 있는 것 같다는 뜻이다.

- **If** you **collapse** while exercising at your health club, chances **are** the facility won't be equipped to help.
  만일 당신이 헬스클럽에서 운동하다가 쓰러진다 해도 아마 십중팔구 그 시설은 당신을 도와줄 장비가 갖추어져 있지 않을 것이오.
  ≫ 영어의 if는 우리말로 반드시 조건만을 의미하는 것이 아니고 위의 경우처럼 양보의 의미도 있다.

2. 사실이 아닌 것을 가정할 때는 가정법 동사가 쓰이는데 그 가정이 현재에 대한 것이면 if절의 동사는 가정법 과거형이고, if절의 동사가 be동사일 때는 인칭에 상관없이 were이며 주절의 동사는 그 의미에 따라 적절한 형태가 쓰인다. 또 가정의 내용이 과거에 대한 것이면 if절의 동사는 과거완료형이 되고, 주절의 동사는 그 의미가 과거에 대한 추측이면 [가정법 화법 조동사 + 완료형 동사]를 쓰며, 그 의미가 현재에 대한 추측이면 [가정법 화법 조동사 + 단순 동사]를 쓴다.

가정법 문장의 주절에 쓰이는 화법 조동사들의 의미 차이는 다음과 같다:

would do '할 텐데,' could do '할 수 있을 텐데,' might do '할지도 모를 텐데,' would have done '했었을 텐데,' could have done '할 수도 있었을 텐데,' might have done '했을지도 모를 텐데.' 가정법 문장에서 should do는 would do와 같은 뜻이지만 미국영어에서는 거의 안 쓰이고 영국영어에서는 1인칭 주어 다음에서만 더러 쓰이는 것을 볼 수 있다.

- **If I had longer legs, I'd be able to run faster.**
    내 다리가 좀 더 길다면 나는 더 빨리 달릴 수 있을 텐데.
    ≫ 현재의 사실 : I have short legs. So I can't run faster.

- **If you knew me better, you wouldn't say that.**
    네가 나를 좀 더 잘 안다면 너는 그런 소리를 하지 않을 텐데.
    ≫ 현재의 사실 : You don't know me well. So you say that.

- **If I were taller, I would become a policeman.**
    내가 키가 좀 더 크다면 나는 경찰관이 될 텐데.
    ≫ 현재의 사실 : I'm not tall. So I can't become a policeman.

- **If you could use a PC, you might save a lot of time.**
    네가 PC를 사용할 수 있다면 많은 시간을 아낄 수 있을 텐데.
    ≫ 현재의 사실 : You can't use a PC. So you're spending too much time doing your work.

- **If John had studied harder, he would have passed the exam.**
    만일 John이 더 열심히 공부했더라면 그는 시험에 합격했을 텐데.
    ≫ 과거의 사실 : John didn't study hard. So he failed the exam.

- **If Caesar had flown to the moon, he would have taught them Latin.**
    만일 시저가 달나라에 날아갔더라면 그는 그 곳 사람들에게 라틴어를 가르쳤을 것이다.

- **If you hadn't told me about the exhibition, I might never have gone to see it.**
    만일 네가 그 전시회에 대해서 나에게 말해주지 않았더라면 나는 그것을 보러 가지 못했을지도 모를 텐데.
    ≫ 과거의 사실 : You told me about the exhibition. So I went to see it.

- **I could have become a pilot if I had wanted to.**
    만일 내가 원했더라면 나는 비행기 조종사가 될 수 있었을 것이다.
    ≫ 과거의 사실 : I didn't want to become a pilot. So I didn't try to become one.

- **If I could have stopped, there wouldn't have been an accident.**
  만일 내가 정지할 수만 있었더라면 사고는 나지 않았을 텐데.
  >> 과거의 사실 : I couldn't have stopped. So there was an accident. 예문의 if I could have stopped는 if I had stopped와는 의미가 다르다. 전자는 '정지할 수 있었더라면', 후자는 '정지했더라면' 이다.

- **If you had taken my advice, then you wouldn't be in this trouble now.**
  네가 그 때 내 충고를 받아들였더라면 네가 지금의 이 어려움에 처해있지 않을 텐데.
  >> 조건절은 과거에 대한 가정이고 주절은 현재에 대한 가정이다.

- **We would not have attacked a country that didn't attack us. We would not have taken money from the working families and given it to the most wealthy families. We would not be trying to control and intimidate the news media.**
  우리는 우리를 공격하지 않은 나라를 공격하지 않았을 것이다. 우리는 노동자 가족들로부터 돈을 빼앗아 아주 부유한 가족들에게 주지 않았을 것이다. 우리는 지금 언론매체들을 통제하고 협박하려 하고 있지 않을 것이다.
  >> Al Gore 전 부통령이 그가 만일 2000년 대선에서 승리했더라면 미국이 어떻게 달라졌을 것인지 (how the U.S. would have been different if he had won the 2000 election)에 대해 기자들의 질문을 받고 한 말이다. 따라서 질문과 대답이 다 가정법이다.

가정의 문장이라고 해서 주절과 if절이 반드시 있어야 되는 것은 아니다. 경우에 따라서는 그 중 하나의 절만 나타내고 다른 절은 듣는 사람이 짐작하게 할 수도 있다:

- **If only I had taken his advice!**
  내가 그 때 그의 충고를 들었더라면 좋았을 텐데.
  >> if only는 화자의 가정적 바람을 절실하게 나타낸다. 따라서 위 문장은 I wouldn't be in trouble now if I had taken his advice.와 근본적인 의미는 같지만 완전히 같은 뉘앙스를 주는 것은 아니다.

- **Would you have liked to see a secret agent, a fashion model or a racing driver here? Or is the watch good enough?**
  여러분은 여기에서 비밀 첩보원이나 패션모델 또는 경주차 운전자를 보았더라면 하시는지요? 아니면 이 시계만으로도 충분하다고 생각하시는지요?
  >> 위 문구는 스위스의 어느 시계회사가 자사의 시계를 TIME지에 광고하는 문장이다. 다른 회사들은 첩보원 등의 손에 채워서 시계를 광고하지만 우리 제품은 그것 자체로서 너무 좋으므로 그런 사람들의 도움이 필요 없다는 의미이다.
  = Would you have liked it if we had decided to show a secret agent, ...?

현재의 가정에는 가정법 과거동사를 쓰고 과거의 가정에는 가정법 과거완료를 쓰는 것이 영어의 문법이지만 비격식적 상황에서는 이런 문법 규칙이 지켜지지 않는 경우도 흔히 있다:

- **If I knew then what I know now, I wouldn't have done such a stupid thing.**
  내가 지금 알고 있는 것을 그 때 알았더라면 그런 어리석은 짓은 안 했을 것이다.
  >> 이 문장은 과거의 가정이므로 조건절의 동사가 knew가 아니라 had known이라야 한다. 그러나

여기서는 그렇게 하지 않아도 오해는 없다. knew의 목적어가 what I know now이고 조건절에 then이라는 부사가 있어 가정의 대상이 지금이 아님을 나타내므로 If I knew를 현재의 가정 즉 '지금 안다면'으로 이해하는 일은 불가능하다. 이런 경우라면 구어에서는 굳이 If I had known이라고 하지 않아도 된다.
= If I had known what I know now, I wouldn't have done ~

- **I would be very surprised if he weren't pro-North socialist.**
  그 사람이 친북 사회주의자가 아니라면 나는 대단히 놀랄 것이다.
  >> 이 표현은 He is pro-North socialist.라는 주어의 주장을 강하게 나타내는 것이다.

3. 미래 사실의 반대 가정은 엄격히 말하면 불변의 자연 현상 외에는 있을 수 없다. 아직 닥치지 않은 미래에 무엇이 '사실'이 될 것인지는 아무도 알 수 없기 때문에 그 반대의 경우를 가정할 수 없는 것이다. 그러나 우리는 실현 내지 발생 가능성이 거의 전무하거나 대단히 희박한 것으로 믿는 그런 종류의 미래지사라도 그것의 실현을 가정해 볼 수 있는 자유는 있다. 이런 경우에는 현재의 비사실을 가정할 때처럼 과거형 동사를 쓴다:

- **If you ever flew aboard a space satellite, you would know how small the earth was and thus that we were all living in a small global island.**
  만일 당신이 우주선을 타고 (우주를) 날아본다면 지구가 얼마나 작은가를 알게 될 것이고, 그리하여 우리 모두는 하나의 작은 지구 섬에 살고 있다는 것을 알 수 있을 것이오.
  >> 여기서 화자는 듣는 사람이 실제로 우주선을 타고 날아볼 기회는 거의 전무하다는 전제하에 그 미래 사실의 반대를 가정해서 말하고 있다.

그러나 이처럼 현재와 미래의 '가상현실'의 표현은 그 동사구 형태가 같기 때문에 애매한 문장이 만들어질 수도 있다. 다음의 경우를 보자:

- **If the earth were to come to an end tomorrow, what would you do today?**
  내일 지구의 종말이 온다면 당신은 오늘 무엇을 하겠습니까?
  >> were to come 대신 came을 써도 같은 뜻이 된다.

- **If he tried harder, he would pass the exam.**
  그가 좀 더 노력하면 시험에 합격할 수 있을 텐데.

위 첫 번째 문장의 경우에는 오해의 소지가 없다. 내일 지구의 종말이 올 현실적 가능성은 전무하기 때문이다. 그러나 If he tried harder는 현재의 가상 현실인지, 즉 '그가 현재 노력을 하고 있지 않은데 만일 좀 더 노력한다면'의 의미인지, 아니면 미래의 가상 현실로 '그가 미래에 좀 더 노력할 가능성은 거의 없지만 기적이 일어나 노력을 한다면'의 의미인지 이 문장만으로는 알 수 없다. 그러나 문장의 의미를 확실하게 할 수 있는 방법이 있다. 다음 예들을 보자:

- **If he tried harder next time, he would pass the exam.**

그가 다음 번에 좀 더 노력하면 시험에 합격할 텐데.
>> if절에 next time이 있으므로 이 문장은 미래에 대한 이야기이다.

- **If** he **were to** try harder, he **would pass** the exam.
그가 앞으로 좀 더 노력하면 시험에 합격할 텐데.
>> [be+to-infinitive]는 미래를 나타내므로 이 문장의 시제는 미래이다.

- **If** he **were trying** harder, he **would pass** the exam.
그가 좀 더 노력하고 있다면 시험에 합격할 텐데.
>> if절에 진행형을 쓰면 현재의 의미가 된다.

미래에 발생할 수도 발생하지 않을 수도 있는 일, 즉 직설법 현재형 동사를 쓰는 경우와 미래에 발생할 가능성이 거의 없는 일, 즉 가정법 과거형 동사를 쓰는 경우를 대조하는 다음의 문장들을 보자:

- **If** I **become** president, I **will appoint** you prime minister.
내가 대통령이 되면 당신을 국무총리로 임명하겠소.
>> 대통령 후보나 후보가 되려고 하는 사람이 할 수 있는 말로서, 실제로 실현될 수도 있는 약속이다.

- **If** I **became** president, I **would appoint** you prime minister.
만일 내가 대통령이 된다면 나는 당신을 국무총리로 임명할 텐데.
>> 대통령이 되려고 하고 있지 않은 사람이 할 수 있는 말로, 당신 같은 인재가 발탁되지 않고 있는 것은 안타까운 일이라는 의미이다.

4. if절 구성의 원리는 위에서 설명한 대로이지만, 구어체에서는 이같은 원리가 지켜지지 않는 경우도 드물지 않게 볼 수 있다. 아마 영어의 모국어 화자들에게도 if절을 문법의 원리대로 만드는 일이 귀찮은 모양이다. 그러나 의미의 오해가 발생하지 않는 한도 내에서 이같은 문법 원리의 무시가 통용된다:

- **If** I **am** as clever as you think, I **would have been** rich by now.
만일 내가 네가 생각하는 것처럼 영리하다면 나는 지금쯤은 부자가 되었을 것이다.
>> if절만 보면 현재의 불확실한 사실을 의미하지만 주절이 가상적 현실을 나타내므로 if절의 의도된 의미는 If I had been ....으로 이해된다.

- **If** I **am** some lonely traveler from another planet, what **would** I **think** about the earth. Whether I think it **would be** inhabited.
– Neil Armstrong (달에서 지구를 바라보면서 한 말)
만일 내가 다른 행성에서 온 외로운 여행자라면 지구를 보고 어떻게 생각할까. 생물이 살고 있다고 생각할까.
>> what would I think ....와 it would be inhabited에서 가정법 동사구를 썼으므로 이 문장은 If I were .... Whether I would think it was inhabited의 의미임을 알 수 있다.

- The stuffed dog barks **as if** it **is** a real one.

그 박제된 개는 마치 진짜 살아있는 개처럼 짖는다.
>> if절이 사실은 as if it were ....의 의미로 의도되었음이 명백하다. 주어 the stuffed dog은 real dog이 아니기 때문이다.

5. be동사의 가정법 과거형은 단수, 복수 모든 인칭에서 were이다. 그러나 구어체에서는 단수 주어 다음에서 was도 흔히 쓴다. 다만 관용적으로 굳어진 표현인 If I were you 또는 If I were in your position 같은 경우에 was는 잘 안 쓴다:

- **He treats me as if/as though I was/were a stranger.**
  그는 내가 마치 낯선 사람인 것처럼 나를 대한다.
  >> 현재의 사실 : I am not a stranger to him.

- **He treated me as if/as though I was/were/had been a stranger.**
  그는 내가 마치 낯선 사람인 것처럼 나를 대했다.
  >> 과거의 사실 : I was not a stranger to him.

- **The Prime Minister talks as if/as though he were/was the most powerful politician in the country.**
  그 총리는 마치 자신이 이 나라에서 제일 힘있는 정치인이나 되는 것처럼 말한다.

6. if절의 동사가 should를 동반하면 if절의 내용이 실제로 발생할 가능성을 약하게 나타낸다. should는 if절에 우리말의 '혹시'와 같은 뜻을 부가하는 것이다:

- **If you should run into Peter, tell him I want to see him.**
  (네가 Peter를 만날 가능성은 별로 없으리라 생각되지만 그래도) 혹시 Peter와 마주치게 되면, 내가 그를 만나고 싶다고 전해다오.
  >> 만일 If you run into Peter라고 하면 마주칠 가능성과 그렇지 않을 가능성을 비슷하게 보는 것이다.

- **If you should have any trouble with this car, call us at this number.**
  혹시 이 차에 문제가 생기면 이 번호로 우리에게 연락을 주십시오.
  >> 이 말은 차를 파는 사람이 차를 사는 사람에게 하는 말인데, 만일 If you have any trouble ....이라고 한다면 고장이 날 수 있는 실제적 가능성을 암시하는 의미가 되어 사는 사람은 불안해질 것이다.

7. 가정하는 내용이 현실화될 수 없는 완전한 가정으로 보이는데도 if절과 주절의 동사가 가정법이 아닌 직설법 현재형인 경우도 있다:

- **If you're a mouse and have cancer, we'll take good care of you.**
  당신이 생쥐이고 암에 걸려 있다면 우리는 당신을 잘 치료할 수 있을 것이다.
  >> 이것은 생쥐의 암을 치료하는 데 성공한 어느 의학자가 취재 기자에게 한 말이다. 기자가 생쥐인지

사람인지 불확실한 상황에서 한 말은 물론 아니다. 즉 그가 거둔 성과가 지금 당장 사람에게도 적용될 수 있는 것은 아니라는 뜻이다.

- **The press is basically a commercial institution. If, therefore, I am a newspaper reporter, I will naturally be more interested in popular stories than in meaningful ones.**
  언론은 기본적으로 상업 기관이다. 그러므로 내가 만일 신문 기자라면 당연히 어떤 의미 있는 기사보다는 대중적인 기사에 더 관심을 가질 것이다.

- **If I am President, I can pardon any prisoner.**
  내가 대통령이라면 나는 어떤 죄수도 사면해 줄 수 있다.

- **Even if someone has all the money in the world, we look down on him if he doesn't work.**
  어떤 사람이 이 세상의 돈을 다 갖고 있다 해도 그가 일을 하지 않으면 우리는 그를 멸시한다.
  ≫ 물론 어떤 사람이 이 세상 모든 돈을 혼자 다 가질 수는 없다. 그럼에도 불구하고 if절의 동사는 직설법 현재형이다.

- **If you're me, you'll do the same thing I did, won't you?**
  네가 나라면 너도 내가 한 것과 똑같은 일을 할 것이다. 안 그런가?
  ≫ 이 말은 너도, 누구도 그 상황에서는 그렇게 할 수밖에 다른 도리가 없다는 뜻을 강하게 표현한 것이다. 그러나 가령 위 문장을 사실의 반대 가정법을 써서 If you were me, you'd do ....로 한다면 '네가 나라면 그렇게 할 텐데, 너는 내가 아니므로 그렇게 하지 않을 것이다' 라는 뜻이 되어 사실상 무의미한 말장난이 되고 만다.

위의 문장들은 그 의미에 있어 가상의 이야기가 아니다. 조건절과 주절에 직설법 현재형 동사를 쓴 이 예문들은 현실의 이야기이다. 즉, 생쥐의 암을 고칠 수 있는 것, 신문 기자가 대중적인 기사에 더 관심을 갖는 것, 대통령은 어떤 죄수도 사면할 수 있다는 것, 어떤 부자라도 일하지 않고 놀고 먹는다면 우리가 무시한다는 것, 누구든 나처럼 할 수밖에 없다는 것 등을 엄연한 현실로 말하고 있다. 이런 경우의 if절은 내용상으로는 조건절이 아니다. 이 어법은 직설법 의미를 구어적으로 강하게 나타내는 방법들 중의 하나이다:

8. 지금까지 본 것처럼 보통은 if절의 내용이 주절의 내용보다 먼저 발생하는 것이지만 때로는 그 반대의 경우도 있다. 즉 주절의 내용이 먼저 발생하고 그 다음에 if절의 내용이 발생하는 경우이다. 만일 이런 경우에 조건절의 동사를 현재형으로 하면 조건절 내용과 주절 내용의 발생 순서가 화자의 의도와 어긋나게 된다. 이런 현상을 방지하기 위해서는 if절에 미래 조동사 will 또는 be going to를 써야 한다:

- **If it will make/ is going to make you happy, I will stop smoking.**

내가 담배를 끊어 그것이 당신을 기쁘게 해 줄 것이라면 나는 담배를 끊겠다.
>> 주절의 내용이 if절의 내용보다 먼저 발생한다.

- **If you give me a hundred dollars, I'll stop smoking.**
  네가 나에게 100불을 주면 나는 담배를 끊겠다.
  >> if절의 내용이 먼저이고 내가 담배를 끊는 일이 그 다음이다. 이같은 if절에는 미래 조동사를 쓰지 않는다.

- **If the water will rise/is going to rise above this level, we must warn everybody.**
  물이 이 수준을 넘을 것 같으면 우리는 모든 사람에게 경고를 해야 한다.
  >> if절의 '상황으로 보아서 물이 이 수준을 넘을 것으로 판단되면'의 의미이므로 경고가 수위의 상승보다 먼저이다.

- **If the water rises above this level, we must warn everybody.**
  물이 이 수준 위로 올라오면 (그 때 가서) 우리는 모든 사람에게 경고해야 한다.

- **If your flashlight will not be used regularly, remove the battery to prevent possible damage due to chemical leakage.**
  만일 귀하의 손전등이 정규적으로 (즉 자주) 사용되지 않을 예정이라면 화학 물질의 누출로 인한 있을 수 있는 손상을 방지하기 위해 전지를 꺼내 두십시오.
  >> 위 조건절의 동사를 is not used로 한다면 '앞으로 오랜 동안 사용할 계획이 없다면'이라는 '예정'의 의미가 아니고, '사용하지 않으면 그 때 가서 전지를 빼두라'는 뜻이 된다.

- **Forward a deposit of $100 following receipt of this letter if you will be living in campus housing.**
  귀하가 (다음 학기에) 교내 주거시설에서 거주하실 거라면 이 편지를 받는 즉시 $100의 예치금을 송금하십시오.
  >> 여기서 만일 if you are living이라고 한다면 '지금 현재 교내에서 거주하고 있다면'의 의미가 되어 앞뒤가 맞지 않게 된다.

- **Some businessmen are not above bribery if it will get them what they want.**
  일부 기업인들은 뇌물이 자신들이 원하는 것을 갖다 줄 것이라면 뇌물 바치는 일을 꺼려하지 않는다.
  >> 즉 '뇌물을 바치고 나서 그 반대급부가 돌아온다면'의 뜻이다.

- **I'll contribute a thousand dollars, if you'll do the same.**
  당신도 내 뒤를 이어 똑같이 하게 된다면 나는 천불을 내놓을 것이다.
  >> 이 문장은 내가 먼저 돈을 내고 그 다음에 상대가 돈을 내는 것이다. 그러나 만일 조건절에서 will을 빼면 상대가 먼저 돈을 내고 그 다음에 내가 내는 것이 된다.

9. 조건절에 조동사 will이 필요한 때가 위의 경우 외에 또 있다. 이 때는 will뿐만 아니라 would도 쓰이는데 이들 화법 조동사는 미래 시제를 나타내지 않고 둘 다 현재 시제로서 주어의 의지, 용의, 습관 등을 나타낸다. 다음의 예들을 비교해 보자:

- **If you'll help us, we can finish early.**
  당신이 우리를 도와주신다면 우리는 일찍 끝낼 수 있습니다.
  >> will help는 refuse to help의 반대 의미로 '도와줄 용의를 가져준다면' 이다.

- **If you help us, we can finish early.**
  당신이 우리를 도와주신다면 우리는 일찍 끝낼 수 있습니다.
  >> 우리말로는 help us와 will help us가 구분되지 않지만 전자는 주어의 의지는 나타내지 않고 단순히 미래의 행위만을 의미한다.

- **If you won't help us, all our plans will be ruined.**
  당신이 우리를 도와주지 않을 작정이라면 우리의 모든 계획이 망가질 것입니다.
  >> won't help는 refuse to help '절대로 도와주지 않다'의 의미로 주어가 갖고 있는 현재의 부정적 의지를 나타낸다. 그러나 will be ruined의 will은 미래의 의미이다.

- **If you don't help us, all our plans will be ruined.**
  당신이 우리를 도와주지 않는다면 우리의 모든 계획이 망가질 것입니다.
  >> if절은 단순히 불확실한 미래 사실만을 조건으로 언급한다.

- **If your car won't start, call me any time.**
  차가 영 시동되지 않으면 언제나 우리에게 전화 주십시오.
  >> 무생명체가 주어가 되면 if절의 will은 무생명체 주어를 마치 생명체인 것처럼 취급하여 주어의 부정적 고집을 나타낸다. 따라서 if절은 '당신이 아무리 노력해도 차가 시동하지 않으려고 버티면' 이란 의미이다.

- **If your car doesn't start, call me any time.**
  차가 시동되지 않으면 언제든지 나에게 전화하십시오.
  >> if절은 단순히 불확실한 미래 사실만을 조건으로 언급하고 있다.

- **If you will come this way, the manager will see you now.**
  선생께서 이리로 와 주신다면 지배인이 선생을 지금 뵙게 될 것입니다.
  >> 여기서 if절은 주어의 의지를 존중하는 사교적 요청이다.

- **If you come this way, the manager will see you now.**
  선생께서 이리로 오시면 지배인이 선생을 지금 뵙게 될 것입니다.
  >> 이 문장은 if절의 주어의 의지를 전혀 언급하지 않은, 단순히 미래에 대해 언급하는 것이다.

- **I would be grateful if you would lend me your car for a few hours.**
  만일 당신이 당신 차를 몇 시간만 나에게 빌려주신다면 고맙겠습니다.
  >> 여기서 would는 will이나 마찬가지로 주어의 용의를 나타낸다. 즉 단순한 사실을 말하는 것이 아

니고 '그렇게 할 용의를 가져주신다면' 의 의미이다. will과의 차이는 would가 더 부드럽고 겸손하게 들린다는 점이다.

- **Pass me that box, if you would.**
 저 상자를 이리로 전해주시겠습니까?
 ≫ if you would는 if you will보다 더 겸손한 표현이다.

- **Wait over there, if you wouldn't mind.**
 싫지 않으시다면 저기서 기다려 주십시오.
 ≫ if you wouldn't mind는 if you don't mind보다 더 겸손한 표현이다.

- **If you will watch TV so close to it, your eyes will ache.**
 네가 (늘 습관적으로) TV를 그렇게 가까이 보면 너의 눈이 아프게 될 것이다.
 ≫ 여기서는 will이 주어의 의지가 아니고 주어의 습관을 나타낸다. TV를 너무 가까운 거리에서 보고자 하는 의지를 갖는 사람은 없을 것이기 때문이다.

참고로 before절에도 의지를 나타내는 화법 조동사 will/would가 쓰이는 것을 의지의 if절과 관련하여 알아두자:

- **He'll beg for food before he'll ask his parents for money.**
 그는 자기 부모에게 돈을 달라고 하느니 차라리 걸식할 것이다.
 ≫ before he will ask는 '요청할 마음, 의지를 갖기 전에'의 뜻으로 will은 미래를 의미하는 시간 조동사가 아니다.
 = He'll beg for food rather than ask his parents for money.

- **He'll die of hunger before he'll steal.**
 그는 훔칠 생각을 하기 전에 차라리 굶어죽을 것이다.

- **He'll die before he will tell the truth.**
 그 사람은 진실을 말하느니 차라리 죽을 것이다.

- **They would volunteer their own work more readily than they would contribute their money.**
 그들은 그들의 돈을 기부하고자 하기보다는 그들의 노동을 제공하고자 한다.
 ≫ 이 문장의 would는 두 경우 모두 주어의 의지 '하고자 하다'의 의미를 나타낸다. 즉 어떤 것을 하고자 하는 마음이 다른 어떤 것을 하고자 하는 마음보다 더 크다는 뜻이다. more readily than은 before와 같은 의미이다.

- **That unrefined politician will speak before he will think.**
 그 세련되지 못한 정치인은 생각해 볼 의지를 갖기 전에 말 먼저 하려든다.
 ≫ 생각은 하기 싫어하고 즉흥적으로 앞뒤 가리지 않고 그냥 말하기만 좋아한다는 뜻이다.

008 If(조건)절에 대하여 (2)

1. unless절과 if ~ not절의 의미상 차이

unless는 'except on the condition that' 즉 '혹시 unless절의 내용이 발생하면 몰라도 그렇지 않는 한' 이라는 의미이다. 다시 말하면 화자의 판단으로는 unless절의 내용이 발생한다는 것은 어디까지나 예외적인 경우라는 뜻이다. 따라서 주절의 의미는 unless절에 의존하지 않는 독자적인 의미로서 현재부터 적용되는 거의 확정적인 내용이다. 반면에 if ~ not은 화자의 선입관적인 판단을 나타내지 않는 순수한 중립적 조건이다. 즉 if절의 내용이 발생할 가능성과 그렇지 않을 가능성을 반반으로 제시하는 것이다. 따라서 주절의 내용은 if절의 실현 여부에 달려 있으므로 가변적이며 현재로서는 적용되지 않는 비 확정적인 것이다:

- **He'll accept the job unless the salary is too low.**
  봉급 수준이 너무 낮지 않는 한 그는 그 자리를 받아들일 것이다.
  >> 화자가 보기에는 봉급 수준이 특별히 낮을 이유가 없으므로 그는 그 자리를 받아들일 것이라는 의미이다.

- **He'll accept the job if the salary is not too low.**
  만일 봉급 수준이 너무 낮지 않으면 그는 그 자리를 받아들일 것이다.
  >> 이 문장은 unless절의 경우와는 달리 if절의 발생 가능성에 대해 화자는 중립적인 태도를 보이고 있다. 즉 화자는 봉급수준이 어떨지 모르며 따라서 주어가 그 자리를 받아들일지의 여부를 모르는 상태이다.

- **Come tomorrow unless I phone you.**
  내가 특별히 전화를 하면 몰라도 그렇지 않는 한 내일 와라.
  >> 화자의 생각으로는 내일 청자를 만나는 데 예견되는 문제는 없다. 그러나 사람의 일이란 모르는 것이므로 혹시 예상치 않은 일이 생기면 전화하겠다는 부수적, 참고적인 것에 불과한 내용을 말하는 것이다. 즉 내일 오라는 거의 확정적인 명령을 하고 있다.

- **Come tomorrow if I don't phone you.**
  내가 전화하지 않으면 내일 와라.
  >> 화자의 내일 계획이 확정되지 않은 상태이다.

- **I'm not going unless you're going with me.**
  나는 안 간다. 혹시 네가 나와 함께 간다면 몰라도.
  >> 나는 안 간다는 뜻이다. unless절은 예외적인 경우를 상정한 것이다.

- **I'm not going if you're not going with me.**
  네가 나와 함께 안 간다면 나는 안 간다.
  >> 상대방이 나랑 같이 갈 것인지 아닌지 화자는 모르고 하는 말이다.

- **The summit meeting will be held as scheduled unless something unforeseen happens.**
  어떤 예상치 못한 일이 발생하지 않는 한 정상회담은 예정대로 개최될 것이다.
  >> unless 다음의 절은 그 자체로서는 긍정적 의미이다. 다만 unless로 인해서 그 긍정적 사건이 '발생하지 않는 한'이 되는 것이다. 따라서 unless절에는 '어떤'의 의미로서 일반적으로 any가 아니라 some이 쓰인다.

- **Unless anyone has any questions, the meeting is adjourned.**
  아무도 질문이 없으시면 회의를 산회합니다.
  >> 질문이 없는 것 같으므로 이만 산회하겠다는 선언이다. 위의 문장에서 some 대신 any를 쓴 것은 '아무도 할 질문이 없다'라는 화자의 판단을 강하게 나타내기 위해서이다. 질문은 하지 말라는 것과 거의 같은 의미이다.

- **Let's have dinner out – unless you're too tired.**
  저녁 식사는 외식을 하자. 네가 너무 피곤하지만 않다면 말이다.
  >> 여기서 unless절은 상대가 피곤할 가능성을 if ~ not절의 경우보다 훨씬 적게 나타낸다. 따라서 주절의 의미가 그만큼 더 강하다.

2. unless절을 쓸 수 없는 경우

(1) unless절을 동반하는 주절은 그 내용이 발화 순간부터 적용되므로, 주절의 의미가 발화 순간에는 적용되지 않고 조건절의 의미가 실현되면 그 때야 비로소 적용되는 경우에는 unless절은 쓰이지 않는다:

- *I'll be angry unless I'm invited.
  >> 실현 가능성이 별로 없는 것을 상정하여 그것을 근거로 화낼 수는 없는 것이다. 따라서 잘못된 문장이다.
  → I'll be angry if I'm not invited.
  내가 초청 받지 못하게 되면 나는 화가 날 것이다.
  >> 내가 초청받을 가능성과 받지 못할 가능성 모두 있다고 보고 하는 말이다.

- *I'll feel much happier unless she comes to my party.
  >> 여기서 unless절은 그 내용이 발생할 가능성을 희박하여 주절과 같은 내용과는 논리적으로 부합하지 않는다.
  → I'll feel much happier if she doesn't come to my party.
  그 여자가 내 파티에 안 오면 나는 훨씬 더 기쁠 것이다.

- I'll stay home unless I'm invited.
  혹시 내가 초대받는다면 몰라도 그런 일이 없는 한 나는 집에 있겠다.
  >> 주절의 내용은 거의 확정적이며 발화 순간부터 적용된다. 집에 있겠다는 것은 현재의 생각이다.

- - He drives like a mad man. *I'll be surprised unless he has an accident.
    → He drives like a mad man. I'll be surprised if he doesn't have an accident.
        그는 미친 사람처럼 차를 몬다. 그가 사고를 내지 않으면 나는 놀랄 것이다.
            ≫ 직역하면 '나는 놀랄 것이다. 혹시 그가 사고를 내지 않으면 몰라도'이다. 무엇 때문에 놀랄 것이라는지 알 수 없다. 희박한 가능성에 토대해서 놀랄 것이라고 미리 말한다는 것은 논리에 맞지 않는다. 현실적으로 이 사람이 사고를 낼 가능성이 사고를 안 낼 가능성보다 훨씬 더 높으므로 그가 사고를 안 내면 이것은 나를 놀라게 하는 일이 될 것이라고 말해야 논리적으로 맞을 것이다.

(2) unless절은 자신 있는 추측을 나타낼 때나 '~을 안 하면 좋지 않은 일이 일어날 것이다'와 같은 경고에도 쓰인다. 이같은 의미로서 if ~ not은 적합하지 않다:

- - Unless he has an identical twin, that's Steve.
        저 친구가 Steve이다. 혹시 그가 일란성 쌍둥이 형제가 있다면 모르겠지만.
            ≫ that's Steve라는 추측을 자신 있게 나타내기 위해서 unless절을 붙인 것이다.

- - He wouldn't be getting a ticket unless he had done something wrong.
        그가 무슨 위반을 하지 않았다면 딱지를 떼이고 있지 않겠지.
            ≫ 여기서 unless절은 가상적 사실, 즉 '과거 사실의 반대'가 아니라 화자가 자신 있게 추측한 사실이다. 그러므로 '위반을 하지 않았더라면 딱지를 떼이고 있지 않을 텐데'의 의미가 아니라, '위반을 했으니까 딱지를 떼이고 있겠지'의 의미이다.
        = He was getting a ticket because he must have done something wrong.

- - I won't help you unless you do as I tell you.
        네가 내가 시키는 대로 하지 않는 한 내가 너를 도와주는 일은 없을 것이다.
            ≫ = There seems to be little possibility that you'll do as I tell you. So I won't help you.

(3) unless절의 의미가 실현 가능성이 희박한 예외적인 내용을 의미하므로 가상적 사실에 대해서는 쓰이지 않는다:

- - *She would have died unless the doctor had saved her.
    → She would have died if the doctor had not saved her.
        의사가 구해주지 않았다면 그 여자는 죽었을 것이다.
            ≫ 의사가 그 여자를 구해내지 못했을 가능성도 충분히 있었기 때문에 그 가능성을 가정한 것이다. 그러므로 그 가능성을 희박하게 제시하는 unless절은 맞지 않다.

- - *She would be better company unless she complained so much.
    → She would be better company if she didn't complain so much.
        그 여자가 그처럼 불평만 않는다면 같이 지내기에 더 좋은 상대가 될 텐데.
            ≫ 그 여자가 불평을 좀 자제했으면 좋겠다는 화자의 바람을 나타내고 있다. 그런데 unless절을 써서 실제로 그렇게 될 가능성이 희박하다고 전제하면서 그렇게 되었으면 하는 바람을 나타내는 것은 논리에 맞지 않다.

3. if ~ not절을 쓸 수 없는 경우

문장을 일단 완결하고 난 다음에 생각이 떠올라 추가로 한 마디 부연하는 경우에는 if ~ not이 아니라 unless를 써야 한다. 이 때 부연되는 unless절은 주절과 comma가 아닌 dash로 이어져야 한다. 말로 할 때는 약간의 휴지로 dash를 대신한다:

- **I couldn't have got to the meeting on time – unless I had caught an earlier train.**

  나는 도저히 회의에 정각에 맞추어 갈 수가 없었다. 혹시 좀 더 이른 기차를 탔더라면 몰라도.

  ≫ 이것은 가정법 문장이 아니라 직설법 문장이다. unless절은 가상의 조건에는 쓰일 수 없다는 사실 때문에 I couldn't have got to the meeting은 '회의에 못 갈 수도 있었을 텐데' 라는 가정법 의미가 아니라, '아무리 노력해도 도저히 갈 수 없었다' 라는 직설법 의미가 된 것이다.

- **I couldn't have got to the meeting on time if I hadn't caught an earlier train.**

  내가 좀 더 이른 기차를 타지 않았더라면 나는 회의에 맞추어 가지 못할 수도 있었을 것이다.

  ≫ 이것은 가정법 문장으로, 나는 결국 회의에 갈 수 있었다는 뜻이다.

4. 접속사 if가 없는 조건절

if를 쓰지 않고도 조건의 의미를 나타낼 수 있는 방법은 크게 두 가지가 있다. 하나는 if를 빼고 대신 주어와 be동사 또는 조동사를 도치하는 것이고, 다른 하나는 사실상 if의 의미를 갖는 다른 접속사를 사용하는 것이다:

(1) 주어와 be동사 또는 조동사의 도치

이 어법은 문어체 표현에서 주로 쓰인다. 도치의 형태는 [were, had, 또는 should + 주어]이다. 또 도치되어 문두에 나오는 동사는 not과 합쳐져 단축형을 이루지 않는다:

- **Were she my daughter, I would not let her marry the man.**

  그 여자가 내 딸이라면 나는 그 남자와 결혼하게 하지 않을 텐데.

  ≫ = If she were my daughter, ...

- **Were she not so handicapped, we would take her with us.**

  그 여자가 그렇게 많이 신체적 장애만 없다면 우리는 그녀를 데려갈 텐데.

  ≫ = If she were not so handicapped, ...

  *Weren't she so handicapped, ...

- **Had I realized what you wanted, I would not have wasted so much time.**

  네가 바라는 것을 내가 알았더라면 나는 그렇게 많은 시간을 낭비하지 않았을 텐데.

  ≫ = If I had realized what you wanted, ...

- **Had I not seen it with my own eyes, I couldn't have believed it.**

  내가 내 두 눈으로 보지 않았더라면 나는 그것을 믿을 수 없었을 것이다.

>> = If I had not seen it ....
　　*Hadn't I seen it ....

- **I will go, should it be necessary.**
  필요하다면 내가 가겠다.
  >> = I will go, if it should be necessary.

- **Should you change your mind, let us know.**
  혹시 마음이 변하시면 우리에게 알려주십시오.
  >> = If you should change your mind, ...

(2) if의 의미를 갖는 suppose와 supposing

suppose와 supposing은 접속사 if를 대신할 수 있다:

- **Suppose/Supposing you failed the exam, what would you do?**
  혹시 네가 시험에 떨어지면 어떻게 할래?
  >> = If you failed the exam, ...

- **Suppose/Supposing we want to borrow a book, what do we do?**
  우리가 책을 빌리고자 한다면 어떻게 해야 됩니까?
  >> = If we want to borrow a book, ...

- **It's a good idea, but suppose/*supposing your wife were to find out?**
  그것은 좋은 생각이긴 하지만 혹시 당신의 부인이 알게 되면 어떻게 될까요?
  >> supposing절은 문두에만 쓰인다.

- **Suppose/Supposing you had failed the exam, what would you have done?**
  네가 시험에 떨어졌더라면 어떻게 할 뻔 했느냐?

조건절의 내용을 각기 독립된 문장으로 할 수 있다. 즉 조건절을 명령문 [Suppose + 절]의 형태로, 주절의 내용을 [Then + 절]의 형태로 만들 수 있는데, 이 형태는 구어에서 흔히 쓰인다. 그러나 supposing은 이렇게 쓰일 수 없다:

- **Suppose/*Supposing we want to borrow a book from the library. Then what do we do?**
  우리가 도서관에서 책을 빌리고자 한다고 합시다. 그러면 어떻게 해야 합니까?

(3) 부정 조건(if + not)을 나타내는 but (that), except (that), only (that) 등

이들 부정 조건절의 의미는 '~만 아니라면' 이다. 사용상 조심할 것은 비 사실, 즉 사실의 반대 가정을 할 경우 주절에는 가정법 동사를 쓰지만 이들 부정 조건절에는 직설법 동사가 쓰인다는 것이다:

- **She would have slipped down but (that) I caught her.**

내가 붙잡지 않았더라면 그 여자는 미끄러져 넘어졌을 것이다.
>> = She would have slipped down if I hadn't caught her.

*~ but (that)은 그 의미가 '(that)절의 사실만 아니었다면' 이다. 이처럼 (that)절을 가정이 아닌 사실로 제시하는 것이므로 가정법 동사구를 쓰지 않는 것이다.

- **I wouldn't believe it but (that) I saw it myself.**
  내가 직접 보지 않았더라면 나는 그것을 믿지 못할 것이다.
  >> = ... if hadn't seen it myself.

- **He would have won easily, but he fell and broke his leg.**
  그는 쉽게 이겼을 텐데. 그가 넘어져서 다리만 다치지 않았더라면 말이야.
  >> = ..., if he hadn't fallen and broken his leg.

- **I would go except (that) I am engaged.**
  내가 약속만 없다면 가고 싶은데.
  >> = ... if I were not engaged.
  직역하면 '내가 약속이 있다는 사실만 뺀다면'이 된다.

- **I would have gone to the party only (that) my wife objected.**
  내 처가 반대하지만 않았더라면, 나는 파티에 갔을 것이다.
  >> = ... if my wife hadn't objected.

- **We were coming to see you, but it rained.**
  우리는 비만 오지 않았더라면 당신을 찾아갔을 것입니다.
  >> = ..., if it hadn't rained.

5. even if 와 even though

even if는 양보와 조건이 결합된 의미 인데 반하여 even though는 순수 양보의 의미로 although나 같다. 다시 말하면 even though절은 절의 내용을 사실로 전제하지만, even if절은 절의 내용이 사실일 수도 아닐 수도 있음을 나타낸다. 즉 절 내용의 사실성에 대해서 화자는 중립적인 태도를 취하는 것이다:

- **Even if you dislike novels, this one is worth reading.**
  혹시 선생께서 소설을 싫어하시더라도 이 소설은 읽어볼 만합니다.

- **Even though/Although you dislike novels, this one is worth reading.**
  선생께서 비록 소설은 싫어하시지만 이 소설은 한 번 읽어볼 만합니다.
  >> 화자는 you dislike novels를 사실로 전제한다.

위의 예에서 보듯이 even though/although절은 그 절의 내용의 확실성을 나타내지만 불확실성의 조동사 may와 같이 쓰이면 절 내용에 대한 화자의 자신 없음을 나타낸다. 결과적으로 even if와 같

아지는 것이다:

- **Even though/Although** you may dislike novels, this one is worth reading.
  >> = Even if you dislike novels, this one is worth reading.

if는 even의 동반 없이 자기 혼자서 쓰일 때는 완전 양보와 부분 양보의 두 의미를 가질 수 있다. if가 주어와 동사가 없는 단축절로 쓰일 때도 마찬가지이다:

- **If** he's poor, he's honest.

  그는 가난할지는 몰라도 정직한 사람이다. (부분 양보)
  그는 비록 가난할지라도 정직한 사람이다. (완전 양보)
  > if가 혼자 쓰이면 위의 경우처럼 그 의미가 애매해질 수 있다.

- **If** he's poor, he's also honest.

  그는 가난하기는 하지만 정직하기도 하다. (완전 양보)
  >> = Even though he's poor, he's also honest.
     = He's poor, yet he's also honest.
  > If he's poor가 이 문장에서 even if의 뜻이 아니고 even though의 뜻으로 이해되는 것은 주절에 있는 also 때문이다. also는 앞의 절의 내용을 인정하는 것이다.

- It's possible, **if** difficult.

  어려울지는 모르나 그것은 가능한 일이다. (부분 양보)
  >> if difficult = even though it may be difficult

- He's in good health, **if** somewhat fatter than desirable.

  그는 바람직한 정도를 넘어 좀 비대하기는 하지만 좋은 건강 상태에 있다. (완전 양보)
  >> if somewhat fatter than desirable (= even though he's somewhat fatter ....)

- He spoke ungraciously, **if** not rudely.

  그는 공손하지 않게 말했다. 무례하다고 말할 수 없을지는 몰라도. (부분 양보)
  >> = He actually may have spoken rudely.

6. 의문문 으로서의 Suppose절과 What if절

이들은 각기 [Suppose + 절. Then what will happen?]과 [What will happen if + 절?]을 줄인 것이다. 즉 '～ 하면 어떨까?'의 의미로서 제안, 암시, 초청, 두려움, 걱정 등을 나타낼 때 구어에서 많이 쓰인다:

- **Suppose/What if** we have a drink after work today?

  오늘 퇴근하고 술 한 잔 어떨까? (제안)

•• Son: **Daddy, can I go out and play now?**
아들: 아빠, 지금 나가서 놀아도 되요?

Father: **Suppose/What if you do your homework first?**
아버지: 숙제를 먼저 하고 나가면 어떨까? (암시)

•• A: **It's not raining. Let's not bother to take an umbrella today.**
비가 오지 않고 있다. 오늘은 우산을 가지고 나가는 수고를 하지 말자.

B: **Suppose/What if it rains later?**
나중에라도 비가 오면 어떡하려고. (걱정)

•• **Suppose/What if you move that picture over here? I think it'll be better here.**
네가 저 그림을 이 쪽으로 옮기면 어떨까? 여기가 더 좋을 것 같은데.

•• **Suppose/What if a clone develops unforeseen abnormalities?**
만일 복제 인간이 예상하지 못한 이상한 상태를 일으키면 어떡하지? (걱정)

•• A: **Let's go swimming in the deep sea.**
깊은 바다로 수영하러 가자.

B: **Suppose/What if there are sharks?**
상어가 나오면 어떡하려고? (걱정)

•• A: **I climbed Mt. Sorak in the snow last weekend.**
지난 주말에 나는 눈 속에서 설악산을 등반했지.

B: **That was courageous of you, but suppose/what if you had slipped and hurt yourself?**
용감했구나. 그러나 만일 네가 미끄러져 부상을 당했더라면 어떡할 뻔 했느냐? (걱정)

•• **Suppose/What if you join us for lunch today?**
오늘 우리랑 같이 점심 먹는 거 어때? (초청)

What if ~?는 더러 What will happen if ~?의 의미가 아니고 What does it matter if ~? ('~한들 무슨 문제가 되느냐?')의 의미를 가질 수 있다. 의미의 구별은 문장 전후관계에 근거하여 판단해야 한다:

•• A: **A president of a country should at least be a university graduate.**
한 나라의 대통령은 최소한 대학은 나온 사람이라야 한다.

B: **What if they've never gone to the university?**
대통령이 대학을 안 다녔다고 해서 무슨 문제가 됩니까?

7. If only

[If only + 가정법 절]의 형태는 '~하면 좋을 텐데/~했더라면 좋았을 텐데' 라는 화자의 강한 소원이나 과거의 일에 대한 후회를 나타낸다. 현재나 미래의 소원일 때는 if only절의 동사가 [would + 동사]가 되지만 현재나 과거 사실의 반대일 때는 각기 가정법 과거형과 과거완료형이다. if only절은 [I wish + 가정법 절]처럼 그것 자체만으로 하나의 문장이 될 수도 있고 단순 if절처럼 종속절로 다른 주절과 같이 쓰일 수도 있다. 그리고 if only절은 늘 주절 앞에 온다:

- **If only he wouldn't eat so noisily.**
  그가 그렇게 소리 내며 식사 좀 안 했으면 좋겠다.

- **If he would only learn to eat quietly.**
  그가 조용히 식사하는 법을 배웠으면 좋겠구나.
  >> only는 이 문장에서처럼 본동사 앞에 위치할 수도 있다.

- **If only I hadn't missed the plane!**
  내가 그 비행기를 놓치지만 않았더라면!

- **If only you would help me tomorrow, I would not be so nervous.**
  당신이 내일 나를 도와만 준다면 내가 지금 이렇게 불안하지는 않을 텐데요.

- **If only I had listened to my parents' advice!**
  내가 부모님의 충고에 귀를 기울였더라면 좋았을 텐데!

- **If only he were here now, he would take care of this problem for us.**
  그 사람이 지금 여기 있다면 그가 이 문제를 처리해 줄 텐데.

- **If only he spoke English well, we'd give him the position.**
  그가 영어만 잘 한다면 우리는 그 자리를 그에게 맡길 텐데.

- **If only somebody had told us about the change of the schedule, we wouldn't have come here this early.**
  누가 스케줄의 변경에 대해서 알려주었더라면 우리가 이렇게 일찍 여기 오지 않았을 텐데.
  >> if only절이 긍정이면 부정 대명사도 긍정형(somebody, someone, something 등)이 쓰인다.

- **Whenever there is a terrorist attack anywhere in the world, there will be those blaming it on America: if only America had not been distracted from the war on terrorism by the war in Iraq, if only America had not stirred Muslim resentment.**
  세계 어디서든 테러 행위가 발생할 때마다 그것을 미국의 책임으로 돌리는 사람들이 있을 것이다. 미국이 이라크 전쟁으로 인해서 테러에 대한 전쟁으로부터 정신이 산만해지는 일만 없었더라면, 미국이 회교도들의 분노를 자극하지만 않았더라면 (이런 테러는 없었을 텐데 라고 말하면서).

8. [It's time/about time/high time + 절]

이 형태의 문장은 '누가~할 때가 되다' 의 의미를 나타내는 표현이다. time 뒤에 나오는 절의 동사는 직설법 과거형 또는 가정법 과거형이다. 그러나 대부분 직설법 과거형이 쓰인다. about은 '거의,' high 는 '무르익은' 의 의미를 첨가한다. 이 표현은 간접적으로 '이미 했어야 했다' 를 의미한다:

- It's time he was/were taught a lesson.

  그가 훈계를 받아야 할 때가 되었다.

  >> was는 직설법 과거형이고 were는 가정법 과거형이다. 직설법이 더 현실적이고 강한 의미를 가진다.

- It's about time you learned to stand on your own feet.

  너도 이젠 너 자신에게 의존하는 법을 배울 때가 되었다.

- A: I haven't replied to his letter yet.

  나는 그의 편지에 아직 답장을 보내지 않다.

  B: It's high time you did.

  (그럼) 빨리 답장을 해야 되겠구나.

- It's time we went to bed.

  우리가 잠자리에 들 시간이다.

- Isn't it about time our baby could walk?

  우리 아기가 지금쯤 걸을 때가 되지 않았을까?

언어행위 동사 speak, talk, say, tell의 의미 및 용법의 차이

1. speak

(1) speak은 언어행위 동사들 중 가장 대표적인 동사로서 음성으로 단어나 문장을 생산하는 행위를 의미한다. 이것은 혼자 할 수 있는 행위로서 언어행위의 상대방을 전제하지 않는다. 언어행위의 상대방을 특별히 제시하고자 할 경우에는 [to/with + 사람]의 형태로 따로 나타낼 수 있다. 발화 내용은 [about/of + 명사(구)]의 형태로 나타낸다. 다음 예들을 보자:

- The child is learning to speak.
  그 아이는 말을 배우고 있다.

- Listen and then speak.
  먼저 듣고 그 다음에 말을 하라.

- When I heard the news, I was so shocked that I couldn't speak.
  그 소식을 들었을 때 나는 어찌나 놀랐는지 아무 말도 할 수 없었다.

- The old man slowly opened his mouth to speak.
  그 노인은 천천히 입을 열어 말을 했다.

- He has a throat infection that prevents him from speaking.
  그는 그로 하여금 말을 못하게 하는 인후염에 걸려 있다.

- John! Speak to me. Are you all right?
  John! 내게 말 좀 해 봐. 너 괜찮니?

- Hello. This is Tom. Can I speak with Mary, please?
  여보세요. 저는 Tom인데요. Mary와 통화할 수 있을까요?

- I'd like to speak to you about my idea.
  나는 내 생각에 대해서 너하고 이야기 좀 하고 싶다.

- Is that the man you spoke of the other day?
  저 사람이 네가 전날 나에게 이야기했던 그 사람이냐?

- We've had no rain to speak of this summer, only a few drops.
  이번 여름에는 이렇다 할 비가 내리지 않았다. 오직 몇 방울 내렸을 뿐이다.

  » to speak of '언급할 만한'은 주로 부정문에 쓰인다.

(2) speak은 위에서 처럼 언어 행위 자체를 의미하므로 당연히 자동사일 수밖에 없으며 따라서 목적어가 필요 없다. 그러나 제한적으로 타동사로도 쓰여 speak a language, speak English, speak a word, speak a sentence 등과 같이 언어나 언어의 부분을 목적어로 할

수 있으며, speak the truth '진실을 말하다(= tell the truth)', speak one's mind '마음을 터놓고 말하다' 등의 관용적 어구로도 쓰이고, 사람이 아닌 사물을 주어로 하여 쓰이는 경우도 있다:

- He speaks five languages including his native language.
  그는 자기 모국어를 포함하여 다섯 개의 언어를 할 수 있다.

- Actions speak louder than words.
  행동이 말보다 표현력이 더 크다.

- A number like 2222 is spoken 'double two double two.'
  2222 같은 수를 말로 할 때는 'double two double two'라고 한다.

- How is this mathematical sign spoken?
  이 수학 기호는 보통 말로는 어떻게 나타내느냐?
  >> 위의 두 예문에서처럼 speak이 '말소리로 나타내다'의 의미일 때는 수동형으로만 가능하다.

- Not a word was spoken about politics at the meeting.
  그 모임에서는 정치에 대해서 단 한 마디도 없었다.

(3) speak의 일상적이고 관용적인 표현:

speak out '소신대로 말하다,' '용기를 내어 입을 열다,' '더 큰 소리로 말하다'

- It's time our intellectuals spoke out against those demagogic, corrupt and immoral politicians.
  이제 우리의 지식인들이 저들 민중을 허위 선동하는 부패하고 비도덕적인 정치인들에 대해서 입을 열어야 할 때가 되었다.

- Speak out; I can't hear you.
  좀 더 큰 소리로 말하라. 너의 목소리가 들리지 않는다.

speak up '더 큰 소리로 말하다' (= speak out), '공개적으로 지지하여 말하다'

- Speak up; I can't hear you.
  Speak out; I can't hear you.

- If you see a problem, speak up. Don't wait for someone else to point it out.
  문제점을 발견하면 큰 소리로 말하라. 다른 사람이 그것을 대신 지적해 주기를 기다리지 말라.

- Don't worry. I'll speak up for you.
  걱정 말라. 내가 너를 변호해 줄 것이다.

to speak of (부정문에서만) '내놓고 말할 만한,' '이렇다 할'의 의미이다:

- **I have no wealth to speak of.**
  나는 이렇다 할 재산은 없소.

2. talk

(1) talk은 그 의미와 용법에 있어서 speak과 겹치는 부분이 많다. 그래서 일반적으로는 둘 중 어느 것을 쓰든 큰 차이가 없다. 다만 talk은 '대화하다,' '이야기하다,' '의사소통하다' 등으로 번역되는 비교적 비격식적이고 사적인 언어행위 쪽에 무게를 두는 데 비하여, speak은 '말하다' 로 번역되는 기본적인 언어행위로부터 출발하여 '연설하다,' '강연하다' 등과 같은 격식적이거나 공식적인 언어행위 쪽으로 그 의미가 확대되어 있다는 점에서 차이가 있다.

- **We talked for hours over a cup of tea about how to replace the unexperienced, much too progressive young politicians in the next general elections.**
  우리는 여러 시간 동안 차를 마시며 경험 없는 너무 진보적인 어린 정치인들을 다음 총선에서 교체하는 방법에 대해서 이야기했다.

- **He talked and talked, but said nothing worthwhile.**
  그는 계속 이야기를 했지만 들을만한 말은 한 마디도 하지 않았다.

- **He talked about his recent trip abroad.**
  그는 그가 최근에 한 외국여행에 대해서 이야기 했다.

- **I have nobody to talk to about my problem.**
  나는 나의 문제에 대해서 이야기를 나눌 사람이 없다.
  >> 이 문장에서 talk to 대신 speak to를 쓸 수도 있지만 차이는 talk to는 '사적으로'의 어감이 강하고 speak to는 '공식적으로'의 어감이 더 강하다.

- **The child is learning to talk/speak.**
  그 아이는 말을 배우고 있다.

- **Don't talk/speak like that.**
  그런 식으로 말하면 안 된다.

- **Can I talk/speak to you for a few minutes?**
  잠깐 이야기 좀 할 수 있을까요?

- **I'll have to talk/speak to that student – he's getting too rude.**
  나는 저 학생과 이야기를 좀 해야겠다. 그 아이는 너무 무례해져 가고 있다.
  >> 이 문장은 선생이 학생을 나무라는 공식적인 언어행위를 암시하므로 talk보다 speak가 더 엄한 느낌을 준다.

- **When will you learn to talk?**
  너는 언제 말하는 법을 배울래?

>> talk는 사교적인 언어행위를 의미한다. 만일 speak를 쓰면 '언제 언어를 배울래?' 가 된다.

- **Deaf people can talk by using signs.**
  귀먹은 사람들도 신호를 써서 의사소통을 할 수 있다.
  >> 여기서는 talk 대신에 speak를 쓸 수는 없다. 귀먹은 사람들도 수신호를 이용하여 의사소통은 할 수 있지만 정상적인 언어 행위는 불가능하다.

(2) speak와는 달리 talk는 명사로도 잘 쓰인다. 명사로서의 talk는 두 가지 의미로 분류되는데 하나는 '말'이라는 의미로 단위나 개체가 될 수 없고 부정관사와 같이 쓸 수 없으며 또한 복수도 될 수 없다. 다른 하나는 '대화(conversation),' '강연,' '강의,' '이야기' 등의 의미로 단위적이고 개체적이다. 즉 복수가 될 수 있으며 단수로서는 부정관사를 동반한다. 전자의 의미에 속하는 예들을 보자: baby talk '(말 배우는 단계에 있는) 어린이의 말,' prison talk '감옥에서 수감자들 사이에서 통하는 말,' campus talk '대학의 캠퍼스에서 학생들 사이에 쓰이는 말,' small talk '시시한 말,' big talk '허풍,' sales talk '팔기위한 또는 설득시키기 위해서 하는 말,' His threats are just talk. Don't worry. '그의 위협은 그냥 말에 지나지 않는다. 걱정할 것 없다.' 등이다. 이제 후자에 속하는 예들을 보자:

- **I met George in the street yesterday and had a long talk with him about his operation.**
  어제 나는 George를 길에서 만났는데 그의 수술에 관해서 긴 이야기를 나누었다.

- **I had a heart-to-heart talk with him.**
  나는 그 사람과 허심탄회하게 이야기했다.

- **She gave a talk on rock'n'roll music to our Music Society.**
  그 여자는 우리 음악동호회에 나와 rock'n'roll에 대한 강의를 했다.

- **At the end of my talk I invited the audience to ask me questions.**
  나의 강연이 끝난 다음 나는 청중에게 나한테 질문을 하라고 했다.

- **The handsome new teacher was the talk of the class all day.**
  그 잘생긴 신임 교사는 온 종일 반 학생들의 화제거리가 되었다.

- **The President's language blunder made at a press conference has been the talk of the whole country.**
  기자회견에서 있었던 대통령의 말 실수가 전국에 걸쳐 사람들의 입방아에 오르고 있다.

- **From now on there will be a series of TV and radio talks about the candidates.**
  이제부터는 후보들에 대해서 일련의 TV 및 radio 좌담 프로가 있을 것이다.

- **The two Presidents met in Paris for summit talks.**
  두 대통령은 정상회담을 하기 위해서 Paris에서 만났다.
  >> talks는 talk의 복수형이 아니라 '회담' 이라는 의미를 갖는 특별한 단어이다.

(3) talk의 일상적이고 관용적인 표현들:

talk nonsense '말같지 않은 말을 하다'
talk back '말대꾸를 하다' (= answer back)
talk shop '자기의 직업에 관계되는 말을 하다'
talk big '허풍떨다'
talk a person into doing '누구에게 무엇을 하도록 설득하다'
talk a person out of '누구에게 무엇을 하지 않도록 설득하다'

3. say

(1) say의 의미 핵심은 '말소리를 내다' 이다. 그러므로 어떤 사람이 한 말을 소리 그대로 전달하는 직접 화법의 문장에 주로 쓰인다. 의사소통을 의미하는 것이 아니므로 간접 목적어는 필요 없다. 그러나 간접 목적어를 표시하고자 할 때는 전치사 to를 동반하여 나타낸다:

- How do you say 'Good morning' in Spanish?
  영어의 Good morning을 스페인어로는 어떻게 말합니까?

- "It's getting late," she said.
  "날이 어두워지고 있구나,"라고 그 여자가 말했다.

- "Say something," said her mother. "People may mistake you for a mute."
  "무슨 말을 좀 해보라. 사람들이 너를 벙어리로 생각하겠다,"라고 그 여자의 어머니가 말했다.

- Say no more.
  (이제 다 알았으니) 더 이상 말하지 않아도 된다.

- A: Shouldn't we make a left turn here to get to the bus terminal?
  버스 터미널에 가려면 여기서 좌회전 해야 되지 않나요?
  B: Say no more. Here we go.
  맞았어. 자 좌회전 한다.
  ≫ say no more는 쓰여진 상황에 따라 '알았으니 더이상 말하지 말라,' '그래 네 말이 맞다. 그렇게 하겠다' 등의 의미를 갖는다.

- Did you say something?
  지금 뭐라고 말하셨나요?
  ≫ 딴 일에 정신 쓰느라고 상대방의 말을 놓쳤을 때 할 수 있는 말

- I can't read your name. Will you please say it loudly?
  나는 너의 이름을 못 읽겠다. 네가 한번 큰 소리로 네 이름을 말해보겠니?

- I didn't quite hear that. Would you say it again?
  말씀을 잘 못 들었습니다. 한번 다시 말씀해 주시겠습니까?

- **This word is not easy to pronounce. Now say after me.**
  이 단어는 발음하기 쉽지 않다. 자 따라해 보아라.

- **1906 can be said 'nineteen oh six.'**
  1906은 nineteen oh six라고 말할(발음, 읽을) 수 있다.

- A: **I can see your coffee cup is empty. Would you like a refill?**
  당신의 커피잔이 비었군요. 더 따라 드릴까요?
  B: **Yes, please.**
  네, 그래주십시오.

- A: **Okay. I'll pour some more into your cup. Say when.**
  좋습니다. 당신의 잔에 커피를 따르겠습니다. (적당한 양에 이르면) 그치라고 말하십시오.
  ≫ Say when.은 흔히 쓰는 숙어적 표현인데 Tell me when I have given you enough. 즉 '내가 충분한 양을 따르면 말해달라' 는 뜻으로 술이나 차 등 액체를 따라주면서 하는 표현이다. 대답으로는 적당한 양이 따라졌을때 Stop. That's enough. Thank you. 등이 쓰이지만 Say when.이 직역하면 'when이라고 말해주세요' 라는 뜻이므로 'When' 이라고 말하는 경우도 많다.

(2) say도 목적어로 말의 내용이나 절을 동반하면 '말소리' 가 아닌 '말의 내용' 을 의미한다:

- **You'd better see your boss and say you need more time to complete the task.**
  너의 상사를 만나서 네가 그 과제를 완수하는 데 시간이 더 필요하다는 것을 말하여라(알려주어라).

- **He's been saying for several days that he's going to quit his job.**
  그는 요 며칠 동안 그가 자기 직장을 그만두겠다고 말해 왔다.

- **The chairman didn't say why he'd called the meeting.**
  의장은 그가 왜 회의를 소집했는가는 말하지 않았다.

- **Where did she go? – I don't know. She didn't say.**
  그 여자는 어디에 갔느냐? ― 모르겠다. (어디에 간다고는) 말하지 않았다.

- **I'm sorry. I can't think of anything to say.**
  미안합니다. 뭐라 드릴 말씀이 없습니다.

- **Why do you say that?**
  왜 그런 말씀을 하십니까?
  ≫ 우리말로는 가령 '왜 그렇게 말씀하십니까?' 라고 말할 수 있다. 그러나 이 우리말 표현을 직역하여 Why do you say like that?이라고 말하면 영어로는 우습다. say like that은 '그런 식으로 소리를 내다' 를 의미하기 때문이다. talk like that나 speak like that는 동사가 '언어를 하다' 의 의미이기 때문에 말이 되지만 say는 입을 벌려 언어의 '소리' 를 내다는 의미이므로 say like that은 맞지 않은 영어이다.

- A: **In a democracy, anyone, including the President, should be brought to justice if they are found guilty of breaking the law.**

민주국가에서는 대통령을 포함하여 누구든지 법을 위반한 것이 드러나면 법정에 세워야한다.

B: That's what I say.
바로 그것이 내가 하는 말 아니냐.
>> 여기서 say는 '주장하다'의 의미이다. That's what I say는 누구의 말에 적극 동조할 때 쓰는 표현으로 자주 쓰인다.

(3) [say + to + 동사]의 형태는 비격식적인 구어 영어에서 잘 쓰이는 구조로 '(누구에게) 무엇을 하라고 지시하다'라는 의미이다. 여기서 '누구'는 그 말을 하고 있는 사람을 의미한다. 즉 [tell me to + 동사] 또는 [tell me to tell you to + 동사]와 같은 의미이다. 그러나 지시의 대상이 일반인 또는 관계된 사람들일 수도 있다:

- My boss said to meet him at the airport.
  나의 상사는 나더러 공항에서 자기를 맞이하라고 했다.
  = My boss told me to meet him at the airport.

- I spoke with Dr. Brown on the phone yesterday, and he said to drop in today.
  나는 어제 Dr. Brown과 통화를 했는데 나더러 오늘 들르라고 했다.

- Mom says to come in for dinner.
  엄마가 들어와서 저녁 먹으라고 하신다.
  = Mom told me to tell you to come in for dinner.

주어가 사람이 아닐 때 say의 의미는 의미 상황에 따라 '쓰여 있다' 또는 '나타내다'의 의미가 된다:

- It says on the bottle to take a spoonful every four hours.
  병에 붙은 복용 방법에는 네 시간마다 한 수저씩 먹도록 되어 있다.

- This box says 'Glass Bottles.'
  이 상자에는 "유리병들"이라고 쓰여 있다.

- This article says to eat plenty of vegetables everyday.
  이 글은 날마다 많은 양의 야채를 섭취하라고 권한다.

- What time does your watch say?
  당신의 시계는 지금 몇 시를 나타내고 있습니까(즉 몇 시입니까)?

- It says six o'clock.
  6시를 나타내고 있습니다.

- She was smiling but her eyes said she was unhappy.
  그 여자는 웃고 있었으나 그의 눈은 자신이 불행하다는 것을 나타내고 있었다.

- A: What does that sign say?
  저 표지 무슨 뜻입니까?

- B: It says 'No Parking.'
  '주차금지' 라는 뜻입니다.

- It says in today's paper that oil prices are going up again.
  오늘 신문에는 석유가격이 다시 오른다고 쓰여 있다.

- Look at the umbrella here. It says 'YNS' on the handle.
  이 우산을 보라. 손잡이에 YNS라고 쓰여 있다.

(4) say so와 say that

say so는 그렇게 말할 만한 사람이 말한다는 뜻이다. 그러므로 그 말은 지금도 권위를 갖는다. 그래서 시재도 현재형이다. 만일 이것이 전제되어 있지 않으면 say that를 써야 하며 시재는 과거형을 써야한다. 또 say so는 say-so의 형태로 '허락'의 의미를 갖는 명사로도 쓰인다:

- A: You've got to clean the car.
  너는 차를 닦아야 한다.
  B: Who says so?
  누가 그래? (누가 나에게 그렇게 하라고 지시했느냐?)

- He's the only candidate who is not only clear of any suspicions of corruption but also is morally clean. He's going to be our next President. Everybody says so.
  그는 어떤 부패의혹도 받고 있지 않을 뿐만 아니라 도덕적으로도 깨끗한 유일한 후보이다. 그가 다음 번 우리 대통령이 될 것이다. 모두가 다 그렇게 말하고 있다.
  ≫ everybody가 그렇게 말한다면 그것은 믿을 수 있는 말이다.

- A: Jane's got cancer.
  Jane이 암에 걸렸대.
  B: Who says so?
  누가 그래?

- Who said that?
  누가 그런 소리를 해?
  ≫ says so로 질문하는 경우는 A의 정보를 의심하는 것이 아니고 다만 그런 판단을 내린 사람이 누구인가를 알고 싶은 것이다. 반면에 said that로 묻는 경우는 A의 말을 믿지 않으면서 반문하는 것이다.

- I left the hospital on my doctor's say-so.
  나는 내 담당 의사의 허락을 받아 퇴원했다.

상대방의 간섭에 짜증이 날 때 구어 표현에서는 Says who?라는 표현도 잘 쓰이는데 의미는 '네가 뭐길래 그런 말을 하느냐?' 이다. 이렇게 상대방에게 대드는 표현에 대해서는 역시 대드는 표현으로 Says me!를 써서 대답할 수 있는데 의미는 '할만 하니까 한다' 이다:

- A: **What do you mean I was rude to him? Says who?**
  내가 그에게 무례했다니 무슨 말이냐? 네가 뭔데 내게 그런 말을 하니?

- B: **Says me!**
  내가 너에게 못할 소리 했니? (내가 이런 말 하면 안 되니?)

(5) 참고로 구어에서 흔히 쓰이는 say의 숙어적 용례 중 몇 가지를 보자:

(a) '가정하다' 의 의미 (= suppose/if)

Let's say + (that)절 / Just say + (that)절 = Suppose / If + (that)절

- **Let's say (that) your parents don't agree to you marrying her, then what?**
  만일 당신의 부모님들이 당신이 그 여자와 결혼하는 데 동의하지 않는다면 어떻게 하겠소?

- **Just say (that) you won the lotto, what would you do:**
  혹시 네가 로또 복권에 당첨된다면 어떻게 하겠니?

(b) You said it!의 형태로 '그래 맞아!' 내가 하고 싶은 말을 네가 말했다' 의 의미

- **Let's get out of here! I can't stand this movie.**
  여기서 나가자. 난 이 영화를 이 이상 참고 볼 수가 없구나.

- **You said it!**
  그래 맞아. 나가자.

(c) Say cheese. 사진 찍는 사람이 관행으로 하는 말

- **Now look here. Say cheese.**
  자 여기를 보세요. '치즈'('김치')라고 말해 보세요.

(d) but that is not to say + (that)절 '그렇다고 ~라는 뜻은 아니다'

- **I like her very much but that is not to say that I want to marry her.**
  내가 그 여자를 대단히 좋아하지만 그렇다고 그 여자와 결혼하고 싶다는 뜻은 아니다.

4. tell

(1) say가 말소리를 의미하는 데 반하여 tell은 정보의 전달에 의미 초점을 맞춘다. tell a secret/a lie/a story/the truth/the time 등의 경우처럼 '어떤 내용을 누구에게 알려주다'의 의미이다. 따라서 정보 전달의 대상인 간접 목적어가 있어야 한다. 그러나 이 간접 목적어가 어느 특정인이 아니고 일반인 또는 짐작할 수 있는 관계된 사람들일 때는 생략된다. 아래에서 이 두 동사의 쓰임을 대조해 보자:

- Please tell me your name.
  너의 이름을 알려다오.

  Please say your name.
  너의 이름을 발음해 보라.

- He told me something, but I forgot it.
  그가 나에게 무슨 말을 했는데 나는 그 내용을 잊어버렸다.

  He said something to me, but I couldn't hear it.
  그가 나에게 무슨 말을 했는데 나는 그것을 듣지 못했다.

- This broken glass doesn't say anything, but it can tell a lot.
  이 깨진 유리잔은 아무 말도 못 하지만(아무 말소리도 못 내지만) 그것은 많은 정보를 알려줄 수 있다.

- I've told all there is to tell.
  나는 해야 할 말은 다 했다.
  >> = I've said all there is to say.

- This leaflet tells you how to operate the machine.
  이 책자는 그 기계를 작동하는 방법을 알려준다.

- This book tells all about English grammar.
  이 책은 영문법에 대한 모든 것을 알려준다.

- She wrote to tell me that she was getting married next month.
  그 여자는 나에게 편지를 보내 다음 달 결혼한다고 알려주었다.

- I wish you'd told (it to) me earlier.
  네가 그것을 좀 더 일찍 내게 알려주었더라면 좋았을 걸 그랬구나.

- Who told you that?
  누가 그 말을 네게 하더냐(누가 그 정보를 너에게 주었느냐)?
  >> 위 예문을 Who said that to you?로 고치면 의미는 '누가 그런 소리를 하니?'가 된다.

(2) 직접 화법은 누가 한 말을 말소리 그대로 옮기는 화법이고, 간접 화법은 그 말의 내용을 옮기는 화법이다. 그러므로 전자의 경우에는 say를, 후자의 경우에는 tell을 쓰는 것이 정상이다. 그러나 흔히 직접 화법에도 tell을 쓰고 간접화법에도 say를 쓴다. 다만 용법상 주의할 점은 tell은 반드시 간접 목적어를 동반하지만 say는 간접 목적어를 동반하지 않는 것이 정상이라는 것이다:

- "I'm thirsty," he said.
    '나는 목이 마르다' 라고 그는 말했다.

    "I'm thirsty," he told me.
    '나는 목이 마르다' 라고 그는 말했다.
    >> *He told he was thirsty.라고는 할 수 없다. 간접 목적어가 비특정인이라서 제시될 수 없을 때는 tell 대신 say를 써야 한다.

- "I haven't got much money," he told me.
    '나는 돈이 별로 많지 않아.' 라고 그는 내게 말했다.
    >> = "I haven't got much money," he said to me.

- "Be quiet," the teacher told the children.
    "조용히 해라."라고 선생님이 아이들에게 명했다.
    >> 발화된 내용이 명령이면 그것을 옮기는 동사로서는 say보다는 tell이 더 자주 쓰인다.

- A: Please tell your wife "Happy Birthday."
    당신의 부인에게 '생일을 축하합니다' 라고 내 대신 말해주세요.

    B: Thank you. I'll tell her.
    고맙습니다. 그렇게 전하겠습니다.

Idiomatic Expressions

a white elephant:

'아무 쓸모없고, 유지하는 데 비용만 나가는 부피 큰 소유물'

>> 옛날 태국에서는 왕이 자기가 미워하는 신하들에게 그들을 골탕 먹이기 위해 흰 코끼리를 하사했다고 한다. 이 선물을 받은 신하는 그 코끼리를 집에 모셔두고 잘 먹이고 돌봐야 했다. 왕이 준 선물이므로 함부로 부릴 수도 없고 팔수도 없었다. 그저 신주 모시듯 해야 했던 것이다. 그러니 그 신하의 고통은 이만 저만이 아니었을 것이다.

. . .

He has a large villa in the country. He bought it, not to use but to keep for a while and then resell it for a big profit margin. Unfortunately, however, real estate business has fallen sharply since then. Though it's been put up for sale for a long time, no one has ever asked about it. The large villa is *a white elephant* to him.

그는 시골에 큰 별장이 하나 있다. 그는 그 별장을 사용하기 위해 산 것이 아니라 조금 가지고 있다가 큰 이윤 차액을 얻고 되팔려고 샀던 것이다. 그러나 불행히도 부동산 경기가 그 후 날카롭게 하강했다. 그 집은 이미 오랜 동안 팔려고 내놓은 상태지만 물어보는 사람도 없다. 그 큰 별장이 그에게는 애물단지가 되어 있다.

. . .

Many business groups have *white elephants* within them. Some of them have gone into bankruptcy trying to maintain the companies that cost them billions of won yearly.

많은 기업 집단들이 자체 내에 골치 아픈 회사들을 가지고 있다. 이들 집단들 중 일부는 연간 수십, 수백억 원씩 적자를 내는 그런 회사들을 유지하면서 파산 상태에 들어갔다.

010 be 수동(be+pp)에 대한 모든 것

영어의 수동에는 be 수동과 get 수동(get+pp)이 있다. 그러나 get 수동은 그 의미와 성격에 있어 be 수동과는 아주 다르기 때문에 다른 데서 다루기로 하고 여기서는 be 수동만 설명한다.

우리는 흔히 be동사가 타동사의 과거분사를 동반하면 언제나 기계적으로 수동문이 되는 것으로 알고 있지만 항상 그런 것은 아니다. 타동사의 과거분사도 수동문을 만들 수 없는 경우도 있고 자동사의 과거분사가 수동문을 만들 수 있는 경우도 있다. 실제 영어의 수동문은 우리가 일반적으로 생각하는 것처럼 그렇게 단순하지 않다. 영어의 수동형 문법은 영어 모국어 화자들과 우리 한국어 모국어화자들과의 근본적인 인식과 느낌의 차이를 반영한다고도 말할 수 있다. 아래에서 영어 수동형 문법의 원리들을 자세히 살펴보자:

1. 상태 수동과 행위 수동

상태 수동은 어떤 행위의 결과로 만들어진 상태를 나타내는 것으로 이 때의 과거분사는 의미상으로는 형용사와 같다. 반면에 행위 수동은 주어가 어떤 외적인 행위를 당하는 것, 즉 순간적인 동작 자체를 의미한다. 다음 예들을 보자:

- **The door was shut when I went by, but I don't know when it was shut.**
  내가 그 곁을 지나갔을 때는 문이 닫혀 있었다. 그러나 문이 언제 닫혔었는지는 모르겠다.
  >> 첫 번째 was shut은 문이 닫혀 있는 상태를 의미하며, 두 번째 was shut은 문이 닫히는 순간적인 동작을 의미한다.

- **The theatre was closed.**
  극장은 닫혀 있었다./극장은 폐쇄되었다.
  >> 상태의 의미인지, 행위의 의미인지 알 수 없는 애매한 문장이다.

- **The theatre was closed by the police.**
  극장은 경찰에 의해서 폐쇄되었다.
  >> 폐쇄의 행위자가 by the police로 나타나 있으므로 was closed는 행위이다.

- **When I got to the theatre I found that it was closed.**
  내가 극장에 도착했을 때 나는 극장이 닫혀 있음을 알았다.
  >> it was closed는 행위자나 행위의 시간이 나타나 있지 않고 I found의 목적어가 되어 있으므로 내가 발견한 상태이다.

- **I went to the nearest phone booth, but the phone was smashed. I don't know when it was smashed.**
  나는 가장 가까운 공중전화 박스로 갔다. 그러나 전화기가 깨져 있었다. 그것이 언제 파손됐는지는 모른다.

>> 첫 번째 was smashed는 상태를 의미하며 두 번째 was smashed는 순간을 의미하는 when과 같이 쓰였으므로 어느 순간에 발생한 행위를 의미한다.

2. 수동문의 주어

수동문의 주어는 동사구의 행위로 인해서 탄생하거나 동사구의 행위를 받아 변하거나 아니면 그 행위의 직간접적인 영향을 받는다. 이 점이 수동문 형성의 가장 중요한 조건이다:

- **The letter was written by my secretary.**
  그 편지는 내 비서에 의해 씌어졌다.
  >> write의 행위로 인해 그 전에는 없었던 편지가 탄생하게 된 것이다.

- **My house has been painted.**
  내 집은 새로 페인트가 칠해졌다.
  >> 페인트를 칠하는 행위로 인해 주어는 색의 변화라는 영향을 받았다.

- **This book was given to me by my father.**
  이 책은 나의 아버지에 의해 나에게 주어졌다.
  >> 주어는 그 소유주가 바뀌는 변화를 했다.

- **The pages were turned by John.**
  페이지들이 존에 의해서 넘겨졌다.
  >> 책의 페이지들은 넘겨지면 그 내용들이 바뀐다.

- ***The street corner was turned by them.**
  → **They turned the street corner.**
  그들은 길의 코너를 돌아갔다.
  >> 수동문의 주어인 street corner는 사람이 그것을 돌아간다고 해서 변하거나 어떤 영향을 받는 것이 아니기 때문에 수동문으로 성립될 수 없다.

위 예문들에서는 수동화가 가져오는 주어의 변화를 이해하는 데 전혀 어려움이 없다. 그러나 다음 예문들에서는 그것을 이해하는 것이 우리로서는 그렇게 쉽지가 않을 것이다:

- **I was approached by the stranger.**
  나는 그 낯선 사람의 접근을 받았다.
  >> 낯선 사람의 접근이 주어를 적어도 외적으로 접근하면 변화시키거나 어떤 영향을 주지는 않았다. 그러나 대부분의 경우 낯선 사람이 우리는 심리적으로 긴장하기 마련이다. 위 수동 문장은 이같은 주어의 심리적 영향을 나타낸다. 그러나 주어가 그런 영향을 전혀 받지 않았다면 예문과 같은 수동문을 쓰지 않고 긍정문으로 The stranger approached me.라고 했을 것이다.

- • *I was approached by the train.
  ➡ The train approached me.
    기차가 나에게 다가왔다.
    ≫ 기차는 '낯선 사람'과는 달리 무생명체이기 때문에 위 수동문의 주어에 어떤 영향을 줄 수 있는 목적을 가지고 다가올 수는 없다. 다시 말하면 아무도 단순히 자기 쪽으로 다가오는 기차를 보고 심리적인 변화를 느끼지는 않을 것이다. 그러므로 I was approached by the train. 같은 수동문은 상상하기 어렵다.

- • *When was this mountain path first descended?
  ➡ When was this mountain path first ascended?
    사람이 이 산길을 맨 처음 타고 오른 때가 언제였습니까?
    ≫ 어떤 미개척 산길을 사람이 힘들여 맨 처음 오르는 것은 그 길 또는 그 산을 맨 처음 '정복'하는 것 또는 '개척'하는 것을 의미한다. 그렇다면 그 산길은 그 전까지는 사람의 발길이 닿지 않았던 자연 상태에서 이제 사람이 다니는 길로 변모한 것이다. 이렇기 때문에 first ascended는 수동형이 가능하다. 그러나 first descended는 일반적으로 정복이나 개척을 의미하지 않는다. 올라갔던 길을 내려오는 것뿐이므로 주어의 변화는 없다. 그래서 first descended는 특별한 경우가 아니고는 수동형 문장으로는 부적절하다.

- • *The army was deserted by a private.
  ➡ A private deserted the army.
    한 이등병이 탈영했다.
    ≫ 이등병 한 사람이 탈영한다고 해서 군이 영향을 받는 것은 아니다. 그러므로 수동형은 부적절하며 능동문으로 해야 한다.

- • The army was deserted by all its generals.
    육군은 소속 장성들 전원에 의해 유기되었다.
    ≫ 소속 장성 전원이 직무를 이탈하면 어느 군이나 심각한 영향을 받게 될 것이다.

- • *The bridge was walked under by a dog.
  ➡ A dog walked under the bridge.
    개 한 마리가 그 다리 밑을 걸어 지나갔다.
    ≫ 개 한 마리가 어떤 다리 밑을 지나갔다고 해서 그 다리가 영향을 받는 것은 아니기 때문에 위의 수동 문장은 영어 논리상 불가능한 것이다.

- • The bridge has been walked under by generations of lovers.
    그 다리는 여러 세대에 걸쳐 연인들이 그 밑으로 산책해 왔다.
    ≫ 여러 세대에 걸쳐 애인들이 그 밑으로 산책해 온 다리라면 그 다리는 이같은 행위로 당연히 영향을 받아 '낭만의 다리' 같은 애칭을 받았을 것이다. walk는 분명 자동사이고 under the bridge는 부사구이다. 따라서 수동형은 안 될 것 같지만 자동사 행위의 반복적 행위로 주어가 영향을 받은 것이 사실이므로 이 문장에서 walk under는 화자의 무의식 속에서 말하자면 '심리적 타동사'로 느껴져 수동을 가능하게 한 것이다. 서울의 덕수궁 돌담도 지금은 몰라도 전에는 단순한 돌담이 아니라 '낭만의 돌담' 이

었다. 오랜 동안 많은 젊은 연인들이 그 담을 끼고 산책을 했었다. 따라서 이같은 사실을 배경으로 하여 The stone wall of the Doksu Palace was walked along by generations of young lovers.와 같이 말할 수 있을 것이다.

- **Water is feared by cats.**
  물은 고양이가 무서워하는 대상이다.
  >> 여기서 물은 단순히 그 원래의 특성 외에 고양이가 무서워하는 대상이라는 특별한 특성을 부여받고 있다. 이 특성은 feared by cats라는 수동 동사구가 water에 준 영향이다.

- **Goodness is often repaid by badness.**
  선은 자주 악으로 보답 받는다.
  >> 악으로 보답 받음으로 인해서 선은 반드시 고맙다는 인사만 받는 것은 아니라는 특성을 부여 받는다.

- ***A mile is run by him everyday.**
  → **He runs a mile everyday.**
  그는 날마다 1마일을 달린다.
  >> 1마일이라는 거리 단위의 특성은 누가 그 거리를 날마다 달림으로써 어떤 영향을 받는 것이 아니므로 위 문장은 수동화가 불가능하다. 같은 논리로 가령 Ten feet was jumped by him. 같은 문장도 성립되지 않으므로 He jumped ten feet.로 해야 한다.

- **A mile can't be run in two minutes.**
  1마일은 2분에 주파될 수 있는 거리가 아니다.
  >> '2분에 주파될 수 없다' 라는 언명이 1마일이라는 단순한 거리의 단위에 사람이 어떤 시간 안에는 달려 도달할 수 없는 거리라는 일반적인 특성을 하나 부여한다. 이처럼 수동문의 주어는 술어인 수동 행위에 의해 영향이나 변화를 받는다.

위에서 보는 것처럼 어떤 동사가 그것이 비록 문법적으로는 타동사라 할지라도 그 의미에 있어 목적어에 아무런 영향이나 변화를 줄 수 없는 것이라면 그런 정적 의미의 동사는 일반적으로 수동형으로 쓰기에 적합하지 않다. 이들 정적 타동사들은 소유나 상태를 의미하는 동사들: have, lack, resemble, possess, equal, cost; 감정이나 태도를 의미하는 동사들: want ('원하다'의 의미로는 정적 동사이지만 '수배하다'의 의미로는 그렇지 않다.), like, wish, 등이고, 이외에도 let, mind, quit, thank, try, climb, 등도 수동형으로는 쓰이지 않는다:

3. [자동사 + 전치사구]의 형태로 되어 있는 동사구의 경우

이 형태는 두 가지 경우로 나눌 수 있다. 하나는 전치사가 의미상으로 그 뒤에 있는 명사와 결합하는 경우이다. 이때는 그 앞의 자동사는 전치사와 직접 결합하지 않으므로 자동사로 남아 있어 수동형은 불가능하다. 다른 하나는 전치사가 의미상으로 앞에 있는 자동사와 결합하여 새로운 의미를 갖는 하나의 타동사구로 재탄생하는 경우이다. 이러한 동사구는 '숙어'라고 불리며 대부분의 경우 수동화가 가능하다:

- - **The engineers went carefully into the problem.**
  기사들은 그 문제를 조심스럽게 조사했다.

  The problem was carefully gone into by the engineers.
  그 문제는 기사들에 의해서 조심스럽게 조사되었다.

  >> problem은 구체적인 물체가 아니기 때문에 into는 problem과 결합할 수 없고 그 앞에 있는 자동사 went와 결합하여 새로운 하나의 타동사구로서 investigate '조사하다' 라는 새로운 의미를 형성하므로 수동형이 가능하다.

- - **They went carefully into the tunnel.**
  그들은 조심스럽게 터널 안으로 들어갔다.

  *__The tunnel was carefully gone into.__

  >> go into the tunnel에서는 tunnel이 구체적인 물질적 대상이므로 into는 자연히 tunnel과 결합하여 부사구를 형성하고 그 원래의 의미인 '속으로'를 유지한다. 따라서 went는 자동사로 남게 되므로 수동형으로 바꿀 수 없다.

- - **They arrived at the expected result.**
  그들은 기대했던 결과를 얻었다.

  The expected result was arrived at.
  기대했던 결과가 얻어졌다.

  >> arrive가 at과 결합하여 추상적인 의미를 목적어로 하면 '어떤 장소에 도착하다' 라는 원래의 자동사 의미가 변하여 노력이나 숙고 끝에 '어떤 믿음, 결정, 결론 등에 이르다' 라는 추상적 타동사 의미로 변한다. 그래서 수동형이 가능하다.

- - **They arrived at the station.**
  그들은 정거장에 도착했다.

  *__The station was arrived at.__

  >> arrive at 다음에 장소가 오면 at은 arrive와 결합하지 않고 뒤에 오는 장소의 명사와 결합하여 전치사구를 형성하므로 arrive는 '도착하다' 라는 자동사로 남게 되어 수동형이 불가능하게 된다.

- - **They agreed on the terms.**
  그들은 그 조건들을 받아들였다./나와 의견을 같이 했다.

  The terms were agreed on by them.
  그 조건들은 그들에 의해서 받아들여졌다.

  >> agree가 on과 결합하면 조건을 '승낙하다' 라는 타동사의 의미가 된다.

- - **They agreed with me.**
  그들은 나와 의견을 같이 했다.

  *__I was agreed with by them.__

  >> agree 다음에 with가 오면 이 with는 agree와 결합하지 않고 그 뒤에 오는 사람과 결합하여 '누구와' 라는 전치사구를 형성한다. 따라서 agree는 원래의 자동사 의미인 '의견을 같이 하다' 로 남아 수동형이 될 수 없다.

•• When he heard the joke, the professor laughed with the class.
그 농담을 듣고 교수님은 반 학생들과 함께 웃었다.

*The class was laughed with by the professor.
>> with the class는 laughed에 걸리는 부사구이다. 따라서 the professor laughed의 laughed는 자동사이며 수동형이 될 수 없다.

•• If you say that elsewhere, you'll be laughed at.
네가 그런 소리를 딴 데 가서 하면, 너는 웃음거리가 될 것이다.
>> 자동사 laugh는 '웃다'라는 좋은 의미지만, laugh at은 둘이 결합하여 '비웃다'라는 의미를 갖는 타동사가 되어 수동형이 가능하게 된다.

세 개의 단어가 결합하여 하나의 타동사 의미가 되는 경우도 있다. catch sight of '(무엇을) 발견하다,' lose sight of '(무엇의 모습을) 놓치다' 등이 그 예이다. 이런 동사구가 수동형이 되면 전치사가 문미에 오게 되는데 이 경우의 전치사는 독자적인 단어로서의 전치사가 아니라 세 단어로 구성된 하나의 긴 동사 끝 부분으로 보아야 한다:

•• Suddenly we caught sight of the lifeboat.
갑자기 우리는 그 구명보트를 발견했다.

The lifeboat was suddenly caught sight of.
갑자기 그 구명보트가 눈에 들어왔다.
>> catch sight of = 'catch-sight-of'

•• I have lost touch with most of my old friends.
나는 대부분의 내 옛 친구들과 접촉을 잃었다.

Most of my old friends have been lost touch with.
대부분의 내 옛 친구들과의 접촉이 끊긴 상태로 있었다.
>> lose touch with = 'lose-touch-with'

•• People took little notice of this event.
사람들은 이 행사에 대해서 별로 주목하지 않았다.

Little notice was taken of this event.
이 행사는 별로 주목을 끌지 못했다.
>> take little notice of = 'take-little-notice-of'

•• Mary took (good) care of the children.
Mary는 아이들을 (잘) 돌보았다.

The children were taken (good) care of.

(Good) Care was taken of the children.
아이들은 (잘) 돌보아졌다.
>> take (good) care of는 take-(good)-care-of처럼 되어 사실상 한 단어 역할을 하지만 위 예문에

서처럼 이 동사구는 수동형을 만들 때 이상하게도 care를 주어로 할 수도 있고 동사구의 목적어를 주어로 할 수도 있다.

- **The children have made a (terrible) mess of the house.**
  아이들이 집을 엉망(진창)으로 만들어 놓았다.

  A (terrible) mess has been made of the house.
  집이 엉망(진창)으로 되어버렸다.

  >> make a (terrible) mess of = make-terrible-mess-of

4. 수동형으로만 쓰이는 동사들

대표적인 동사로 be born '태어나다', be reputed '평가되다,' be drowned '익사하다' 등을 들 수 있는데 이들은 능동형으로는 쓰이지 않는다. be based on '토대 하다,' be subjected to '예속되다' 등은 양 형태로 다 가능하나 대부분의 경우 수동형으로 쓰인다:

- **He was born in California.**
  그는 California에서 태어났다.

- **The deal is reputed/said to be worth a hundred million dollars.**
  그 거래는 일억 달러어치가 되는 것으로 평가되고 있다/알려져 있다.

- **This species of plant is widely distributed in the tropics.**
  이 식물의 종은 열대지방에 널리 분포하고 있다.

- **Anyone found guilty of drinking and driving is subjected to a heavy penalty.**
  음주운전으로 유죄로 인정된 사람은 누구든 무거운 형벌을 받는다.

- **My argument is based on my first-hand experience.**
  내 주장은 나의 직접 경험에 그 근거를 두고 있다.

- **The wanted man fell into the water and was drowned.**
  그 수배 중인 사람은 물에 빠져 익사했다.

  >> 누가 고의로 익사케 한 경우라면 Someone drowned him.처럼 능동형이 가능하나 자신이 고의로든 실수로든 익사한 경우라면 수동형으로만 가능하다.

- **Many people suspect that this 'citizens' movement is in fact associated with/linked to the President's private political organization.**
  이 소위 시민운동이라는 것이 사실은 대통령의 개인 정치 조직과 연결을 갖고 있는 것으로 많은 사람들이 의심하고 있다.

5. 두 개의 목적어를 갖는 동사들의 경우

이들 동사는 두 부류로 나눌 수 있는데 하나는 give her a doll처럼 동사 다음에 간접목적어와 직접목적어 두 개가 나란히 오는 경우이고, 다른 하나는 remind him of his promise처럼 동사 다음에 목적어가 오고 그 다음에 전치사와 그 전치사의 목적어가 오는 경우이다. 전자의 형태를 갖는 동사는 두 개의 목적어 중에서 어느 것이나 주어로 하여 수동형 문장을 만들 수 있으나 후자의 형태를 갖는 동사는 동사의 목적어만 주어로 하여 수동형 문장을 만들 수 있는 경우가 대부분이다. 전치사의 목적어를 주어로 하여 수동 문장을 만드는 경우는 드물다:

- **He gave the girl a doll.**
  그는 그 여자 아이에게 인형을 주었다.

  The girl was given a doll.
  그 여자 아이는 인형을 받았다.

  A doll was given to the girl.
  인형이 그 여자 아이에게 주어졌다.

  >> 간접 목적어 the girl을 주어로 하는 수동문이 일반적으로 쓰이는 형태이다. 간접 목적어가 직접목적어보다 동사행위의 영향을 더 크게 받기 마련이기 때문이다. 또 given to the girl에서 to를 생략할 수도 있으나 to를 넣는 것이 더 자연스럽다.

- **They sent him a new bike.**
  그들은 그에게 새 자전거를 보내주었다.

  He was sent a new bike.
  그는 새 자전거를 탁송받았다.

  A new bike was sent to him.
  새 자전거가 그에게 탁송되었다.

- **We addressed our remarks to the president of the company.**
  우리는 우리의 견해를 사장에게 말했다.

  Our remarks were addressed to the president of the company.
  우리의 견해가 사장에게 말해졌다.

  >> *The president of the company was addressed our remarks to.

[be + pp + 명사 + 전치사]로 끝나는 수동 문장은 이해하기 어려운 괴상한 문장이 된다. 그러므로 위 예문의 address처럼 능동형 형태가 [동사 + 목적어 + 전치사 + 목적어]인 동사를 수동형으로 만들 때는 동사의 목적어만 주어가 될 수 있다. 전치사의 목적어를 주어로 하여 수동문을 만들 수 없다:

- **We reminded him of our agreement.**
  우리는 그에게 우리의 협약을 상기시켜 주었다.

  He was reminded of our agreement.
  그는 우리의 협약을 상기 받았다.

>> *Our agreement was reminded him of.

- **Helen blamed the divorce on John.**
  Helen은 이혼의 책임을 John에게 돌렸다.

  The divorce was blamed on John.
  이혼의 책임이 John에게 돌려졌다.

  >> *John was blamed the divorce on.

- **Helen blamed John for the divorce.**
  Helen은 이혼에 대한 책임을 John에게 돌렸다.

  John was blamed for the divorce.
  John은 이혼에 대한 책임을 뒤집어 썼다.

  >> *The divorce was blamed John for.

- **Mary asked a favor of Paul.**
  Mary는 Paul에게 부탁을 하나 했다.

  Paul was asked a favor.
  Paul에게 부탁이 하나 왔다.

  >> ask a favor는 다음의 두 가지로 쓰인다: Mary asked Paul a favor. Mary asked a favor of Paul. 능동 형태로는 이 두 형태가 다 같이 잘 쓰인다. 그러나 수동형으로는 전자의 수동형인 Paul was asked a favor.가 쓰인다.

위의 [동사+목적어+전치사구]로 된 동사구들 중에는 사실은 전치사의 목적어를 주어로 하여 수동문을 만들 수 있는 것들도 있다. 그러나 이것을 잘 모를 경우에는 동사의 목적어를 주어로 하는 정상적인 수동문을 만드는 것이 언제나 안전하다:

- **This law will deprive us of our most basic rights.**
  이 법은 우리로부터 우리의 가장 기본적인 권리를 박탈할 것이다.

  We will be deprived of our most basic rights by this law. (일반적 형태)
  우리는 이 법으로 인해서 우리의 가장 기본적인 권리를 박탈 당할 것이다.

  Our most basic rights will be deprived of us by this law. (드문 형태)
  우리의 가장 기본적인 권리가 이 법으로 인해서 우리로부터 박탈될 것이다.

6. 자동사로도 수동이 가능한 경우

[자동사+부사구]의 형태가 수동이 될 수 있는 두 가지 경우가 있는데 하나는 주어가 동사의 행위로 인해 어떤 직간접적인 영향을 받는 경우이고, 다른 하나는 수동문의 주어가 동사 행위와 전형적으로 연결되는 도구이거나 수동 주어가 그 동사 행위를 하기 위해 있는 경우이다:

- **This spoon has not been eaten with for a long time.**
  이 수저는 오랫동안 사용되지 않았다.
  >> 여기서 eat은 '식사하다' 라는 의미의 자동사이다. 그럼에도 불구하고 수동형이 된 것은 spoon이 eat이라는 동사 행위와 전형적으로 연결되는 도구이기 때문이다.

- **That knife doesn't cut well because it's been cut with too long without being sharpened.**
  저 칼은 너무 오래 갈지 않고 썼기 때문에 잘 들지 않는다.
  >> because절의 cut도 주절의 cut처럼 자동사이다. 그럼에도 불구하고 수동형이 되는 것은 주어가 cut 행위에 쓰이는 전형적인 도구이기 때문이다.

- **This field must have been played on last week.**
  이 운동장에서 지난주에 경기가 있었음에 틀림없다.
  >> 이 문장의 능동형 문장인 Some people must have played on this field last week.에서 play는 자동사이고, on this field는 부사구이다. 그러므로 외적으로는 이 문장은 수동형으로 전환될 수 없을 것으로 보인다. 그러나 지난주에 어떤 사람들이 이 운동장에서 경기를 한 흔적이 보이는 상태 (가령 잔디가 동사구의 행위로 인해서 여기 저기 긁히고 밀린 상태), 즉 주어가 영향을 받은 상태라면 수동이 가능하다. 위 예문은 바로 이러한 상황을 나타내고 있다.

- **These caves were once lived in by primitive men.**
  예전에 원시인들이 이 동굴 안에서 살았다.
  >> 가령 We lived in this cave for a week last summer.같은 문장은 수동이 될 수 없다. 우리가 그 안에서 살았다는 사실은 그 동굴에 일반인들이 인정할 수 있는 특별한 의미를 부여하지 못하기 때문에 live는 단순한 자동사로서만 기능을 하게 된다. 그러나 예문에서는 원시인들이 삶으로 인해서 그 동굴은 특별한 의미와 가치를 갖게 되었다. 즉 주어가 평범한 동굴에서 특별한 동굴로 변한 것이다. 마찬가지 논리로 가령 This house was lived in by George Washington. 같은 수동 문장도 가능하다. 그러나 이 문장도 만일 행위자가 기억할 만한 역사적 인물이 아닌 평범한 사람이면 수동 문장은 불가능하다. 또한 주어의 경우도 기념의 대상이 될 수 없는 경우, 가령 주어를 this house 대신 그 집이 있는 주 Virginia나 our city 등으로 고치면 수동은 불가능하다. 동사 행위가 영향을 주기에는 너무 방대하기 때문이다.

- **This cane has never been walked with.**
  이 지팡이는 아직 한 번도 사용된 적이 없다.
  >> 지팡이는 걷는 것을 돕는 것이 그 존재 목적이다. 이 수동 문장은 지팡이가 화자에 의해서만이 아니라 누구에 의해서도 한 번도 사용되지 않았다는 사실이 주어인 지팡이에게 준 영향을 나타낸다. 그러므로 이 수동 문장의 진정한 뜻은 그 지팡이가 흠집 하나 없는 새 것 그대로라는 것이다. 반면에 능동문인 I've never walked with this cane.은 단순히 그 지팡이를 내가 사용한 적이 없다는 뜻일 뿐 다른 사람도 사용하지 않았다는 것은 아니다. 즉 지팡이에 대한 이야기가 아니라 나에 대한 이야기인 것이다. 또 물론 동사를 지팡이의 존재 목적과 관계가 없는 의미 가령 play를 쓴다면 수동형은 불가능하다.
  (*This cane has never been played with by the children.)

- *The stairs are run up by my father everyday.
  → The stairs have been run up so much that the carpet is threadbare.
  그 계단은 그 동안 사람들이 어찌나 많이 오르내렸든지 그 위에 깔려 있는 카펫이 다 닳았다.
  >> 어느 한 사람이 날마다 계단을 오르내린다고 그 위에 깔아놓은 카펫이 다 닳지는 않는다. 그러므로 첫 번째 문장에서는 동사구의 행위가 주어에 영향을 준다고 느끼기는 어렵다. 반면에 두 번째 문장은 많은 사람들이 오랫동안 오르내렸음을 의미한다. 그러므로 그 행위가 계단에 영향을 미쳐 변화를 주었다고 자연스럽게 느껴진다.

7. 수동 문장에서의 행위자

수동문에서 행위자(무생명체 포함)는 다른 부사구가 없는 한 문미에 놓는다. 문미는 영어 문장에서 의미의 초점을 받는 곳이다. 행위자가 표시되는 대부분의 경우에는 그 문장에서 행위자 이외의 정보는 이미 청자에게 알려져 있다. 이런 경우에는 행위자의 제시가 그 문장의 유일한 발화 목적이다. 그래서 행위자를 묻는 질문에는 일반적으로 수동문으로 대답한다. 그러나 우리말에서는 수동형 문법이 별로 발달하지 않았기 때문에 영어의 수동형을 모두 살려 번역할 필요는 없다. 직역하면 우리말이 대단히 어색하게 들린다. 반대로 우리말에서 능동형으로 표현되고 우리도 그렇게 익숙해 있지만 영어로 말할 때는 수동형으로 표현해야 하는 경우도 많다는 뜻이기도 하다:

- The window was broken by the boy who lives next-door.
  그 창문은 옆집 아이가 깼다.
  >> 이 문장은 명시적으로 질문을 받았던 안 받았던 Who broke the window?에 대한 대답이다.

- The window was broken by a stone.
  그 창문은 돌멩이에 맞아 깨졌다.
  >> How was the window broken?과 같은 질문에 대한 대답이다.

- He was killed with a knife.
  그는 칼로 살해되었다.
  >> with a knife는 행위자가 사용한 수단이다. 따라서 고의적 행위임이 나타난다.

- A: Who made these beautiful mats?
  누가 이 아름다운 매트를 만들었나요?
  B: They were made by my wife.
  내 처가 만들었지요.

- A: Who composed that piece of music?
  누가 저 음악을 작곡했나요?
  B: It was composed by Mozart.
  그 곡은 모차르트가 작곡한 것이지요.

- A: **What destroyed the village?**
  그 마을이 어떻게 해서 파괴되었나요?

- B: **It was destroyed by an earthquake.**
  지진에 의해서 파괴되었지요.

8. 행위자를 표시할 필요가 없는 경우

우리의 언어 표현에는 행위자가 아니고 사건에 문장의 발화 목적을 두는 경우가 많다. 사실은 행위자의 제시에 발화 목적을 두는 경우보다 훨씬 많다. 이 때는 행위자가 누구인지 뻔하거나, 행위자가 비특정인 이거나, 또는 알려지지 않았기 때문이므로 행위자의 제시는 불필요하거나 제시가 불가능한 것이다:

- **Rome was not built in a day.**
  로마는 하루에 건설된 것이 아니다.

- **Thousands of books are published every year, but very few of them are noticed.**
  매년 수많은 책들이 출판되지만 그 중 지극히 소수만이 주목을 받는다.

- **Dr. Brown is reputed/said/known to be a good teacher.**
  브라운 박사는 훌륭한 선생으로 평판이 나 있다/알려져 있다.

- **The origin of the universe will probably never be explained.**
  우주의 기원은 아마도 영원히 설명되지 않을 것이다.

- **It is well known that he is the richest man in the world.**
  그가 세계에서 제일가는 부자라는 것은 잘 알려진 사실이다.

9. 가성 수동 (false passive)

형태는 수동이지만 의미는 능동인 동사구들을 가성, 즉 거짓 수동이라고 부른다. 가령 be interested in, be delighted with/by/to do, be pleased to do 등 흔한 동사구들이 가성 수동의 대표적인 예이다:

- **She is survived by her husband and a son.**
  그 여자는 유족으로 남편과 한 명의 아들을 남겼다.

  *Her husband and a son survive her.

  ≫ survive는 '유족으로 누구를 남기다'의 의미로는 능동형으로 쓰이지 않는다. 반면 survive가 He survived his son. He survived the terrible accident.의 예에서처럼 '누구보다 더 오래살다' 또는 '사고 등에서 살아남다'의 의미일 때는 능동형으로만 쓰인다.

- **Why are all those cars stopped at the corner?**
  왜 저기 저 차들이 길모퉁이에 정차하고 있느냐?

  ≫ '정지하다'의 의미로 stop은 자동사이다. 그러나 흔한 경우는 아니지만 이처럼 [be + 자동사의 pp]

의 형태도 능동의 의미를 갖는 가성 수동이 될 수 있다. The winter is gone now. '이제 겨울은 갔다.' Mary is come. '메리가 왔다.' The leaves are all fallen now. '이제 나뭇잎은 다 졌다.' 등의 문장도 이 같은 경우에 속한다.

- **I'm not done yet.**

  = I haven't finished yet.

  나는 아직 일을 끝내지 않았다.

- **I'll soon be finished with this job.**

  = I'll soon finish this job.

  나는 곧 이 일을 끝낼 것이다.

- **We shall not be moved.**

  = We won't move.

  우리는 움직이지 않을 것이다.

  ≫ 이 말은 데모 현장에서 흔히 쓰이는 표현으로 '경찰이 우리를 아무리 밀어내도 우리는 움직이지 않을 것이다' 라는 의미이다.

- **Where are you parked?**

  = Where did you park your car?

  어디에 주차했소?

- **I'm parked over there.**

  = I parked my car over there.

  나는 저쪽에 주차했습니다.

- **By the time she got there, her friend was gone.**

  그 여자가 거기에 도착했을 때는 자기 친구는 이미 가고 없었다.

- A: **I don't suppose you have anything better which we could exchange these for? Have there been any last-minute cancellations?**

  혹시 우리가 이 표들을 교환할 수 있는 좀 더 나은 자리가 없을까요? 혹시 마지막 순간에 표를 취소한 경우는 없는가요?

  B: **No. there's nothing left at all for today's show. In fact, we're sold out for three weeks in advance.**

  없는데요. 오늘 공연표는 한 장도 남은 것이 없습니다. 사실은 3주 앞 것까지 매진입니다.

  ≫ I'm parked의 경우처럼 여기서도 we're sold out은 능동 완료형인 we've sold out all the tickets의 의미이다.

10. 능동형으로서 수동의 의미를 갖는 경우

소수의 동사들이지만 각기 갖는 여러 가지 의미 중에 수동적인 의미를 포함하는 것들이 있다. 이들 동사들은 대부분의 경우 어떤 공통적인 특징이 있는 것들이 아니므로 그냥 외우는 수밖에 없다:

- **This book sells well.**
  이 책은 잘 팔린다.

- **The scientific paper reads like a novel.**
  그 과학 논문은 마치 소설처럼 읽힌다.
  >> 마치 소설을 읽는 것처럼 읽기 쉽고 재미있다.

- **This gun shoots .38 bullets.**
  = This gun is to be shot with .38 bullets.
  이 총은 구경 38 짜리 탄환으로 쏘아진다.

- **Now the door opens smoothly.**
  이제는 문이 부드럽게 열린다.

- **The door closed behind him.**
  문이 그 사람 뒤에서 닫혔다.

- **This fabric doesn't wash well.**
  이 천은 잘 빨리지 않는다.

- **This cereal eats crisp.**
  이 시리얼은 바삭바삭하게 먹힌다.
  >> 먹을 때 입에서 바삭바삭한 감촉이 느껴진다.

- **The vibration felt as if it had been caused by an exploding bomb.**
  그 진동은 마치 폭탄의 폭발로 인해 발생한 것처럼 느껴졌다.

- *****A big fortune was inherited by him.**
  → **He inherited a big fortune.**
  그는 큰 재산을 물려받았다.
  >> inherit는 수동의 의미인 '무엇이 유산으로 주어에게 자동으로 오다' 이다. 즉 주는 사람이나 받는 사람의 의지가 배제된 순수하게 객관적인 묘사이다. 주어가 그 문법적인 목적어에 어떤 영향이나 힘을 가한 것이 아니다. 그래서 inherit는 수동이 될 수 없는 것이다. 그러나 bequeath는 '누가 누구에게 무엇을 유산으로 주다' 의 의미로 의지를 가지고 이루어지는 행위로서 수동이 가능하다. 즉 He was bequeathed a big fortune.과 A big fortune was bequeathed to him.의 두 가지 형태가 다 가능하다.

•• *Is that tall building over there seen by you?
→ Can you see that tall building over there?
>> 감각동사는 '어떤 것이 누구의 감각기관에 들어오다' 의 의미이므로 주어의 입장에서는 그런 현상을 당하는 것이다. 즉 감각동사 그 자체가 수동적 의미이다. 그러므로 감각의 발생을 의미하는 동사는 수동으로 하면 의미의 변화가 생긴다. 가령 Nothing could be seen around in the dark. '어둠 속에서 아무것도 보이지 않았다.' 이 문장에서의 see는 화자의 능동적인 지각 행위를 의미한다. 이 문장은 단순히 아무것도 내 시야에 들어오지 않았다는 수동적인 뜻이 아니다. 두 눈을 크게 뜨고 무엇이든 찾아보려고 애썼으나 찾지 못했다는 능동적인 뜻이다.

•• This clock winds up at the bottom.
이 시계는 아랫부분에서 감긴다.
= This clock is to be wound up at the bottom.

Idiomatic Expressions

a bolt from the blue:

'청천벽력'

>> a thunderbolt from the blue sky '푸른 하늘에서 떨어지는 벼락'을 줄인 관용적 표현이다.

. . .

The news struck them like *a bolt from the blue*. Never had they imagined that their son would join in robbing a bank.

그 소식이 청천벽력처럼 그들을 쳤다. 그들은 자기네 아들이 은행을 터는 일에 가담할 것이라고는 상상도 못 했던 것이다.

. . .

I had worked hard for the company, devoting all my ability and knowledge to my work for it. But one day, all of a sudden, I was dismissed as a result of the restructuring of the company. It was *the bolt from the* blue. I was totally unprepared for anything like that.

나는 내 모든 능력과 지식을 바쳐 회사를 위해 열심히 일했었다. 그러나 어느 날 갑자기 나는 회사의 구조조정의 결과로 해고되었다. 그것은 청천벽력이었다. 나는 해고 같은 것에는 전혀 대비가 되어 있지 않았던 것이다.

목적어로 to-infinitive를 취하는 동사들과 ~ing 형태를 취하는 동사들

목적어로 어떤 동사들은 to-infinitive를 취하고 어떤 동사들은 ~ing 형태를 취한다. 그러나 아무 원리도 없이 그냥 이렇게 굳어져 있는 것은 아니다. 동사들이 나름대로 갖고 있는 의미 특성에 따라 두 가지 형태의 목적어 중에서 하나를 취하는 것이다:

1. 동사의 목적어로 사용될 때 to-infinitive는 일반적으로 '~할 것'이라고 번역할 수 있다. 이 의미에는 미래성, 잠재성, 동사성, 특정성 등이 내포되어 있다. 따라서 to-infinitive를 요구하는 동사들은 이같은 의미 특성을 가진 목적어와 함께 쓰여야 말이 되는 그런 종류의 의미를 갖는 동사들이다:

- She asks to see you now.
  그 여자는 당신을 만나기를 청하고 있습니다.
  >> to see는 ask의 행위 당시 미래의 일이다. 즉 요청이 먼저이고 만나는 것이 나중이다.

- I never thought to see you here.
  너를 여기서 만나리라고는 생각도 못했다.

- I can't afford to buy a car.
  나는 차를 살 능력이 없다.
  >> 능력이 없는 상태가 먼저이고 사는 것이 나중이다. 즉 경제적 능력이 없기 때문에 사지 못하는 것이다.

- They want to speak to you some time tomorrow.
  그들은 내일 어느 때에 당신을 만나고 싶어 합니다.

- He refused to sign the document.
  그들은 그 문서에 서명하기를 거부했다.
  >> 서명이라는 미래 행위를 거부한 것이다.

- I managed to get to the meeting on time.
  나는 애써서 그럭저럭 회의장에 정시에 도착할 수 있었다.
  >> 애를 쓴 것이 먼저 발생했고 그 결과로 정시에 도착했다.

- I like to play tennis Sunday afternoon/before breakfast.
  나는 일요일 오후에/아침 식사 전에 테니스 치는 것을 좋아한다.
  >> 동사 like는 현재와 미래의 특정한 때의 활동을 목적어로 하고 있다.

- I like to play tennis when the weather is warm.
  나는 날씨가 따뜻할 때 테니스 치는 것을 좋아한다.
  >> 이 문장 역시 현재와 미래의 특정한 조건일 때 테니스치는 활동을 좋아한다는 뜻이다.

•• **All you think about is yourself. Did you ever stop to think about anyone else?**
네가 생각하는 것은 오직 너 자신뿐이다. 너는 한 번이라도 멈추어서 다른 사람 생각을 해본 적이 있느냐?

이처럼 자기보다 나중에 발생하게 되는 의미를 목적어로 동반해야만 하는 그러한 의미 특성을 갖는 동사들은 to-infinitive를 목적어로 할 수밖에 없다. to-infinitive의 일반적인 의미 특성이 '미래 지향'이기 때문이다. to-infinitive는 그 자체가 완료형으로 되어 있지 않는 한 대부분의 경우에 그것을 목적어로 취하는 동사보다 나중에 발생하는 의미를 나타낸다.

이같은 미래 지향적 의미 즉 to-infinitive를 목적어로 해야만 하는 동사들을 더 예시해보자: agree to do '~하기로 동의하다,' aim to do '~할 의도를 갖다,' attempt to do '~하기를 시도하다,' beg to do '~하게 해 달라고 청하다,' bother to do '~하는 수고를 떠안다,' care to do(오직 부정문과 의문문에서만) '~하기를 바라다,' choose to do '~하기를 택하다,' consent to do '~하기를 승낙하다,' dare to do '~할 용기를 갖다,' decide to do '~하기로 결정하다,' decline to do '~하기를 사양하다,' desire to do '~하기를 갈망하다,' demand to do '~해야 하겠다고 요구하다,' deserve to do '~할 자격이 있다,' determine to do '~할 결심을 하다,' endeavor to do '~하도록 노력하다,' expect to do '~하기를 기대하다,' fail to do '~하지 못하다,' hesitate to do '~하기를 주저하다,' hope to do '~하기를 희망하다,' intend to do '~할 의사를 갖다,' learn to do '~하는 법을 배우다,' long to do '~하기를 갈망하다,' manage to do '해내다,' mean to do '~하기를 의도하다,' offer to do '~하기를 제의하다,' plan to do '~할 계획을 세우다,' prefer to do '~하기를 택하다,' pretend to do '~하는 척 하다,' proceed to do '계속하여 ~하다,' promise to do '~하겠다고 약속하다,' request to do '~하기를 요청하다,' resolve to do '~하기로 결심하다,' seek to do '~하기를 시도하다,' '~하도록 노력하다,' struggle to do '~하려고 애를 쓰다,' threaten to do '~하겠다고 위협하다,' volunteer to do '~하기를 자원하다,' wait to do '~하기를 기다리다,' wish to do '~하기를 바라다,' 등.

2. ~ing 형태의 목적어는 to-infinitive 형태의 목적어와는 달리 행위의 반복성, 진행성, 일반성, 과거성 그리고 명사성 등의 의미 특성을 가지며, (1) 목적어의 의미가 동사의 의미보다 먼저 발생하는 때, (2) ~ing 형태의 목적어가 어느 특정한 경우로 제한되는 의미가 아닌 일반적인 의미일 때, (3) 목적어 동사가 진행의 의미일 때 쓰인다. 우리말로는 '~한 것' 또는 '~하는 것'으로 번역된다:

•• **He denied saying that.**
그는 그런 말을 했다고 하는 것을/주장을 부인했다.
》 부인한다는 것은 부인하기 이전의 일을 목적어로 해야만 말이 된다.

•• **He resents being accused of theft.**
그는 절도죄로 고발된 것에 대해 분개하고 있다.

- **We appreciated hearing his lecture.**
  우리는 그의 강의를 들은 것을 고맙게 생각했다.

- **You should practice speaking English whenever you can.**
  너는 네가 할 수 있는 때에는 언제라도 영어연습을 해야 한다.
  >> speaking을 해야 practice가 되는 것이다. 또 speaking은 특정한 경우의 일이 아니고 일반적인 경우의 일이다.

- **I don't fancy going for a walk in the rain.**
  나는 비 맞으며 산책하는 것을 좋아하지 않는다.
  >> going for a walk는 특정한 경우의 일이 아니고 일반적인 활동이다.

- **I prefer swimming to cycling.**
  나는 자전거 타는 것보다 수영을 더 좋아한다.
  >> swimming과 cycling은 일반적인 활동이다.

- **He discontinued meeting her.**
  그 사람은 그 여자를 만나는 것을 중단했다.
  >> 중단한다는 것은 이미 하고 있는 일을 목적어로 해야만 말이 된다.

- **I prefer waiting here.**
  나는 여기서 기다리는 것이 좋다.
  >> 여기서 waiting은 진행의 의미이다. 즉 이미 여기서 기다리고 있는데 그것을 계속하고 싶다는 뜻이다.

- **I like playing tennis.**
  나는 테니스 치는 것을 좋아한다.
  >> 여기서 playing tennis는 특정한 때의 일이 아니고 일반적인 경우의 활동을 의미한다.

- **? I like to play tennis.**
  >> 이 문장은 만일 문미에 now가 생략되어 있다고 보면 물론 말이 된다. 지금이라는 특정한 때에 어떤 활동을 하고 싶다는 뜻이 되기 때문이다. 그러나 일반적인 활동으로서 테니스를 좋아한다는 뜻으로서 to-infinitive 목적어는 썩 잘 어울리지 않는다.

지금까지 본 것처럼 to-infinitive는 우리말로는 '~하기를'이라고 번역될 수 있는 동사적 의미로 앞으로 할 가능성의 의미인 반면, ~ing는 '~한 것,' '~하는 것,' '~하는 행위'로 번역될 수 있는 명사적 의미이다. 이 원리의 이해를 위해서 ~ing 형태의 목적어를 동반할 수밖에 없는 그런 의미를 가진 동사들을 더 열거해 보자: acknowledge doing '~한 것을 인정하다,' admit doing '~한 것을 인정하다', commence doing '~하는 것을 시작하다,' confess doing '~한 것을 자백하다,' consider doing '~하는 것을 고려하다,' contemplate doing '~하는 것에 대해서 숙고하다,' delay doing '~하는 것을 지체하다,' detest doing '(해 본 결과로) ~하는 것을 아주 싫어하다,' discourage doing '~하는 것을 막다,' dislike doing '(해 본 결과로) ~하기를 싫어하다,' endure doing '(주로 부정문에서)~하는 것을 참아 내다,' enjoy doing '(해 보고 또는 하면서) ~하는 것을 즐기다,' finish doing

'~하고 있던 일을 끝내다,' imagine doing '~하고 있는 장면을 상상하다,' include doing '~하는 것을 포함하다,' involve doing '~하는 것을 필요로 하다,' justify doing '~하는 것을 정당화하다,' loathe doing '(경험해 보고) ~하기를 싫어하다,' mean doing, '~하는 것을 포함하다,' mind doing (의문문과 부정문에 쓰여) '(경험해 보고) ~하는 것을 싫어하다,' postpone doing '~하는 것을 연기하다,' quit doing '~하던 것을 중지하다,' recall doing '~했던 것을 회상하다,' resume doing '~하던 것을 재개하다,' risk doing '~하는 것(위험)을 무릅쓰다,' stop doing '~하던 일을 멈추다,' tolerate doing '~하는 것을 용인하다,' cannot help doing '하는 것/하는 행위를 막을 수 없다,' 즉 '안 할 수 없다,' cannot stand doing '하는 것/하는 행위를 참아낼 수 없다' (= cannot endure doing) 등.

어떤 동사들은 그 의미의 미래성 때문에 to-infinitive를 목적어로 해야 할 것 같음에도 불구하고 ~ing형태의 동사를 목적어로 취한다. avoid, consider, delay, escape, postpone 등이 그 경우이다. 사실 언어에는 항상 예외가 있기 마련이다. 언어의 발달 과정에서 해당되는 모든 항목들이 다 같은 방향으로 변화하지 않고 뒤쳐지는 것들이 항상 있는 것이다. 이들은 따로 외우는 수밖에 없다.

3. to-infinitive와 ~ing 형태가 각기 갖고 있는 의미 특성에도 불구하고 이 두 형태를 다 목적어로 취할 수 있는 동사들도 있다. 이들 동사들은 그 의미의 신축성에 있어 서로 달라 어느 형태의 목적어를 취하든 사실상 의미 차이를 거의 일으키지 못하는 것들이 있는가 하면 목적어 형태에 따라 전혀 다른 의미를 나타내는 것들도 있다:

- **She can't bear seeing/to see animals treated cruelly.**
  그 여자는 동물이 잔인하게 다루어짐을 보는 것(seeing)을 참아내지 못한다.
  그 여자는 동물이 잔인하게 다루어짐을 볼(to see)만큼 참을성을 갖지 못한다.
  >> 이 두 번역은 사실상 특별한 의미나 사용상의 차이를 일으키지 못한다.

- **He ceased smoking/to smoke on his doctor's advice.**
  그는 의사의 충고에 따라 담배를 끊었다.
  >> ceased smoking과 ceased to smoke는 상호 의미 차이 없이 둘 다 stopped smoking이라는 뜻이다.

- **The buses have ceased running/to run.**
  버스들이 운행을 끝냈다/중단했다.
  >> running에는 미래 지향성이 없으므로 오늘의 운행을 끝냈다는 뉘앙스가 강한 데 반해 ceased to run의 경우는 to run의 미래 지향성 때문에 운행이 영구적으로 중단되었다는 뉘앙스가 강하다. 그러나 이같은 차이가 담배를 끊는 것에는 적용되지 않는다. 상식적으로 담배 끊는 일에는 버스 운행과 같은 두 종류의 중단이 있지 않기 때문이다.

- **It began/started to rain/raining.**
  비가 내리기 시작했다.

>> begin은 to-infinitive를 목적어로 하는 경우가 일반적이다. ~ing 형태는 시작한 행위나 동작이 지속되었음을 암시하고자 할 때 주로 쓰인다. 그러므로 위의 to rain 다음에는 but stopped soon을 부연하기에 적절하고, raining 다음에는 and continued raining for an hour 같은 의미를 부연하기에 적절하다.

- **The boy began/started to understand/*understanding his parents.**
  그 아이는 자기 부모들을 이해하기 시작했다.
  >> ~ing는 지속성, 반복성의 의미를 내포하기 때문에 wonder, feel, understand 등과 같은 마음이나 감정의 지속 상태를 나타내는 상태동사가 목적어가 될 때는 ~ing 형태는 쓰이지 않는다.

- **Only now I'm beginning/starting to study/*studying for my examination.**
  나는 겨우 이제야 시험 공부를 시작하고 있다.
  >> begin/start가 진행형으로 되어 있으면 목적어를 똑같은 형태인 ~ing 형태로 하지 않는다. to-infinitive도 가능한데 굳이 ~ing 형태를 반복할 필요가 없기 때문이다.

- **He started/began speaking, and kept on for an hour.**
  그는 연설을 시작해서 한 시간을 계속했다.
  >> started/began speaking은 ~ing 형태의 실제성, 진행성 때문에 그가 연설을 시작했을 뿐 아니라 실제로 그것을 이어 갔다는 것을 뒤에 부연할 수 있는 논리적 연결 가능성을 제공한다.

- **We were driving on a superhighway when our car started/began to overheat. So we pulled over and stopped on the shoulder, and waited for it to cool down. Then my baby started/began crying and didn't stop until we were back driving on the road.**
  우리가 고속도로를 주행하고 있었는데 그 때 차가 과열되기 시작했다. 그래서 우리는 차를 길가로 빼서 갓길에 세우고 차가 냉각되기를 기다렸다. 그 때 우리 애가 울기 시작했는데 우리가 다시 길로 나가 차를 몰 때까지 그치지 않았다.

- **He started/began to speak, but stopped because of noises.**
  그는 연설을 시작했으나 소음 때문에 중지했다.
  >> started/began to speak은 to-infinitive의 미래 지향성으로 인해 '~하려고 시작했다' 는 것만 말하고 있어 계속 이어 갔다는 말을 뒤에 부연할 수 있는 논리적 연결 가능성을 남기지 않으므로 곧 중단했다는 말을 부연하는 것이 논리적으로 자연스럽다.

- **How old were you when you first started playing/to play the piano?**
  당신이 피아노를 치기 시작했을 때 몇 살이었습니까?
  >> 여기서 play the piano가 가령 Please start to play the piano.처럼 어느 특정한 경우를 의미하는 것이라면 to play를 써야 하지만 문장의 의미로 보아 play the piano는 일반적 의미로 의도된 것이 분명하다. 따라서 start의 목적어는 ~ing 형태라야 한다.

- **He commenced to deliver/delivering a tirade against the people and press, blaming them for the failure of his own disastrous economic policies.**
  그 사람은 자신이 저지른 재난적인 경제정책의 실패를 국민과 언론에 책임을 전가하는 장광설을 하기 시작했다.

>> commence는 begin/start처럼 '시작하다' 라는 의미이지만 아주 격식적인 표현이다.

- **I love/like walking in the rain. It's fun.**
  나는 비를 맞으면서 걷는 것을 좋아한다. 그것은 재미있다.
  >> love와 like는 ~ing 형태의 목적어를 동반하면 그 형태가 갖는 행위의 반복성, 일반성, 그리고 명사성 때문에 행위 자체(즉 명사)를 즐긴다는 뜻이 된다.

- **I love/like to cycle to work. It's good for health.**
  나는 자전거를 타고 출근하기를 좋아한다. 그것은 건강에 좋다.
  >> love와 like는 to-infinitive를 목적어로 동반하면 좋아하는 대상은 명사적 의미의 행위가 아니고 동사적 의미로 행위의 수행과 그 결과이다.

- **I'd love/like to see your new house.**
  나는 당신의 새 집을 보고 싶습니다.
  >> love/like는 의도되는 의미에 따라 ~ing 형태든 to-infinitive 형태든 목적어로 취할 수 있지만, would love/like는 그 의미가 '~(하고) 싶다' 이므로 미래의 일을 의미하는 to-infinitive만을 목적어로 취한다. 물론 동사를 목적어로 하지 않고 순수 명사를 목적어로 하여 가령 I'd love/like a cup of coffee.라고도 할 수 있으나 사실은 이 문장도 I'd love/like to have a cup of coffee.를 줄인 말이다.

- **Do you prefer cooking/to cook for yourself generally?**
  당신은 음식을 몸소 요리하는 것을 좋아합니까?
  >> 이 문장은 일반적인 의미이므로 ~ing 형태가 적합하지만 to-infinitive도 generally라는 일반성을 나타내는 부사와 같이 쓰였으므로 오해의 소지는 없다.

- **I prefer to wait here.**
  나는 여기서 기다렸으면 합니다.
  >> = I want to wait here (if you don't mind).

- **I prefer waiting here.**
  나는 여기서 계속 기다렸으면 합니다.
  >> = Since I'm waiting here, I want to continue to do so.

- **I tried sending her some flowers, but it was of no use.**
  그 여자에게 꽃을 보내 보았으나 소용이 없었다.
  >> try는 ~ing 형태나 명사를 목적어로 하면 '~을 (시험 삼아) 해보다' 의 의미로 실제로 그렇게 했다는 뜻이다. 이 문장의 try sending은 '보내는 행위(즉 명사적 의미)' 를 해 본 것이다.

- **I tried to send her some flowers, but there weren't any flower shops nearby.**
  나는 그 여자에게 꽃을 보내려고 했으나 근처에 꽃집이 없었다.
  >> try가 to-infinitive(즉 동사적 의미)를 목적어로 취하면 '~을 하려고 노력하다' 는 의미가 된다. 즉 노력을 했다는 것이지 실제로 그 일을 수행했다는 뜻은 아니다.

- **I remember meeting you somewhere.**
  나는 어디선가 당신을 만난 것/만난 사실을 기억한다.
  >> remember는 ~ing 형태의 목적어를 취하면 과거 행위, 즉 '~한 것을 기억하다' 라는 뜻이고 to-infinitive를 목적어로 취하면 미래 행위, 즉 '~할 것을 기억하다,' '(=잊지 않고 ~하다)' 는 뜻을 가진다.

- **Remember to post this letter on your way to school.**
  학교 가는 길에 이 편지 부칠 것을 기억하라(잊지 말고 부쳐라).

- **Don't forget saying that to me.**
  네가 그런 말을 내게 한 것을/말한 사실을 잊지 말라.
  >> forget도 remember와 마찬가지로 ~ing 형태를 목적어로 하면 과거 행위, 즉 '~한 것을 잊다' 는 의미이고, to-infinitive를 목적어로 하면 미래 행위, 즉 '~할 것을 잊다, 잊어버리고 ~을 못하다' 는 의미가 된다.

- **I forgot to post your letter.**
  너의 편지를 부칠 것을 잊어버렸다. (잊어버리고 못 부쳤다).

- **We regret to inform you that we are unable to offer you employment.**
  우리는 당신에게 일자리를 제공해 드리지 못한다는 사실을 알려드리게 됨을 섭섭하게 생각하는 바입니다.
  >> 섭섭한 마음이 알려주는 것보다 먼저이다.

- **I don't regret leaving the firm.**
  나는 회사를 떠난 것을 후회하지 않는다.
  >> regret는 to-infinitive를 목적어로 하면 앞으로 할 것에 대해서 '섭섭하게 생각하다' 라는 의미이고, ~ing 형태를 목적어로 하면 과거에 한 것에 대해서 '후회하다' 라는 뜻이 된다.

4. need와 want 다음에 오는 ~ing 형태의 목적어는 그 의미가 수동이 된다:

- **This pencil needs/wants sharpening.**
  이 연필은 깎아야 되겠다.
  >> 주어인 this pencil이 sharpening의 목적어이다.
  = This pencil needs/wants to be sharpened.

- **I need/want teaching.**
  나는 가르침이 필요한 사람입니다.
  >> = I need/want to be taught.

- **I need/want to teach.**
  나는 가르치기를 바랍니다.

like나 continue는 그 의미가 미래를 포함한다. 다시 말해서 좋아하니까 또 계속하니까 앞으로도 한다는 뜻이 된다. 그러나 dislike나 discontinue의 의미는 미래를 포함할 수 없다. 싫어하거나 중단하면 앞으로 계속하지 않을 것이므로 미래 지향의 to-infinitive를 쓸 수 없는 것이다. 따라서 like와 continue는 두 가지 형태의 목적어를 취할 수 있지만 dislike와 discontinue는 ~ing 형태만을 목적어로 취한다:

- **We like living/to live in the country.**
  우리는 (지금처럼) 시골에서 사는 것을 좋아합니다./(앞으로) 시골에서 살기를 바랍니다.

- **We'll continue living/to live in the country.**
  우리는 (지금처럼) 시골에서 사는 것을/(앞으로) 시골에서 살기를 계속할 것입니다.

- **I dislike living/*to live in the country.**
  우리는 시골에서 사는 것을/*살 것을 싫어합니다.

- **I'll discontinue living/*to live in the country.**
  나는 시골에서 사는 것을/*살 것을 중단할 것입니다.

~ing 형태의 특성(습관성. 일반성. 진행성. 과거성. 명사성)과 to-infinitive의 특성(미래성. 잠재성. 동사성. 특정성)으로 지금까지의 예는 대부분 설명이 되었다. 그러나 advise '~하라고 충고하다', hinder '~하지 못하게 방해하다,' recommend '~하라고 권하다,' suggest '~하라고 암시하다' 등은 미래 행위를 목적어로 해야 하는 의미를 가지고 있음에도 불구하고 to-infinitive가 아닌 ~ing 형태를 마치 명사처럼 취급하여 목적어로 한다:

- **Would you advise phoning or waiting a bit longer?**
  전화할까요, 좀 더 기다릴까요?
  ≫ 어느 쪽을 하라고 충고하겠냐는 의미이다.

- **I suggest waiting a bit longer.**
  조금만 더 기다리면 어떨까요.
  ≫ 기다리는 쪽을 권한다는 의미이다.

012 관계대명사의 용법 (1)

관계대명사는 하나의 문장을 어떤 명사에 연결시켜서 그 명사를 수식하는 절로 만드는 기능을 수행하는 대명사를 말한다. 이같은 기능을 수행하는 데 쓰이는 주된 관계대명사들은 who, whom, whose, which, that 등이다. 이들의 용법은 영어의 기본에 속하지만 이들의 올바른 쓰임을 위해서 우리가 알아야 할 것들은 적지 않다:

1. 사람을 선행사로 하는 경우

(1) 선행사가 관계대명사절의 주어일 때의 관계대명사는 일반적으로 who이다. 그러나 who 대신 that이 쓰일 수도 있다:

- He's the man who lives next door.
  그는 우리 옆집에 사는 사람이다.
  >> = He's the man. + He lives next door.

- There is always a place for people who can speak foreign languages well.
  외국어를 잘 하는 사람들에게는 언제나 일자리가 있다.

- My mother is the only person who/that understands me.
  나의 어머니는 나를 이해하는 유일한 사람이다.
  >> that은 이 예문처럼 사람을 선행사로 하는 주격 관계대명사로 쓰일 수는 있으나 일반적인 용법은 아니다. 이런 경우에는 who를 쓰는 것이 일반적이다.

(2) 선행사가 관계대명사절에 있는 동사의 목적격일 때는 관계대명사를 생략하거나 whom, who 또는 that을 쓸 수 있는데 이들 중 가장 선호되는 것은 관계대명사의 생략이다. 옛날에는 who는 주격으로만 쓰였고 목적격으로는 whom이 쓰였다. 그러나 현대 영어에서는 who가 목적격 관계대명사로도 일반적으로 쓰이고 whom은 주로 격식적 표현에서만 쓰인다. that은 사람을 선행사로 하는 주격 관계대명사로는 특별한 경우가 아니고는 잘 쓰이지 않으나 목적격 관계대명사로는 who만큼 잘 쓰인다:

- They are the men (who/that/whom) I met the other day.
  그들이 내가 전날 만났던 사람들이다.

- He's one of the few persons (who/that/whom) I can wholly trust.
  그는 내가 전적으로 신임할 수 있는 얼마 안 되는 사람들 중의 한 사람이다.

- Among them are a few people (who/that/whom) I don't know of.
  그들 중에는 내가 알지 못하는 사람들도 몇 명 있다.

- **She's the** woman (who/that/whom) **I came near to marrying.**
  그 여자는 내가 거의 결혼할 뻔 했던 사람이다.

- **Who's the most beautiful** woman (who/that/whom) **you've ever seen?**
  네가 지금까지 본 여자들 중에서 누가 가장 아름다우냐?

사람을 선행사로 할 때 주격 관계대명사로서는 that은 잘 쓰이지 않는데 (that을 쓴다고 해서 잘못된 것은 아니지만) 목적격 관계대명사로는 잘 쓰이는 이유는 무엇일까? 주격 관계대명사절의 동사는 당연히 관계대명사절의 주어인 사람이 할 수 있는 행위인 것이다. 이 때 관계대명사로 그 의미가 사람과는 거리가 있는 that을 쓴다는 것은 어쩐지 잘 안 맞는 느낌을 준다. 반면에 사람을 의미하는 who는 사람의 행위를 나타내는 동사 의미와 자연스럽게 어울린다. 그러나 선행사가 사람이더라도 that이 관계대명사절의 동사의 목적격일 때는 부자연스러움이 없다. 목적격 관계대명사절의 경우에는 동사의 주어는 선행사가 아니고 관계대명사절의 주어인 사람이기 때문이다.

- **They are the** people who **visit him every Sunday.**
  그들이 그 사람을 일요일마다 방문하는 사람들이다.

- **They are the** people (that/who) **he visits every Sunday.**
  그들이 그가 일요일마다 방문하는 사람들이다.
  >> the people who he visits보다는 the people that he visits가 더 일반적인 표현이다. 듣기에도 [사람(people) + 사람(who) + 사람(he)]의 나열보다는 [사람 + 사람 아닌 것(that) + 사람]의 나열이 듣기에 더좋다.

- **The people are disappointed with the** minister (who/that) **the President has just appointed.**
  국민은 대통령이 방금 임명한 장관에 대해서 실망하고 있다.

(3) 선행사와 관계대명사가 소유 관계일 때의 관계대명사는 whose이다. 소유격 관계대명사 구는 관계대명사절에서 주어가 될 수도 있고 목적어가 될 수도 있다:

- **That is** the boy whose **mother is my English teacher.**
  저 아이가 그의 어머니가 내 영어선생인 아이이다.
  >> = That is the boy. + His mother is my English teacher.

- **That is** the boy whose mother **I once taught English.**
  저 아이는 그의 어머니에게 내가 전에 영어를 가르친 적이 있는 아이이다.
  >> = That is the boy. + I once taught English to his mother.

- **Why should I marry a** person whose looks **I don't like?**
  그 생김새가 내 마음에 들지 않는 사람과 내가 왜 결혼을 해야 하느냐?

2. 사람 아닌 것을 선행사로 하는 경우

(1) 선행사가 관계대명사절의 주어일 때와 목적어일 때 관계대명사는 공통적으로 which나 that이 쓰이는데 that이 더 일반적이다. 그리고 목적격 관계대명사는 격식적인 경우가 아니면 생략되는 것이 일반적이다:

- • This is the photo that/which shows my house.
  이것이 나의 집을 보여주는 사진이다.
- • This is the fox (that/which) my dog caught.
  이것이 내 개가 잡은 여우이다.

(2) 선행사와 관계대명사가 소유 관계일 때의 관계대명사는 whose 또는 of which이다. whose는 원래 선행사가 사람일 때에만 쓰였지만 현대 영어에서는 whose가 더 일반적으로 쓰이고 of which는 주로 격식적인 표현에서 쓰이고 있다:

- • The house whose roof was damaged by the storm has now been repaired.
  폭풍으로 그 지붕이 손상되었던 집이 지금은 수리되었다.
- • The house of which the roof/the roof of which was damaged has now been repaired.
  >> of which the roof나 the roof of which 둘 다 쓸 수 있으나 전자는 사라져가고 있는 고어적 형태이다.

문법은 시간의 흐름에 따라 조금씩 변하지만 일부 보수적인 사람들은 이러한 문법의 변화를 싫어한다. 위의 경우에도 사람 아닌 선행사를 whose로 받는 현상에 저항감을 가지는 사람들도 있다. 이들의 심리는 그렇다고 시대착오적인 문법을 고수하기도 싫고 새로운 문법을 따르기도 싫어서 의미는 같지만 표현을 달리 하여 whose와 of which를 우회하는 방법을 쓰기도 한다:

- • the house whose roof was damaged
  → the house with the damaged roof
  the house that has its roof damaged
  the house where the roof was damaged

3. 관계대명사로 that이 선호되는 경우

사람을 의미하지 않는 all, anything, everything, nothing, little, much 등이 선행사가 되거나 또는 사람을 의미하지 않는 선행사가 최상급 형용사로 수식되어 있거나 first, last, next, only 등의 뒤에 올 때는 관계대명사는 who나 which가 아니고 that이다. 그러나 이들 선행사가 사람을 의미할 때는 물론 who나 that 둘 다 쓴다:

- **All that** glitters is not gold.
  번쩍거리는 모든 것이 다 금인 것은 아니다.
  >> 이 문장에서 all은 사람이 아니므로 그것을 수식하는 관계대명사로 that이 쓰였다. all that glitters 대신 all which glitters라고 하면 많은 사람들이 쓰지 않는 표현이기 때문에 대단히 부자연스럽게 들린다.

- **All who/that** heard the news were delighted.
  그 소식을 들은 사람들은 모두 기뻐했다.
  >> heard the news라는 술어의 주어는 사람일 수밖에 없으므로 앞 문장의 경우와는 달리 이 문장의 all을 수식하는 관계대명사로는 who와 that 둘 다 쓰인다.

- **Here anything (that)** he says goes.
  여기서는 무엇이든 그가 말하는 것이면 통한다(복종된다).

- **Much that** has been said tonight will soon be forgotten.
  오늘 밤 말한 것의 대부분은 얼마 안 가서 잊혀지게 될 것이다.

- **Nothing (that)** you do will make any difference.
  당신이 뭐라고 말하든 결국 아무것도 변하지 않을 것이오.

- That is **the silliest argument (that)** I've ever heard.
  그것은 내가 지금까지 들은 중에서 가장 어리석은 논법이오.

- Yesterday was one of **the coldest days (that)** I have ever known.
  어제는 내가 지금까지 겪은 가장 추운 날들 중의 하나였다.

- This is **the best hotel that** has been built in this country.
  이것은 지금까지 이 나라에 세워진 호텔 중에서 제일 훌륭한 호텔입니다.

- He was **the best king who/that** ever sat on the throne.
  그는 지금까지 왕좌에 앉았던 왕들 중 가장 훌륭한 왕이었다.
  >> 최상급 형용사로 수식되어 있지만 the best hotel의 경우와는 달리 선행사가 사람이기 때문에 관계대명사로는 who와 that 둘 다 잘 쓰인다.

- The typhoon Maemi brought with it **the strongest winds (that)** I have ever experienced.
  태풍 매미는 내가 지금까지 경험한 중에서 가장 센 바람을 몰고 왔다.

- **The only thing that** still remains unsolved is the problem of how to raise the money for the project.
  아직도 해결되지 않은 유일한 문제는 그 계획을 위한 돈을 어떻게 모으는가이다.

- I hope that **the little (that)** I've done has been of some help to you.
  내가 한 그 얼마 안 되는 일이 당신에게 좀 도움이 되었기를 희망합니다.

4. 선행사가 전치사의 목적어가 된 경우

(1) 전치사는 관계대명사 앞 또는 문미에 올 수 있다. 전자의 형태는 격식적인 표현에 쓰이고 후자의 형태는 일반적인, 비격식적인 표현에 쓰인다. 전치사가 문미에 오는 경우 관계대명사는 생략되는 것이 보통인데 전치사의 후치 그 자체가 비격식적인 표현임을 나타내는 데 비격식적인 표현에서는 목적격 관계대명사는 생략되는 것이 일반적이기 때문이다:

- That is the house he lives in.

  That is the house in which he lives.

  That is the house (which) he lives in.

  저것이 그 사람이 사는 집이다.

  ≫ in which는 격식적인 스타일이고 which he lives in은 이렇게 말하는 사람들을 볼 수는 있지만 위에서 설명한 것처럼 비논리적인 표현이다. 따라서 the house he lives in이 가장 일반적인 표현이다.

- Do you know the man Diana is engaged to?

  Do you know the man to whom Diana is engaged?

  Do you know the man who/whom Diana is engaged to?

  Diana가 약혼한 남자를 아십니까?

  ≫ 세 번째 문장에서 whom은 그 쓰임이 점점 적어지고 있다.

- The man in whose car I was riding is my English teacher.

  The man whose car I was riding in is my English teacher.

  내가 그의 차에 타고 있었던 사람은 나의 영어 선생님이다.

- All the people I spoke to agreed with me.

  내가 이야기해 본 사람들은 다 나와 같은 의견이었다.

(2) 동사와 전치사 두 단어가 결합하여 완전히 새로운 제 3의 의미가 된 경우, 즉 동사의 의미가 변한 경우를 '숙어'라고 하는데 관계대명사절이 이런 동사구를 갖게 되면 전치사를 동사로부터 분리하여 관계대명사 앞에 가져다 놓을 수 없다. 또 굳이 문법적으로 숙어라고까지는 할 수 없는 것이라도 어떤 동사가 늘 어떤 전치사와 같이 쓰인다면 이것 역시 사람들 마음속에서 숙어로 느껴지기 때문에 분리가 불가능하다. 다음의 예들을 보자:

- *The baby after whom she looks is very pretty.

  → The baby she looks after is very pretty.

  그 여자가 돌보는 아이는 대단히 예쁘다.

  ≫ look의 본래의 뜻은 '눈으로 보는 것'을 의미한다. 그러나 look after는 그런 뜻으로부터 많이 이탈하여 '돌보다'가 되었다. 즉 눈만을 이용하는 행위에서 벗어나 온 몸과 마음을 이용하는 행위가 된 것이다.

- *Do you like the picture at which you're looking?
  → Do you like the picture (which) you're looking at?

  지금 당신이 보고 있는 그림이 마음에 드십니까?

  >> look at의 look은 그 원래의 뜻 그대로 눈을 이용한 행위를 의미하므로 문법적으로 look after와는 다르다. 그러나 '무엇을 보다'라는 의미로는 언제나 at을 동반하기 때문에 look at이 마치 하나의 동사처럼 느껴지는 것이다.

- *The letter across which she came contained a secret about her husband.
  → The letter (which) she came across contained a secret about her husband.

  그 여자가 우연히 발견한 그 편지는 자기 남편에 대한 비밀을 내포하고 있었다.

  >> come across '우연히 발견하다'는 물리적 이동을 의미하는 come의 본래의 뜻과는 관계 없는 제3의 의미가 되었다.

- The house into which they went was empty.
  The house (which) they went into was empty.

  그들이 들어간 집은 비어 있었다.

- *The affair into which they went was very complicated.
  → The affair (which/that) they went into was very complicated.

  그들이 조사한 사건은 대단히 복잡했다.

  >> go into a house의 go into는 각기 자기 독자적 의미를 갖는 두 개의 단어이지만 go into an affair의 go into는 두 단어가 합쳐져 '조사하다'라는 제3의 의미를 갖는 의미상의 한 단어이다. 따라서 into가 관계대명사 앞으로 분리되어 나올 수 없는 것이다.

세 단어(동사 + 부사 + 전치사)가 결합하여 의미상으로 하나의 동사가 되는 경우도 있다. 이 경우에도 이들 단어들은 언제나 서로 붙어 있어야 의미가 이해하기 쉽다:

- *This is the very opportunity to which I have long been looking forward.
  → This is the very opportunity (which/that) I have long been looking forward to.

  이것은 내가 오랫동안 기다렸던 바로 그 기회이다.

- *This is the sort of English with which I cannot put up.
  → This is the sort of English (which/that) I cannot put up with.

  이것은 내가 참아낼 수 없는 그런 종류의 영어이다.

  >> '이런 영어를 보면 나는 화가 나서 참을 수 없다'는 뜻이다.

5. 제한적 관계대명사절과 비제한적 관계대명사절

(1) 제한적 관계대명사절

제한적 관계대명사절은 그것이 수식하는 선행사의 정체를 밝히는 역할을 한다. 즉 여럿 중에서 어느 것을 의미하는지를 밝힌다. 그러므로 제한적 관계대명사절은 생략될 수 없는 결정적 의미를 갖는 정보인 것이다:

- **People who commit** murder should be hanged.
  살인을 범하는 사람들은 교수형에 처해져야 한다.

  ≫ 위 문장에서 관계대명사절을 생략해 보자. 그러면 People should be hanged.가 되는데 무슨 이런 말이 있을 수 있는가? 사람들은 사형에 처해져야 한다? 이 말은 미친 사람의 잠꼬대밖에 되지 않는다. 막연하게 '사람들'이 아니라 어떤 특정한 사람들로 제한되어야 말이 된다. 이처럼 제한적 관계대명사의 역할은 큰 것이다.

- Is that **the girl** (**that**/**who**) Henry is engaged to?
  저 여자가 Henry가 약혼한 그 여자인가?

  ≫ 여기서 관계대명사절은 the girl의 정체를 밝히는, 다시 말해서 the girl을 어떤 특정한 여자로 제한하는 수식어절이다. 만일 이 절을 생략하고 Is that the girl? 이라고만 묻는다면 듣는 사람은 누구나 What girl?하고 되물을 것이다.

- This is **the room** (**that**/**which**) Churchill was born in.
  이 방이 Churchill이 태어났던 방이다.

- **The house in which** Shakespeare lived, writing his plays is a major tourist attraction in England.
  Shakespeare가 그의 연극을 쓰며 살았던 집은 영국의 유명 관광지이다.

- That is **the tree in whose shade** I used to take a nap when I was a little boy.
  저 나무는 내가 어렸을 때 그 그늘에서 낮잠을 자곤 하던 그 나무이다.

- He is **the sort of person that**/**who** always answers letters.
  그는 편지를 받으면 반드시 답장을 보내는 그런 사람이다.

- **All that remains** for you to do is to pack up your things and leave here.
  남아있는 너의 할 일은 너의 물건들을 꾸려 여기를 떠나는 것이 전부이다.

- **The woman who cuts** my hair has moved to another hairdresser's.
  내 머리를 커트하던 미용사는 다른 미장원으로 옮겨갔다.

every, all, any의 수식을 받는 선행사는 통상 제한 관계대명사만을 동반한다. 이들의 수식을 받는 선행사를 갖는 관계대명사절은 주절과의 의미 과계가 통상 인과관계이다. 즉 관계대명사절이 원인이 되어 주절이 그 결과로 발생하는 것이다. 그러나 드물기는 하지만 이같은 관계가 아닌 경우에는 이들 선행사가 비제한적 관계대명사절을 동반할 수도 있다:

- **All the students who** had failed the test wanted to try again.
  시험에 떨어진 모든 학생이 시험을 다시 한 번 보기를 원했다.
  >> 시험에 떨어졌다는 관계대명사절의 내용이 원인을 제공하여 시험을 다시 보고자 한다는 주절의 의미를 가져온 것이다. 따라서 이런 경우에는 제한 관계대명사절이 필요하다.

- **All the students, who** had returned from their vacation, wanted to take the exam.
  학생들은 모두가 방학을 끝내고 돌아왔는데 시험을 보고자 했다.
  >> 학생들이 방학을 끝내고 돌아왔다는 사실은 그들이 시험을 보고자 한다는 사실과 아무런 인과관계가 없는 것으로 단순히 선행사에 대한 참고적인 정보일 뿐이다.

- **I won't see anyone who** has not made an appointment.
  나는 사전 약속이 되어 있지 않은 사람은 아무도 만나지 않을 것이다.

- **All the students who** had not handed in their homework will make an "F."
  숙제를 내지 않은 학생은 전원 "F"학점을 받을 것이다.

- **Every book which** is written to deceive the reader should be banned.
  독자를 속이기 위해 쓰여진 책은 하나도 빠짐없이 금지되어야 한다.

- **Any man or woman who** gets about on a horse in a busy city is insane.
  바쁜 도시에서 말을 타고 돌아다니는 사람은 남자든 여자든 제 정신이 아닌 사람이다.

(2) 비제한적 관계대명사절

선행사의 정체가 문장의 전후관계나 상식적으로 이미 밝혀져 있을 수 있다. 이런 경우 선행사에 따라붙는 관계대명사절은 단순히 그 선행사에 대한 부수적, 추가적, 참고적 정보를 주는 데 그친다. 이같은 관계대명사절은 생략되어도 문장의 의미는 완전하다. 또한 비제한적 관계대명사는 목적격이라도 생략되지 않으며 that은 비제한적 관계대명사로 쓰이지 않는다.

비제한적 관계대명사는 우선 발음에 있어서 제한적 관계대명사와 구별된다. 전자의 경우에는 선행사의 끝을 약간 올려 발음하고 약간의 휴지를 둔 다음 관계대명사에 stress를 붙여 크고 똑똑하게 발음한다. 후자의 경우에는 선행사와 관계대명사를 마치 하나의 단어처럼 붙여 발음해야 하며 또한 이러기 때문에 관계대명사 자체는 stress도 안 붙고 똑똑하게 발음되지도 않는다.

그러나 비제한적 관계대명사와 제한적 관계대명사의 가장 큰 외적 차이는 구두점에 있다. 후자는 선행사와 관계대명사 사이에 아무 구두점도 없는데 비해 전자는 선행사 다음에 comma를 찍으며 관계대명사절이 끝나고도 문장이 이어지는 경우에는 관계대명사절이 끝나는 곳에도 comma를 찍는다. 이렇게 되어 결국 비제한적 관계대명사절은 일종의 삽입절임이 나타난다. 삽입절인 만큼 이것을 괄호에 넣을 수도 있고 dash로 구분할 수도 있다. 비제한적 관계대명사는 이처럼 구두점으로 가장 확실하게 구분되므로 말로 할 때는 잘 안 쓰이며 글로 쓸 때 주로 쓰인다.

또 하나의 차이는 양 관계대명사의 의미에 있다. 제한적 관계대명사는 그것 자체로는 아무런 의미가 없고 단순히 하나의 절을 명사(구)에 연결해 주는 문법적 접속사 기능만 한다. 그래서 발음도 똑똑하게 하지 않는다. 그러나 비제한적 관계대명사는 어떤 명사(구)에 추가적 설명을 덧붙이는 것이기 때문에 문장의 전체적 의미와 이 덧붙여지는 추가적 정보가 상호 논리에 맞도록 하는 접속사적 의미를 나타낼 수밖에 없다. 이렇게 되어 비제한적 관계대명사는 문법적으로 뿐만 아니라 의미상으로도 하나의 접속사가 되어 그 자체로서 독립적인 의미를 갖는다. 이 의미는 문장의 의미 상황에 따라 달라진다. 또한 비제한적 관계대명사는 제한적 관계대명사와는 달리 앞에 나온 절 전체 또는 그 일부인 동사(구), 형용사(구)만을 선행사로 받기도 한다. 이러한 역할과 의미 때문에 비제한적 관계대명사는 목적격이라도 생략되지 않는다:

- **There he met a girl, who invited him to a party.**
  그는 거기서 어떤 여자를 만났는데 그 여자가 그를 파티에 초대했다.
  = There he met a girl – who invited him to a party.
  = There he met a girl, and she invited him to a party.
  >> 이 문장의 비제한적 관계대명사절을 제한적 관계대명사절로 번역하면 '그를 파티에 초대한 여자를 만났다'가 된다. 즉 전에 자기를 초대했던 여자를 다시 만났다는 의미이다. 이처럼 비제한적 관계대명사절을 제한 관계대명사절로 잘못 번역하면 비제한 관계대명사의 의미가 송두리째 없어진다.

- **The hotel manager, to whom I complained/whom/who I complained to about the service, refunded part of the bill.**
  호텔 지배인에게 내가 호텔의 서비스에 대해서 불평을 했더니 청구액의 일부를 되돌려 주었다.

- **He tore up my photo, which upset me.**
  = He tore up my photo, and that act of his upset me.
  그는 내 사진을 찢었는데 그 행위가 (즉 그가 그런 행위를 한 것이) 나를 화나게 했다.
  >> which의 선행사는 그 앞의 절 전체이다. 만일 위 문장을 He tore up a photo that upset me.로 고친다면 which의 선행사는 a photo이고 나를 화나게 한 것은 그의 행위가 아니라 사진이 된다. 즉 나를 화나게 한 사진을 그가 찢어버린 것이다.

- **My grandmother, who is eighty-five, still leads a very active life.**
  나의 할머니는 지금 85세이시지만 아직도 대단히 활동적인 삶을 살고 계신다.

- **This is a new type of computer, about which there has been so much publicity.**
  이것은 신형 컴퓨터인데 이것에 대한 홍보가 그동안 많이 있었다.
  >> about which = and about it
  about which의 about을 문장 뒤로 옮겨 which there has been so much publicity about이라고는 할 수 없다. 비제한적 관계대명사에서는 전치사가 후치되지 않는다.

- **My brother**, **who** has lived in America for over 30 years, can still speak Korean fluently.
  내 형은 미국에서 30년 넘게 살았지만 아직도 한국어를 유창하게 한다.
  >> who = although he

- **My brother**, **who** has lived in America for over 30 years, does not speak Korean fluently.
  내 형은 미국에서 30년이 넘게 살아서 한국어를 유창하게 하지 못한다.
  >> who = since he

- **My sister**, **whom** you met the other day, is a homepage designer.
  내 여동생은 너도 일전에 만난 바 있지만 홈페이지 설계사이다.
  >> 비제한적 관계대명사의 목적격으로 who를 기피하는 사람들이 많기 때문에 우리로서는 whom을 쓰는 편이 안전하다.

- She has **two sons**, **who** became lawyers.
  그 여자는 아들이 둘 있는데 그들이 변호사가 되었다.
  >> 위 예문은 그 여자는 아들이 둘이라는 뜻인데 만일 위의 비제한적 관계대명사절을 제한적 관계대명사절로 바꾸어 She has two sons who became lawyers.로 한다면 그 여자는 변호사가 된 아들만 둘이라는 뜻이 되어 아들이 다 해서 몇 명 인지는 알 수 없게 된다.

- She likes **snakes**, **which** surprises me.
  그 여자는 뱀을 좋아하는데 나는 놀라지 않을 수 없다.
  >> 뱀이 나를 놀라게 하는 것이 아니고 그 여자가 뱀을 좋아한다는 사실, 즉 which 앞에 있는 절 전체가 나를 놀라게 만드는 것이다. 이처럼 비제한적 관계대명사 which는 앞에 나온 절 전체를 선행사로 받을 수 있다.

- **She married Joe**, **which** surprised everyone.
  그 여자가 Joe와 결혼했는데 이 사실은 모든 사람을 놀라게 했다.

- "Don't call us, we'll call you," said the interviewer, as if **he had said it a hundred times already today**, **which** he probably had.
  면접자는 "우리에게 먼저 전화하지 마시오. 우리가 전화할 것이오"라고 마치 그가 이 말을 오늘만 해도 이미 한 백 번은 한 것처럼 말했는데 그가 실제로 그랬을지도 모른다.
  >> 여기서 which는 he had said....절 전체를 받으며 which절의 had 다음에는 done이 생략되어 있다. 그리고 Don't call us, we'll call you는 사원 채용과 관련하여 흔히 쓰이는 표현이다. 의미는 '채용이 결정되면 알려줄 테니 그 전에 전화 걸어 우리를 귀찮게 하지 마라' 이다. 그러나 이런 말로 사람을 돌려 보내면 대개는 회사가 전화를 하지 않는다. 그러므로 십중팔구 거절의 뜻이다.

- He **was fined $500 for speeding**. **Which** served him right.
  그는 과속으로 인해서 500 달러의 벌금을 물게 되었는데 이것은 그에게는 결국 올 것이 온 것이었다.
  >> 위 예문에서처럼 which는 이미 끝난 앞 문장의 술어 부분 전체를 받을 수도 있다.

- **John said he would win the match, which he did.**
  John은 자기가 그 시합을 이길 것이라고 말했는데 그는 과연 이겼다.
  >> which는 그 앞의 동사구 win the match를 가리킨다.

- **That day I had forgotten to lock the door, which I usually did.**
  그날 나는 문 잠그는 것을 잊어버렸다. 보통은 잠갔는데.
  >> which는 그 앞의 lock the door라는 동사구를 받는다.

- **He asked me to make some coffee for him, which I did.**
  그가 커피를 좀 끓여 달라고 해서 나는 그렇게 했다.

- **She was rich, which I unfortunately was not.**
  그 여자는 부유했다. 그러나 나는 불행하게도 그렇지가 못했다.
  >> which는 그 앞 절 중의 일부인 형용사 rich를 받는다.

- **She is beautiful, which her daughters are not.**
  그 여자는 아름답다. 그러나 그 여자의 딸들은 아름답지 않다.
  >> which는 그 앞 절의 beautiful을 받는다.

- **Hearing about the tsunami disaster, I raced back to my hotel to check that my wife and children were fine, which they were.**
  쓰나미 참사에 대해서 듣고 나는 내 처와 아이들이 무사한가를 알기 위해 호텔로 달려갔는데 그들은 무사했다.
  >> which는 그 앞에 있는 fine을 선행사로 받는다.

- **The government, which promises to cut taxes, will be popular.**
  이 정부는 세금을 삭감하겠다는 약속도 하고 있는데 인기가 있을 것이다.
  >> 비제한적 관계대명사절은 삽입절이기 때문에 그 절이 있든 없든 The government will be popular.라는 사실은 변화가 없다. 감세는 현 정부가 하겠다는 것들 중 하나에 불과한 것이다. 그러나 만일 위의 비제한적 관계대명사절을 제한적 관계대명사절로 바꾸면 앞으로 감세를 약속하는 정부는 언제나 인기가 있을 것이라는 뜻이 된다.

- **I will wear no clothes, which will distinguish me from my fellow-men.**
  나는 옷을 안 입겠다. 이렇게 하는 일이 나를 나의 형제 신도들과 구별시켜 줄 것이다.
  >> 여기서는 which가 앞의 절 전체를 받거나 no clothes만을 받거나 의미는 같다. 어느 영국의 목사가 설교할 때 가운입기를 싫어했다. 그래서 어느 날 I will wear no clothes which will distinguish me from my fellow-men. "나는 나를 신도들과 구별시켜 주는 그런 옷을 입지 않겠다" 하고 선언했다. 즉 가운을 입지 않겠다는 것이었다. 그러나 다음날 신문에는 식자공의 부주의로 위 예문과 같이 clothes 다음에 comma가 찍혀 나왔다. 그래서 독자들이 이제 영국에도 나체주의 목사가 나오는구나 하고 탄식했다고 한다. 이것은 comma 하나 넣고 빼는 것이, 즉 제한적 관계대명사 절과 비 제한적 관계대명사 절의 차이가 경우에 따라서는 얼마나 큰가를 보여주는 예이다.

제한 관계대명사절은 선행사의 정체를 밝히는 역할을 하는데 선행사가 관계대명사절의 도움을 받지 않고도 이미 그 정체가 밝혀진 것이라면 제한 관계대명절을 쓸 이유가 없다:

- *My house which I bought last year has got a lovely garden.
    - → My house, which I bought last year, has got a lovely garden.
        내 집은 우리가 작년에 샀는데 아름다운 정원을 갖고 있다.
        >> my라는 소유대명사가 house의 정체를 충분히 밝히고 있다. which I bought last year는 그것에 대한 참고적 정보이다.

- *Dr. Brown who appeared on TV last night is a professor from whom I'm taking a course now.
    - → Dr. Brown, who appeared on TV last night, is a professor from whom I'm taking a course now.
        브라운 박사는 어제 밤 TV에 출연했는데 지금 내가 강의를 듣고 있는 교수이다.
        >> Dr. Brown은 고유명사이다. 즉 그 이름을 가진 어느 한 사람만을 의미한다. 그러므로 제한적 관계대명사절을 붙여 다른 사람과 구분할 필요가 없는 것이다. 그러나 만일 Dr. Brown이라는 이름을 가진 사람이 둘 또는 그 이상 있는 환경이라면 듣는 사람의 혼돈을 막기 위해서 제한 관계대명사절을 써서 The Dr. Brown who appeared on TV last night라고 해야 할 것이다.

6. (참고) 의문대명사 who와 whom

이 기회에 관계대명사 who와 whom의 용법과 관련하여 의문대명사 who와 whom의 용법에 대해서도 알아보자. who는 문법적으로는 주격임에도 불구하고 구어에서는 사실상 거의 모든 경우에 목적격 의문대명사 whom을 대신한다. 다만 소수의 보수적인 언어 사용자들은 문법을 지켜 whom을 쓰기도 한다.

그러나 전치사 다음에서는 whom이 선택된다. 그런데 아주 비격식적인 구어에서는 이런 경우에도 who를 선호하는 사람들이 있다. 또 전치사 다음에 who를 쓰는 것이 꺼려지는 사람들은 전치사를 문미에 놓음으로써 이 문제를 피한다:

- Who else can I trust but you?
    네가 아니면 내가 누구를 믿을 수 있겠느냐?

- Who are you playing today?
    너는 오늘 경기에서 누구를 상대하느냐?
    >> play a person = play against a person '누구를 상대하여 경기하다'

- Who are you calling stupid?
    너 지금 누구를 어리석다고 하느냐?

- **Who** do you **favor** for the position?
  그 자리에 누구를 임명하면 좋겠습니까?

- **Who's divorcing who**?
  누가 누구와 이혼하느냐?

- **Who** are you going out **with**?
  너는 누구와 함께 나가느냐? (누구와 데이트하느냐?)

- Do you know **who** this car belongs **to**?
  이 차가 누구의 것인지 아세요?

- I hope you know **who** you're talking **to**!
  네가 지금 누구를 상대로 말하고 있는지 알기를 바란다.
  >> 말을 함부로 하지 말라는 의미이다.

- Please help. I just don't know **who** to turn **to**.
  제발 좀 도와달라. 나는 누구에게 의존해야 할지 모르겠다.

- The song was sung **by who**?
  그 노래가 누구에 의해서 불러졌다고?

- A: I'm obliged to make polite conversation.
  나는 점잖은 대화를 하지 않으면 안 되게 되어 있다.
  B: **With who**?
  누구와 (대화하는데)?

- Ask not **for whom** the bell tolls, it tolls for you.
  누구를 위해 종이 울리고 있는가 묻지 말라. 종은 그대를 위해 울리고 있느니라.
  >> toll은 큰 종이 천천히 울린다는 뜻인데 보통 장례 때 울리는 조종을 의미한다. 위 예문은 남의 불행이 어느 날 나의 불행이 될 수 있으므로 남의 불행을 마치 자기 일처럼 느끼고 동정심을 가지라는 뜻이다. 이 표현은 오랫동안 쓰여온 것이므로 예문과 같이 고어적인 어법으로 굳어 있어 whom 대신 who를 쓰지 않는다.

- **To whom** should I go for advice on this matter?
  이 문제에 대해서 자문을 구하려면 누구에게 가봐야 합니까?

- **To Whom** It May Concern:
  관계자 귀하
  >> 이 문구는 추천서나 기타 서류에 붙는 전통적인 어구로 고정된 표현이다. 따라서 이런 경우에는 *To Who .... 또는 *Who It May Concern To라고는 하지 않는다.

Idiomatic Expressions

make (both) ends meet

'수입 한도 내에서 살다,' '빚지지 않고 근근히 살다,' '필수적인 지출을 할 수 있을 만큼 벌다'

>> 여기서 ends는 지출과 수입을 의미한다. 따라서 이 숙어의 직역은 '수입과 지출이 상호 맞게 하다' 이다.

- - -

I earn just enough money to *make both ends meet*. But with so many people laid off now, earning nothing at all, I'm contented with my situation.

나는 겨우 빚지지 않고 살 정도를 번다. 그러나 지금 많은 사람들이 해고되어 한 푼도 벌지 못하고 있는 상황에서 나는 나의 상태에 만족한다.

- - -

If my wife gets a job, we'll be able to *make ends meet* without much difficulty.

내 처가 직장을 얻게 되면 우리는 별 어려움 없이 생활해 나갈 수 있을 것이다.

013 관계대명사의 용법 (2)

1. 선행사가 관계대명사절에 있는 be동사의 보어이고 관계대명사절의 주어와 그 선행사가 동일물이 아닌 경우에는 그 선행사가 사람인지 물건인지에 관계없이 관계대명사는 which를 써야 한다. 즉 who나 that을 쓸 수 없으며 또 관계대명사의 생략도 안 된다. 또 이처럼 be동사를 연결하는 which는 형용사를 그 선행사로 할 수도 있다.

가령 문장 형태 A is B는 그 의미에 있어 A = B라는 동일 관계를 의미할 수도 있고 A ≠ B라는 비동일 관계를 의미할 수도 있다. A is B가 동시에 B is A도 의미한다면 A와 B는 동일 관계 또는 동일물 관계이다. John is a student.는 A student is John.을 의미하지 않는다. 앞 문장은 John은 학생들 중의 하나라는 뜻이고 뒷 문장은 학생은 누구나 다 John이라는 뜻이기 때문이다. 반면에 My name is John.은 동일 관계를 나타낸다. 이 문장은 John is my name.로 바꾸어도 의미가 같다. 다음 예들을 들어보자:

- **My sister is a vegetarian, which no one else is in our family.**
  내 누이동생은 채식가인데 우리 가족 중 그 외의 누구도 채식가가 아니다.
  >> 여기서 관계대명사의 선행사인 vegetarian은 관계대명사절의 be동사 is의 보어이다. 또한 선행사와 관계대명사절의 주어가 동일물이 아니므로 관계대명사로 which가 쓰인 것이다.

- **She wants low-calorie food, which this vegetable curry certainly is.**
  그 여자는 저 칼로리 음식을 원하는데 이 야채 카레는 분명히 그런 음식이다.
  >> low-calory food ≠ this vegetable curry
  위 문장은 This vegetable curry is low-calory food. '이 야채 카레는 저칼로리 식품에 속한다' 이지 Low-calory food is this vegetable curry. '저칼로리 식품이란 이 야채 카레를 의미한다' 라는뜻이 아니다.

- **My new secretary is the perfect accountant which her predecessor was not.**
  내 새 비서는 그의 선임자는 아니었던 완전무결한 회계사이다.
  >> the perfect accountant ≠ her predecessor
  My former secretary was not a perfect accountant. But my new secretary is the perfect accountant which her predecessor was not.

- **He's a rich man, which I am not.**
  그 사람은 부자이지만 나는 부자가 아니다.
  >> a rich man ≠ I

- **He doesn't think himself to be an artist, which in fact he is.**
  그는 자신을 예술인이라고 생각하지 않는데 사실 그는 예술인이다.
  >> an artist ≠ he

- **Muslims**, **of which** I am one, need to admit that Islam might be motivating suicide bombers.
  나도 그들 중 한 명이지만 회교도들은 회교가 폭탄 자살자들에게 동기 부여를 할 수 있다는 사실을 인정할 필요가 있다.
  >> Muslims ≠ I

- The members of the group deny their being **Communists**, **which** they certainly are.
  그 집단의 단원들은 자신들이 공산주의자라는 것을 부인하지만 그들은 틀림없이 공산주의자이다.
  >> Communists ≠ they

- If you haven't seen *Pearl Harbor*, make sure to do so. Not because it's **a great film**, **which** it isn't, but because it tells you how the Japanese started the Pacific War.
  아직 영화 진주만을 안 보았다면 꼭 보십시오. 그 영화가 훌륭한 영화라서가 아니라, 그건 물론 훌륭한 영화는 아니지만, 그 영화는 일본인들이 어떻게 태평양 전쟁을 일으켰는가를 보여주기 때문입니다.
  >> a great film ≠ *Pearl Harbor*

2. 언뜻 보기에는 위의 예문들과 똑같지만, 즉 선행사가 be동사의 보어가 되어 있는데도 위의 경우와는 정반대로 관계대명사는 오직 that이나 관계대명사의 생략, 즉 zero 관계대명사만 가능하며 which나 who는 쓸 수 없는 경우들이 있다. 이는 관계대명사절의 선행사와 관계대명사절의 주어가 동일물 관계일 때와 관계대명사절이 존재를 의미하는 there is/are로 시작될 때 적용되는 현상이다. 다음을 보자:

- She is still **the perfect accountant** (**that**, *****who**) she used to **be**.
  그 여자는 지금도 자신이 예전에 그랬던 그 완전무결한 회계사이다.
  >> = She used to be a perfect accountant. She is still the perfect accountant (that) she used to be.
  the perfect accountant = she

위의 문장에서 선행사가 관계대명사절의 be동사 보어라는 점에서는 위 1번의 예문들과 같지만 선행사와 관계대명사 절의 주어가 동일물이라는 점에서는 다르다. 즉 **the perfect accountant = she**의 등식이 성립된다. '완전무결한' 회계사는 얼마든지 있겠지만 그 여자가 발휘했던 바로 그 완전무결성은 오직 그 여자 한 사람만의 것이다. 이처럼 관계대명사절의 주어와 선행사가 동일물일 때 이들을 이어주는 관계대명사는 which이가 아니고 that나 zero 관계대명사이다.

가령 **My father is a professor.**라는 문장은 **my father = a professor**를 의미하지 않는다. 만일 이것을 의미한다면 이 문장은 **A professor is my father** '교수는 나의 아버지이다'도 성립되어야 하는데 이 문장은 세상의 모든 교수가 다 나의 아버지라는 뜻이기 때문에 말이 되지 않는 것이다. 그러나 **He is my brother.**에서는 **He = my brother** 관계이며 따라서 **My brother is he.**가 성립한다. 그 사람이 내 형이고, 내 형이 그 사람이기 때문이다. 비 동일관계를 나타내는 My father is a professor.에서의 is는 주어의 특색(characterization)을 나타내는 것이고 He is my brother.에서의 is는 he와 my bother의 동일 관계(identification)를 나타낸다. 지금까지의 설명을 요약하면 관계대명사절의 be동사가 선행사의 특색을 나타내는 경우의 관계대명사는 which이고 동일 관계를 나타내는 경우의 관계대명사는 that이나 that의 생략, 즉 zero 관계대명사이다. 이 점은 관계대명사 문법 중에서 가장 어렵게 들리는 부분이지만 영어의 모국어 화자라면 열 살만 넘어도 이것을 구별하여 쓰고 있음을 생각할 때 어렵다고만 할 일은 아니다:

- **When you look back at the boxer you were, do you smile or grimace?**
  권투선수 시절의 당신 자신을 되돌아 볼 때 당신은 미소를 짓습니까, 아니면 얼굴을 찡그리십니까?
    » the boxer = you
    시사 주간지 TIME이 Muhammad Ali에게 한 질문

  I am the same person I always was. I just do everything a little slower and a lot quieter.
  나는 내가 늘 그랬듯 그 똑같은 사람입니다. 다만 모든 것을 좀 더 느리게 그리고 훨씬 더 조용히 할 뿐이지요.
    » Ali의 답변 중에서

- **She is still the perfect dancer (that, *who) she was in her youth.**
  그 여자는 아직도 자신이 젊었을 때와 똑같은 완전무결한 그 춤꾼 그대로이다.
    » the perfect dancer = she

- **This is not the machine (that, *which) it was when you borrowed it from me.**
  이 기계는 네가 내게서 빌려갔을 때 그것이었던 상태 그대로의 기계가 아니다.
    » the machine = it
  관계대명사절을 직역하면 우리말로는 부자연스러운 경우가 많다. 위 예문의 번역도 그 중 하나이다. 자연스러운 우리말로 의역하면 '이 기계는 네가 내게서 빌려갔을 때의 그 상태가 아니다' 이다.

- **He is not the sweet little boy (that, *who) he used to be when we went to elementary school together. He is a government minister now.**
  그는 우리가 함께 초등학교에 다니던 시절 그랬었던 그 사랑스런 아이가 아니다. 그는 지금 장관이다.

- **Since his holiday he's been twice the man (that, *who) he was.**
  그가 휴가를 보낸 이후 그는 그 전보다 두 배는 더 나아졌다.
    » = He was a man before. Today he is twice the man he was before.
    twice the man he was는 '그가 전에 이었던 사람, 즉 그 전 상태보다 두 배는 더 건강하다/더 능력을 발휘한/더 힘이 있다.' 이 표현은 우리말에는 없지만 영어에서는 흔히 쓰인다. 가령, Since it received thorough servicing at the garage, my car has been twice the car (that) it was before.라고 한다면 '정비소에서 철저한 정비를 받은 이후 내 차의 상태가/성능이 그 전보다 훨씬 더 좋아졌다' 라는 뜻이 된다.

- **To you I owe all (that, *which) I am.**

나는 당신에게 지금의 내(의 존재) 전부를 빚지고 있습니다.
>> 지금 내가 이렇게 있는 것은 완전히 당신 덕분입니다.

- **The U.S. Secretary of State isn't the foreign policy general (that, *who) everyone thought he would be.**
  미 국무장관은 모두가 (이리라고) 생각했던 그 외교정책의 장군이 아니다.
  >> 관계대명사절 속에 있는 everyone thought는 삽입구이고 절의 선행사는 be의 보어이다. Collin Powel 미 국무장관은 1차 Iraq전 때 전쟁의 총 지휘를 맡아서 강력하게 전쟁을 이끌었던 장군이었다. 그래서 그가 George Bush 정부의 국무장관이 되었을 때 그가 외교정책을 강력하게 이끌어 가리라고 기대했으나 보수파에 눌려 북핵 문제에 있어 힘을 발휘하지 못하고 있다고 꼬집는 말이다.

- **This is the fastest train (that, *which) there is to the city.**
  이 기차가 그 도시로 가도록 예정되어 있는 기차들 중에서 가장 빠른 기차이다.

- **That's all (that, *which) there is to it.**
  이것이 그 일과 관련된 것 전부이다.
  >> 이 표현을 줄여 보통 That's all.이라고만 한다.

- **I've said everything (that, *which) there is to say.**
  말할 만한 것은 전부 말했다.

- **This is the best book (that, *which) there is on English grammar.**
  이 책이 지금 영어 문법에 관해서 존재하는 책들 중에서 제일 잘된 책입니다.

- **Can you even imagine the number of the stars (that, *which) there are?**
  너는 존재하는 별들의 수를 상상이라도 할 수 있겠느냐?

- **That's all (that) there's to learning to ride a bike. You'll soon get the hang of it. There's nothign difficult to it.**
  이것이 자전거 타는 것 배우는 데 관한 것 전부다. 너는 곧 요령을 터득하게 될 것이다. 어려울 것이 전혀 없다.

3. 주격 관계대명사의 생략

(1) 주격 관계대명사와 그 술어 사이에 [명사 + 타동사]가 삽입구로 존재할 때 주격 관계대명사는 격식적인 경우가 아닌 경우에는 보통 생략된다. 이 구조에서 타동사로 쓰이는 것들은 제한되어 있는데 주로 think, feel, believe, fear, know, 등이다:

- **People I thought were my friends and I thought would support me backed away when I got into difficulties.**
  내 친구라고 내가 생각했고 또 나를 도와주리라 생각했던 사람들이 내가 어려움에 처하게 되자 등을 돌렸다.
  >> 두 군데 I thought 앞에 who가 생략되어 있다.

- **He continued to talk about** the things he felt were **funny, but the listeners were bored.**

  그는 자기가 우습다고 생각한 것들에 대해서 계속 이야기했지만 듣는 사람들은 지루했다.

- **The scene brought him** tears I had never thought were **in him.**

  그 장면은 그 사람 속에 있다고 내가 생각한 적이 없는 눈물을 그가 흘리게 만들었다.

- **The police suspected** a man I knew didn't steal **the money.**

  경찰은 그 돈을 훔치지 않은 것으로 내가 알고 있는 어떤 사람을 의심했다.

- **Russian officials won't mind if Bush pumps hundreds of billions of dollars into** a scheme they think will never work**.**

  러시아 당국자들은 Bush가 그들 생각에 결코 작동할 수 없을 계획에 천문학적 액수의 돈을 쏟아 넣어도 개의치 않을 것이다.

  >> 여기서 a scheme은 미국의 MD system, 즉 미사일 방어체제를 의미한다.

- **When we went to North Korea, we fed** children we believed were **hungry.**

  우리가 북한에 갔을 때 우리는 우리가 배고프다고 믿은 아이들에게 먹을 것을 주었다.

- **The strikers blame him for cost-cutting** measures they say will eliminate **their jobs.**

  파업자들은 그들의 일자리를 제거할 것이라고 그들이 말하는 비용 삭감 조치들을 수립한 책임을 그에게 돌리고 있다.

- **North Korea withdrew from the NPT, made bombs, and has** a covert uranium enrichment program it denies exists**.**

  북한은 NPT(핵 비확산 조약)로부터 탈퇴했고 핵폭탄을 만들었으며 그리고 그 존재를(즉 존재한다는 것을) 부인하고 있는 우라늄 농축 프로그램을 갖고 있다.

- **In the state of physical release which tears bring, our thoughts can flow freely, and bring us** insight and understanding we never knew were **within our grasp.**

  눈물이 가져다 주는 신체적 긴장이 풀린 상태에서는 우리의 생각들이 자유로이 흐를 수 있고 또 우리가 잡을 수 있는 곳에 있다는 것을 우리가 전혀 알지 못했던 통찰과 이해를 가져다 줄 수 있다.

- **It is** a task the President himself concedes might take **a long time.**

  그것은 대통령 자신도 시간이 오래 걸릴 수 있을 거라고 인정하는 과업이다.

위의 문장들에서 관계대명사절에 [명사 + 타동사]의 삽입구가 없다면 관계대명사는 물론 생략될 수 없다. 예문들의 선행사는 관계대명사절에 있는 주절의 주어이지 삽입구 동사의 목적어가 아니기 때문이다. 그러나 선행사 바로 다음에 [명사 + 타동사]가 삽입됨으로써 마치 이 타동사가 선행사를 목적어로 하고 있는 것 같은 잘못된 느낌을 주어 결국 주격 관계대명사의 생략이라는 비문법적인 현상이 일반화된 것이다. 이 잘못된 느낌 때문에 다음의 예처럼 목적격 관계대명사나 의문대명사가 그대로 나타날 수도 있다:

- **I have met women whom I really think would like** to be married to a millionaire.

  백만장자와 결혼하고자 한다고 내가 정말로 생각하는 여자들을 나는 만나 본 적 있다.

  >> whom은 사실은 would like의 주어이므로 문법적으로는 who가 되어야 한다.

- **Whom** shall I **say is calling**?

  누구시라고 전해 드릴까요?

  >> 이 말은 가령 비서가 전화를 받고 상대에게 이름을 묻는 말로 who 대신 whom이 쓰인 것이다. 이 경우 일반적으로는 who가 쓰이지만 좀 점잖게, 좀 격식적으로 말하고 싶으면 whom을 사용한다. 아마 영어 모국어 화자들은 Who shall I say?보다는 Whom shall I say?가 더 문법적이라고 느끼기 때문일 것이다.

(2) [There is/are + 명사 + 주격관계대명사 + 단순형 동사]의 문장 형태에서는 주격 관계대명사가 생략되고, [There is/are + 주격 관계대명사 + 완료형 동사]의 문장 형태에서는 주격 관계대명사절이 pp만 남고 다 생략된다. 이것은 비격식적이고 구어적인 표현에서 볼 수 있는 현상으로 우리로서는 이것을 이용하기보다는 그냥 알아두는 것만으로 충분할 것이다:

- **There's a table stands** in the corner.

  구석에 테이블이 하나 있다.

  >> that/which의 생략

- **There's a friend of mine lives** in London.

  내 친구 하나가 런던에서 살고 있다.

  >> who/that의 생략

- **There's a letter come** for you.

  당신에게 편지한 통이 와 있습니다.

  >> that/which has의 생략

- **There's a book gone** from my shelf.

  내 책꽂이에서 책이 한 권 사라졌다.

  >> that/which has의 생략

- **There's a new book of English grammar published**.

  새 영문법 책이 출판되었다.

  >> that/which has been의 생략

- **There are** still **very few blacks go** to college.

  아직도 대학에 가는 흑인들은 대단히 적다.

  >> who/that의 생략

4. 비제한적 관계대명사절의 whom과 which는 흔히 그 앞에 some of, all of, both of, none of, many of, (a) few of, several of, half of 등을 동반하여 쓰인다. 또 which는 격식적인 글에서 앞에는 전치사, 뒤에는 명사를 동반한 형태로도 쓰인다:

- The old lady has six children, all of whom are living abroad.
  그 노파는 여섯 명의 자식을 두었지만 그들 모두가 해외에서 살고 있다.

- He has three sons, none of whom have done military service.
  그는 아들이 셋이지만 그 중 누구도 병역을 필하지 않았다.

- There are two schools here, both of which /of which both are good.
  여기에는 학교가 둘 있는데 이 두 학교가 모두 다 좋은 학교이다.

- I know a lot of native speakers of English, several of whom I can recommend/of whom I can recommend several as teachers of English.
  나는 많은 영어 모국어 화자들을 아는데 그 중 몇 명을 영어선생으로 추천할 수 있다.

- Near the border line we picked up thirty escapees from North Korea, most of whom had gone hungry for a long time.
  우리는 국경선 근방에서 서른 명의 탈북자들을 찾았는데 그들 대부분은 오랜 동안 굶주리고 있었다.

- I have two pairs of boots, neither of which is completely waterproof.
  나는 두 켤레의 장화를 가지고 있으나 그 중 어느 것도 완전히 방수가 되어있지 않다.

- I have five children, the youngest of whom is nine years old.
  나는 아이들이 다섯인데 막내가 아홉 살이다.

- The hospital admitted ten patients today, for three of whom surgery alone is the appropriate treatment.
  병원은 오늘 열 명의 환자를 입원시켰는데 그 중 세 사람에게는 수술만이 적절한 치료 방법이다.

- I do jogging for an hour every day, as a result of which I am in good health.
  나는 날마다 한 시간씩 달리기를 하는데 그 결과 나는 건강이 좋다.

- He may be late, in which case we ought to wait for him.
  그가 늦을지도 모른다. 그럴 경우에도 우리는 그를 기다려야 한다.

- He suddenly lost his temper, at which point we stopped talking.
  그는 갑자기 화를 냈다. 그 순간 모두가 입을 다물었다.

- In 1960 he came to New York, in which city he has lived ever since.
  그는 1960년에 뉴욕으로 와서 그 이후로 그 도시에서 지금까지 살고 있다.
  ≫ in which city의 in을 lived 다음으로 옮길 수 없다.

5. 선행사와 결합된 관계대명사 what

(1) [the thing(s) + that] → what

- **What** is most highly valued in our society today is money.
  오늘날 우리 사회에서 가장 높이 평가되고 있는 것은 돈이다.
  >> What = the thing that
  what 대신에 that which를 쓸 수도 있으나 이 표현은 고어적이어서 지극히 격식적인 경우가 아니고는 쓰이지 않는다.

- **What** I'd like for my birthday is a digital camera.
  내 생일 선물로 받고 싶은 것은 디지털 카메라이다.

- **What** made me angry was that he made a promise he didn't intend to keep.
  나를 화나게 한 것은 그가 지킬 의사가 없었던 약속을 했다는 사실이다.

- Do **what** you think is right, not what others say you should do.
  남들이 네가 해야 한다고 말하는 것이 아니라 네가 옳다고 생각하는 것을 하라.

- I am completely satisfied with **what** I am, not with **what** I have.
  나는 지금 내가 가지고 있는 것에 대해서가 아니라 지금의 나 자신에 대해서 완전히 만족하고 있다.

- This is not **what** I asked for.
  이것은 내가 요청했던 것이 아니다.
  >> what 관계대명사절의 동사구가 위의 문장에서처럼 전치사를 동반할 때 그 전치사는 항상 동사 뒤에 위치해야 한다. 즉 위의 문장을 *This is not for what I asked.로 해서는 안 된다.

- **What** we need most is/are books.
  우리가 가장 필요로 하는 것은 책이다.

(2) [the little/few + 명사(구) + that] → [what (little/few) + 명사(구)]

이 구조의 what은 뒤에 오는 little/few와 결합하여 그 뒤 명사의 양이나 수의 적음을 나타낸다. little 이나 few가 없어도 같은 의미를 나타낼 수 있지만 이들 둘 중 하나를 동반하는 것이 이해도 쉽고 또 의도된 의미를 확실하게 하는 방법이기도 하다. 왜냐하면 외형적으로는 이것과 똑같지만 what이 관계대명사가 아니라 의문사로 쓰인 경우도 있기 때문이다:

- I gave him **what** (**little**) **money** I had on me.
  나는 내가 몸에 지니고 있었던 돈이 얼마 되지는 않았으나 그것을 그에게 주었다.
  >> what (little) money I had = the little money that I had

- We shared **what** (**little**) **food** I had.
  우리는 내가 가진 음식이 비록 얼마 되지 않았으나 그것을 나누어 먹었다.

- He hasn't kept in touch for a long time with what (few) friends he had.
  그는 그가 가진 몇 명 안 되는 친구들과도 오랫 동안 접촉하지 못했다.

- What possessions I have are yours.
  내가 가진 것들은 얼마 안 되지만 너의 것이다.

- What friends I have are out of the country.
  내가 가진 몇 명 안 되는 내 친구들이 다 국외에 나가 있다.

- He can't overcome what (few) difficulties he has with his children.
  그는 그의 자식들과 겪고 있는 그 얼마 안 되는 어려움도 극복하지 못하고 있다.

  >> 위 예문을 다음 문장과 비교해 보자: You can't imagine what difficulties I have with my children. '너는 내가 내 자식들과 어떤 어려움을 겪고 있는지 아마 상상도 못할 것이다.' what (few) difficulties는 '그 얼마 안 되는 어려움'의 의미인데 what difficulties는 '어떤 어려움'의 의미이다. 전자의 what은 의문사로 쓰였기 때문이다. what이 어느 기능으로 쓰였는가는 문장의 의미를 보면 자명해진다. 즉 '얼마 안 되는 어려움'은 그 정도도 '극복하지 못한다'와 논리적으로 연결되지만 '얼마 안되는 어려움'은 '당신은 상상도 못할 것이다'와는 논리적 연결이 되지 않는다.

수나 양의 적음을 나타내는 [what + 명사]는 주격으로는 쓰이지 않고 언제나 목적격으로 쓰인다:

- *He gladly accepted what money was given to him.
  → He gladly accepted what money people gave him.
  그는 사람들이 그에게 준 그 얼마 안 되는 돈도 기꺼이 받았다.

6. 선행사와 관계대명사절의 동사 간의 일치 문제

(1) 점잖은 표현에서는 It is 다음에 오는 인칭대명사는 주격이고 관계대명사절의 동사는 인칭대명사에 일치한다:

- It is I who am to blame.
  잘못한 사람은 나다.
  >> who의 선행사는 I이다.

- It is you who are to blame.
  잘못한 사람은 당신이오.

- It is John who is in command.
  지휘자의 위치에 있는 사람은 John이다.

- It is they who are complaining.
  불평하고 있는 사람들은 그들이다.

(2) 비격식적인 일상적인 표현에서는 It's 다음의 인칭대명사는 목적격이다. 이 때 목적격 인칭대명사가 단수이면 관계대명사절의 동사는 3인칭 단수 형태를 취한다:

- It's me/you/him that/who is to blame.
  잘못한 사람은 나/너/그 사람이다.

- It's you/us/them who are responsible for this organization.
  이 조직의 책임을 진 사람은 당신들/우리들/그들이오.

7. 선행사와 관계대명사의 일치 문제

(1) 선행사가 두 개의 명사인 경우 관계대명사는 자기와 가까운 두 번째 명사와 일치한다:

- That TV channel deals only with the people and things which amuse the audience most.
  그 TV 채널은 시청자들을 즐겁게 해주는 사람들과 일들만을 다룬다.

- That TV channel deals only with the things and people who amuse the audience most.
  그 TV 채널은 시청자들을 즐겁게 해주는 일들과 사람들만을 다룬다.

(2) 기타 일치

- Do you know the committee who were/which was responsible for the decision?
  그 결정에 책임이 있는 위원회 위원들을/위원회를 아느냐?
  ≫ 명사가 사람들의 집합체일 때 그 구성 멤버들을 의미할 때는 이 명사를 사람으로 취급하여 관계대명사로 who를 쓰지만 그 단체 자체를 의미할 때는 which를 쓴다.

- That's the baby which/who needs inoculation.
  저 아기가 접종을 필요로 하는 아기이다.
  ≫ 아기들은 아직 인간성을 형성하지 못했다고 여겨져서 관계대명사로 which나 that을 쓰는 것이 문법에 맞지만, 그 아기들의 가족은 그렇게 생각하지 않고 who를 쓰는 것이 보통이다.

8. 목적격 관계대명사의 선택 선호도

(1) 관계대명사와 그 선행사 사이에 복잡한 어구가 끼어서 관계대명사와 선행사의 거리가 멀어지면 which가 제일 선호되고 그 다음이 that이다. 비록 목적격이더라도 관계대명사의 생략은 거의 발생하지 않는다:

- I have interests outside my immediate work and its problems which I find satisfying.
  나는 나의 직접적인 업무와 그것으로부터 오는 문제들 외에 내가 만족스럽게 생각하는 관심사들이 있다.
  ≫ 만일 which를 생략하면 find의 목적어가 무엇인지 금방 알기 어렵다. 말로 하는 경우라면 듣는 사

람은 십중팔구 problem에서 한 문장이 끝난 것으로 이해하고 I find satisfying은 새 문장으로 받아들일 것이다. 그러면 find의 목적어는 무엇인가? interests인지 아니면 앞 문장 전체인지? 알 수 없게 된다. 목적격 관계대명사는 그것을 생략해도 문장을 이해하는 데 지장이 없는 조건에서만 가능한 것이다. 멀리 있는 선행사와 연결하는 힘은 that보다 which가 더 강하다.

(2) 관계대명사절의 주어가 인칭대명사이고 선행사와 가까이 있을 때는 관계대명사는 which나 that도 쓰일 수는 있지만 생략되는 것이 일반적이다:

- Is this the bread you baked?
  이것이 네가 구운 빵이냐?

(3) 선행사가 한정사(관사, 소유대명사, 지시대명사, some, any 등) 외에는 어떤 수식어도 동반하지 않은 경우에는 관계대명사로서 that이 가장 선호된다:

- I'll take you to the building that many elderly persons like to spend their spare time in.
  많은 어른신들이 여가시간을 보내시는 장소로 좋아하시는 건물로 안내해 드리겠습니다.

(4) who가 격식적인 경우가 아닐 때는 사람을 선행사로 하는 목적격 관계대명사로도 쓰이는 것이 일반적이지만 일부 사람들에게는 아직도 who는 주격 관계대명사라는 인식이 강하게 자리잡고 있다. 그래서 이들은 who를 목적격으로 쓰는 것을 못마땅하게 생각하거나 문법적으로 잘못된 것으로 생각한다. 그러나 이들도 다른 한편으로는 일상에서 whom을 고집함으로써 구시대적이라는 인상을 주고 싶지는 않을 것이다. 그래서 이런 사람들은 목적격 관계대명사를 아예 생략하거나 주격, 소유격의 구분이 없는 that을 사용하기를 좋아한다. 생략과 that은 그들의 문법적 고민을 해결하는 데 있어 편리한 방법이 되는 것이다:

- You're the only person I can talk to with my mind open.
  너는 내가 마음을 터놓고 이야기할 수 있는 유일한 사람이다.

- She's the most beautiful woman I've ever met.
  그 여자는 내가 지금까지 만난 사람 중에서 가장 아름다운 여자이다.

9. who(ever) 명사절과 whatever 명사절

who나 whoever는 독자적인 명사절이 될 수 있다. -ever는 '(누구)이거나,' '(무엇)이거나,' 즉 any의 의미이다:

- I am who I am ... This is my name forever.
  나는 나다 ... 이것이 영원히 나의 이름이니라.
  » 출애굽기 3장 14절 – 15절

여기서 who는 의문대명사가 아니고 선행사를 내포하는 관계대명사이다. 위의 who I am은 직역하면 '내가 인 자,' 즉 '나의 존재' 라는 뜻이다.

- **I'm sorry. You're not who I thought you were.**
  미안합니다. 선생님은 내가 (이리라고) 생각했던 그 사람이 아닙니다.
  >> 사람을 잘못 보고 실례했을 때 할 수 있는 말이다.

- **Isn't that who you're looking for?**
  저 사람이 당신이 찾고 있는 사람 아닌가요?

- **That is who I'm working for.**
  저 사람이 나의 상사입니다.
  >> '내가 위해서 일한다' 는 나의 상사라는 뜻이다.

- **I've found who you were looking for.**
  나는 당신이 찾고 있던 사람을 보았습니다.

- **Who should be running the business is not you but me.**
  회사를 운영하고 있어야 할 사람은 당신이 아니고 나요.

- **She can marry who/whoever/whomever she pleases.**
  그 여자는 자기가 원하는 사람과/어떤 사람과도 결혼할 수 있다.

- **We'll welcome whoever visits our site.**
  우리는 누구든 우리 사이트를 방문하는 사람이면 환영할 것이다.

- **I'll give a prize to whoever solves this mathematical problem.**
  이 수학 문제를 푸는 사람에게는 그 누구든 상을 줄 것이다.

- **Those corrupt politicians should return whatever they took from enterprises.**
  저들 부패 정치인들은 그들이 기업체들로부터 받은 것은 그것이 얼마 이든지 전부 돌려주어야 할 것이다.

- **Whatever the 'Dear Leader' says is truth in North Korea.**
  북한에서는 '경애하는 수령님' 이 하시는 말씀은 그것이 무엇이든지 진리이다.

when, where, why, how, that 등 '시간,' '장소,' '이유,' '방법'의 관계사절에 대하여

1. 선행사가 '시간' 명사(time, period, day, week, year, occasion 등)일 때

시간 명사구에 절을 연결할 때 관계부사로서 when을 사용한다. 그러나 비격식적인 경우에는 관계부사를 생략하는 것이 일반적이다:

- He's never been late for an appointment. But it's past the time (when) he should be here.
  그는 지금까지 약속 시간에 늦은 적이 없다. 그런데도 그가 여기 와야 하는 시간이 넘었구나.

- The day (when) she arrived was Thursday.
  그가 도착한 날은 목요일이었다.

- That was the day (when) my first son was born.
  그 날이 내 첫 아들이 태어난 날이었다.

- They decided to distribute anti-regime leaflets on the day (when) Kim Jong Ill was going to visit his ancestors' graves.
  그들은 김정일이 선조들의 무덤을 참배하러 가게 되어 있었던 날에 반 정권 유인물을 뿌리기로 결정했다.

- Throughout the whole period (when) I stayed abroad, I kept track of everything happening back in my home country.
  해외에 머문 기간 내내 나는 본국에서 일어나고 있는 모든 일에 대해서 알고 있었다.

- She was not so happy during the years (when) she lived there.
  그 여자는 거기서 살던 수년 동안 별로 행복하지 못했다.

- Those were the times (when) environmental pollution was unheard-of.
  그 때는 환경오염이라는 말은 전혀 들어보지 못하던 시대였다.

- I don't remember the date, but I know it was the week (when) a series of earthquakes happened.
  나는 날짜는 기억하지 못하지만 그 때는 일련의 지진이 발생했던 주였다는 것만은 알고 있다.

- This is one of those days (when) nothing goes right.
  오늘은 아무것도 제대로 되는 것이 없는 그런 날이구나.

time과 when은 의미가 거의 동일하다. 이 두 단어의 의미적 동일성은 가령 day와 when, period와 when 등의 동일성보다 더 크다. 그래서 일부 사람들에 의해서는 문법적으로는 하자 없는 the time when이 같은 의미를 반복하는 것이기 때문에 귀에 거슬려서 이 배열이 기피되기도 한다:

- That was the time when he lived here.
  그 때가 그가 여기서 살았던 때였다.

- That was the time he lived here.

- That was when he lived here.

그러나 다음 예에서처럼 선행사와 그것과 연결되는 절 사이에 삽입구가 끼게 되면 절을 선행사에 연결해 주는 접속사의 기능이 중요해진다. 이때는 관계사를 생략할 수 없을 뿐만 아니라 '시간'의 의미가 강한 when을 써야 한다. 그래야 when 절이 삽입구를 건너 뛰어 선행사에 연결된다:

- My mind went back to the time, five years earlier, when we first met.
  내 마음은 우리가 처음 만났던 5년 전의 그 시간으로 돌아갔다.

that도 관계부사 기능을 할 수 있다. when은 원래 관계부사이므로 전치사가 물론 붙지 않지만 that 절에서도 전치사는 안 붙는 경향이다. 선행사가 수식되어 있으면 전치사는 붙지 않는다. 이같은 현상은 영어 발달 과정에서 시간절에서는 전치사가 탈락되어 가고 있음을 보여주는 것이다:

- That is the time (that) he usually arrives home (at).
  그 때가 그가 보통 집에 도착하는 시간이다.

- That is the day (that) my son was born (on).
  그 날이 내 아들이 태어난 날이다.

- Do you remember the time (that) he called you (at)?
  너는 그가 너에게 전화한 시간을 기억하느냐?

- I don't remember the exact time (that) he called me.
  나는 그가 나에게 전화한 정확한 시간은 기억하지 못한다.

- He was jobless the whole time (that) he lived here.
  그는 여기서 살던 내내 실직 상태였다.

- That was the first time (that) we met.
  그 때가 우리가 처음 만났던 때였다.

- I don't care for a vacation on the beach too much. I got sunburned the first day (that) I was on the beach last year.
  나는 해변에서 보내는 휴가를 좋아하지 않는다. 나는 작년에 해변에 갔던 첫날에 햇볕에 탔었다.

- In all the years (that) I've been here doing the accounts, have I ever made a mistake? Do you remember a single mistake of mine?
  그동안 이 회사에서 경리 업무를 보는 동안 내가 실수를 범한 적이 있습니까? 단 한 경우라도 내 실수를 기억하십니까?

- - **Them good ole boys were drinking whisky and rye singin' this will be the day that I die...** – 어느 pop song 가사 중에서
  저들 맘씨 좋은 친구들은 라이 위스키를 마시며 '오늘은 내가 죽는 날, 오늘은 내가 죽는 날'이라고 노래하고 있었다.

- - **In all the years (that) I've been working here, do you remember a single time when I demanded a raise?**
  이 회사에 근무한 기간 동안 내가 단 한 번이라도 봉급인상을 요구한 때를 기억하십니까?

격식적인 표현에서는 관계사로서 관계대명사 which가 쓰인다. 이때는 전치사가 있어야 하는데 전치사는 문미로 가지 않고 which 앞에 오는 것이 정상이다. 전치사가 문미에 가는 것은 비격식 표현이므로 이 경우에는 맞지 않다:

- - **That was the day on which my father passed away.**
  그 날이 나의 아버지가 돌아가신 날이었다.

- - **The time at which the post office closes is posted at the door.**
  우체국이 업무를 끝내는 시간은 문에 게시되어 있다.

- - **Those were the years/days when the air was clean and food was very cheap.**
  당시는 공기가 깨끗했고 식품이 아주 쌌던 시절이었다.

- - **It's past the time when they should be here. They're never late.**
  그들이 도착할 시간이 지났다. 그들은 늦은 적이 없는 사람들인데.

2. 선행사가 '장소' 명사(place, spot, house, office, village, town 등)일 때

'장소' 명사를 선행사로 하는 관계부사는 that, which, where 등인데 특별히 격식적 표현이 아닐 때는 이들 관계부사는 흔히 생략된다. where절의 경우를 제외하고는 장소절은 시간절의 경우와는 달리 전치사를 동반한다. where는 의미상 장소의 전치사를 내포하고 있기 때문에 전치사를 반복하지 않는다.

시간절의 선행사와는 달리 장소절의 선행사가 되는 명사들은 대부분의 경우 원래 구체적인 '대상', 즉 '실체'의 명칭이다(room, house, building, office, place, 등). 따라서 절과 연결되려면 이들 장소명사는 그것을 수식하는 절과의 정확한 관계를 나타내기 위해서 전치사의 도움이 필요할 수밖에 없다:

- - **That is the office (that) I used to work at.**
  저것이 전에 내가 일하던 사무실이다.

- - **This is the university to which I have applied for admission.**
  이것이 내가 입학신청(지원)을 해놓은 대학이다.
    >> 격식적인 표현에 관계대명사 which를 쓰는데 이 경우에 전치사를 절 뒤에 놓으면 부자연스럽다.

전치사를 절 뒤에 놓는 것은 비격식적 표현이기 때문이다.

- It's the university (that) my son graduated from.
  그것은 내 아들이 졸업한 대학이다.

- That is the building (that) he works in.
  저것이 그가 일하는 건물이다.

- That is the hospital where all my children were born.
  저기가 내 아이들 모두가 태어난 병원이다.

- Jejudo is my most favorite vacation spot in Korea I've gone to so far.
  제주도는 내가 지금까지 가 본 한국의 모든 장소 중에서 내가 가장 좋아하는 휴가지이다.

- The store is not located on a street where many people come and go.
  그 상점은 많은 사람들이 왔다갔다 하는 그런 길가에 자리잡고 있지 않다.

- This is the telephone number where you can reach me after six in the evening.
  이것은 저녁 6시 이후에 내게 연락할 수 있는 전화번호이다.
  ≫ 전화번호도 장소의 명사로 취급된다. 여기서 where는 at/on which와 같다.

장소 명사 중에서 가장 일반적인 의미를 갖는 단어는 place인데, 이 단어가 선행사가 되면 의미의 중복에도 불구하고 옛날식으로 where와 연결시켜 the place where의 형태를 취하는 경우가 많다. 사실상 the place where는 마치 하나의 단어처럼 굳어 있다고 보아도 좋을 것이다. 그러나 구어 표현에서는 이것을 분해해서 the place만 또는 where만 쓰는 것이 일반적이다. 또 선행사가 추상적 의미인 경우에도 관계부사로 where만 쓰인다:

- That is the place where he works.
  That is the place he works at.
  That is where he works.
  저기가 그가 일하는 곳이다.

- Are you sure this is the place where you arranged to meet them?
  이곳이 네가 그들과 만나기로 한 장소가 틀림없느냐?

- That is the place he works.
  저기가 그가 일하는 곳이다.
  ≫ 구어에서는 place를 선행사로 하는 장소절에는 전치사를 생략하는 경우가 많다. place를 where처럼 부사로 잘못 인식해서 생긴 현상이다. 그러나 격식적인 경우에는 전치사를 동반하는 것이 문법적이다.

- That's the place he stays when he's in New York.
  → That's the place he stays at when he's in New York.
  거기가 그가 New York에 가면 머무는 곳이다.

- **The crisis has reached a point where the President has to resign.**
  위기가 이제는 대통령이 사임하지 않으면 안 될 시점에 이르렀다.
  >> a point는 추상적인 의미이다.

- **Our country is internationally in an awkward situation where we are quickly losing our traditional friends without making any new ones.**
  우리나라는 우리의 전통적인 우방국가들을 빠른 속도로 잃어가면서도 새로운 우방은 만들지 못하고 있어 국제적으로 곤경에 빠져 있다.
  >> situation도 역시 추상적인 의미이다.

- **If you arrive early, there will be lots of places where you can park.**
  당신이 일찍 도착하면 주차할 수 있는 자리들이 많이 있을 것이오.

선행사가 전치사구인 경우에는 전치사가 필요 없는 where 절과 연결되는 것이 자연스럽다. where 이외의 관계부사를 쓰면 전치사가 두 번 나오게 되어 귀에 거슬리기 때문이다:

- **I work at the office at which we met yesterday.**
  I work at the office (that) we met at yesterday.
  → **I work at the office where we met yesterday.**
  나는 어제 우리가 만났던 사무실에서 일한다.

- **Keep your baby (at a place) where you can see him.**
  당신의 아이를 당신이 볼 수 있는 곳에 두십시오.

- **He works in that factory where they make shoes and bags.**
  그는 구두와 가방을 만드는 저 공장에서 일한다.

- **Sit where you like.**
  원하는 곳에 앉으십시오.
  >> where you like = at the place where you like to sit

- **According to the Bible, three wise men followed the star to where Jesus had just been born.**
  성경에 의하면 세 사람의 현인이 별의 인도를 받아 예수가 방금 태어난 곳으로 왔다.
  >> to where = to the place where

위 예문에서는 where 앞에 to가 필요하다. to가 없으면 where절이 wise men이 follow하여 도착한 장소의 의미가 되지 않는다. 그러나 가령 You're free to go where you please. 같은 문장에서는 where절은 to없이도 go의 목적지로 이해된다.

장소의 선행사에 관계대명사절을 연결할 때는 전치사가 필수적이어서 심지어 관계부사 where를 써도 전치사가 따라 붙는 경우가 있다. 다음과 같이 선행사가 일반적인 장소가 아니고 특별한 장소일 때이다:

•• That is the government building *where* he works *at*.
저것이 그가 일하는 정부 청사이다.

그러나 place를 수식하는 부정사구에서는 전치사를 일반적으로 생략한다:

•• Where would be *the best place* to put this vase?
이 꽃병을 놓기에 제일 좋은 장소가 어딜까요?
>> a good place to live; the best place to eat in town; a place to sleep 등에서 보는 것처럼 place는 전치사 없는 동사구를 동반할 수 있지만 다른 장소 명사는 이렇게 쓰이지 않는다: *a house to live; *a restaurant to eat, etc.

3. 선행사가 reason일 때

선행사 reason을 절과 연결시키는 데 사용되는 관계부사로는 why와 that이 주로 쓰이지만 비격식적인 표현에서는 생략되는 것이 일반적이다. 일부 보수적인 사람들은 [reason + why절]이 '이유'의 의미를 반복한다는 이유로 reason why를 기피하는 경향이 있다. 그러나 접속사로 why 대신 that을 쓰거나 아예 생략하거나 선행사 없이 why절만 쓰면 그런 불만은 생길 수 없다. reason과 연결되는 이유절에는 전치사가 필요 없다:

•• Tell me *the reason why* you were absent from the meeting.
Tell me *the reason* (*that*) you were absent from the meeting.
Tell me *why* you were absent from the meeting.
네가 회의에 나오지 않은 이유를 말해다오.

•• I can't figure out *the reason why* he said that to her.
I can't figure out *the reason* (*that*) he said that to her.
I can't figure out *why* he said that to her.
나는 그가 왜 그 여자에게 그런 소리를 했는지 (그 이유를) 생각해낼 수가 없다.

•• That is *the reason why* he chose her to be his wife.
That is *the reason* (*that*) he chose her to be his wife.
That is *why* he chose her to be his wife.
그것이 그가 그 여자를 자기 부인이 되도록 선택한 이유이다.

존재의 의미인 [there + be동사]는 why절을 명사절로 동반하지 않는다. [there is] 구조는 어떤 것의 존재를 소개하는 의미이므로 그 뒤에 [a(n) + 명사]가 와야 하는데 why 명사절은 [the reason + why절]을 줄인 것이기 때문이다. 다음 예들을 비교하여 보자:

- - A: **Why should we get our hair cut short?**
  왜 우리는 머리를 짧게 깎아야 하나요?
  - B: *****There's why** you should get your hair cut short.
    → There's **a reason why/that** you should get your hair cut short.
    너희가 머리를 짧게 깎아야 하는 이유가 있다.

- - Let's not park here. **There must be a reason why/that** no one else has parked here.
  여기에 주차하지 말자. 여기에 아무도 주차하지 않은 어떤 이유가 있을 것이다.

문법적으로는 the reason for which의 형태도 가능하다. 그러나 이것은 the reason why의 경우처럼 똑같은 의미의 반복이 되어 일부 사람들은 이 형태를 기피한다. reason과 for가 다 '이유'를 의미하기 때문이다:

- - This is **the reason for which** he resigned.
  그는 이 이유로 사임했다.
    >> 위 문장보다는 He resigned for this reason.이 더 자연스럽고 일반적인 표현이다.

이유를 의미하는 선행사는 reason 하나밖에 없다. 가령 reason과 비슷한 의미를 가진 cause나 motive 같은 명사는 이유절의 선행사가 될 수 없다:

- - *Is this **the cause/the motive** he came?
  → Is this **the cause of/motive for** his coming?
  이것이 그가 온 원인/동기인가?

4. 선행사가 way일 때

절을 way에 연결하기 위해서 쓰이는 방법절의 관계부사는 that이다. 그러나 비격식적인 표현에서는 생략되는 경우가 많다. 극히 격식적인 표현에서는 관계부사 대신 in which를 쓴다. 이 경우 in은 후치시키지 않는다. 방법절은 in which를 쓰는 경우 이외에는 전치사를 필요로 하지 않는다:

- - This is **the way** (that) he amassed his fortune.
  이것이 그가 재산을 모은 방법이다.

- - *This is **the way** (that) he amassed his fortune **in**.
  → This is **the way in which** he amassed his fortune.
    >> the way in which는 극히 격식적이어서 그 쓰임새가 제한되어 있다.

- - Why do some U.S. servicemen abroad act **the way** (that) they do?
  왜 일부 해외 주둔 미군병사들이 그런 식으로(그들이 지금 하는 식으로) 처신하는가?
    >> 여기서 the way는 부사구, 즉 in the way의 의미로 쓰였다.

- **I don't like the way (that) you talk to your parents.**
  나는 네가 너의 부모들께 말하는 방식이 맘에 안 든다.

현대영어에서는 how를 관계부사로 써서 way에 연결하는 일은 없다. how는 그 자체가 the way (that)과 같은 의미를 갖기 때문이다. the place where, the time when 그리고 the reason why도 같은 의미의 반복임에도 불구하고 그대로 쓰이지만 the way how는 쓰이지 않는다:

- *This is the way how he amassed his fortune.
  → This is the way (that) he amassed his fortune.
     This is how he amassed his fortune.

[the way + 절]은 부사절로도 쓰인다. 이것은 the가 The more, the better에서처럼 부사적 힘을 갖고 있기 때문이다. 그러나 부정관사는 이같은 부사적 힘이 없다. 또 way는 the, 소유격 (대)명사, this, that 등과 결합하여 부사구를 형성할 수 있다:

- **The way (that) things look to me, we're going to have a hard time.**
  상황이 내 눈에 비치는 대로 판단하면 우리는 고통을 겪을 것 같다.

- **Now he doesn't work the way (that) he used to in his youth.**
  그는 지금은 그가 젊었을 때 했던 식으로 일하지 않는다.

- **Even today, there still remains on earth a place where the entire nation are forced to think the same way (that) their 'great leader' does.**
  오늘날에도 전 인민이 그들의 '위대한 지도자'가 생각하는 대로 생각하도록 강제되는 곳이 지상에 하나 남아 있다.

- **I'll do it my (own) way/this way.**
  나는 내 식으로/이 방법으로 그것을 하겠다.

- **They dealt with the problem the wrong way.**
  그들은 그 문제를 잘못된 방법으로 처리했다.

- **We used to learn things the hard way.**
  우리는 전에는 모든 것을 어렵게 배웠다.
  ≫ learn ~ the hard way '~을 경험을 통해, 선생 없이 어렵게 배우다.'

- **There is a lot more bad news yet to come Gates' way.**
  (Bill) Gates의 앞날에 닥치게 될 나쁜 소식이 아직도 많다.

- **They see the world their way.**
  그들은 세상을 그들의 방식으로 본다.

이 어법은 way 이외의 명사에도 확대 적용되는 경우가 있다:

- **We cannot always sing and dance the U.S. tune.**
  우리는 언제나 미국의 장단에만 맞추어 노래하고 춤추고 할 수 없다.

- **They cook (the) French style.**
  그들은 프랑스 식으로 요리를 한다.
  > style은 비격식 구어에서는 the의 도움 없이도 부사구를 형성할 수 있다.

5. where, when 그리고 how는 [to + 동사]와 결합할 수 있지만 why는 그렇게 쓰이지 않는다:

- **Please tell me where to put this vase.**
  이 꽃병을 어디에 놓을지 말해 다오.
  > where to put = where I should put

- **He didn't tell me when to phone him.**
  그는 그에게 언제 전화를 하라고 내게 말하지 않았다.
  > when to phone = when I should phone

- **I don't know how to get there.**
  그곳에 어떻게 가야 하는지 그 길을 모르겠다.
  > how to get there = how I should get there

Idiomatic Expressions

keep (lose) one's head
'침착성을 유지하다 (잃다)'

■ ■ ■

When the fire broke out, he *kept his head*, turning on the sprinkler and putting a wet blanket over the flame.

화재가 발생했을 때 그는 침착성을 잃지 않고 스프링클러를 작동시키고 젖은 담요를 화염 위에 덮었다.

■ ■ ■

The two presidential candidates had a long heated TV debate last night. Neither of them, however, lost their head at any moment. They were both calm and maintained self-control, without making a personal attack, throughout the whole time they were on TV.

두 대통령 후보들은 어젯밤 오랜 동안의 열띤 TV 토론을 했다. 그러나 두 사람 중 어느 후보도 그 어느 순간에도 냉정함을 잃지 않았다. 그들이 TV에 출연하는 동안 내내 그들은 둘 다 인신공격 한 번 없이 침착했고 자제력을 유지했다.

no부정과 not부정의 의미 차이에 대하여 (1)

문법적으로 not은 부정 부사로 문장의 동사에 걸려 그 문장을 부정문으로 만든다. 반면에 no는 질문에 대한 대답으로 쓰이는 경우를 제외하고는 부정 형용사(또는 드물게 부정 부사)로 그것이 수식하는 명사(또는 형용사나 부사)만을 부정하는 국소 부정이다. 따라서 관련된 부분만 부정적 의미를 가질 뿐, 문장 자체는 긍정문으로 남는다. 그러나 또 다른 경우에는 이같은 국소 부정이 결과적으로 동사구의 부정과 사실상의 의미 차이를 일으키지 못하여 문장이 문법적으로는 긍정문이면서도 논리적 의미로는 부정문이 되기도 한다. 그리고 no가 부사로서 형용사나 부사를 수식할 때는 no good, no different 등 숙어화한 소수의 경우를 제외하고는 비교급 형용사나 비교급 부사하고만 같이 쓰인다 (no more, no worse, no better, no less, no longer 등).

no부정은 not부정과 구분되기 위해서 나름대로의 의미와 용법을 다양하게 발전시켰다. 그 결과 no부정은 그 의미와 용법에 있어 우리로서는 이해하기 쉽지 않은 측면이 적지 않다. 그러나 한 마디로 요약하면 이 형태는 단순한 부정의 의미 이외에 문장의 의미에 대해 화자의 특별한 판단을 부가한다는 것이다. 이 '특별한' 의미는 경우에 따라 그 강도가 아주 미미하여 단순 부정문과 의미 차이가 나지 않을 수도 있고, 특별한 뉘앙스로 나타날 수도 있고, 단순 부정인 not부정과는 전혀 다른 그야말로 '특별한' 것일 수도 있다. no부정의 구체적인 의미와 용법을 살펴보자:

1. 어떤 일에 대한 청자 개인 또는 일반사회의 기대나 예상을 화자 나름대로 전제하고 이 예상이나 기대에 어긋났음을 나타낼 때:

    - **They are at the carnival, but having no fun.**
        그들은 사육제에 참가하고 있지만 즐기지는 못하고 있다.
        >> 화자는 carnival = having fun이라는 일반적인 기대를 전제하지만, 사실은 기대대로 되지 않고 있음을 말하고 있다.

    - **? They are at the carnival, but not having any fun.**
        >> 이 문장을 형성하는 두 개의 절은 앞 예문에서와 같은 전제하에 연결되어야 논리가 맞지만 not을 사용함으로써 이같은 논리적 연결을 해내지 못하고 있다.

    - **I'm eating a lot of fatty food, and putting on no weight.**
        나는 지방질 음식을 많이 먹고 있는데 체중은 늘지 않고 있다.
        >> 화자는 '지방질 음식을 많이 먹는 것 = 체중의 증가' 라는 일반적인 예상을 전제하고 자신은 그러한 일반론에 대한 예외라고 말하는 것이다.

    - **? I'm eating, and getting no toothache!**
        나는 음식을 먹고 있지만 이가 아프지는 않다.

>> 이 문장이 부자연스러운 이유는 음식을 먹는 것이 의례 치통을 일으킨다고 일반적으로 예상되는 사실로 전제될 수 없기 때문이다.

→ I'm eating, and not getting any toothache.
나는 계속 먹고 있고 또 치통을 앓지도 않고 있다.

- **They're at the movies, but seeing no film.**
  그들은 극장에 있지만 영화를 보고 있는 것은 아니다.
  >> '영화관에 있는 것 = 영화를 보는 것' 이라는 일반적인 예상을 전제로 하여 발화된 문장이다.

- **? They're at the movies, but hearing no music.**
  >> '영화관 = 음악감상' 은 일반적으로 예상될 수 있는 것이 아니기 때문에 no부정을 쓰기에 맞지 않다.

  → They're at the movies, and not hearing any music.
  그들은 영화를 보고 있으며 음악을 듣고 있지 않다.

- **A: How did your second exam turn out?**
  너의 2차 시험 결과는 어땠니?

  B: (1) It's no better than the first.
  1차 시험보다 못했다.

  (2) It isn't any better than the first.
  1차 시험보다 조금도 낫지 않다.
  >> (1)의 경우에는 A가 B의 2차 시험 결과가 1차 시험 결과보다 더 좋았을 것이라는 기대를 가지고 질문한 것으로 B는 판단하고 A의 그같은 기대가 빗나갔다고 대답한 것이다. 반면에 (2)의 경우는 B가 A의 질문에 대해 아무런 전제도 세우지 않고 단순히 사실만을 말하는 것이다.

- **They no longer live here.**
  그들은 지금은 여기에서 살고 있지 않소.
  >> 화자는 청자에게 '당신은 그들이 지금도 여기에 살고 있다고 생각하는 모양인데 당신의 생각은 틀렸소.' 라고 말하는 것이다.

- **They don't live here any longer.**
  그들은 지금은 여기서 살고 있지 않소.
  >> 이 문장은 앞 문장에서와 같은 전제가 없이 단순히 '그들은 이제는 여기에 살고 있지 않다' 라는 객관적인 사실을 말할 뿐이다.

- **This is no honest politician standing up for the freedom of the press, but the meanest of self-serving politicians.**
  이 자는 언론의 자유를 위해 일어서고 있는 정직한 정치인이 아니라, 이기적인 정치꾼들 중에서도 가장 비열한 정치꾼이다.
  >> 화자는 이 자에 대해서 언론자유를 위해 싸우고 있는 것으로 잘못 생각하고 있는 사람들을 향해 하는 말이다. no honest politician 대신에 not an honest politician이라고 하면 물론 이러한 화자의 전제는 나타나지 않고 단순한 부정문이 된다.

- **There's no telephone in our house.**
  우리 집에는 전화가 없다.
  >> 화자는 '모든 집에 다 전화는 있다'는 사회적 기대를 전제로 말하고 있다. 이 전제가 성립될 수 없었던 시절이라면 no telephone 대신 not a telephone이라고 해야 할 것이다.

- **That must be an interesting movie, but don't say any more; I'd rather see the movie and get the story for myself.**
  그것 재미있는 영화 같구나. 그러나 그 영화 이야기 거기서 멈춰 다오. 내가 직접 가서 보고 이야기의 전개도 직접 보고 싶구나.
  >> 단순한 부정 명령으로, 화자는 자기가 발화하는 문장의 의미 외에는 아무 것도 나타내지 않는다.

- ***That must be an interesting movie, but say no more; I'd rather see the movie and get the story for myself.**
  >> 이 문장은 화자가 '그만하면 이제 내가 그 영화에 대해서 충분히 알겠다'는 것을 전제로 하는 말이다. 그러므로 say no more는 '말을 그만 하라'는 단순 부정 명령이 아니라 '더 이상 말할 필요가 없다'라는 뜻이다. 따라서 이 말은 그 뒤에 나오는 '내가 직접 가서 보고 싶다'와는 논리적으로 어울릴 수 없다. 더 이상 말을 듣지 않고도 다 알 수 있을 정도라면 그것으로 충분하지 왜 굳이 직접 가서 보겠다고 하는가? 그래서 틀린 문장이 되는 것이다.

- A: **He lied, he cheated, he wrote bad checks, he abused his children, he ...**
  그 사람은 거짓말을 했고, 남을 속였고, 잔고도 없이 수표를 발행했고, 자기 아이들을 학대했고, 또 ...

  B: (1) **Say no more! I can fully understand what kind of man he is.**
  그만 하라. (더 말 안 해도) 그만하면 그 사람이 어떤 인간인지 충분히 알겠다.
  >> '너는 내가 네 말을 거기까지 듣고도 내가 아직도 그 사람에 대해서 알지 못하는 것으로 생각하고 있는 것 같은데 너의 그런 가정은 틀렸다'라는 뜻이다. 그러므로 사실은 I can fully ....는 발화되지 않아도 충분히 나타나는 의미이다.

  (2) **Don't say any more! I can fully understand ....**
  >> 영어를 모국어로 하는 사람들 중에도 이런 문장을 말하는 경우도 있을 것이다. 그러나 위 예의 두 문장은 결코 논리적으로 썩 잘 연결된 경우는 아니다. '충분히 알겠다'는 '이 이상 말할 필요가 없다'라는 의미와 연결되는 것이 논리적이다.

- **There is no shame in being poor.**
  가난하다는 것에 대해서 부끄러워 할 이유는 없다.
  >> 가난을 부끄럽게 생각하는 사람들이 있지만 그렇게 생각하는 것은 잘못이라는 뜻이다.

- **Where did he come from?**
  그 사람은 어디에서 왔느냐?

  (1) **He didn't come from anywhere; he has been here all the time.**
  그는 어디에서부터 온 것이 아니다. 그는 내내 여기 있었다.
  >> didn't come은 동사가 부정된 것이기 때문에 '오지 않았다'라는 의미이므로 결국 그는 처음부터 여기에 있었다는 뜻이다.

  (2) ***He came from nowhere; he has been here all the time.**

>> 이 문장에서는 동사가 부정되지 않았기 때문에 '그가 왔다' 라는 뜻이다. 다만 그가 떠나 온 장소에 no를 붙여 그 장소가 없다고 말하는 것이다. 출처도 없이 그가 귀신처럼 나타난 것이다. 그러므로 뒤에 나오는 문장 he has been here all the time과는 맞지 않는다.

2. [no + 명사]는 일반적인 부정과는 아주 다른 종류의 부정을 의미할 수도 있다. 다시 말하면 no 다음의 명사는 주어를 설명하는 데 부적절한 단어임을 나타낼 수도 있고 주어의 행위가 화자의 기준에 미치지 못한다는 것을 암시할 수도 있다:

- A: **They climbed a mountain last weekend.**
  그들은 지난 주말에 등산을 했다.

  B: **They climbed no mountain. They weren't there for an hour.**
  그들이 등산했다고 말할 수는 없다. 산에 가서 한 시간도 못 있고 내려갔는데 뭘.
  >> 산에 가서 한 시간도 있지 못하고 내려 온 것은 화자의 등산 기준에 맞지 않는다는 뜻이다.

- **He's no teacher.**
  그 사람은 교사랄 것이 없다.
  >> 그의 직업이 교사이긴 하지만, 자질이나 능력이 부족하다는 의미로 teacher라는 단어는 주어를 서술하기에 적절하지 못함을 나타내고 있다. 만일 no teacher 대신 not a teacher를 쓰면 단순히 그의 직업이 교사가 아니라는 뜻이 된다.

- **I'm no youngster.**
  >> youngster라는 단어는 주어를 서술하는 데 적절하지 못하다는 뜻으로 이 문장의 사실상의 의미는 I'm quite old.이다. 반면 I'm not a youngster.는 I'm not young.의 의미일 뿐 quite old라는 의미는 포함하지 않는다.

- **She's not a fool; she's a normal girl just like you or me.**
  그 여자는 바보가 아니라 너나 나처럼 보통 여자이다.

- **Don't try to lie to her; she's no fool.**
  그 여자에게 거짓말하려 들지 마라. 그 여자는 바보가 아니다.
  >> 위 두 문장에서 She's not a fool.과 She's no fool.은 우리말로는 둘 다 '그 여자는 바보가 아니다' 로 번역되지만 의미는 서로 아주 다르다. 첫째 문장에서는 그것이 단순한 부정문인 데 반하여 두 번째 문장에서는 사실상의 강조적 긍정문으로 '그 여자는 대단히 총명하다. 그러므로 함부로 대할 수 있는 상대가 아니다' 라는 뜻이다.

- **Being surrounded by sheet metal is no guarantee of safety.**
  철판으로 둘러싸이는 것은 결코 안전의 보장이 될 수 없다.
  >> 승용차의 얇은 철판은 사고 났을 때는 종이처럼 찢어져 차에 탄 사람을 보호해 주지 못한다는 뜻이다.

- **That's no way to talk to a friend.**
  그것은 친구에게 말하는 방법이 못 된다.
  >> 친구에게 그런 식으로 말하면 못쓴다는 뜻이다.

- **He's no son of mine!**
  그 놈은 내 아들이 아니오.
  >> 아버지가 아들과의 혈연을 끊겠다는 전제하에 할 수 있는 대단히 강한 표현이다.

- **He's no friend of yours.**
  그 사람은 네 친구가 아니다.
  >> '그 사람이 어떻게 네 친구가 되느냐? (How could he possibly be a friend of yours?)'라는 뜻이다. 가령 버릇없이 대하는 젊은이에게 나이든 사람이 '내가 너의 친구냐?'라고 소리친다면 영어로는 I'm no friend of yours!이지 I'm not a friend of yours!가 아니다.

- **They paid no tax this year.**
  그들은 금년에는 세금을 안 냈다.
  >> 이 문장은 단순히 세금을 안 냈다는 사실만을 말하는 것이 아니다. 불법적으로 안 냈음을 암시한다. 만일 수입이 없어서 세금을 정당하게 안 냈다면 단순 부정 형태로 They didn't pay any tax this year.로 해야 한다.

3. 무엇을 해서는 안 된다는 것이 이전의 충고, 명령 등을 통해서나 상황적 또는 사회적으로 기정사실로 알려져 있을 때 이 사실을 깨우치며 확인하는 경우:

- **Make no sound, or we may be caught.**
  소리를 내지 말라. 안 그러면 우리는 잡힌다.
  >> 숨어있는 상황이기 때문에 소리를 내서는 안 된다는 것이 상황적 사실이다.

- **Don't make any noise; the baby's asleep.**
  소리를 내지 말라. 아기가 잠들어 있다.
  >> 아기가 잠들어 있으니 소리를 내서는 안 된다는 것은 알려진 상황적 기정 사실이 아니다. the baby's asleep은 새 정보이다. 따라서 이런 경우 Make no sound는 맞는 표현이 될 수 없다.

- **I told you to see none of your friends before your examination is over.**
  시험이 끝나기 전에는 너의 친구 아무도 만나지 말라고 내가 이미 말했지.
  >> 여기서 none은 no one의 의미이므로 no부정이다. 따라서 친구를 만나서는 안 된다는 것은 이미 상황적으로 기정 사실임을 말한다.

- **While I'm gone, you're seeing none of your friends. That's understood, right?**
  내가 없는 동안에 너는 너의 친구들을 만나서는 안 된다는 것 정도는 알지?
  >> 이 경우에는 이전에 한 화자의 부정 명령이 표면에 나타나 있지는 않으나 전제되어 있다.

- **Have no fear and dream no unpleasant dreams.**
  두려워하지 말라 그리고 안 좋은 꿈 같은 것은 꾸지 말라.
  >> 두려워 할 상황이나 안 좋은 꿈을 꾸어야 하는 상황이 존재하지 않는다는 것을 전제하고 (청자는 그 같은 상황이 존재한다고 생각하지만) 하는 말로 상대를 안심시키는 힘을 갖는 말이다. 그러나 만일 no 대신 don't를 썼다면 그 같은 상황의 존재를 부정하는 것이 아니기 때문에 단순한 충고에 지나지 않으

며 따라서 안심시키는 힘이 별로 없는 말이 될 것이다.

4. 화자가 자신의 부정적 믿음이나 추정을 확인할 때:

- **No honest man** would lie.
  정직한 사람은 거짓말을 하지 않는다.
  >> 화자가 자신의 부정적 믿음을 확인하는 말이다.

- Have you **no manners**, child?
  얘야, 너는 예의가 없구나.
  >> 이 문장은 그 아이가 예절이 없다는 화자의 추정을 확인하는 말로 일방적인 선언이지 질문이 아니다. 따라서 Haven't you any manners?로 묻는 경우와는 달리 이같은 말에 대하여 가령 Of course I have! 같은 반응은 맞지 않는다.

- You're thick-skinned. Have you **no conscience**/**qualms**/**scruples**?
  너는 후안무치하구나. 양심도 없니?
  >> Have you no conscience? = You have no conscience.

- Have you **no thought** for your parents?
  너는 너의 부모 생각은 전혀 안 하는구나?

- Is there **no end** to our politicians instigating primitive political regional rivalry?
  우리 정치인들의 원시적인 정치적 지역 감정 부추김은 끝이 없는 것인가?
  >> 이 문장 역시 대답을 구하는 질문이 아니고 그냥 혼자서 개탄하는 말이다.

- A: I was lonely there with **nothing** to do.
  주위에 아무 것도 할 것이 없어서 나는 외로웠다.
  B: (1) Did you have **nothing** to read? **Nothing** at all?
  읽을거리도 없었다고요? 아무 것도요?
  (2) **Couldn't** you find **anything** to read?
  읽을거리를 찾지 못했나요?
  >> (1)은 A의 말을 듣고 B가 you had nothing to read라는 믿음을 형성하고 그것을 확인하는 말이다. 따라서 뒤에 Is that why? '그것이 외로움의 이유지요?' 라고 부연할 수 있다. 반면 (2)의 경우는 긍정적 가능성을 배제하지 않는 anything을 썼기 때문에 '읽을거리를 발견할 수도 있었을 텐데. 그랬더라면 그렇게 외로워지는 않았을 텐데' 같은 의미를 함축한다.

5. 어떤 대상에 대해서 경멸적 수식어를 붙이는 것은 결국 그것은 나쁜 것이라는 가치 평가를 하는 것이고 따라서 그것은 사용하지 않는 것이 좋다는 화자의 부정적 추정을 의미한다. 이 부정적 추정을 토대로 말을 할 때도 no 구조를 쓸 수 있다:

- **?** I'll go, but I'll wear no necktie.
    - ≫ 넥타이를 맨다는 것에 대해서 아무런 '경멸적' 의미도 전제되어 있지 않는데도 그 같은 특별한 의미를 전제하는 no가 쓰여서 표현이 어색하다.
- → I'll go, but won't wear a necktie.
    나는 가기는 하겠지만 넥타이는 안 매겠다.

    I'll go, but I'll wear no damned necktie.
    나는 가기는 하겠으나 그놈의 제길 할 넥타이만은 안 매겠다.
    - ≫ 화자는 넥타이에 대해서 damned라는 경멸적 가치평가를 하고 그런 것은 안 매는 것이 좋다는 자신의 믿음을 나타내고 있다. 반면 I won't wear any necktie는 '어떤 넥타이도 안 매겠다'이며 I won't wear any damned necktie는 'damned necktie는 안 매고 그렇지 않은 넥타이를 매겠다'의 의미가 된다.

- **?** He said he would live in no apartment. He wants a house with a large garden.
    - ≫ 단순히 아파트에서 살고 싶지 않다는 말에 no를 써야 할 이유가 없다. 아파트는 나쁜 것이라는 일반적 믿음이 형성된 것이 아니기 때문이다. 그러나 가령 damned apartment라고 말한다면 자신의 부정적 판단을 나타기 위해 no부정으로 할 수 있다.
- → He said he wouldn't live in an apartment. He ....

    He said he would live in no stupid apartment. He hates the noise from the floor above and the floor below.
    그는 신경질 나는 아파트에서는 살지 않겠다고 말했다. 그는 위층, 아래층으로부터 들려오는 소음이 싫은 것이다.
    - ≫ he는 아파트에 대한 자신의 부정적 태도를 나타내면서 말하고 있다.

Idiomatic Expressions

off the track

'지금 다루고 있는 문제에 속하지 않는', '정도로부터 벗어난'

>> track은 기차의 철로이므로 직역은 '(기차가) 탈선한'이다. 이 표현은 이와 같은 직접적 의미 외에 비유적으로 논의, 토론 등이 원래의 주제로부터, 또는 어떤 목적을 달성하려면 가야 하는 올바른 길로부터 이탈한 상태를 나타내는 데 자주 쓰인다.

= = =

Don't try to get *off the track*; we are talking about embezzlement of the budge of a state organization for political purposes, not about money for political activities.

주제로부터 빗나가려고 하지 마라. 지금 우리는 국가 기관의 예산을 정치 목적으로 횡령한 것에 대해서 이야기하고 있는 것이지 정치자금에 대해서 이야기하고 있는 것이 아니다.

= = =

You'll never learn English by that method; you're *off the track* altogether.

그 방법으로는 영어를 결코 배울 수 없다.
너는 올바른 길에서 벗어나 있다.

no부정과 not부정의 의미 차이에 대하여 (2)

1. 긍정적 가능성을 완전히 배제하며 최종적으로 부정 상태를 확인하는 경우에는 nothing이 쓰이고, 긍정적 가능성을 완전히 배제하지 않는 의미로 부정할 때는 not + anything이 쓰인다:

   - A: I hope I haven't forgotten anything – let's see, there's the key, and the food for the cat, and the letter for the mailman ....
     아무 것도 잊지 않았기를 바라는데, 어디 보자. 열쇠도 있고, 고양이 밥도 있고, 그리고 우편배달부에게 줄 편지도 있고 ....'
     >> *I hope I have forgotten nothing이라고 말하면 두 절의 의미가 서로 논리적이지 않다. I hope 는 확신이 없음을 나타내는데 I have forgotten nothing은 확신을 가지고 하는 단언적인 의미이기 때문이다.

   - B: You have forgotten nothing. So let's leave in a hurry. We haven't got much time.
     잊은 것은 없어요. 그러니 서둘러 떠납시다. 시간이 없어요.
     >> *You haven't forgotten anything ....

위의 상황은 여행을 가기 위해 집을 떠나기 직전에 A가 혼자 말로 혹시 챙겨야 할 것 중에서 잊은 것은 없는가를 체크하고 있는 것이다. 이론상 잊은 것이 있을 수도 있으므로 남편은 이같은 긍정적 가능성을 완전히 배제하지는 않는 anything을 쓴 것이다. 그러나 빨리 떠나기를 초조하게 기다리고 있는 B는 그러한 긍정적 가능성을 생각할 여유가 없다. 그래서 긍정적 가능성을 배제하는 최종적 부정을 나타내는 nothing을 썼다:

- **Wife about her husband:**
  부인이 남편에 대해서:

  (1) He just doesn't do anything. Sits there all afternoon watching football.
  그 이는 아무 것도 안 해요. 그냥 저기 앉아서 오후 내내 축구만 보고 있어요.

  (2) He just does nothing. Sits there ....
  그 이는 하는 것이 없어요. 그냥 ....

  >> (1)은 남편에 대한 부인의 불만을 나타내며 이 현상이 고쳐지기를 바라는 부인의 바람이 열린 가능성을 의미하는 anything을 통해서 나타나 있다. 반면에 (2)의 경우에는 긍정적 가능성을 닫아버리는 nothing을 씀으로써 남편에 대한 부인의 체념을 나타내고 있다. 즉 자기 남편은 그런 사람이라는 뜻일 뿐이지 그의 생활태도가 바뀌기를 바란다는 뜻은 아니다.

- **I strained my eyes but saw nothing.**
  나는 두 눈을 크게 뜨고 보았으나 보이는 것은 없었다.
  >> 두 눈을 크게 뜨고 보았으나 보이는 것이 없었다는 것은 결국 아무 것도 없었다는 최종성을 나타내고 있다.

•• Why do you keep moving around in front of my eyes so I can't see anything?
너는 왜 내가 아무 것도 볼 수 없게 내 눈앞에서 계속 움직이고 있느냐?
>> 볼 수 있는 가능성을 열어놓고 있다. 즉 내가 볼 수 있게 비켜달라는 뜻이다.

•• A: What can I do for you?
내가 무엇을 해드릴까요?

B: Nothing, thank you.
감사합니다만 아무 것도 없습니다.
>> nothing을 씀으로써 더 이상 말을 붙이지 못하게 막고 있다. 그러나 만일 There isn't anything you can do for me.라고 대답한다면 물었던 사람이 나름으로 자기가 할 수 있는 어떤 것을 제안할 수도 있을 것이다.

•• A: What are you doing there?
거기서 무엇을 하고 있습니까?

B: Nothing.
아무 것도 아닙니다.
>> 응답자는 최종적 부정을 나타내는 nothing으로 대답함으로써 사실상 더 묻지 말라는 요구를 하고 있는 것이다.

2. 어떤 부정적 사정이 지금 이 장소(here and now)에 국한되는 것이 아니고 장기적 또는 일반적인 것일 때:

•• They can't buy the house. They don't have any money.
→ They can't buy the house. They have no money.
그들은 그 집을 살 수 없다. 그들은 돈이 없다.
>> 돈이 없어 집을 살 수 없다는 부정적 사정은 지금 이 자리에만 국한되는 사정이 아니다. 그들이 돈이 없다는 것은 장기적이고 일반적인 그들의 경제 형편이다. 즉 그들은 가난하다는 뜻이다. 만일 돈이 없다는 것이 지금 이 자리에만 국한되는 사정이라면 지금 계약을 하고 나중에 잔금을 지불할 수도 있고 또는 내일 돈을 가져와서 살 수도 있는 것이므로 They can't buy the house.라고는 할 수 없는 것이다.

•• ? I can't use the vending machine because I have no coins.
→ I can't use the vending machine because I don't have any coins.
나는 동전이 없어 판매기를 이용할 수 없다.
>> 내가 동전이 없다는 것은 지금 이 자리의 문제이지 장기적인, 일반적인 나의 사정이 아니다. 만일 I have no coins를 그대로 쓰면 '나는 동전 따위를 가지고 다니는 사람이 아니다' 라는 뜻이 된다.

•• A: Why don't they like her?
왜 그들이 그 여자를 싫어하느냐?

B: (1) Because she has no dignity.
그 여자는 품위가 없기 때문이다.

(2) Because she doesn't have any dignity.
　　그 여자는 품위가 없기 때문이다.
　　》 사람이 품위가 없다는 것은 그 사람의 일반적인 부정적 특성이다. 따라서 (1)의 대답이 적합할 것이다. 그러나 품위라는 것은 돈처럼 때에 따라 있었다 없었다 하는 것이 아니므로 (2)를 써도 (1)과 대조되는 고유한 의미가 형성되지 않는다.

•• A: Why don't you go to the party?
　　왜 파티에 안 가느냐?
　　B: (1) *Because I have no nice clothes. All my expensive clothes were sent to the laundry.
　　　　좋은 옷이 없어서요. 비싼 옷들은 죄다 세탁소에 보냈어요.
　　　　》 좋은 옷이 없는 것은 그것들을 세탁소에 보냈기 때문이므로 이 형편은 장기적인 것이 아니고 지금에 국한된 것이다. 따라서 no는 맞지 않다.
→ (2) Because I don't have any nice clothes. All my ....

•• When he woke up the next morning he screamed,
　　그가 그 다음날 아침에 일어났을 때 그는 외쳤다:
　　(1) "I can't see anything! I'm blind!"
　　　　나는 아무 것도 안 보인다. 나는 눈이 멀었다!
　　(2) *"I can see nothing! I'm blind!"
　　　　》 (1)은 보려고 하는데도 볼 수 없다는 뜻이고 또 갑자기 눈이 멀어버린 자신을 발견하고, 즉 지금 이 자리에서 발생한 변화를 발견하고 놀라 외칠 수 있는 소리이다. 그러나 (2)는 자기가 맹인이라는 기정 사실을 모르는 사람에게 알려주는 말이 되므로 위의 예와 같이 새 사실을 발견하고 외치는 경우에는 전혀 맞지 않는다.

3. [There is no + ~ing]의 문장 구조는 '불가능'(= It is impossible to ~)을 나타낸다. 그러나 더러는 [There isn't any + ~ing]의 구조도 사용된다:

•• There is no stopping bin Laden's army.
　　빈 라덴의 군대를 막는다는 것은 불가능한 일이다.

•• There is no turning back now.
　　이제 와서 되돌아간다는 것은 불가능한 일이다.

•• There is no knowing who will be elected our next President. But one thing is sure; he or she will be very different from the incumbent President in political ideology, personality, public career, and in many other respects.
　　누가 다음 번 우리나라 대통령으로 선출될지 알 수 없다. 그러나 한 가지는 확실하다. 그는 정치 이념에 있어서, 인품에 있어서, 공적 경력에 있어서, 그리고 그 외 많은 점에 있어서 지금의 대통령과는 아주 다른 사람일 것이라는 점이다.

- - **President Roh is such an unpredictable person: there's no saying what he'll do next.**
    노 대통령은 전혀 예측할 수 없는 사람이다. 그가 다음에 무슨 짓을 할지 알 수가 없다.

- - **There is no mistaking his car; he's painted it bright red and yellow.**
    그의 차를 잘못 볼 수 없다. 그는 자기 차를 밝은 적색과 황색으로 칠해 놓았기 때문이다.

- - **There was no mistaking his voice.**
    그의 음성을 잘못 듣는 것은 있을 수 없는 일이었다.
    >> 그의 음성이 확실했다는 의미이다.

- - **There isn't any telling what he'll do next.**
    >> = There is no telling ....

4. [No + 명사]의 형태는 흔히 부정적 지시나 슬로건에 사용되는데 '없음,' '반대'('있어서는 안 됨'), '금지'의 의미를 나타내고 [No + ~ing] 형태는 보통 '금지'를 나타내지만 어떤 경우에는 '없음'도 나타낸다:

(1) '없음'의 의미

- - **No Way Out** 출구 없음, 나가지 마시오
- - **No Exit** 출구 없음, 나가지 마시오
- - **No Throughway** (유료) 고속도로 없음, 잘못 들어오지 마시오
- - **No objection** 이의 없습니다
- - **No Examination Today** 금일 진료 없음
- - **No Buses On Sunday** 일요일에는 버스 없음
- - **No School Today** 금일 휴교
- - **No work, no pay** 무노동 무임금
- - **No win, no fee lawyer** 승리하지 못 하면 사례금 안 받는 변호사
- - **There was no turning the other cheek.**
    한쪽 뺨을 맞고 다른 뺨까지 내미는 사람은 없었다.
    >> [no +~ing]가 이렇게도 쓰이는 것은 그것이 명사구, 즉 no turning of the other cheek과 같이 취급되었기 때문이다. 그러나 이것은 일반적인 용법은 아니다.

(2) '반대' 의 의미

- No Arrest Without Warrant! 영장 없는 검거 반대!
- No Reduction In Wages! 노임 삭감 반대!
- No Sexual Discrimination! 성차별 반대!

(3) '금지' 또는 '사절' 의 의미 (= There must be no ~ing)

- No Trespassing 무단 침범 금지
- No Smoking 끽연 금지
- No Parking Here 이 곳 주차 금지
- No Loitering 배회 금지
- No Dumping 쓰레기 투기 금지
- No Jaywalking 무단횡단 금지
- No Passing On Right 우측으로 추월 금지
- No Playing Loud Music 음악 크게 트는 것 금지
- No Standing Beyond the Yellow Line 황색 선을 넘어서 서있지 마시오
- No Admittance/Admission (After 10 p.m./Without Proper Identification)
  (저녁 10시 이후에는/합당한 신분증명이 없이는) 출입을 금지함
- No Flowers by Request 당사자의 요청에 의해서 화환 사절
- China's three Nos concerning SARS: no talking to the media about the nature of SARS; no talking to the public about doctors' personal experiences treating the disease, and no communicating with the WHO about SARS.
  SARS에 관한 중국의 3불 정책: SARS의 성격에 관하여 언론 매체와의 대화 금지; 이 병의 치료에 관한 의사들의 개인적 경험에 대하여 일반 대중에게 이야기하는 것 금지; 그리고 SARS에 관하여 WHO와의 통화 금지.

~ing가 목적어 없이 자동사로 쓰였거나 of 구를 그 뒤에 붙여 의미상의 목적어를 나타내지 않는 경우에는 no ~ing의 의미가 '금지' 인지 '없음' 인지 알 수 없게 된다:

- There was no smoking in the office.
  사무실에서는 담배를 필 수 없게 되어 있었다.
  사무실에는 담배를 피우는 사람이 없었다.

~ing가 no의 동반 없이 긍정의 뜻으로 쓰일 수도 있는데 이 때 ~ing는 of구를 동반하여 그 형태가 분명한 명사구가 되어야 한다.

- **There was maltreating of children in the orphanage.**
  그 고아원에서는 아이들을 학대하는 일이 있었다.
  >> *There was maltreating children ....

5. 참고

have를 '갖고 있다' 는 본동사의 의미로 쓸 때는 [have + 목적어] 또는 [have got + 목적어]의 형태로 쓰인다. 그러나 목적어가 [no + 명사]의 형태일 때는 미국영어에서는 거의 언제나 [have + no + 명사]의 형태만 쓰이며 have got은 거의 쓰이지 않는다. 그러나 구어 영국영어에서는 [have got + no + 명사]의 형태도 가끔 쓰이는 것을 볼 수 있다.

- **I have/have got a car.**
  나는 차가 있다.

- **I don't have a car.**
  I haven't got a car.
  나는 차가 없다.

- **I haven't a car.**
  나는 차가 없다.
  >> 이 형태는 영국영어에서만 가끔 쓰이고 있다.

- **I like the fact that Venice have no cars.**
  나는 베니스에는 차가 없다는 것이 마음에 든다.

hit him on the head, kick him in the stomach, 등의 표현 형태에 대하여

우리말의 '공이 그의 머리를 때렸다.' 를 영어로 바꾸는 경우 두 가지 형태가 가능하다. 하나는 우리말과 같은 The ball hit his head.이고 다른 하나는 The ball hit him on the head.이다. 동사 hit가 그 사람의 몸의 한 부분인 머리만을 목적어로 한 전자의 문장 형태는 동사의 행위가 몸의 한 부분에만 관계되는 것 같은 인상을 주는 데 반하여 동사 hit가 사람을 목적어로 하고 실제 동사 행위에 접한 부분을 전치사구, 즉 장소로 나타내는 후자의 문장은 동사의 행위가 사람 자체와 해당 부분 양쪽에 다 영향을 준다는 것을 의미한다. 이 경우 동사 행위의 직접적인 영향을 받는 신체의 부분은 정관사를 동반한다 (on the head). 비격식적인 구어에서는 정관사 대신 소유격 인칭대명사가 쓰이는 현상(on his head) 도 볼 수는 있다. 그러나 이 형태는 문법적으로 맞지 않다.

어떤 동사 행위가 직접적으로는 사람 몸의 한 부분만을 목적어로 한다 하더라도 현실적으로 보면 그 사건은 사람 전체에 영향을 주는 것이므로 위 두 문장 형태 중에서 후자의 형태가 더 합리적이고 자연스럽다. 따라서 숙어적인 표현 이외의 경우에는 이 표현 형태가 일반적이다. 이 문장 형태의 전치사구를 어떻게 만드는가에 대해서 알아보자:

1. 동사 행위의 인체 접촉 부분이 '단단한 것,' '불쑥 튀어나와 있는 것' 이거나 동사 행위가 '표면' 에서만 이루어지는 경우에는 on을 쓴다:

- **He kicked me on the shin.**
  그는 나의 정강이를 걷어찼다.
  » shin은 '단단한' 부분이다.

- **He was clubbed on the head by the robber and fell unconscious.**
  그는 강도에 의해 머리를 곤봉으로 얻어 맞고 실신했다.

- **This is not a kick in the shin of any nation, any leader.**
  이것은 어떤 나라, 어떤 지도자의 정강이를 걷어차는 행위가 아니다.
  » 2005년도 노벨 평화상이 IAEA와 그 사무총장에게 수여되자 일부에서 그것은 미국의 이라크 전쟁에 대한 간접적인 공격이라는 평이 나왔다. 그러자 노벨 위원회 의장이 그렇지 않다고 반박하며 한 말이다. 여기서 on 대신 in을 써서 a kick in the shin이라고 표현한 것은 걷어채인 영향이 정강이 표면에서 그치는 것이 아니고 마음 속 깊이 들어감을 의미하기 위한 것이다.

- **I kissed her on the cheeks.**
  나는 그 여자의 양 볼에 입을 맞추었다.
  » the cheeks는 '표면' 이다.

- **I hit him on the jaw/ear/shoulder/nose/neck.**
  나는 그 사람의 턱을/귀를/어깨를/코를/목을 때렸다.
  >> 턱, 귀, 어깨, 코는 '튀어나온' 부분이며 목은 '표면' 이다.

- **He missed the ball and was hit on the head.**
  그는 공을 놓쳐서 머리를 맞았다.
  >> 머리는 '단단한' 부분이다.

- **Walking home after dark, Mary banged herself on the forehead against a telephone pole.**
  어두워진 다음에 집으로 걸어오다가 Mary는 전신주에 이마를 쿵 찌었다.
  >> 이마는 '표면' 이다.

- **It is bad form to touch a person on a sore spot.**
  사람의 약점을 건드리는 것은 좋지 않은 행위이다.
  >> spot '장소' 는 표면이다.

- **He was playing with his dog when it bit him on the finger.**
  그가 자기 개와 놀다가 그의 손가락을 물렸다.
  >> 손가락은 '튀어나온' 부분이다.

2. 동사 행위의 접촉 부분이 부드럽거나 움푹 들어가 있거나 동사 행위가 표면에서 끝나는 것이 아니고 표면 안으로 들어가는 경우에는 in을 쓴다:

- **I hit him in the face/mouth.**
  나는 그의 얼굴을/입을 때렸다.
  >> 얼굴, 입 등은 부드러운 부분이다.

- **He digged me in the ribs.**
  그는 (정신 차리라고) 나의 옆구리를 찔렀다.
  >> '찌르는' 것은 어떤 것 '속으로' 들어가는 것을 의미한다.

- **I kicked him in the stomach.**
  나는 그의 배를 걷어찼다.
  >> 배는 충격을 가하면 들어가는 부드러운 부분이다.

- **He was taking a walk in the park when a ball flying from somewhere hit him in the eye.**
  그는 공원에서 산책하고 있었는데 그 때 어디선가 날아오는 볼이 그의 눈을 때렸다.
  >> 눈은 부드러운 부분이다.

- **He was wounded in the shoulder.**
  그는 어깨에 부상을 입었다.
  >> 부상의 경우에는 in을 쓴다. 부상은 동사 행위가 표면 밑으로 들어가는 것이기 때문이다.

- **Does the injury still hurt you in the waist?**
  부상이 지금도 허리에 통증을 줍니까?
  >> 통증은 몸 안에서 나오는 것이다. 가령 '머리가 아프다' 도 I have a pain in the head.라고 말한다.

- **Are you firing him after all he's done for your company? You're really stabbing him in the back!**
  그가 당신 회사를 위해서 많은 일을 했는데도 그를 해고하려는 것이오? 당신은 정말이지 그 사람을 배신하는 것입니다.
  >> stab a person in the back은 글자 그대로 하면 '누구의 등을 찌르다' 이다. 물론 이 의미로도 쓰이지만 보통은 '누구를 배신하다' 의 의미로 쓰인다.

- **He was shot in the back.**
  그는 등에 총을 맞았다.
  >> 가령 '사장은 노동자들의 등을 두드리며 격려했다.' 라고 말하려면 The president encouraged the workers, patting them on the back.이라고 해야 한다. 등을 두드리는 것은 그 신체적 영향이 등 표면에 국한되기 때문이다.

전치사 on과 in 사용의 일반적 원칙은 위에서 말한 것과 같지만 나타내고자 하는 의미에 따라 전치사의 선택이 달라질 수도 있다:

- **He was repeatedly kicked in the head.**
  그는 머리를 여러 번 반복적으로 채였다.
  >> head는 '단단한 것' 이지만 여기서 on을 쓰지 않고 in을 쓴 것은 화자가 나타내고자 하는 것은 kicking의 영향이 표면 밑으로 깊이 미쳤을 것이라고 생각한 때문이다.

- **The dog bit the boy on the nose.**
  그 개가 그 아이의 코를 물었다.
  >> 상처가 코 표면에 날 정도임을 느낄 수 있다. 그러나 가령 I felt strongly like punching him in the nose.라고 말한다면 주먹으로 세게 때려 코를 박살내고 싶었다는 뜻이 될 것이다.

- **He threw an apple to her, but the apple hit her in the nose.**
  그는 그 여자에게 사과 하나를 던졌다. 그러나 그 사과는 그 여자의 코를 때렸다.
  >> 가령 '사람의 코를 물다' 는 앞 예문에서 보는 것처럼 bite a person on the nose이다. 코는 불룩 나와 있기 때문이다. 그러나 여기서 in the nose라고 한 것은 hitting의 영향이 코 깊숙이 미칠 만큼 컸음을 나타낸다.

- **He was stung on the arm by a bee.**
  그는 팔을 벌에 쏘였다.
  >> on을 쓴 것은 벌에 쏘이는 것은 통념적으로 '표면에서의 사건' 으로 인식되기 때문이다. 그러나 가

령 그는 팔에 주사를 맞았다고 말하려면 He was given an injection in the arm.이라고 해야 할 것이다.

3. 인체 부분이 동사 행위의 '수단'이 되는 경우에는 by를 쓴다. 가령 help a person by the arms '두 팔을 잡고 사람을 부축하다,' pull a person by the hair '머리채를 잡아 사람을 끌다,' take a person by the hand '사람의 손을 잡다' 등

- **They seized him by the throat/beard/collar.**
  그들은 그의 목을/턱수염을/멱살을 잡았다.
  >> by는 동사 행위를 수행하는 수단을 나타낸다. 이 예문의 the collar는 셔츠의 한 부분만을 의미하지 않고 셔츠의 collar와 접하고 있는 신체 한 부분인 목을 의미한다.

- **I shook him by the hand.**
  나는 그와 악수를 했다.
  >> = I shook hands with him.

- ***They seized him by the jacket.**
  → **They seized his jacket.**
  그들은 그의 웃옷을 붙잡았다.
  >> jacket은 collar와는 달리 인체의 어느 특정 부분과 직결되는 것이 아니고 아주 넓은 부분에 걸치는 것이므로 지금 논의하는 구조에 해당하지 않는다. 그러나 jacket 대신 가령 sleeve를 쓴다면 문제가 없다. sleeve는 손목 부위를 감싸는 부분이므로 옷소매를 잡는 것은 마치 collar를 잡는 것이 목을 잡는 것과 같은 것처럼 사람의 손목을 잡는 것이나 같기 때문이다.

- **She took me by the sleeve and inquired after my parents.**
  그 여자는 나의 소매를/손목을 잡고 내 부모님 안부를 물었다.

- **I helped the old man across the street by the arm.**
  나는 그 노인의 팔을 붙잡고 길을 건너가도록 도왔다.
  >> by the arm은 help라는 동사 행위를 수행하는 수단이다.

- **He took the little boy by the hand and patted him on the head.**
  그는 꼬마 아이의 손을 잡고 그의 머리를 쓰다듬었다.

- **He pulled her by the hair/hand.**
  그는 그 여자의 머리를 잡고/손을 잡고 끌었다.

- **The blind singer was led onto the stage by the hand by his wife.**
  그 맹인 가수는 그의 부인의 손을 잡고 무대 위로 안내되어 나왔다.

4. 보통의 경우 위 세 종류의 전치사가 주로 쓰이지만 의미에 따라서 다른 전치사도 적절하게 선택되어 쓰인다:

- **The policeman shot the gangster through the head/in the chest.**
  경찰은 그 폭력배의 머리를/가슴을 쏘았다.
  >> through는 '관통'을 의미하고, in은 단순히 '속으로 들어감'을 의미한다.

- **She slapped him across the cheek.**
  그 여자는 그 남자의 뺨을 갈겼다.
  >> 여기서 across는 손바닥이 한 곳으로부터 다른 곳으로 이동함을 의미한다. '뺨을 치다'는 보통 slap a person in the face라고 하는데 across the cheek 와는 어감의 차이가 있을 뿐 근본적으로는 같은 뜻이다. 그리고 명사구로 a slap in the face '거절,' a slap on the back '격려.' '칭찬.' a slap on the wrist '가벼운 형식적인 처벌' 등도 잘 쓰인다.

- **If you touch me again, I'll slap your face.**
  내 몸에 한 번만 더 손대면 너의 뺨을 칠 것이다.
  >> '뺨을 치다'를 위의 경우처럼 '치다'의 목적어로 사람 대신 뺨을 목적어로하여 표현할 수도 있는데 이 표현은 거의 숙어화한 것으로 사람을 목적어로 하는 표현보다 더 강한 느낌을 준다. 따라서 행위자가 화가 많이 나 있다는 뜻이다. 또 slap을 명사로 써서 give a person a slap on the cheek라고도 한다. 여기서 한 가지 주의할 것은 a slap on the cheek는 앞에서 예시한 a slap in the face와는 달리 글자 그대로의 뜻이지 '거절'이라는 의미는 아니라는 점이다.

- **The ball hit him between the eyes.**
  공이 그의 양미간을 맞추었다.

- **The dog scratched itself behind the ear.**
  그 개는 자기 귀 뒤를 긁었다.

- **She hit the man over the head with a frying pan.**
  그 여자는 프라이팬으로 그 사람의 머리를 쳤다.
  >> on은 표면의 제한된 부분만을 의미하지만 over는 표현 전체를 의미한다. 위 예문에서 over를 쓴 것은 때리는 도구가 크고 넓은 것이므로 동사 행위가 머리 표면 전체에 걸쳤음을 의미하기 위한 것이다. 그러나 frying pan을 ball로 대치한다면 over 대신 on을 써야 할 것이다.

5. 인체의 부분을 독립된 목적어로 하면 동사 행위의 목적과 대상이 그 인체 부분에 한정되는 것으로 느껴진다. 이것을 피하기 위해 위의 표현 방법을 쓰는 것이다. 다음 문장들에서 이 차이를 알아보자:

- **They grabbed him by the arm.**
  그들은 그의 팔을 움켜잡았다.
  >> 그러나 가령 They grabbed his arm. '그들은 그의 팔을 움켜잡았다.'라고 말한다면 몸으로부터 분리된 팔을 움켜잡았다는 뜻으로 이해되어, 마치 폭격을 당한 다음 시신의 부분들을 수습한 것 같은

소름 끼치는 느낌을 준다.

- **They doorman led the little girl by the hand into the building.**
  그 문지기는 어린 여자 아이를 손을 잡고 건물 안으로 인도했다.

- **Don't ever hold a knife by the blade at the table. A knife is to be held by the handle.**
  식탁에서는 나이프의 날 쪽을 절대 잡지 마라. 나이프란 그 손잡이로 잡게 되어 있는 것이다.
  >> hold the blade of a knife라고 하면 마치 칼날과 손잡이가 별개의 것처럼 들려 나이프 자체를 잡는다는 의미가 잘 나타나지 않는다.

- **I can't seem to be able to hit even a nail on the head. I'll have to give up hopes of becoming a carpenter.**
  나는 못 조차도 머리에 정통으로 맞출 능력이 없는 것 같다. 목수가 되겠다는 희망은 포기해야만 할 것 같다.'
  >> '못을 박다'를 영어로 표현하면 hammer/dreive a nail이다. 그러나 '못의 머리를 맞추다'는 머리와 몸체라는 못의 두 부분을 나타내야 하므로 hit/hammer a nail on the head라고 해야 한다. 그러나 가령 '수표에 배서하다'의 경우라면 '배서하다'가 뒷면에 서명하는 것을 의미하므로 그냥 endorse a check 또는 endorse a check on the back라고 해도 된다. 그러나 endorse 대신 sign one's name이라고 표현한다면 '수표의 뒷면에'라는 의미가 들어 있지 않으므로 이 경우에는 sign(one's name) on the back of a check 또는 sign a check on the back이라고 해야한다.

- **When you shake hands with people you must look at them in the eye.**
  우리가 사람들과 악수할 때는 그들의 눈을 쳐다보아야 한다.
  >> 이 문장의 뜻은 우리가 누구와 악수를 할 때는 그 사람을 보라는 것이다. 눈길은 딴 데 두고 손만 내미는 것은 불성실하고 예의에 어긋나는 태도라는 뜻이다.

- **I look at soldiers in their eye who have been wounded in Iraq and say "What you're doing is going to make the world a better place."**
  나는 이라크에서 부상당한 군인들의 눈을 쳐다보며 "그대들이 하고 있는 일이 이 세계를 더 좋은 곳으로 만들어 줄 것이다."라고 말한다.
  >> 이것은 Bush 대통령이 look soldiers in the eye를 구어식으로 한 말이다. 그가 군인들의 눈을 보며 말하지만 그들의 눈이 그가 보려고 하는 대상물은 아니다. 눈을 보는 것은 그들을 똑바로 보는 방법이고 대통령은 그들 군인들을 향해서 말하는 것이다. 그러나 다음 예문은 화자의 관심 대상이 인체의 한 부분이다: Look at that boy's swollen eyes! He must have had a fight with somebody. '저 아이의 부어있는 눈 좀 봐라! 틀림없이 누구와 싸움을 한 것이다.'

6. 이 구조를 쓰는데 있어 한 가지 유의할 것이 있다. 다음 예들을 보자:

- *****He slipped down on the street and broke himself in the arm.**
  >> 이것은 불가능한 표현이다. 왜냐하면 장소의 전치사구 없이도 우선 말이 되어야 그것에 근거해서 다음에 장소 즉 신체 부위를 추가로 첨가할 수 있기 때문이다. 그런데 He broke himself.는 말이 되지

않는다. 이런 경우에는 신체 부위를 동사의 목적어로 해야 한다. 또 사람이 목적어로 나오지 않기 때문에 정관사 대신 당연히 소유격 인칭대명사를 써야한다.

→ He slipped down on the street and broke his arm.
그는 길에서 미끄러져 넘어져서 팔을 부러뜨렸다.

- *The surgeon amputated him below the right knee.
  >> 이것도 불가능한 표현이다. The surgeon amputated him.은 있을 수 없는 의미이다. 이런 사람을 목적어로 하면 안 된다. right leg를 목적어로 하고 knee를 위치를 나타내는 전치사구로 해야 한다.

→ The surgeon amputated his right leg below the knee.
의사는 그의 오른쪽 다리 무릎 아래를 절단했다.

- *When sharpening a pencil with a knife, he cut himself in the finger.
  >> He cut himself.는 의미가 너무 막연해서 일반적으로 통할 수 있는 말이 될 수 없다.

→ When sharpening a pencil with a knife, he cut his finger.
그는 연필을 깎다가 손가락을 다쳤다.

- When cleaning his gun, he accidentally shot himself in the leg.
  그는 총을 청소하다가 실수로 자기 다리를 쏘았다.
  >> He shot himself.는 그 자체로서 얼마든지 통할 수 있는 말이다.

비록 동사 행위가 사람 몸의 한 부분에 접촉하는 경우라도 동사가 자동사이면 여기서 설명하는 표현 형태는 쓰일 수 없다. 가령 다음 예문들에서 step, spit, look은 자동사이다. 따라서 이들은 직접적으로 목적어를 취할 수 없고 전치사를 동반해야만 목적어를 취할 수 있다:

- *He stepped me on the foot.
→ He stepped on my foot.
  그는 나의 발을 밟았다.

- *She spat him on the face.
→ She spat in his face.
  그 여자는 그 남자의 얼굴에 침을 뱉었다.

- *The doctor looked me in the eyes.
→ The doctor looked in my eyes.
  의사는 나의 눈을 들여다 보았다.
  >> look은 자동사이지만 타동사로 쓰여 look a person in the eye/face라는 숙어가 형성되어 있다. 이것은 '사람의 눈/얼굴을 똑바로 쳐다보다'의 뜻으로 look in a person's eyes '(의사가 진찰하기 위해) 사람의 눈을 들여다보다'와 구별하기 위해 만들어진 것이다: Look me in the face and tell me the truth. '내 얼굴을 똑바로 쳐다보고 진실을 말하라.'

•• **Look** me **in the eye** and say that again.
내 눈을 똑바로 쳐다보고 그 말을 다시 해보라.
　》 이 말은 상대가 내게 거짓말을 하고 있을 때 '나를 속일 생각 말라' 라는 의미로 쓰는 표현이다.

정적 의미의 동사와 진행형

의미의 측면에서 보면 동사는 상태적 의미(stative meaning)와 동적 의미(dynamic meaning)의 두 부류로 나눌 수 있다. 동적 의미는 진행형이 가능하지만 상태적 의미는 진행형이 불가능하다. 상태 자체가 진행성을 의미하기 때문이다. 가령 I have a car.에서 have는 소유, 즉 상태, 즉 진행을 의미하므로 *I'm having a car.는 안 된다. 그러나 He's repairing a car.에서 repair는 동작을 의미한다. 동작이란 순간으로 끝날 수도 있고 연속해서 반복될 수도 있는데 전자의 경우는 단순형으로 그리고 후자의 경우는 진행형으로 나타내는 것이다.

정적 의미의 동사들은 일반적으로 정신, 감각, 인지, 감정 등을 포함하여 우리가 상식적으로 '상태'라고 판단할 수 있는 의미를 나타낸다: agree, believe, doubt, find, forget, hear, imagine, know, mean, perceive, recognize, remember, see, smell, think, understand, desire, forgive, hate, hope, like, love, mind, want, wish, appear, be, belong, contain, cost, have, need, owe, own, require, resemble, seem, weigh, 등 예문들을 보자:

- *I'm believing/doubting/hearing/thinking/hoping he is honest.
    → I believe/doubt/hear/think/hope he is honest.
    나는 그가 정직하다고 믿는다/정직하다는 것을 의심한다/정직하다고 듣고 있다/생각한다/정직하기를 희망한다.

- *He is owning/having/needing a large house.
    → He owns/has/needs a large house.
    그는 큰 집을 소유하고 있다/가지고 있다/필요로 하고 있다.

그러나 동사가 어느 한 쪽 의미로 언제나 고정되어 있는 것은 아니다. 같은 동사라도 경우에 따라 동적 의미로도 정적 의미로도 쓰일 수 있다. 이런 경우에 조심해야 할 것은 의미의 차이이다. 이 의미의 차이는 동사에 따라서 아주 명백한 경우도 있고 미묘한 경우도 있다:

- I think you're right.
    나는 네가 옳다고 생각한다.
    ≫ think = have an opinion = believe, 즉 어떤 믿음이 내 마음에 있다는 정적 의미이다.

- I'm thinking of my future.
    나는 내 장래에 대해서 생각하고 있다.
    ≫ think가 of나 about 같은 전치사를 동반하면 결론에 이르기 전의 능동적 사고 과정을 의미한다. 사고 과정은 정신적 동작 행위이다. 따라서 이 때의 think는 동적 의미를 갖는다.

- She resembles her mother.
    그 여자는 그의 어머니를 닮아 있다. (상태)

- - **She's resembling** her mother more and more as she grows up.
    그 여자는 커갈수록 자신의 어머니를 점점 더 닮아가고 있다. (변화 과정)

- - A: **Does** your son **like** his French class?
    당신의 아들은 불어 공부를 좋아하나요?
    B: Yes. He's **enjoying** it very much.
    네, 그 애는 불어 공부를 아주 즐기고 있답니다.
    >> like는 감정을 나타내는 상태동사이므로 진행형이 불가능하다. 그러나 enjoy는 적극적인 참여의 뜻이므로 동적 동사로서 진행형이 가능하다.

- - My mother **is seeing** Miss Brown about my school life.
    나의 어머니는 나의 학교생활에 관해서 Brown 선생님과 상담중이시다.
    >> seeing = meeting = talking to

- - *I'm seeing some old pictures.
    → I'm **looking at** some old pictures.
    나는 고화들을 보고 있는 중이다.
    >> see는 주어가 능동적으로 하는 동적 행위가 아니라 어떤 모습이 주어의 시야에 들어와 있는 상태를 의미한다. 이 때 주어는 '하는 자'가 아니라 '당하는 자'이다. 반면에 look at은 주어의 능동적 행위를 의미하는 동적 동사이고 그 주어는 '하는 자'이다.

- - The moon **is looking** extraordinarily bright tonight.
    달이 오늘밤은 유난히도 밝아 보이구나.
    >> 이 문장에서 looking은 tonight로만 국한되는 일시적 현상을 의미한다.

- - Why **are** you **looking** so worried? What trouble are you having?
    왜 그렇게 걱정스런 모습을 하고 있소? 무슨 골치아픈 일이라도 겪고 있는 중이오?

- - I'm **having** trouble with my car. I cannot get it started.
    나는 내 차로 인한 문제를 겪고 있는 중입니다. 차의 시동이 걸리지 않는군요.
    >> have가 '소유'의 의미일 때는 정적 동사지만 '겪다'의 의미일 때는 동적 동사이다.

- - I need a pair of glasses. I'**m** not **seeing** things so well these days.
    나는 안경이 있어야겠다. 요즈음에는 시력이 떨어져 가고 있다.
    >> see를 진행형으로 한 것은 눈 상태의 진행되는 변화과정에 초점을 맞추기 위해서이다. 단순히 '잘 안 보인다'라는 고정된 상태를 의미하는 것이 아니다. 이런 의미라면 I can't see.라고 해야 할 것이다.

- - Don't turn the radio off. I'**m hearing** something.
    라디오를 끄지 마라. 나는 지금 뭘 듣고 있는 중이다.
    >> hear를 진행형으로 써서 능동적 의미 listen to와 같은 효과를 내고 있다.

    I **can hear** a funny noise.
    수상한 소리가 나는데?
    >> 감각동사는 홀로 쓰이면 감각 상태의 시작을, can을 동반하면 감지의 상태, 즉 진행을 나타낸다.

•• I find him an honest man.
그는 정직한 사람이더라.
>> 여기서 find는 '겪어보고 알다' 라는 정적 의미이다.
*I'm finding him an honest man.라고는 하지 않는다.

We're finding out whether he's an honest man.
우리는 그가 정직한 사람인지 알아보고 있는 중이다.

•• I'm afraid I'm forgetting my French.
나는 내가 공부한 불어를 잊어가고 있는 중인 것 같다.
>> forgetting = be in the process of forgetting, 과정의 진행이므로 동적 의미.

•• A: What's her name?
그의 이름이 뭐지?

B: I forget.
잊어먹었다.
>> I forget는 I don't remember와 같은 의미로 잊은 상태를 의미한다.

•• A: I can't thank you enough.
뭐라고 감사 표시를 해야 할지 모르겠습니다.
>> '불가능' 을 의미하는 동사구와 '충분' 이나 '과도' 의 의미를 갖는 부사(구)가 결합하면 '아무리 해도 지나치지 않는다' 의 뜻이 된다.

B: Forget it! Nothing to it.
잊어버리세요. 그까짓거 아무것도 아닌데요.
>> Forget it는 '잊으라' , 즉 잊는 과정에 들어가라는 동적 의미이다. (There's) Nothing to it는 '내가 한 일에는 고마워해야 할 것이 전혀 없다' 는 뜻이다.

•• Young people are having to acquire basic survival skills their parents never learned.
젊은이들은 그들의 부모들이 배우지 않은 생존을 위한 기본적인 기능을 배우지 않으면 안 되는 상황에 빠지고 있는 중이다.
>> 위 예문은 하나의 상황에서 다른 상황으로 변화의 진행을 의미한다.

•• He is usually unfriendly, but he's being friendly now.
그는 평상시에는 불친절한 사람인데 지금은 친절하게 행동하고 있다.
>> He's being friendly는 그 사람의 특성을 나타내는 정적 의미가 아니고 지금 순간의 그의 행동을 서술하는 동적 의미이다.

어떤 상태 동사들은 진행형으로 쓰이면 극적인, 동적인 어감을 줄 수 있다. 또 문장에 따라서는 표현을 부드럽게 하거나 그 외 여러 가지 효과를 일으키기도 한다. 이들 동사 중 want, need, mean (=intend), intend, owe 등은 현재완료 진행과 미래 진행으로만 그런 효과를 낼 수 있는 반면, hear, sound, wonder, look, see, wish 등은 현재 진행형으로도 그런 효과를 갖는다:

- **Thank you for the bike, Daddy. I've been wanting a bike for a long time!**
  자전거를 사주셔서 고마워요, 아빠. 실은 오랫 동안 자전거 하나 있었으면 하고 얼마나 바랐는지 몰라요.
  >> wanting은 단순 완료형에 비해서 동적이고 더 강한 의미 뉘앙스를 풍긴다.

- **Where did you buy that sweater? I've been wanting to get one.**
  그 스웨터를 어디서 샀습니까? 나도 그런 스웨터를 하나 사고 싶었는데.

- **Nice to meet you, Mr. Brown. I've been wanting to meet you for a long time!**
  브라운 선생, 뵙게 되어 기쁩니다. 선생을 한번 뵈었으면 하고 얼마나 갈망했는지 모릅니다.

- **Don't take the bike. My son will be needing it when he comes home.**
  그 자전거를 가지고 가지 마라. 내 아들이 집에 오면 그것을 찾게 될 것이오.
  >> 진행형은 내 아들이 그것을 찾게 될 것을 추측하는 것이 아니고 기정 사실화하는 것이다. will need it 이라고 말하면 추측하는 것이 된다. 즉 will be needing it이 will need it보다 강한 현실성을 나타낸다.

- **I'm wondering if he is really fit for the job.**
  나는 그가 그 일에 정말로 적격인지 잘 모르겠다.
  >> I'm wondering은 I wonder보다 표현이 부드럽고 공손하다.

- **He's seeing the situation only from his own point of view.**
  그는 상황을 오직 자기 자신의 관점에서만 보고 있다.
  >> 평범한 정적 의미의 He sees에 비해서 He's seeing은 동적이고 따라서 강한 인상을 준다.

위와 같은 효과는 진행형이 갖는 특성에서 비롯된다. 진행형은 행위 자체에 의미의 초점을 맞추기 때문에 동적, 극적 효과가 가능하며, 또 진행형은 짧은 기간을 전제하기 때문에, 즉 영구성이 배제되어 있기 때문에 표현을 부드럽게 하는 효과를 낼 수 있는 것이다. 미래 진행형은 기정 사실을 나타내는 특성도 갖고 있다:

신체의 감각 작용을 나타내는 동사인 feel, hurt, ache와 look forward to는 의미상 별 차이 없이 단순형으로도 진행형으로도 쓰인다:

- **How are you feeling today?**
  오늘 기분이 어떻습니까?
  >> = How do you feel today?

- **My leg's aching.**
  나는 다리가 아프다.
  >> = My leg aches.

- **We're looking forward to your visit to us.**
  우리는 당신이 우리를 방문하는 것을 즐거운 마음으로 기다리고 있습니다.
  >> = We look forward to your visit to us.

019 can과 could의 의미와 용법

can과 could는 각기 시제 또는 의미에 있어서 상호 관계 없는 독자적인 조동사로 쓰이는 경우가 많다. 이들 조동사들은 영어 모국어 화자들이 모국어를 배우는 초기 과정에서 습득하는 것이며 따라서 그 사용 빈도가 대단히 높다. 이들 사이에는 더러는 현저한, 더러는 미묘한 의미와 용법의 차이가 존재한다:

(1) can과 could 둘 다 '가능성'을 의미 하지만 차이가 있다. can은 순수 이론적 가능성을 의미하며 could는 비록 그 정도가 100% 확실한 것은 아니지만 현실적 가능성을 의미한다. 확실한 것을 의미하지 않기 때문에 어떤 일이 현실적으로 일어날 것을 예언하는 데는 쓰이지 않는다. 그런 경우라면 will을 써야 한다. can을 very well과 같이 쓰면 could와 같은 의미가 된다. very well('아마도')이 can의 이론적 가능성을 실제적 가능성으로 그 기능을 약화시켜 주기 때문이다:

- **The road can be blocked anytime.**
  그 도로는 언제든 봉쇄될 수 있다.
  ≫ 단순히 봉쇄가 언제든 가능하다는 뜻이지 그런 이론적 가능성이 지금 현실화되어 있을 수 있다는 뜻은 아니다.

- **The road could be/can very well be blocked now, so we'd better take another road.**
  그 도로는 지금 봉쇄되어 있을 수 있다. 그러므로 다른 도로를 택하는 것이 좋겠다.
  ≫ 이 문장은 현실적 가능성을 제시하고 있다. 이같은 현실적 가능성의 제시에는 could 외에도 그 정도가 좀 더 높은 may나 might도 쓰인다.

- **This project could create/can very well create 10,000 new jobs.**
  이 계획은 만 개의 새 일자리를 창조할 수도 있을 것이다.

- **It could be/can very well be weeks before we know the full cost of the accident.**
  그 사고의 완전한 피해를 알게 되기까지에는 여러 주가 걸릴 수 있을 것이다.

- **Accidents can happen anytime.**
  사고는 언제든지 일어날 수 있다.
  ≫ 실제로 사고가 일어날 것이라는 예언은 아니다. 이론적 가능성을 말하는 것 뿐이다.

- **Anybody who wants to can run for President.**
  누구든지 원하는 사람은 대통령에 입후보할 수 있다.
  ≫ 이 말은 이론적 가능성을 나타내는 것이지. 실제로 누구든지 대통령에 입후보하는 것은 아니다.

- **He could be/can very well be cruel enough to do such a thing.**
  그 사람은 그런 짓을 할 정도로 잔인할 수도 있는 사람이다.
  >> 그 사람은 잔인성을 내재하고 있어서 그런 짓을 할 가능성이 현실적으로 있다는 뜻으로 경계해야 할 대상임을 간접적으로 의미한다.

- **We can hold our breath for three minutes, but not longer.**
  우리는 3분 동안 숨을 안 쉴 수도 있다. 그러나 그 이상은 할 수 없다.
  >> 우리 폐의 생물학적 구조로 볼 때, 즉 이론상으로 볼 때 우리는 연습하면 3분 동안 숨을 안 쉴 수 있는 가능성을 갖고 있다는 뜻이지 우리가 실제로 그렇게 한다는 뜻은 아니다.

- **A: Will you answer the phone? It could be/can very well be your mother.**
  전화를 받아 보라. 너의 어머니일 가능성도 있다.
  >> 위 문장은 가령 '아까 너의 어머니가 전화하셨는데 다시 걸겠다고 하셨다. 그러니' 와 같은 의미가 내포되어 있다.

  B: Well, it can't very well be her. We just talked on the phone.
  글쎄. 아마 우리 어머니가 아닐 거예요. 어머니와 아까 통화했거든요.
  >> 일반적으로 can't 다음에는 very well을 넣을 필요는 없다. 그러나 여기서는 can't be의 강한 의미, 즉 '그럴 리가 없다' 를 '아마 그렇지 않을 것이다' 로 약화시키기 위해 very well을 넣은 것이다.

- **Even in the tropics the weather could get/can very well get pretty cold in winter. In India, for instance, some people are 'frozen to death' almost every winter.**
  열대 지방에서도 겨울에는 날씨가 꽤 추워질 수도 있다. 가령 인도에서는 거의 겨울마다 '얼어 죽는' 사람들이 있는 것이다.

- **His story could be/can very well be true.**
  그의 이야기가 사실일 가능성이 (어느 정도) 있다.
  >> 여기서 could 대신 very well의 동반 없이 can을 쓸 수 없다. 그의 이야기에 어느 정도의 사실성을 부여하는 의미라야 말이 되는데 만일 can을 쓰면 순수 이론적 가능성이 되어 비현실적 의미가 되기 때문이다.

- **I could use a hot cup of coffee!**
  뜨거운 커피 한 잔 마셨으면 좋겠는데.
  >> I could use는 거의 관용화한 어구로 I want to take 또는 I'd like와 같은 뜻이지만 나의 욕구를 보다 부드럽게 나타내는 표현이다.

- **You had better be very careful when you talk with my grandmother. She could be/can very well be very sensitive about political matters at times.**
  우리 할머니와 이야기하실 때는 특별히 조심하셔야 합니다. 우리 할머니는 정치적인 문제에 대해서는 더러는 아주 민감하십니다.
  >> 할머니가 그렇게 될 가능성이 있음을 사전 경고하는 말이다.

(2) 이처럼 긍정 서술문에서는 very well을 동반하지 않은 can은 실제적 가능성의 의미로는 쓰이지 않는다. 그러나 의문문과 부정문에서는 can이 특별한 의미를 갖는데, yes-no 의문문에서는 '~일 수가 있을까' 라는 의미(즉 이론적으로 가능할까?)를, wh-의문문에서는 '도대체' 라는 의미를, 부정문에서는 '~일리가 없다(즉 이론적으로 불가능하다)' 라는 의미를 나타낸다:

- **Can he be caught in rush hour traffic now?**
  그가 혹시 러시아워 교통에 붙잡혀 있을 가능성은 없을까요?
  >> 즉 그렇게 생각해 보는 것은 무리일까라는 의미이다.

- **Yes, he could be/can very well be/*can be.**
  네. 그렇게 생각할 수도 있을 것입니다.
  >> 즉 그런 가능성을 완전히 배제할 수는 없다는 의미이다. *Yes, he can be가 안 되는 이유는 can은 긍정서술문에서는 현실적 가능성을 의미하지 않기 때문이다. 그래서 질문은 can으로 했지만 긍정의 대답은 could나 can very well로 해야 한다.

- **Who can that be at the door? Can it be Susan? No, it can't be her.**
  문 옆에 있는 저 사람은 도대체 누구일까? 혹시 Susan일 가능성은 없을까? 아니야, Susan일 리가 없지(그건 이론적으로 불가능한 일이지).

- **It can't be true. You must be mistaken.**
  그럴 리가 없지. 네가 잘못 보았음에 틀림 없다.
  >> 이론적으로 불가능한 일이라는 의미이다.

- **He can only be Japanese with a name like that.**
  그 사람은 그런 이름을 갖고 있으니 일본인이 아닌 다른 나라 사람일 리가 없다.
  >> can only be Japanese는 He cannot be any other national than Japanese와 마찬가지 의미이다.

(3) could는 그 형태는 과거이지만 과거, 현재, 미래의 가능성에 다 쓰일 수 있다. 다만 can very well은 과거의 의미로는 쓰일 수 없다:

- **In those days you could even be hanged for saying that.**
  그 시대에는 사람이 그런 말을 한 죄로 교수형까지도 당할 수 있었다. (과거)

- **How could you do such a silly thing?**
  어떻게 그리도 바보 같은 짓을 했단 말이냐? (과거)

- **Answer the doorbell. It could be/can very well be the mailman.**
  초인종이 울리니 가서 확인하라. 우편배달부일 수도 있다. (현재)

- **It's so clean you could eat off the floor.**
  마루가 어찌나 깨끗한지 음식을 마루에 놓고 먹어도 되겠다. (현재)

- **I'm so hungry I could eat a horse.**

나는 지금 어찌나 배가 고픈지 말이라도 잡아먹을 수 있을 것 같다. (현재)

- **What else could possibly happen at this point?**
  그것 말고는 무엇이 이 시점에서 발생할 수 있겠습니까? (현재)

- **What the President told the press conference yesterday could create a serious diplomatic problem between Korea and the U.S.**
  어제 대통령이 기자회견에서 말한 것은 한미간에 심각한 외교 문제를 야기할 수도 있을 것이다. (현재 및 미래)

- **If you go on smoking, you could have/can very well have lung cancer sometime in the future.**
  담배를 계속 피우면 앞으로 언젠가는 암에 걸릴 수도 있을 것이다. (미래)

(4) could 다음에 완료형 동사구가 오면 '~였을' 또는 '~했을' 즉 과거의 가능성을 의미한다. 그러나 can은 긍정 서술문에서는 완료형 동사구와 함께 쓰이지 않고 의문문과 부정문에서만 완료형 동사구와 함께 쓰여 과거의 가능성을 의미할 수 있다:

- **Where can/could she have gone?**
  그 여자가 도대체 어디로 갔을까?
  » can이 could보다 더 강한 의문을 나타낸다.

- **She cannot/couldn't have gone for a walk – she has a knee trouble.**
  그 여자가 산책나갔을 리는 (가능성은) 없다. 그 여자는 무릎에 문제가 있으니 말이다.

- **She could/*can have gone off in a taxi with her friends.**
  그 여자가 친구들과 택시를 잡아 타고 놀러 갔을 가능성도 있다.

- **In my view, this accident could/*can have been prevented.**
  내 견해로는 이 사고는 예방될 수도 있었다.

- **I could/*can have kicked him when he said that.**
  그가 그런 소리를 했을 때 나는 그를 차버리고 싶었다.
  » 차버리고 싶은 마음이 간절했지만 그렇게 하지는 않았다는 의미

- A: **Wasn't he here with you yesterday?**
  그가 어제 당신들과 함께 여기 있지 않았소?

  B: **He can't have been here yesterday. How can he have been here yesterday with you guys watching us 24 hours?**
  그가 어제 여기 있었을 수가 없소. 당신네들이 24시간 우리를 감시하고 있는 속에서 어떻게 그가 어제 여기 있을 수가 있었겠소?

- A: **He could/*can have cheated us.**
  그가 우리를 속였을 가능성도 없지는 않다.

  B: **No, he cannot/couldn't have. Something unforeseen could/*can have**

happened to him.
아니야. 그가 그랬을 리 없어. 뭔가 예상치 못한 일이 그에게 일어났을지도 몰라.
>> 위 문장에서 couldn't have는 단순히 가능성을 부정하는 것이고, cannot have는 그렇게 했을 이론적 가능성을 제거하는 것이므로 전자보다 훨씬 강한 부정이다.

- A: Can/ could they have missed the bus?
  그들이 버스를 놓쳤을 가능성은 없었을까?
  B: Yes, they could/ *can have.
  그랬을 가능성도 있다.

(5) could는 can보다 의미의 강도가 약하기 때문에 덜 확정적으로 표현하는 데에도 쓰이고 '요청'을 부드럽게 나타내기도 하며 더 바람직한 행동 방향을 부드럽고, 사교적으로 암시하는 데도 쓰인다:

- I could see him tomorrow.
  나는 내일 그를 만날 수도 있을 것이다.
  >> I can see him tomorrow.보다 덜 확정적인 상황을 나타낸다. '어쩌면' 만날 수도 있을 것이라는 정도이다.

- We could go abroad for our vacation this summer, but I doubt we'll have the time.
  우리는 금년 여름에 해외로 휴가를 갈 수도 있을 것이다. 그러나 그런 시간이 날지 의문이다.
  >> 위 문장에서 could를 그보다 더 큰 확실성을 나타내는 can으로 바꿀 수는 없다. 그렇게 하면 뒤에 but I doubt 절을 부연하여 앞 말을 부정하는 것이 논리적으로 맞지 않을 것이기 때문이다.

- You could be right, but I don't think you are.
  너의 생각이 맞을 수도 있겠지만 내 생각으론 그런 것 같지가 않다.
  >> 이 문장에서도 could 대신 can을 쓸 수 없는 것은 앞 문장의 경우와 같다.

- Could we meet again tomorrow?
  내일 다시 만날 수 있을까요?
  >> Can we ....?보다 부드럽고 사교적이며 겸손하게 들린다.

- You could help me move the piano.
  피아노 옮기는 일을 좀 도와주실 수 있겠는지요.
  >> could 대신 can을 쓰면 '당신은 도와줄 능력이 있습니다'가 되어 요청을 나타낼 수 없다.

- The government could do a little more to help small-medium businesses.
  정부는 중소기업을 돕기 위해 좀 더 노력을 해 주면 좋겠는데.

- You could have told me you were going to be late.
  늦는다고 미리 좀 말씀해 주셨으면 좋았을 텐데요.
  >> [could + 완료형]은 과거의 일에 대한 부드러운 질책에도 쓰인다.

- If she's not at home, you could try calling her at the office.
  그 여자가 집에 없으면 사무실로 전화해볼 수도 있을 텐데.

- You could be a bit more careful.
  네가 좀 더 조심할 걸 그랬구나.

- You could phone John and see if he's free this evening.
  John에게 전화해서 오늘 저녁에 그가 약속이 없는지 알아보면 좋겠다.

- A: I'm afraid I've caught cold.
    나는 감기에 걸린 것 같다.
  B: Then you could go to a doctor. Or you could simply stay in bed for a couple of days and take a good rest.
    그렇다면 의사를 찾아가 볼 수도 있을 것이고 아니면 한 이틀 정도 그냥 누워 지내면서 푹 쉬어도 될 것이다.

- A: I just don't know how to use this machine.
    나는 이 기계를 어떻게 사용하는지 모르겠다.
  B: Come on, man, you can figure it out. A kindergartner could do it. Use your head!
    이 친구야, 넌 그 사용법을 생각해낼 수 있어. 유치원 아이도 할 수 있을 거야. 머리를 좀 써 봐!
    ≫ 여기서 can은 확실한 능력을 의미하므로 You can figure it out는 단정적인 말이다. 반면에 could는 단정하는 것이 아니다. 그런 어린 아이도 이런 단순한 기계를 주면 그 용법을 알아낼 수 있을 것이라는 현실적 가능성을 말하는 것이다.

- This is my English composition. Perhaps you could look it over at your leisure. I'll appreciate any comment you'd care to make on it.
  이것은 나의 영어 작문입니다. 시간이 나시면 검토해 주셨으면 합니다. 혹시 어떤 논평이라도 해 주신다면 감사하겠습니다.
    ≫ could는 부드러운 요청을 나타낸다.

(6) 부정형 형태로 can't는 '그럴 수가 없다'라는 화자의 강한 부정적 확신을 나타내며, couldn't는 가능성의 부인을 의미한다. 이 경우 couldn't는 경우에 따라 '설사 노력한다 해도'와 같은 가정법 의미를 전제한다:

- A: Why isn't that boy eating his meal?
    저 아이는 왜 식사를 하지 않고 있나요?
  B: Because he simply isn't hungry. He just ate a large hamburger. He can't/couldn't be hungry right now.
    배가 고프지 않기 때문이지요. 그 애는 방금 대형 햄버거를 먹었거든요. 지금은 배가 고플 리가 없습니다.

- A: How're things going?
    일들이 잘 되어갑니까?/경기가 어떻습니까?/잘 지내고 있습니까?

B: **Could** be better. And you?
별로 에요. 그런데 당신은 어떻습니까?
>> 이 문장의 주어는 things 또는 I인데 구어 상황이어서 생략된 것이다. could be better의 의미는 '지금보다 더 나을 수도 있으련만 왠지 그리 되지 못하고 있다,' '상태가 썩 좋지는 않다,' '일이 잘 안 되어간다' 등이다.

B: Things just **couldn't** be better! I'm in love!
지금보다 더 좋을 수는 없을 정도지. 나는 사랑에 빠져 있단다.

•• A: You don't have much time now. You **could** miss the plane. So I'll drive you to the airport.
당신은 시간이 별로 없소. 비행기를 놓칠 수도 있을 것 같소. 그러니 내가 차로 공항에 태워다 드리겠소.

B: Oh, I **couldn't** ask you to do that.
이런, 그렇게 해달라고 내가 감히 요청할 수는 없는 일인데.
>> I couldn't ask you to do that는 관용적으로 쓰이는 표현으로 '내가 감히 요청할 엄두를 낼 수 없는 정도로 친절한 제안입니다. 감사합니다.' 의 의미이다.

•• I **couldn't** agree with you more.
두 말 하면 잔소리지요.
>> 그 이상은 할래야 할 수 없을 정도로 즉 100% 동의한다는 뜻이다.

•• I **couldn't have said** it better.
지당하신 말씀입니다.
>> '내가 말한다 해도 그보다 더 옳게 말할 수는 없었을 것이오.' 가 위 문장의 직역이다.

•• It is clear that I **couldn't** make the Chinese Olympic cycling team.
내가 중국의 올림픽 자전거 대표팀에는 도저히 들어갈 수 없을 것이라는 것이 명백합니다.
>> George W. Bush 미 대통령이 중국을 방문했을 때 중국 올림픽 대표팀의 사이클 선수들과 자전거를 타고 나서 한 말로 '나는 아무리 노력해도 도저히 당신들과 필적할 수는 없을 것 같소'의 뜻이다. 이 문장에서 make는 '어디에 이르다,' '도착하다'의 의미이다.

Idiomatic Expressions

Not see the wood/forest for the trees

'사소한 작은 일에 너무 신경을 쓰다가 전체를 보지 못하다'

>> 직역은 '나무들 때문에 (보느라고) 숲을 보지 못하다'이다. 이 말을 처음으로 한 사람이 누구인지는 알려져 있지 않지만 영어에서 아주 오래 전부터 쓰여왔다. wood는 영국영어에서, forest는 미국영어에서 주로 쓰인다.

...

If you pay too much attention to each of his expressions, you will miss the theme of his speech. In other words, you *cannot see the wood for the trees*.

그의 표현 하나하나에 너무 신경을 쓰면 너는 그의 연설의 주제를 놓치게 된다. 다시 말해서 나무들을 보느라고 숲을 못 보게 되는 것이다.

...

The President should not commit the folly of *not seeing the forest for the tree*s by being too concerned with the demands of interest groups and forgetting about the good of the state.

대통령은 이해집단의 요구에 너무 마음을 쓰고 국가의 이익을 망각함으로써 결국 나무 때문에 숲을 못 보는 우를 범해서는 안 된다.

도치에 대하여 (1) – 주어와 본동사의 도치

다음의 환경에서는 특별한 목적이 있지 않는 한 대부분의 경우 [주어–본동사]의 도치가 발생한다. 단 주어가 인칭 대명사인 경우는 도치되지 않는다:

(1) 표현의 극적 효과를 위해 부사 어구, 특히 장소나 방향을 나타내는 부사 어구를 문두에 놓는 경우:

- God planted a garden in Eden... **In the middle of the garden stood the tree that gives knowledge of what is good and what is bad.** – *Genesis*
  하느님은 에덴 동산에 정원을 만드셨다... 그 정원 한가운데에는 선과 악의 식별 능력을 주는 나무가 한 그루 서 있었다. – 창세기

- **Down came the rain.**
  비가 내렸다.
  ≫ 위의 도치된 경우와 비교해볼 때 The rain came down.은 평범한 일상적 표현이다.

- **Bang! went the gun.**
  빵! 하고 총이 발사되었다.
  ≫ bang은 '빵하는 소리를 내며'라는 부사로 쓰였다.

- **Crunch! Crack! went the ice,** and before his eyes it broke into pieces.
  오도독! 깍깍! 소리내며 얼음이 갈라졌다. 그리고 그의 눈 앞에서 얼음은 조각조각 쪼개졌다.

- He shot at a bird on the ground. Then **up into the air flew all the birds.**
  그가 땅에 있는 새 한 마리를 향해 총을 쐈다. 그러자 공중으로 새 전부가 날아 올랐다.

- **Beyond the residential area is a large business area,** where many skyscrapers are clustered.
  그 주거지역 너머에는 넓은 상업지역이 있는데 그 곳에는 많은 마천루들이 모여 있다.

- **Here comes your brother John!**
  여기 너의 동생 존이 오는구나!
  ≫ 가령 주어를 인칭 대명사 he로 하면 도치되지 않고 정상 어순을 따라 Here he comes!가 된다.

- **There goes your boss.**
  저기 너의 상사가 간다.
  ≫ your boss를 인칭 대명사 he로 바꾸면 There he goes.가 된다.

- **On the bed lay a beautiful young girl.**
  침대에 아름다운 젊은 여자가 누워있었다.

- **On a hill** in front of them **stood an old castle**.
  그들 앞에 있는 언덕에 오랜 성곽이 있었다.

- **On the horizon appeared a ship**, which soon disappeared behind it.
  수평선 위로 배가 한 척 나타났는데 그 배는 곧 수평선 뒤로 사라졌다.

- **In the doorway stood a stranger**.
  건물 입구에 낯선 사람이 서있었다.

- **Between Korea and Japan lies the East Sea**.
  한국과 일본 사이에 동해가 있다.

- We sat in the classroom worrying. (Then) **In came John**, smiling happily, stepping like a dancer. He then announced the exam was cancelled.
  우리는 걱정하며 교실에 앉아 있었다. 그 때 존이 들어왔다. 즐거운 표정으로 웃으며 마치 춤추듯 스텝을 밟으면서. 그는 곧 시험이 취소되었다고 발표했다.

- **Once in every life time comes a love** like this.
  모두에게 평생 한 번은 이같은 사랑이 찾아온다.

- **Out of the clouds came the sun**.
  구름 밖으로 해가 나왔다.

- **Next to the Princess sat the Prime Minister**.
  공주 옆에 수상이 앉았다.

- **On one wall hung the photographs** of his parents and grandparents.
  한쪽 벽에는 그의 부모와 조부모의 사진들이 걸려 있었다.

- **In the center of the green was a pond**, **beside it was a wooden seat on which sat two men** talking.
  잔디밭 가운데에 연못이 있었고, 그 옆에는 나무 의자가 있었는데 거기에는 두 명의 남자들이 앉아 이야기를 나누고 있었다.

- **In the country town** where I was born **lived a man** who ate only vegetables all his adulthood.
  내가 태어난 시골 동네에는 성인이 된 이후로는 오직 야채만 먹는 사람이 살았다.

- **Right in front of our apartment building stands a 100-story building**, which casts its shadow over the whole of our building most of the daytime.
  우리 아파트 바로 앞에 100층 짜리 건물이 서 있는데 그 건물은 낮시간 대부분 우리 아파트 건물 전체에 그림자를 드리운다.

- **Under a tree was sitting a hungry-looking old man**.
  나무 밑에 어느 배고파 보이는 노인이 앉아 있었다.

진행문의 be동사는 사실은 조동사이지만 위의 예문에서 was sitting은 하나의 동사로 취급되어 있다. 정적 의미로 쓰일 때 sit, lie, stand, live 등은 진행형과 그 의미의 차이가 거의 없다. 따라서 위의 예문에서 문법적으로는 was가 조동사이고 sitting은 본동사이지만, 사용의 현실에서는 was sitting은 동작 진행형의 의미가 아니라 정적인 상태를 의미하는 하나의 단순형 동사 sit와 같은 역할을 한다. 그래서 ... was a hungry-looking old man sitting으로 되지 않은 것이다. 그러나 동작동사 go, come, rise, fall, walk, 등과 같은 동사는 진행형 형태로는 도치될 수 없다:

- *Here is coming my brother.
  → Here comes my brother.

도치는 일반적으로는 표현의 극적 효과를 높이기 위한 것이지만 [here/there + be동사]의 형태로 시작하는 문장에서는 그렇지 않다. 여기서는 단순한 문체의 문제가 아니라 도치와 정상 어순 사이에는 근본적인 의미 차이가 발생한다:

- **Here's the milkman.**
  여기 우유 배달원이 왔다.
  ≫ 의미의 초점이 우유 배달원에게 있다. 즉 우리가 그동안 기다렸는데 그가 드디어 왔다는 뜻이다.

- **The milkman is here.**
  우유 배달원이 여기 있구나.
  ≫ 우유 배달원이 지금 있는 장소, 즉 here에 초점을 맞추고 있다. 즉 '어디에 있나 했더니 여기에 있구나' 라는 뜻이다.

(2) 문장의 동사가 come이고 then('그 때'), first, next, now, again 등이 문두에 오는 경우:

- For a moment nothing happened. (But) **Then came a question** from the audience.
  잠시 동안 아무것도 일어나지 않았다. (그러나) 그 때 질문이 청중으로부터 나왔다.

- (And) **Then came the turning point** of the match.
  (그리고 나자) 그 때 경기의 전환점이 왔다.

- **Again came the clap** of thunder/the thunderous applause.
  다시 천둥소리 같은/우레 같은 박수소리가 났다.

- **Next came my turn.**
  그 다음 내 차례가 왔다.

- **Now comes the boring job** of marking the hundreds of exam papers.
  이제 수백 장의 시험지를 채점하는 지루한 일이 다가왔다.

- **First came a tense moment** of silence. **Then came pleasant sighs** of relief.
  처음에 긴장된 침묵의 순간이 있었다. 그 다음 즐거운 안도의 한숨 소리들이 나왔다.

(3) [주어 + be동사 + 보어] 형태의 문장에서 보어의 의미를 강하게 표현하기 위해 보어를 문두로 옮겨놓는 경우:

- **Far more serious were the severe head injuries**; in particular a bruising of the brain.
  (그보다) 훨씬 더 심각한 것은 머리에 입은 중상이다. 특히 뇌의 타박상이다.

- **Even more important is the realization** that the environment is being irrevocably polluted.
  이보다 훨씬 더 중요한 것은 자연환경이 돌이키기 어려울 정도로 오염되고 있다는 사실에 대한 인식이다.

- But **best of all** for reducing your weight **is daily exercise**.
  그러나 우리의 체중을 줄이는 데 제일 좋은 것은 일상적인 운동이다.

- **More striking is the astronomical amount** of profit losses the workers unconcernedly inflict on their companies every time they go on strike.
  더욱 놀라운 것은 노동자들이 파업을 할 때마다 그들이 회사에게 태연하게 끼치는 수익 손실의 액수이다.

- Korean students have an enduring problem speaking and writing correct English, because they are learning grammar for the sake of examinations, not for a practical purpose. Also **chronic is the difficulty** they have comprehending spoken English. This difficulty arises from lack of their exposure to it.
  한국 학생들은 영어를 올바로 말하고 쓰는 데 지속적인 어려움을 겪는다. 이는 문법을 실용적 목적으로가 아니라 각종 시험을 보기 위한 목적으로 배우기 때문이다. 또한 역시 만성적인 문제는 그들이 구어영어를 청취하는 데 겪는 어려움이다. 이 어려움은 그들이 구어영어에 노출되는 일이 없는 데서 온다.

문장의 동사가 [조동사 + 본동사]의 복합 형태이면 그 복합 형태의 동사구 전체가 주어 앞으로 이동한다. 단 이 문장 구조는 동사구의 의미 무게가 주어의 의미 무게보다 가벼운 경우에 한하여 가능하다:

- **Best of all would be to get a job** after graduating from the university.
  제일 좋은 것은 대학을 졸업하고 직장을 얻는 것이다.
  ≫ 여기서 동사구 would be는 주어 to get a job after …보다 짧다. 즉 의미의 양이 주어의 그것보다 적다.

- **Among the sports events** to be held today **will be boxing, archery, soccer, table tennis, and gymnastics**.
  오늘 개최될 종목들 중에 권투, 양궁, 축구, 탁구 그리고 체조가 있다.

- **Here are given several sentences** exemplifying the grammatical principle.
  여기에 그 문법 원리를 예시하는 문장을 몇 개 제시한다.
  ≫ 여기서 be동사 are는 조동사이고, given은 본동사이다. 또한 Here는 무엇의 보어가 아니고 부사이다.

(4) '~처럼'의 의미인 as로 시작하거나 비교급 형용사와 연결된 than으로 시작하는 절에서 주어가 동사보다 긴 경우 (그러나 주어가 한 단어로 되어 있거나 인칭 대명사인 경우는 도치는 발생하지 않는다):

- He is a Catholic, as are all of his family and most of his friends.
  그는 가톨릭 신자이다. 그의 전 가족과 그의 친구 대부분이 그런 것처럼.
  >> as절의 주어가 동사 are보다 훨씬 길고 따라서 의미의 양이 그만큼 더 많다.

- I believe, as do most of the people, that the President and his party are doomed to failure.
  나도 대부분의 국민이 그렇게 믿는 것처럼 대통령과 그의 당은 실패할 수밖에 없는 운명에 처해 있다고 믿는다.
  >> 여기서 do는 본동사 believe를 대신한다.

- She desires, as I do, that the present regime should come to an end as soon as possible.
  그 여자도 내가 그러는 것처럼 현 정권은 가능한 한 빨리 종식되기를 갈망하고 있다.
  >> as절의 주어가 인칭 대명사 I이다. 즉 주어는 별 특별한 의미를 갖지 못한다. 그러기 때문에 굳이 동사 다음으로 가야 할 이유가 없다. 그러나 주어를 I 대신 가령 her husband로 고치면 as does her husband로 도치되는 것이 자연스러울 것이다.

- He believed, as I did, that going abroad to learn English was a waste of time and money.
  그는 내가 그랬던 것처럼 영어를 배우기 위해 외국으로 가는 것은 시간과 돈의 낭비라고 믿었다.

- It is a mistake to conclude, as John does, that China will catch up with Japan in ten years.
  John이 그러는 것처럼 앞으로 10년이면 중국이 일본을 따라잡을 거라고 결론 내리는 것은 착오이다.

- Today's youths are much taller than were their parents and grandparents.
  오늘날의 젊은이들은 그들의 부모와 조부모들보다 키가 훨씬 더 크다.

- It goes without saying that the citizens of a capitalist country are far better off than are those of a socialist country.
  자본주의 국가의 시민들이 사회주의 국가의 시민들보다 훨씬 더 잘 산다는 것은 말할 필요도 없는 사실이다.

- It is natural that private enterprises should manage business far more efficiently than do those tied to the government.
  개인 기업들이 정부에 연결된 기업체들이 하는 것보다 사업을 훨씬 더 능률적으로 한다는 것은 당연한 일이다.

(5) 의미의 강화를 위해 과거분사나 현재분사를 문두에 놓는 경우:

- Enclosed is an application form which we request you to fill in and return to us before the end of this month.
  이 편지에 지원서가 동봉되어 있으니 기입하여 이달 말까지 우리에게 보내주시기를 요청합니다.

- - There were a few framed photographs on the walls. Also hung on the wall was a row of Van Goghs.
    몇 개의 사진틀이 벽들에 걸려 있었다. 뿐만 아니라 한 줄의 반 고흐 그림들도 벽에 걸려 있었다.

- - Gone with the wind was his daydream of a socialist revolution.
    바람과 함께 사라진 것은 그의 사회주의 혁명의 백일몽이었다.

- - Standing on the sand is a beach hotel built like a mini-castle.
    모래 위에 비치 호텔이 있는데 소형 성처럼 지어져 있다.

- - Waiting for me at home are my wife and children, whom I promised to take out for dinner this evening.
    집에서 내 처와 아이들이 나를 기다리고 있다. 나는 이들을 오늘 저녁 데리고 나가 저녁 식사를 하기로 약속했다.

- - Downstairs was a large sitting room. Adjoining it was the verandah where we would eat dinner in fine weather.
    아래층에는 큰 거실이 있었다. 이 거실에 베란다가 붙어 있었는데 거기서 날씨가 좋을 때는 저녁을 먹곤 했다.

주어-본동사의 도치가 불가능한 경우들이 있다. 동사가 단순형이 아니고 복합형, 즉 조동사를 동반한 형태이거나, 부사(구)의 수식을 받거나, 타동사로서 목적어를 동반하거나 또는 주어가 인칭대명사일 때에는 주어-본동사의 도치는 불가능하다. 여기서 언급하는 복합형 동사구의 도치 불능의 규칙은 위 (3)번에서 설명한 [주어 + be동사 + 보어] 형태의 문장에는 해당되지 않는다.:

- - *Then was coming the match to an end.
    - → Then the match was coming to an end.
        그 때 경기는 끝나고 있었다.
        ≫ 여기서 was는 조동사이고, coming은 본동사이다.

- - *On that wall will hang paintings by Van Gogh.
    - → Paintings by Van Gogh will hang on that wall.
        저 벽에는 반 고흐의 그림들이 걸리게 될 것이다.

- - *Then came it.
    - → Then it came.
        그 때 그것이 왔다.

- - *At the door received the guests my father and mother.
    - → My father and mother received the guests at the door.
        나의 아버지와 어머니께서 손님들을 문에서 마중하셨다.

021 도치에 대하여 (2) – 주어와 조동사의 도치

1. 주어-조동사/be동사의 도치 조건

(1) 문두에 부정 어구가 나오는 경우

문장의 부정적 의미를 강조하거나 웅변적 또는 극적 표현 효과를 내기 위해 부정어(구)를 문두에 내어 놓을 수 있다. 이 경우에는 주어와 조동사 또는 주어와 be동사가 서로 위치를 바꾼다. 조동사가 없는 문장에서는 의문문의 경우처럼 do를 이용한다. 이 현상을 '주어-조동사/be동사' 도치라고 부르는데 이 어법은 주로 글을 쓸 때 쓰인다:

- **Never will I** make that mistake again.
  결코 나는 그런 실수를 다시는 저지르지 않을 것이다.
  ≫ 부정사를 정상적인 위치에 놓으면 도치는 물론 발생하지 않는다: I will never make ...., 반면 부정사 never를 문두에 놓고는 정상 어순을 쓸 수 없다. 즉 *Never I will make ....라고는 말하지 않는다.

- **Little did they** think they would fail the examination.
  꿈에도 그들은 자신들이 시험에 떨어지리라고는 생각 못했다.

- **Not a word would he** say.
  단 한 마디도 그는 하려고 하지 않았다.

- **Not a moment did she** waste.
  단 한 순간도 그 여자는 낭비하지 않았다.

- **At no time was the President** aware of what was happening.
  어느 때에도 대통령은 발생하고 있었던 일을 알고 있지 못하였다.

- **Hardly had we** started when it began to rain.
  우리가 떠나자마자 비가 내리기 시작했다.

- **In no other way can the matter** be explained.
  그 외의 어떤 다른 방법으로도 이 문제는 설명되지 않는다.

- **Nor was there** any hint that such a serious earthquake was about to happen.
  그렇게 무서운 정도의 지진이 발생하려 하고 있다는 증후도 전혀 없었다.
  ≫ There is/are로 시작하는 문장에서 there는 문법적으로는 문장의 주어이다.

- **Seldom is one punished** today for saying the Republic of Korea should not have been born, and this suicidal political climate is to stay for a couple of more years!
  오늘날 대한민국은 세상에 태어나서는 안 되었던 나라라고 말한다고 해서 벌 받는 경우는 거의 없다. 그리고 이같은 자살

행위적인 정치 풍토가 앞으로 2년 더 지속하게 되어 있다!

- **I wasn't there, and neither was my wife.**
  나는 거기에 없었고 내 아내도 거기에 없었다.

- **Not until we lose our health do we realize its importance.**
  우리가 우리의 건강을 잃을 때까지는 건강의 중요성을 인식하지 못한다.

- **The medical profession is on strike today. Not only don't we have a nurse now, but even my assistant has gone home. I'm the only one left in the clinic.**
  의료계가 오늘 파업 중입니다. 우리는 지금 간호사 한 명도 없을 뿐 아니라 내 보조원까지도 집에 가버렸습니다. 내가 이 병원에 남아있는 유일한 사람입니다.

only도 내포적으로 부정적 의미이다. 그러나 hardly, seldom, scarcely, barely, rarely, 등과는 달리 부정적 의미가 약하다. 그래서 도치 현상을 일으키지 않을 수도 있다. 그러나 일으키는 것이 일반적이다:

- **Only one more point will I/I will make.**
  딱 한 가지만 더 이야기하겠다.
  >> 즉, 그 외는 더 이야기하지 않겠다는 뜻이다.

- **Only in this way is it/it is possible to explain their actions.**
  오직 이 방법으로만 그들의 행동을 설명할 수 있다.
  >> 즉, 이 방법 아니고는 그들의 행동을 설명할 수 없다는 뜻이다.

- **Only if it rains will the picnic/the picnic will be cancelled.**
  비 오는 경우에 한하여 피크닉이 취소될 것이다.
  >> 즉, 비 오는 경우가 아니고는 피크닉은 취소되지 않을 것이라는 뜻이다. 그러나 only가 문두에 나와도 부정의 의미가 아닐 수 있다. 가령 I could have gone to the party. Only I didn't, because I didn't care. '나는 그 파티에 갈려면 갈 수도 있었다. 그러나 가지 않았다. 나는 그 파티에 관심이 없었기 때문이다.' 와 같은 예문에서는 문두의 only가 but의 의미이다. 따라서 도치의 조건에 해당하지 않는다.

- **I could have gone to the party. Only I didn't. I didn't care.**
  나는 그 파티에 갈려면 갈 수도 있었다. 그러나 안 갔다. 그 파티에 관심이 없었기 때문이다.
  >> 이 문장에서는 only가 부정의 의미가 아니라 but의 의미이다. 따라서 도치될 수가 없다.

- **Studies show only rarely do we consciously ponder the grammar of our sentences when we speak.**
  연구들에 의하면 우리는 말을 할 때 우리가 쓰는 문장들의 문법에 대해서 의식적으로 생각해 보는 경우는 대단히 드물다 (거의 없다).
  >> 이 예에서는 only가 rarely와 같이 쓰였기 때문에 도치는 필수적이다.

not와 no 같은 부정사는 문장 전체를 부정문으로 만들 수도 있고 문장의 한 부분만을 부정하는 기능을 가질 수도 있는데, 전자의 경우를 문장 부정(clausal negation), 후자의 경우를 국소 부정(local negation)이라고 부른다. 문장에 not나 no가 들어 있어도 그것이 국소 부정의 기능을 할 때는 그 문장은 긍정문이다. 따라서 문장의 어느 부분의 부정을 강조하기 위해서 국소 부정어구가 문두에 나와도 주어-조동사의 도치는 일어나지 않는다:

- **In no time we cleared** the table.
  재빨리 우리는 식탁의 그릇들을 치웠다.
  >> in no time은 '재빨리,' '눈 깜짝할 사이에' 라는 비 부정의 의미이다. no는 time만을 부정한다.

- **Even in the late autumn, rarely, you can** have a terrible typhoon come, causing great flood damage.
  늦은 가을에도 더러는 태풍이 와서 큰 홍수 피해를 입히기도 한다.
  >> 여기서 rarely는 그 앞과 뒤에 comma가 찍혀 삽입어가 됨으로써 문장의 동사구와의 직접적인 연결이 차단되어 있다. 이런 경우 rarely는 부정의 의미가 아니고 occasionally, sometimes 등의 의미이다.

- **Not even ten years ago you could** see such a film.
  십 년도 채 안 되는 과거에도 우리는 이런 영화를 볼 수 있었다.
  >> 주어-조동사의 도치가 안 되어 있는 것으로 보아서 not는 even ten years만을 부정한다는 것을 알 수 있다. 즉 우리가 그런 영화를 볼 수 있었던 때로부터 아직 십 년도 채 안 되었다는 뜻이다.

- **Not under any regime** before this one **could a citizen of our country** extoll Communism so openly.
  현 정권 이전의 어느 정권에서도 우리나라 시민이 공산주의를 이렇게 공개적으로 찬양할 수는 없었다.
  >> 주어-조동사 도치를 시킨 것으로 보아서 not가 could extoll이라는 동사구에 걸려 문장 전체를 부정문으로 만들고 있음을 알 수 있다.

- **With no tutoring he will** pass the examination.
  개인교수를 받지 않아도 그는 시험에 합격할 것이다.

- **With no tutoring will he** pass the examination.
  어떤 개인교수를 해 주어도 그는 시험에 합격하지 못할 것이다.
  >> 주어-조동사 도치가 이 문장을 부정문으로 만들고 있다.

- **No doubt he will** keep his promise.
  그는 물론 자기 약속을 지킬 것이다.
  >> not surprisingly, not many years ago, no doubt 등에서의 not는 모두 국소 부정의 의미이다.

(2) [so/such + 형용사/부사] 형태를 문두에 놓을 수 있는데 이 경우에도 주어-조동사/be동사의 도치가 발생한다:

- He refused to stir. So greatly had he suffered before that the blows did not hurt much.
  그는 꿈쩍도 안 했다. 그는 이전에 이미 너무 고통을 많이 당했기 때문에 그런 구타는 별것 아니었다.

- Such is the gravity of the ideological confusion in our country today that it has already sparked serious international concern.
  지금 우리나라에서 이념적 혼란의 위험 수위가 어찌나 높은지 이미 국제적으로 심각한 관심을 불러일으켰다.

- So rapidly is the population decreasing that it has become the government's most urgent task to come up with a policy that will increase the present birth rate.
  인구가 어찌나 빨리 줄고 있는지 지금의 출산율을 높일 수 있는 정책을 내놓는 것이 정부의 가장 시급한 과제가 되었다.

- So eloquent a speaker was he that even his enemies listened with respect.
  그는 어찌나 달변가인지 그의 적들조차도 존경심을 가지고 경청했다.

- Such is the confusion about the political identity of our country today that many people don't know in which direction this country is moving.
  지금 우리나라의 정치적인 정체성에 대한 혼란이 어찌나 큰지 많은 사람들이 이 나라가 어느 방향으로 나아가고 있는지 모를 지경이다.

'역시,' '마찬가지로'의 의미로 쓰이는 so는 늘 문두에 오는데 이 경우에도 주어-조동사/be동사의 도치가 발생한다:

- I would like another drink, and so would John.
  나는 한 잔 더 마시고 싶은데 존 역시 한 잔 더 마시고 싶어 한다.

- She wanted to divorce him; so did her parents; so did her brothers and sisters.
  그 여자는 남편과 이혼하기를 원했다. 그 여자의 부모들도 그랬고 그 여자의 형제 자매들도 그랬다.

thus가 문두에 나오는 경우도 도치가 이루어진다:

- Thus did the North Korean regime escalate a showdown between itself and the rest of the world.
  이렇게 하여 북한 정권은 자신과 세계 나머지 나라들과의 대결을 증폭시켰다.

현재완료의 모든 것 (1) – 단순 완료형

영어의 현재완료는 그 같은 문법 시제가 없는 우리 한국어 화자로서는 이해하기가 쉽지 않다. 사실상 관사 다음으로 가장 어려운 영문법 항목이다. 현재완료형으로 된 영어 문장이 우리말로는 일반적으로 과거형으로 번역되며 또 경우에 따라서는 현재형으로도 번역이 된다. 우리는 현재완료 문장을 수없이 대하지만 그 문장의 진정한 의미를 파악하거나 느끼지 못한 채 넘어가기 일쑤이다. 따라서 영어를 말할 때나 글로 쓸 때 우리는 현재완료형 문장을 옳게 사용하지 못하는 경우가 많을 수밖에 없다.

우리말에서는 '과거' 라는 하나의 시제로 나타내는 문법적 시간을 영어에서는 두 종류로 나누어 표현한다. 하나는 '현재를 포함하지 않는 과거(exclusive past)'이고, 다른 하나는 '현재를 포함하는 과거(inclusive past)'이다. 문법적으로 전자를 과거(past)라고 부르며 후자를 현재완료(present perfect)라고 부른다. 현재를 포함하는 과거, 즉 현재완료는 사건이나 상태가 과거에 발생하여 현재까지 계속되었거나 또는 그것이 발생한 시점은 과거지만 그것을 단순한 과거지사로 보지 않고 그것이 현재에 주는 영향이나 결과의 측면에서 보거나 발생의 시점을 과거부터 현재까지 사이의 어느 시점 또는 지금 직전의 시점임을 나타낼 때 쓰인다. 현재완료는 이처럼 과거의 일을 현재와의 관련성 측면에서 언급할 때 쓰이는 표현으로 과거와 현재를 포함하는 복합시제이다. 반면 과거형은 과거에 발생한 일이나 과거의 상태를 현재와는 아무런 관련도 지우지 않고 '과거에 발생했다 과거에 끝나버린' 단순 과거지사로 언급할 때 쓰이는 시제이다.

이처럼 '현재와의 관련성'이 현재완료 사용의 기본 원리이다. 이 막연한 원리를 구체적으로 이해하고 해석하고 적용하는 것이 곧 영어의 현재완료를 배우는 것이 된다. 그러나 간단한 이론의 제시로서 영어의 현재완료가 습득되는 것은 절대 아니다. 이 글에서는 거의 모든 예문에 그것이 왜 현재완료형으로 되어 있는지 그리고 현재완료형 대신 과거형을 쓰면 의미가 어떻게 달라지는지를 지겨울 정도로 설명한다. 한국어를 모국어로 하는 우리에게는 영어의 현재완료에 관한 한 아무리 많은 설명도 결코 너무 많지 않으며 아무리 여러 번 반복해도 너무 많은 반복이 될 수 없기 때문이다:

어떤 일이나 상태가 현재까지 계속된 경우

- **He has lived in the U.S. all his life.**
  그는 일생을 미국에서 살았다.
  He lived in the U.S. all his life.
  그는 일생을 미국에서 살았다.
  >> 우리말로는 위 두 문장이 똑같이 번역되었지만 첫째 문장은 현재와의 관련성을 나타내는 현재완료형을 썼기 때문에 주어가 지금도 미국에서 살고 있다는 뜻인 반면, 둘째 문장은 현재와의 관련성을 배

재하는 과거형을 썼기 때문에 주어가 일생을 미국에서 살다가 죽었음을 의미한다. 이처럼 어느 시제를 썼는가에 따라 주어의 생과 사의 차이가 생길 수도 있다.

- **He has had to give up smoking and drinking, and eating anything fatty or sweet, since he had a heart attack last year.**
  그는 작년에 심장마비를 당한 이후 담배와 술을 끊고 지방분이 많거나 단 음식은 무엇이든 금해야 하는 상황에 처해 있다.
  >> since구/절은 '언제 이후 지금까지'라는 뜻이므로 이것의 수식을 받는 동사는 현재완료형이라야 한다.

- **I've taught English since I graduated from the university.**
  나는 대학을 졸업한 이후 지금까지 영어를 가르쳤다.
  >> 이 문장은 발화 상황에 따라 현재까지 나는 그 외 다른 직업은 가져 본 적이 없다는 뜻일 수도 있고, 나는 그러므로 영어를 가르치는 일에 있어서는 알 만큼 안다는 뜻일 수도 있다.

- **He has been sick for a long time now.**
  그는 오랫동안 앓았다.

  He was sick for a long time.
  그는 오랫동안 앓았다.
  >> 위 과거형 문장에서는 주어가 과거의 어느 시점으로부터 그 후의 어느 과거 시점까지 오랫동안 앓았다는 의미로 그가 앓은 것은 과거지사이다. 첫 번째 현재완료 문장에는 조심할 것이 있다. 만일 문장 끝에 now가 없다면 병은 얼마 전에 나았지만 그 병의 결과로 지금도 주어가 허약한 상태에 있다는 뜻으로 이해될 가능성이 크다. 그래서 만일 주어가 지금도 앓고 있음을 의미하려면 예문의 경우처럼 문장 끝에 now를 붙이거나 아니면 and is still sick 같은 표현을 덧붙이거나 for a long time 대신에 현재를 필수적으로 포함하는 since last month 같은 어구를 붙여 그런 의미를 확실하게 해야 한다.

- **He has been lame/dead for a long time.**
  그는 오랫동안 다리를 절고 있다/죽은 지 오래 되었다.

  *****He was lame/dead for a long time.**
  >> lame이나 dead는 sick와는 달리 영구적인 현상이다. 그러므로 다른 부사구를 동반하지 않더라도 지금도 lame/dead 상태인 것이다. 특히 dead는 대표적인 영구적 의미의 형용사이다. 두 번째 과거형 문장은 성립될 수 없다. 과거는 지나간 시간의 한 시점이나 지나간 한 기간을 의미하는데 lame/dead는 이같은 시간 개념과 맞지 않기 때문이다.

- **How long have you lived here?**
  당신은 여기서 얼마나 오래 살았소?

  How long did you live here?
  당신은 여기서 얼마나 오래 살았소?
  >> 첫 번째 현재완료 문장은 상대가 지금도 이곳에 살고 있는 경우이고 두 번째 과거형 문장은 상대가 지금은 이곳에 살고 있지 않은 경우이다.

- • In the past three years that I have been manager for this business, I haven't been out of the country except for a quick trip to Japan.
  내가 이 회사의 경영 책임자로 있었던 지난 3년 동안 나는 일본에 잠깐 갔다 온 것을 제외하고는 외국에 나가지 않았다.

- • I have known him for many years/since 2003.
  나는 그를 여러 해 동안/2003년부터 알고 있다.
  >> know는 지속적 의미이므로 당연히 현재도 알고 있는 것이다.

- • How long have you been with this company?
  이 회사에 얼마나 오래 근무하고 있소?
  >> 현재완료형 대신 과거형으로 묻는다면 상대는 지금은 이 회사에 근무하고 있지 않다는 뜻이 된다. 여기서 with는 '소속'의 의미이다.

- • I have liked lobster since I was a child.
  나는 바닷가재를 어렸을 때부터 좋아했다.
  >> 주어는 바닷가재를 지금도 좋아한다.

- • A: Where have you been? I've waited for you for an hour.
  지금까지 어디에 가 있었느냐(갔다 왔느냐)? 나는 지금까지 한 시간이나 기다렸다.
  B: I'm sorry. I've been out to lunch.
  미안하다. 지금까지 점심 먹으러 나갔었다.

위 A와 B간의 대화에 나오는 세 군데의 현재완료는 엄격하게 말하면 '지금 순간까지 계속된' 행위나 상태를 말하는 것은 아니다. 첫 번째 현재완료 문장은 상대가 지금 순간은 질문자와 함께 있는 것이며, 두 번째 현재완료 문장의 경우에는 지금 순간에는 주어가 상대를 만나고 있는 상태이니 기다리는 상태는 이미 끝난 것이고, 세 번째 현재완료 문장의 경우에도 지금 순간은 점심 먹으러 나가 있는 상태가 아니며 그 상태는 상대를 만나기 직전까지이다. 그러니 이들 문장은 모두 과거형을 써야 할 것 같기도 하다. 그러나 현재완료에서 '지금 순간까지 계속된 상태'의 의미는 위의 경우처럼 '지금 직전'의 경우들도 포함한다:

- • I've been very bored while you've been away.
  네가 없는 동안에 나는 아주 심심했다.
  >> while you were away로 하면 안 된다. 심심한 상태가 지금 직전까지 계속된 것이고 상대가 없었던 기간도 지금 직전까지이기 때문이다.

Idiomatic Expressions

pull the strings
'막후에서 조종하다'

>> 꼭두각시 연극에서 따온 표현으로, 명목상으로는 권력을 행사하는 위치에 있지 않지만 그런 위치에 있는 사람을 마치 수렴청정하듯 뒤에서 조종하는 것을 의미한다.

■ ■ ■

Rumor has it that the President is nothing but a puppet. It says that his wife is *pulling the strings* on all important state affairs.

그 대통령은 꼭두각시에 지나지 않는다는 풍문이 돌고 있다. 풍문에 의하면 모든 중요한 국가 문제에 대해서 그의 부인이 대통령을 조종하고 있다는 것이다.

■ ■ ■

The decisions that the stupid chairman makes these days are all excellent. There must be some bright guy behind him *pulling the strings*.

그 멍청한 회장이 요즈음 내리는 결정은 모두 훌륭하다. 그를 조종하는 어떤 영리한 사람이 그 뒤에 분명히 있을 것이다.

023 현재완료의 모든 것 (2) – 단순 완료형

일이나 상태가 과거에 끝났더라도 그것이 현재의 상태에 계속 영향을 주고 있는 경우에는 비록 행위나 상태는 과거에 발생했고 과거에 끝났지만 그것이 현재에 주는 영향이나 결과의 측면에서 그것을 보는 것이므로 그 의미 초점은 현재에 있으며 심층적 의미로는 사실상 현재형이라고 할 수 있을 것이다. 따라서 현재완료형 문장은 과거를 의미하는 시간부사를 동반하지 못한다. 다시 말하면 같은 과거 시점의 일이라도 그것을 과거지사로 볼 때는 과거를 나타내는 시간부사를 동반하여 과거형으로 해야 하며 그것이 현재에 끼친 결과나 영향의 측면에서 본다면 현재완료형으로 해야 한다:

- I've cut my finger!
  나는 손가락을 베었다.

  I cut my finger yesterday.
  나는 어제 손가락을 베었다.

  >> 첫 번째 현재완료형 문장은 주어가 방금 손가락을 베어 지금 피가 나고 있다는 뜻으로 과거 행위가 준 현재의 결과에 의미의 초점을 맞추고 있는 반면, 두 번째 과거형 문장은 어제 어떤 일이 발생했는가를 단순한 과거지사로서 설명할 뿐 그것이 주어에게 준 현재의 상태에 대해서는 전혀 말하지 않는다.

- Did you have a traffic accident?
  교통사고를 당했었니?

  Have you had a traffic accident?
  교통사고를 당했니?

  >> 과거형 질문은 상대가 교통사고를 당했다는 말을 어떤 사람에게서 듣고 그것을 확인하는 질문이다. 현재의 상태와는 아무 상관없이 과거의 사건을 확인하는 것이다. 반면에 두 번째 현재완료형 질문은 상대가 현재 교통사고의 흔적을 보이고 있어 그것을 근거로 하여 교통사고를 당하여 지금 네가 지금과 같은 상태냐고 묻는 것이다.

- This is an emergency. There's been an accident and we need an ambulance right away!
  긴급 상황입니다. 사고가 났어요. 그러니 앰뷸런스 차를 즉시 보내주세요.

  >> 만일 There has been 대신 There was를 쓴다면 사고는 과거의 일이라는 뜻이 되어 현재와의 연결 상태가 나타나지 않는다.

- A: You know who Stan is, right?
  너 스탠이 누군지 알지, 그렇지?

  B: I've heard his name.
  그의 이름을 들은 적이 있어.

  >> 과거에 그의 이름을 들었는데 그 이름이 지금 생각난다는 의미이다.

•• A: **Why is John absent from class today?**
   존이 왜 오늘 학교에 결석했니?

   B: *****Because he broke his leg.**
   → **Because has broken his leg.**
   다리가 부러져서요.
   ≫ 현재완료형 대답은 다리가 부러진 과거지사와 그 결과로 인해서 지금 주어가 움직일 수 없는 처지에 놓여 있음을 동시에 말하고 있어 주어진 질문에 대한 대답이 되지만, 과거형 대답은 다리가 부러진 과거지사만 언급할 뿐 그것을 현재의 상태에 연결짓지 않기 때문에 질문에 대한 대답이 될 수 없다.

•• **I've broken a window pane today, Dad.**
   아버지, 제가 오늘 창유리 한 장을 깼어요.

   Did you break that window?
   저 창을 깼느냐?
   ≫ 현재완료형 문장은 과거의 행위와 그로 인해서 창유리가 깨져 있는 현재의 상태를 말하고 있다. 반면 과거형 문장에서는 질문자는 창이 깨져 있는 것을 현재 보면서 저 창을 깼느냐고 과거 사건만을 묻는 것이므로 복합시제를 쓸 필요가 없는 것이다.

•• **I have only recently started enjoying the Internet.**
   나는 최근에 와서야 비로소 인터넷을 즐기기 시작했다.

   I started enjoying the Internet a couple of months ago.
   나는 두어 달 전에 인터넷을 즐기기 시작했다.
   ≫ 첫 번째 문장은 즐기기 시작한 것은 얼마 안 되지만 지금 재미를 붙이고 있다는 뜻인 데 비해 두 번째 문장은 즐기기 시작한 것이 두어 달 전이라는 과거 사실만 말하고 있으므로 지금도 즐기는지는 알 수 없다. 그래서 그 뒤에 가령 But I soon got bored with it. '그러나 그 후 곧 나는 그것에 재미를 잃었다' 와 같은 문장을 덧붙일 수 있다.

•• **Have you read *David Copperfield*?**
   당신은 David Copperfield를 읽었소?

   Did you read *David Copperfield*?
   당신은 David Copperfield를 읽었소?
   ≫ 첫 번째 문장은 현재까지 해서 그 소설을 읽은 적이 있는지 그리고 그 결과 지금 그 소설의 내용을 알고 있는지를 묻는 것이다. 반면 두 번째 문장은 '(전에 당신이 그 책을 읽겠다고 했는데) 그 때 그 책을 읽었소?' 라는 의미로 과거의 어느 특정한 때를 가리키며 묻는 말이다.

•• A: **Have you eaten anything today?**
   오늘 뭐라도 먹었니?
   ≫ '오늘'은 지금 말하는 순간을 포함한다. 그러므로 지금까지 해서 먹은 것이 있느냐 즉 굶지 않았느냐, 배고프지 않냐고 지금의 상태를 묻는 것이다.

B: Yes, I have.
    네, 먹었지요.

A: What did you eat and when?
    무엇을 먹었느냐? 그리고 언제 먹었느냐?
    >> 특정 행위의 발생은 과거지사이다.

•• As we have seen in the previous chapter, nouns can modify nouns.
    우리가 앞 장에서 보았다시피 명사는 명사를 수식할 수 있다.
    >> 위의 현재완료형절은 단순히 보았다는 것만을 의미하지 않는다. 보았기 때문에 우리는 지금 알고 있다고 전제하는 것이다. 만일 단순히 보았다는 사실만을 상기시키려면 과거형을 써야 할 것이다.

•• A: How many times have you been invited to the Blue House?
    청와대에는 몇 번이나 초대 받았습니까?

B: I never have.
    한 번도 없습니다.
    >> I never have.는 I have never been invited.의 줄인 말인데 이런 경우 *I have never.라고 하지 않는다.

•• Where have you put the car key?
    차 열쇠를 어디에 두었느냐?
    >> = Where is the car key?

Where did you put the car key?
    차 열쇠를 어디에 두었었느냐?
    >> ≠ Where is the car key?
    이 문장은 차 열쇠의 현재 위치를 묻는 것이 아니고 '그 때 열쇠를 어디에 두었었는지' 과거 행위를 묻는 것이다.

•• My name is Yongshik Kim. I've moved in next door. I moved in last Friday.
    내 이름은 김용식입니다. 선생님 옆집으로 이사 왔습니다. 지난 금요일에 이사 왔지요.
    >> I've moved in next door.는 I'm your new neighbor.와 같은 의미이다.

•• He has traveled a lot in the Middle East, talking to a lot of people there.
    그는 중동 지역을 많이 여행하며 그 곳의 많은 사람들과 만나 이야기했다.
    >> 그래서 그는 그 곳 사정을 잘 안다.

•• Since he quarreled with his boss, he has resigned.
    그는 상사와 싸웠으므로 사임을 했다.

He has quarreled with his boss and has resigned.
    그는 그의 상사와 싸웠다. 그래서 사임을 했다.
    >> 첫 번째 문장에서 since절의 동사가 과거형이므로 싸웠다는 과거 사실은 듣는 사람에게 이미 알려져 있는 것이다. 따라서 현재완료형으로 말할 수 없다. 그가 사임했다는 청자가 모르는 현재 사실을 전하면서 그 이유로 이미 알려진 과거 사건을 들고 있는 것이다. 두 번째 문장에서는 싸웠다는 것과 사임

했다는 두 가지 사실을 듣는 사람은 모르고 있었던 것이다.

- **The French Revolution has left an indelible mark on the whole world.**
  프랑스 혁명은 전 세계에 지울 수 없는 표시를 남겼다.
  >> 현재완료 행위의 의미상 간접목적어인 the whole world는 지금의 세계로 이해된다. 만일 has left 대신 left가 쓰였다면 그 당시의 세계가 될 것이다.

- **The ancient Greeks have made an incalculable contribution to modern civilization.**
  고대 희랍인들은 현대 문명에 이루 헤아릴 수 없을 정도의 기여를 했다.
  >> 이 문장에서는 그 앞 문장의 경우와는 달리 have made 대신 made를 쓸 수는 없다. 왜냐하면 과거형 made는 modern civilization의 modern과 연결될 수 없기 때문이다. 따라서 made를 쓰려면 modern 자리에 ancient를 넣어야 할 것이다.

- **He has painted a portrait of the President.**
  그는 대통령의 초상화를 그렸다.
  >> 그가 과거 어느 때에 대통령의 초상화를 그렸고 그 초상화가 현재 존재한다는 사실을 알리는 말이다.

- *He has painted this portrait of the President.
  → **He painted this portrait of the President last summer.**
  그는 대통령의 이 초상화를 지난 여름에 그렸다.
  >> 과거 행동의 결과가 현재 남아 있어도 그것이 새 정보가 되지 못하면 현재완료와 같이 쓰일 수 없다. 화자가 this portrait of the President라고 가리킴으로써 화자는 청자에게 초상화의 존재를 알려 주는 것이다. 다만 청자가 모르는 것은 그것을 누가 그렸는가라는 과거 사실이다. 이 과거 사실을 말하려면 당연히 과거형 문장을 써야 한다.

- *What do you think of this composition I've written?
  → **What do you think of this composition I wrote?**
  내가 쓴 이 작문에 대해서 어떻게 생각하느냐?
  >> *I have written this composition.이라고는 말하지 않는다. this composition이라는 표현으로 작문의 존재가 화자와 청자 사이에 자명하기 때문이다. 가령 I've written a composition.은 내가 작문을 쓴 사실과 그 결과물이 현재 존재한다는 두 가지 사실을 알리는데 작문의 존재를 가리키는 this composition은 현재완료의 두 기능 중 하나가 작동할 수 없도록 만들기 때문이다. 같은 이유로 가령 개가 방 안에 들어와 있는 것을 보고 '누가 개를 방안에 들여 놓았느냐?' 라고 묻는 경우도 *Who has let the dog in the room?이라고 하지 않고 과거형을 써서 Who let the dog in the room?이라고 해야 한다.

- *Have you heard about Mr Kim's winning first prize in the Lotto?
  → **Did you hear about ....?**
  김 선생이 로또 일등 당첨된 것을 들었니?
  >> 이 질문은 아무개의 일등 당첨을 현재의 기정사실로 말하면서 묻는 것이다. 다시 말하면 상대가 그

소식을 듣는 것은 상대의 현재 지식에 아무 영향도 주지 않는다. 그러므로 과거형을 써야 한다.

- • *Why has he done that?
  → Why did he do that?
  그가 왜 그런 짓을 했는가?
  ≫ 그가 그런 짓을 한 것은 이미 알려진 사실이다.

- • *I have written this letter.
  → I wrote this letter yesterday.
  내가 어제 이 편지를 썼다.
  ≫ write의 목적어를 this letter로 하지 않고 a letter로 한다면 과거부사 yesterday를 빼고 현재완료형으로 해야 한다.

- • *Where have you bought that book?
  → Where did you buy that book?
  어디서 저 책을 샀느냐?

- • *What has that noise been?
  → What was that noise?
  지금 방금 들린 그 소리는 무슨 소리냐?
  ≫ 방금 들린 것을 that noise라고 가리키며 묻는 것으로 소리가 난 사실은 알려졌고 알고자 하는 것은 현재와 관계없는 과거 사실이다. 같은 이유로 가령 '방금 뭐라고 하셨지요?' 라고 물을 때도 상대가 무슨 말을 했다는 것은 아는 것이고 다만 그 내용이 무엇이었는가만 묻는 것이다. 그래서 What did you say?라고 과거형으로 물어야 한다.

- • I've come to see Mr. Brown. I called him earlier and made an appointment.
  나는 브라운 씨를 만나러 왔습니다. 미리 전화해서 약속을 했었습니다.
  ≫ I've come은 I'm here나 같은 뜻이다. 그런데 화자가 지금 여기 와 있는 것을 청자가 보고 아는데 왜 현재완료를 써서 그 과거 행위의 현재 결과를 중복해서 말하는가? 앞에서 이미 설명했지만 언어는 과학과는 달리 현실을 언제나 반드시 정확하게 분류하지 않는다. 언어 사용에 있어서는 그것이 문법적으로 정확하지 않더라도 사용의 관행을 따르는 경우가 종종 있다. 우리말에서도 가령 상대를 만나서 '나는 빚을 받기 위해 왔다.' 라고 할 경우 '왔다' 는 표현은 사실 필요 없는 말이다. 왔다는 사실을 상대가 모르는가? 그러나 우리는 표현의 관행으로 그렇게 말하는 것이다.

- • Oh, you've come, Dr. Brown! I'm very glad you came.
  아, 오셨군요, 브라운 박사 님! 와 주셔서 대단히 기쁩니다.

- • Where have you gone, Colin Powel?
  콜린 파우얼 씨, 당신은 어디로 갔소?
  ≫ 미 국무장관 콜린 파우얼의 목소리가 미 외교정책의 수행에서 들리지 않는다는 의미이다. Where are you, Colin Powel?과 같은 의미이다.

•• **He has asked me to marry him.**
그 남자가 나에게 결혼하자고 했어요.

>> 이 문장은 청혼이라는 어떤 남자의 과거 행위와 그것이 지금 화자에게 주고 있는 심리적 영향을 나타낸다. 그 남자의 청혼이 화자에게 지금 흥분을 주고 있는 것이다. 그러니 화자가 그 청혼을 받아들일 가능성이 높다. 그러나 만일 화자가 과거형을 써서 He asked me to marry him.이라고 말했다면 화자는 그 남자의 청혼을 단순한 과거지사로 이야기하는 것이므로 그 청혼에 관심이 없다는 뜻이다. 그러므로 이 문장 뒤에는 and I just laughed. '그래서 나는 그냥 웃어버렸어요' 같은 말도 덧붙일 수 있을 것이다.

•• A: **What will you do after you've left school?**
졸업한 다음에는 무엇을 하겠느냐?

B: **After I've left school, I'll join the army.**
졸업한 다음에는 군에 가겠다.

>> 위의 예문들에서 after절은 미래를 나타내는 부사절인데 부사절에서는 현재가 미래를 대신한다. 현재완료는 사실상 현재형이므로 after you've left와 after I've left는 각기 after you leave와 after I leave나 마찬가지이지만 약간의 어감의 차이는 있다. 단순형은 단순히 졸업이라는 사건만을 의미하는 데 반하여 완료형은 졸업과 그 결과로 생기는 자유로운 상태까지 암시한다.

•• **After I've paid the bill, I'll make a complaint about the service of this restaurant.**
일단 돈을 지불하고 난 다음에 나는 이 식당의 서비스에 대해서 불평을 할 것이다.

>> After I pay는 돈을 지불한 다음 즉 단순히 순서만을 말하는데 반하여 After I've paid는 '일단 내 의무를 다하고 난 그런 상태에서' 라는 의미가 된다.

•• **Speak when you have had enough.**
충분하면 말하라.

>> 이 말은 상대에게 물이나 술, 음료, 기타 마실 것을 따라주면서 충분히 따라졌다고 판단하는 순간 '그만' 이라고 말하라는 뜻이다. 상대는 이 정도면 충분히 받았다고 판단하는 순간 That's enough. 또는 Stop.이라고 말하여 따라주는 행위를 멈추게 한다. 그러나 일반적으로는 위 예문처럼 길게 말하는 대신 간단히 'Say when.' 이라는 표현이 쓰이는 데 직역하면 (충분하다 싶으면) 'when'이라고 소리내라' 는 뜻이다. 이 경우 상대는 그만 주기를 바라는 순간 'When' 이라고 말한다.

•• **God will not take away man, whom he has made, from the face of the earth.**
하느님은 자신이 만들어 놓은 인간을 지상에서 앗아가지는 않을 것이다.

>> he has made는 그가 만들어서 그 결과로 지금 지상에 존재한다는 뜻이기 때문에 '앗아가다' 의 목적어로 의미가 통하지만 위 문장에서 현재완료형을 과거형 he made로 하면 '앗아가다' 의 목적어로 부적합하다. 과거형은 과거에 만들었다는 사실만 의미하지 그 결과로 현재 존재한다는 것을 의미하지 않기 때문이다.

•• **What have you done with my book?**
너는 내 책을 어떻게 했느냐?

>> 이 문장은 Where is it now?의 의미이다. 그러나 가령 with 대신에 to를 쓴다면 그 의미가 You've damaged it, 즉 '내 책이 찢겨 있다' 라는 뜻을 전제하는 것이다.

여기서 시간부사들에 대해서 알아보자. now, up to now, up to the present, at present, as yet, so far, just, once('전에,' '한때,' '한번'), since (last week), lately, today, tonight, this morning/week/month/year, always, never, ever, recently, these days, in the past('과거에, 즉 현재 이전에'), already, before(= in the past) 등은 현재를 포함하는 과거, 즉 '지금까지 해서' 라는 의미이므로 현재완료형 문장에 쓰일 수 있다. 이 중에서 now, at present, today, so far, as yet, already 등은 현재형 문장과도 같이 쓰일 수 있다. once는 과거동사와도 같이 쓰일 수 있다. 과거만을 의미하는 ago, yesterday, last week/month/year 등과 과거나 미래를 의미하는 [in + 월/년, on + 일자/요일, at + 시간] 등은 현재완료 문장에는 쓰일 수 없다.

행위의 결과가 현존하는 것을 화자와 청자가 다 아는 상황에서는 그 행위를 현재완료형으로 나타낼 수 없음을 앞에서 설명했다. 그러나 그런 경우에도 현재완료형이 가능할 수도 있다:

- **Then the Lord said, "Why have you done this terrible thing? Your brother's blood is crying out to me from the ground, like a voice calling for revenge. – *Genesis***
  그러자 여호와께서 말씀하시기를 "너는 왜 이 무서운 짓을 범했느냐? 네 아우의 피가 복수를 요구하는 목소리처럼 땅으로부터 나를 향해 울부짖는구나." – 창세기
  >> this terrible thing(Cain이 그의 동생 Abel을 죽인 사실)에 대해 여호와도 Cain도 알고 있는 것임에도 현재완료를 써서 Why have you done - ?이라고 한 것은 그 행위가 가져온 현재의 결과를 강조하기 위해서이다. Why did you - ?라고 하면 그 의미가 현재와 격리되어 그 죄의 영향을 제대로 나타내지 못할 것이다.

- **Mr. Brown! Why have you come back?**
  브라운 씨! 왜 돌아오셨습니까?
  >> 화자가 Mr. Brown이 돌아와 있음을 보고 놀라 묻는 말이다. 화자의 현재 상태를 강조하는 것이다.

- **A: Oh, no! Why have you brought your baby to the party?**
  이런! 왜 당신의 아기를 파티에 데려왔소?
  B: I failed to get a babysitter.
  애를 돌봐줄 사람을 찾지 못해서요.
  >> 파티에 아기를 데려온 것이 화자에게 준 현재의 영향, 즉 놀람을 강조하기 위해 현재완료가 쓰였다.

this morning, this afternoon, this evening은 말하는 순간이 아직 morning/afternoon/evening이면 현재완료와 같이 쓸 수 있으나 이미 그 기간이 지나버린 경우에는 이들 부사는 현재를 포함하지 않으므로 과거형 동사와 같이 써야 한다. this week/month/year/season과 tonight 등은 언제나 발화 시간을 포함하는 의미이므로 현재완료형과 함께 쓰인다:

•• I have overslept this morning.
나는 오늘 아침에 늦잠을 잤다.

I overslept this morning.
나는 오늘 아침 늦잠을 잤다.

>> 현재완료 문장은 현재와 연결지어 하는 말이므로 '나는 오늘 아침 늦잠 잤다. 그래서 지금 늦었다.'라는 의미로 현재 주어가 학교에 또는 직장에 늦은 사유를 설명하는 것이다. 그러나 과거형 문장은 단순히 오늘 아침 늦잠 잤다는 과거지사만을 서술한다.

•• At present I have written only three chapters out of the ten I've planned for my book.
현재까지는 내가 내 책에 포함하기로 계획한 열 개 장 중에서 세 개 장만 끝냈다.

>> 지금까지 겨우 세 개 장밖에 못 끝냈기 때문에 아직 갈 길이 멀다는 뜻이다. at present는 '현재는'이라는 현재 순간만의 의미와 '현재까지 해서'라는 현재를 포함하는 과거의 의미를 갖는다.

•• What has happened before will happen again. What has been done in the past will be done again. There is nothing new under the sun.
전에(지금 이전에) 일어났던 것은 또(지금 이후에도) 일어날 것이다. 과거에(지금 이전에) 행해졌던 것은 또(지금 이후에도) 행해질 것이다. 하늘 아래 새로운 것이란 없다.

>> before와 in the past는 둘 다 before now와 같은 의미이다. 즉 현재를 한 쪽 끝으로 하는 시제이다.

•• I've once been an English teacher myself.
나도 한때는 영어선생이었다.

>> 이 말은 주어의 단순 과거 경력을 말하는 것이 아니다. 그렇다면 과거형 동사를 써야 한다. 현재완료로 한 것은 '그래서 나도 영어를 가르치는 일에 대해서 안다.', '나도 영어를 알 만큼은 안다' 등의 현재 상태를 말하는 것이다.

•• I've done a lot of different things in my life. I've smuggled contraband goods and worked in a factory. I've been a soldier, a waiter, and a school teacher. I've even been in prison.
나는 인생을 살면서 갖가지 일들을 많이 해 보았다. 나는 금수품을 밀수했고, 공장에서 일을 했으며, 군인도 식당 웨이터도 학교 선생도 했으며, 심지어 감옥에도 갔었다.

>> 주어가 인생 경험이 풍부하여 현재 사회와 인생을 잘 알고 있다는 데 의미의 초점을 맞추고 있다. 단순한 과거의 일들을 나열하는 것이 아니다.

•• I have been hungry. I have been full. If you ask me, I like to be full better.
나는 배가 고파보기도 했고 배가 불러보기도 했는데 혹시 물어보신다면 드리는 말씀인데 배부른 것이 배고픈 것보다 더 좋습디다.

>> 먼 과거의 일이라도 그 때의 체험이 현재에도 생생하게 남아 있으면 그것은 심리적으로는 현재의 일로 느껴지기 때문에 현재완료로 나타내는 것이다.

•• I've been in war and I've been through hurricanes, tornadoes, typhoons, but I've never seen anything like this tsunami disaster.

나는 전쟁도 겪어봤고 허리케인, 토네이도, 태풍 등을 다 겪어봤지만 이번의 이 쓰나미 재난 같은 것은 본 적이 없다.

- **We have had four tests so far in this course this semester.**
  우리는 이번 학기 이 강의에서 네 번의 시험을 치렀다.
  >> 위 문장은 분명 과거의 일이 현재에 준 영향을 말하는 것은 아니지만 현재완료형을 쓴 것은 그 의미가 '지금까지 해서' 라는 현재 시점을 기준으로 하기 때문이다. 즉 현재가 판단의 기준인 것이다. 이처럼 현재완료는 어떤 경우이든 반드시 현재와의 관련 속에서만 의미를 갖는다. 만일 현재를 시험 본 횟수의 기준으로 하지 않는다면 How many tests did you have last semester?처럼 과거형을 써야 할 것이다.

- **I have already seen that movie. I saw it last week.**
  나는 그 영화를 이미 보았다. 지난주에 보았다.
  >> I have seen the movie는 이미 보았으므로 이제는 볼 필요가 없다는 주어의 현재 마음의 상태를 암시하는 것이다. 가령 전에 보았으나 지금 다시 보고 싶다고 말하려면 과거형을 써서 I saw the movie a long time ago, but I want to see it again.이라고 해야 한다. 과거형은 과거의 행위가 현재에 영향을 주고 있다는 뜻이 아니기 때문에 I want to see it.라는 말을 덧붙여 과거의 행동과는 상관없이 현재의 마음을 나타낼 수 있는 것이다. 비슷한 또 하나의 예를 들면 가령 I've told you already.는 이미 말했으므로 나로서는 이 이상 할 말이 없다든지 다시 말하고 싶지 않다든지 같은 화자의 현재 심경을 의미하지만, 가령 전에 말했지만 다시 말하겠다고 말하려면 I told you then, but since you seem to have forgotten, I'll tell you again.과 같이 해야 할 것이다.

위 예문은 현재완료와 과거에 대한 한 가지 사실을 잘 보여주고 있다. 먼저 나온 현재완료 문장과 뒤에 나온 과거형 문장이 둘 다 같은 시간을 의미한다. 즉 have seen과 saw가 같은 시점이라는 뜻이다. 그러나 현재완료형으로 된 문장은 영화를 본 과거 시점을 표시하지 않고 막연하게 '지금 이전에' 영화를 보았다고 말한다. 그러나 뒤 문장은 영화를 본 시점을 분명하게 '지난주' 라는 특정 과거 시간으로 제시한다. 이처럼 절대 시점은 현재완료나 과거나 같으나 차이점은 어떤 일이 발생한 과거 시점이 분명하게 제시되거나 전후관계에서 나타나거나 하는 경우에는 과거형을 쓰며, 명확한 시점을 제시하지 않고 막연하게 '지금 이전에' 발생한 일로만 제시하면서 그것으로 인한 현재의 상태에 초점을 맞출 때는 현재완료형을 쓴다는 것이다:

- **Have you seen the Korea Art Exhibition?**
  당신은 한국미술전을 보았습니까?
  >> 지금 이 순간까지 해서 보았는가를 묻고 있으므로 미술전은 지금도 진행 중이라야 한다. 이미 끝난 상태라면 '지금 이 시점까지 해서' 라고 물을 수 없으며 당연히 과거형으로 물어야 할 것이다.

- **The building of the new road has been held up by bad weather.**
  신 도로 건설공사가 날씨 때문에 중단되었다.
  >> 도로공사는 지금도 중지 상태에 있다. 지금은 재개된 상태라면 물론 was held up으로 해야 할 것이다.

- **Which country has won the most championships in the World Cup soccer matches?**

어느 나라가 월드컵 축구경기에서 지금까지 제일 많이 우승을 차지했느냐?

•• **A car that has been in an accident costs less than a car that has never been in one.**
사고를 겪은 적이 있는 차는 그런 적이 없는 차보다 값이 싸다.

•• A: **What's the matter? What's happened?**
무슨 일입니까? 무슨 일이 일어났습니까?

B: **My car's been stolen.**
내 차가 도난 당했습니다.

C: **My car's been hit. Look! The bumper's been bent and a headlight's been smashed! I don't know when this was done and by whom.**
내 차가 충격을 받았습니다. 보세요. 범퍼가 구겨졌고 헤드라이트 하나가 부서졌습니다. 이것이 언제, 누구에 의해서 저질러졌는지 나는 모릅니다.

>> 위의 예문들의 현재완료는 모두 '지금 이 순간까지' 발생한 것을 의미한다. 그러나 누가 언제 이 행위를 범했는가는 과거 시점을 의미한다. 그래서 그 부분은 과거형이 된 것이다.

•• **The Prime Minister has been assassinated! He was shot a minute ago, by an unidentified man.**
수상이 암살되었다! 수상은 일 분 전에 총에 맞았는데 신원을 알 수 없는 한 남자에 의해 저격 받았다.

>> 수상이 지금 방금 암살되었다는 현재의 상황은 물론 현재완료로 제시해야 한다. 그러나 그 다음에 나오는 정보에는 '일 분 전에'라는 과거 부사구가 있으므로 그 문장은 과거형이어야 한다.

•• **A Russian passenger aircraft has been hijacked over the Black Sea. It was hijacked 10 minutes ago by a group of Islamic fundamentalists.**
러시아 여객기 한 대가 흑해 상공에서 납치되었습니다. 그 여객기는 10분 전에 일단의 이슬람 원리주의자들에 의해 납치되었습니다.

현재완료의 모든 것 (3) – 단순 완료형

현재완료는 어떤 일이나 상태가 과거에 시작하여 지금 순간까지 계속되었거나 이 사이의 어느 시점(들)에서 발생한 것을 의미하므로 현재 존재하지 않는 대상은 '지금까지' 라는 조건을 충족시킬 수 없다. 따라서 그런 대상은 현재완료로 언급할 수 없다. 즉 죽은 사람이나 과거의 일은 과거형의 적용 대상이 되는 것이다:

- *Rousseau has said that man is born free.
  → Rousseau said that man is born free.
  루소는 인간은 자유로운 상태로 태어난다고 말했다.
  ≫ 원래 과거형 동사는 그 일이 언제 일어났는가를 말하는 과거 시간부사를 동반하거나 암시해야 하지만 역사적 인물에 대한 경우에는 그렇게 하지 않아도 된다. '역사에서 그가 산 생애 중의 어느 시점' 으로 이해되기 때문이다.

- *Someone said that man is born free.
  → Someone has said that man is born free.
  사람은 자유로운 상태로 태어난다고 누군가가 말했다.
  ≫ someone은 과거 어느 시대 사람이라고 알려진 인물이 아니며 현재도 살아있는 어느 사람을 의미하기 때문에 현재완료를 써야 하며 과거형을 쓰려면 그가 그 말을 한 시점이 명시되거나 암시되어야 한다.

- *Queen Victoria has visited Korea.
  → Queen Elizabeth II has visited Korea.
  엘리자베스 2세 여왕은 한국을 방문한 적이 있다.

- Even Queen Victoria has visited this place.
  빅토리아 여왕까지도 이 곳을 방문한 적이 있다.
  ≫ 이 문장에는 왜 지금 존재하지 않는 사람이 현재완료 문장의 주어가 되어 있는가? 이 문장은 주어에 even을 붙여 아무개까지도 this place를 방문했다고 말함으로써 this place의 위상을 높이고 있다. 의미상으로 보면 문장의 주어인 Queen Victoria는 this place의 위상을 높이는 데 쓰인 도구에 불과하며 this place가 사실상의 주어이다. 위 문장은 Queen Victoria를 이야기하는 것이 아니고 this place에 대해서 이야기하는 것이다. 다시 말하면 위 예문은 '이 곳이 얼마나 유명한지 지금까지 이곳을 방문한 사람들에는 Queen Victoria까지도 포함되어 있다' 라고 의역할 수 있다.

- Newton has explained the movements of the moon.
  뉴턴이 달의 운동 원리를 설명했다.
  ≫ 이 문장은 뉴턴의 설명으로 지금 우리가 달의 운동 원리를 알고 있다는 뜻이다.

- *Newton has believed in God.
  → Newton believed in God.

뉴턴은 하느님의 존재를 믿었다.
>> 뉴턴이 신을 믿었든 안 믿었든 현재 우리와는 아무 관계가 없는 그의 개인적인 문제이다. 즉 그의 믿음으로 인해서 지금 우리가 하느님의 존재를 아는 것이 아니다.

현재완료의 시제적 양면성 때문에 한 문장에 절이 둘인 경우 주절에는 현재완료가 쓰이고 다른 절에는 과거가 쓰이는 경우도 있고 양 절에 다 현재완료가 쓰이는 경우도 있다. 의미에 따라 현재완료형 또는 과거형을 적절하게 선택해야 한다:

- I've dealt with such matters as my common sense suggested.
  나는 이런 문제들을 내 상식이 암시하는 대로 처리해 왔다.
  >> 주어는 그때 그때 상식을 따랐는데(과거지사) 그런 행동 방식을 지금까지 유지해(현재완료)온 것이다.

- He has described the trouble that developed between himself and his wife.
  그는 자신과 아내 사이에서 일어난 문제를 설명했다.
  >> 문제가 일어난 것은 과거인데 그 과거 문제를 지금 시점까지 해서는 이미 설명이 끝난 것이다.

- I've never had a job that I really disliked.
  나는 내가 정말로 싫어했던 직업을 가져 본 적이 없다.
  >> '가져 본 적이 없다'는 지금까지의 일이고 '내가 싫어했다'는 과거에 내가 가졌던 직업이다.

- If I've done anything wrong since I've been doing my job, just tell me what it was.
  내가 내 일을 해오면서 무슨 잘못된 점이 있다면 그것이 무엇이었는지 말해 주시오.
  >> '잘못한 점이 있다면'은 지금까지의 시간 범위에 걸치는 것이어서 현재완료형을 썼지만 잘못한 행위는 과거에 있었던 일일 수밖에 없으므로 과거형을 쓴 것이다.

- He has just noticed the rain has stopped and the sun has come out.
  그는 비가 막 그쳤고 이제는 해가 났다는 것을 방금 알았다.
  >> 목적절에 과거형을 쓰지 않은 것은 주절과 두 목적절에서 다 현재에 시간적 초점을 맞추어 지금의 상태를 말하기 위한 것이기 때문이다. 즉 이 문장이 말하는 세 가지 사항이 다 지금 막 발생한 것이다.

- Whoever has seen her has seen her mother.
  누구든 그 여자를 본 사람은 그 여자의 어머니를 본 것이다.
  >> 그 여자를 보고 그 여자가 어떤 사람인지 아는 사람은 그 여자의 어머니가 또한 어떤 사람인가도 알게 된다는 뜻이다.

- There has not been a single case where the National Assembly proposed dismissal of a government minister and the President rejected it.
  국회가 장관의 해임을 건의했는데 대통령이 이를 거부한 적은 단 한 번도 없었다.
  >> 그런 사례가 없는 상태가 지금 순간까지 계속된 것이지만 의회가 건의하고 대통령이 거부하는 것은 과거에 있을 수 있었던 일이다.

- **Since I've been** here, I **haven't left** my seat.
  내가 여기 있었던 동안에 나는 한 번도 내 자리를 떠난 적이 없다.
  >> 두 절의 내용이 현재까지라는 동일 기간 동안 지속된 것이다.

- **It's** only **been** in the past year or so that we**'ve had** enough money to be concerned with investing in stocks.
  우리가 주식 투자에 관심을 가질 만큼 돈을 갖게 된 것은 겨우 한 해 전부터이다.
  >> the past year를 last year로 생각하면 위 문장은 틀린 것이다. 그러나 the past year는 말하는 '지금 시점까지의 일 년'을 의미한다. '작년'을 의미하는 것이 아니다.

- During the past five years since President Roh was sworn in, hardly a week **has gone** by in which the newspapers **haven't carried** critical headlines about his eccentric language and behavior.
  노 대통령이 취임한 이후 지난 5년의 기간에 신문들이 대통령의 기이한 언동에 대해서 비판적인 기사들을 싣지 않고 지나간 때가 한 주도 없었다.

- Since they **have lived** in New York, they **have been** increasingly happy.
  그들이 뉴욕에서 살아오는 동안 그들은 갈수록 더 행복해졌다.
  >> 그들은 지금도 뉴욕에서 살고 있다. 만일 그들이 지금은 뉴욕에서 살고 있지 않다면 Since they lived in New York으로 해야 할 것이다.

- My grandmother **has been** happy since she was admitted to the hospital last week.
  내 할머니는 지난 주에 병원에 입원한 이후 기분이 좋으시다.
  >> 지금도 기분이 좋다는 뜻이지만 현재 입원 상태인지 그 후 퇴원했는지는 알 수 없다. 지금도 입원 중이라면 이 점을 확실히 하기 위해서 since she's been in the hospital이라고 해야 할 것이다.

- **Have** you **heard** that Mr. Brown's office **has been** broken into?
  브라운 씨의 사무실에 도둑이 들었다는데 들었니?
  >> Have you heard는 지금 이 순간까지 해서 들었는가의 의미이고, that절의 현재완료형은 화자는 그 사실을 방금 알았다는 뜻이다. 만일 화자가 브라운 씨 사무실에 도둑이 들었던 사실을 얼마 전에 들은 경우라면 자기 입장에서 그것은 현재완료형이 될 수 없으므로 that Mr. Brown's office was broken into라고 했을 것이다.

시간부사로 쓰일때 just와 just now는 정확하게 따지면 의미와 용법상의 차이가 있다. just는 '방금'의 의미로 사건의 현재성에 심리적 초점을 맞추는 시간부사로 현재완료 문장에 쓰기 적합하다. 그러나 비격식 미국영어에서는 just를 과거형 문장에도 많이 쓴다. 반면 just now는 '지금 이 순간에'라는 현재 순간의 의미와 '방금 전에'라는 과거 의미를 갖고 있어 현재 또는 현재진행형 문장과 과거형 문장에 쓰인다:

- **I've taken** a shower and **have just shaved**.
  나는 샤워를 했고 방금 면도를 했다.

•• **He has just come** out of the restaurant. His wife **has just noticed** that he doesn't have his umbrella. He **has left** it inside the restaurant.
그는 방금 식당에서 나왔다. 그의 부인은 자기 남편이 우산을 갖고 있지 않은 것을 보았다. 그의 남편은 우산을 식당 안에 놓고 나온 것이다.

•• A: **Have** you **seen** Henry?
헨리를 보았니?

B: Yes. I **saw** him **just now**. He**'s just gone** down that hallway.
그래, 보았지. 그를 방금 전에 보았는데 지금 막 저 쪽 복도로 갔어.

•• The previous tenant **just moved out** yesterday, so we **haven't cleaned** the room yet.
전 세입자가 바로 어제 나갔어요. 그래서 우리는 아직 방을 청소하지 못했어요.

완료형은 [have + pp]의 형태를 갖는다. 그러나 흔하지는 않지만 [be + pp]의 형태로 능동 완료형의 의미를 나타내는 경우도 있다. 옛 영어에서는 be동사가 완료형에도 쓰였는데 현대 영어에서는 거의 쓰이지 않는다. 그러나 그러한 옛 문법이 아직도 제한적으로 남아서 쓰이고 있다. 이처럼 두 가지 완료형이 다 가능한 경우에는 미묘한 의미 초점의 차이를 느낄 수 있다. have동사 완료형에서는 '사건의 발생'의 의미가 더 강하고 be동사 완료형에서는 '사건 발생의 결과적 현상'의 의미가 더 강하게 느껴진다. 어느 경우에 be동사 완료형이 쓰이는가는 딱 꼬집어 제시하긴 어렵다. 우리가 그런 문장에 접했을 때 그것을 이해할 수 있어야 하고 그런 형태를 접할 때마다 그냥 외워두는 수밖에 없다:

•• Winter **has gone** and spring **is come**.
겨울은 가고 봄이 왔다.
  ≫ 겨울에 대해서는 사라지는 현상(동작)으로 묘사하고 봄에 대해서는 와있는 현상(상태)으로 묘사하고 있다. 거꾸로 Winter is gone and spring has come.은 사람들의 일반적인 느낌에 맞지 않는다. 사람들은 가버린 겨울이 아니라 지금 와있는 봄을 느끼고 있기 때문이다.

•• A: Where **are** you **parked**?
= Where **have** you **parked**?
어디다 주차했느냐(주차해 놓았느냐)?

B: I**'m parked** over there.
= I**'ve parked** over there.
나는 저 쪽에 주차했다(주차해 놓았다).
  ≫ 위의 예에서는 의미상의 주어를 차로 보고 예문들을 수동형으로 간주해도 실제적인 의미에 있어서는 완료형 의미와 별 차이가 나지 않는다. 그러나 문장의 주어가 차가 아닌 사람이므로 완료형으로 보는 것이 더 사리에 맞다.

•• A: I don't suppose you have anything better which we could exchange these for? **Have** there **been** any last-minute cancellations?

혹시 우리가 이 표들을 더 좋은 자리로 교환할 수는 없을까요? 혹시 마지막 순간에 표를 취소한 경우는 없는가요?

B: **No. there's nothing left at all for today's show. In fact, we're sold out for three weeks in advance.**
없는데요. 오늘 공연표는 한 장도 남은 것이 없습니다. 사실은 3주 앞 것까지 매진되었어요.
　》 I'm parked의 경우처럼 여기서도 we're sold out는 능동 완료형인 we've sold out all the tickets의 의미이다.

- **The snow has melted.**
  눈이 녹았다.

  The snow is melted.
  눈이 녹았다.

위 두 번째 문장의 is melted에 대해서는 유의할 점이 있다. 외형상 [be + pp]의 형태로 되어 있지만 의미는 수동이 아니고 능동완료형이다. 만일 이 문장이 수동형이라면 melt는 타동사라야 하며 의미는 '내린 눈은 녹여진다' (snow는 물질로서의 눈이지만 the snow는 '내린 눈,' '땅을 덮고 있는 눈'이라는 의미)가 되는데 이런 말이 도대체 어떤 환경에서 발화될 수 있겠는가? 그러나 가령 The snow on the streets is melted with chemicals these days. '거리에 쌓인 눈이 요즈음에는 화학 약품으로 녹여진다' 라고 한다면 이 문장은 수동형 문장이다.

구어에서는 현재형 be동사가 현재완료의 의미를 대신하는 경우도 볼 수 있다:

- **Things are different here since you've gone.**
  당신이 떠난 이후 이곳의 사정은 달라졌습니다.
  　》 직역하면 '당신이 떠나 여기에 있지 않은 상황이 되어 온 이래, 즉 그동안에 이곳 사정이 달라졌다'이다. since 절의 형태 때문에 are가 have been의 의미로 이해되는 것이다.

- **My car is OK since I had it fixed.**
  내 차는 고친 이후 상태가 좋다.

- **I'm here to see the manager.**
  나는 관리책임자를 만나기 위해 왔소.
  　》 I'm here = I've come

Idiomatic Expressions

a storm in a tea-cup

'시시한 일 가지고 떠들썩하게 요란 피움'

>> 직역은 '찻잔 속의 폭풍'이다. 찻잔 속에는 '폭풍'이 있을 수 없다. 그럼에도 불구하고 마치 진짜 폭풍이나 되는 것처럼 피우는 소란이나 흥분을 경멸적으로 일컫는 표현이다.

■ ■ ■

Last year, incited by the press and the opposition party, the whole nation was completely absorbed for more than three months in a happening involving a mink coat and four women. But the inspection by the special prosecutor proved the whole thing to be *a storm in a tea-cup*.

작년에 언론과 야당의 선동을 받아 전 국민이 밍크 코트 하나와 네 명의 여인들이 연루된 사건에 석 달 이상이나 완전히 매몰되었었다. 그러나 특별 검사에 의한 수사가 그 모든 것이 알맹이 없이 소리만 요란한 사건이었음을 입증했다.

■ ■ ■

Some time ago, when some scientists doing research on cancer succeeded in curing a mouse of its cancer, the press all over the world made a great fuss over it, as if human cancer had finally been conquered. As a matter of fact, however, all that was a *storm in a tea-cup*.

얼마 전 암을 연구하던 몇몇 과학자들이 생쥐의 암을 치료하는 데 성공했을 때 전 세계의 언론은 마치 인간의 암이 드디어 정복된 것처럼 떠들어댔다. 그러나 실은 그 모든 것이 근거 없는 흥분에 지나지 않았다.

현재완료의 모든 것 (4) – 진행 완료형

1. 단순 현재완료와 현재완료 진행의 의미 차이

앞에서 본 것처럼 단순 현재완료는 행위의 완료와 그 결과를 의미하는 데 반하여 현재완료 진행은 행위의 진행, 즉 미완성 행위를 의미한다. 여기서 행위의 진행은 현재까지의 진행일 수도 있고 현재 바로 이전까지의 진행일 수도 있고 또는 그 진행 현상이 현재 이후에도 얼마 동안 계속되는 행위일 수도 있다. 그 의미가 진행이라 할지라도 우리말로는 진행으로 표현되지 않는 경우가 많다:

- **Who's eaten my lunch?**
  누가 내 점심을 먹었느냐?

  Who's been eating my lunch?
  누가 내 점심에 손을 댔느냐?

  ≫ 단순형 has eaten은 다 먹어 치운 것을 의미한다. 반면에 진행형 has been eating은 미완성 행위로 음식이 남아 있음을 의미한다.

- **How many glasses of wine have you drunk so far?**
  지금까지 포도주를 몇 잔 마셨느냐?

  Have you been drinking?
  당신 술 마셨소?

  ≫ '몇 잔 마셨다'는 완료의 의미이다. 그러나 위 예문은 몇 잔이라는 행위의 결과를 나타내는 목적어 없이 그냥 '술을 마셨다'는 행위 자체만을 의미한다. 그냥 마시는 행위에는 정해진 끝이 없으므로 단순 완료형이 될 수 없다. 물론 마시는 행위는 현재 바로 전에 중지한 것이지만 그 흔적(가령 얼굴이 빨갛다든가 술 냄새를 풍긴다든가)이 지금 남아 있어 그것을 근거로 술을 마셨느냐고 묻는 것이다.

- **I've written ten letters today.**
  나는 오늘 편지를 열 통 썼다.

  I've been writing letters all day.
  나는 온종일 편지만 썼다.

  ≫ 열 통의 편지는 완료될 수 있는, 즉 끝이 정해진 목적어이므로 완료형을 동반할 수 있지만 그냥 편지 쓰는 행위는 정해진 끝이 있는 단위적인 것이 아니고 행위 자체이므로 완료 진행형을 써야 한다.

- **I've read your book.**
  나는 선생님의 책을 읽었습니다.

  I've been reading your book.
  나는 선생님의 책을 읽고 있습니다.

  ≫ 위 완료형 문장은 책을 완독했고 따라서 그 내용을 알고 있다는 뜻이다. 그러나 진행형 문장은 과거부터 지금까지 읽고 있으며 앞으로도 계속 읽을 것임을 암시한다.

100 Essentials of Practical English Grammar

•• **Be careful! I've been painting the door.**
주의하세요! 제가 문에 페인트 칠을 하고 있었어요.
>> 이 문장은 칠하는 작업이 완료되었다는 뜻이 아니다. 혹시 행위 자체는 완료되었을 수도 있지만 칠이 아직 마르지는 않았다는 뜻이다. 여기서 완료는 칠이 마르는 것까지를 포함한다. 완료형으로 I've painted the door.라고 하면 칠이 마른 것까지를 포함하여 작업이 다 끝났음을 의미한다.

•• **Have you been crying?**
너 울었니?
>> 우는 행위는 완료가 있을 수 없는 행위이다. 얼마를 울어야 완성되는가? 따라서 단순 현재완료로 나타내기 어려운 의미이다. 그러나 물론 말하는 순간에도 계속 울고 있는 것은 아니고 현재 바로 이전에 중지한 것이다. '완료(completion)'가 아니라 '중지(stop)'이다. 이미 중지했지만 상대가 울었던 흔적을 화자가 보면서 하는 질문이다. 이처럼 현재 바로 이전까지 진행된 행위는 현재완료 진행으로 나타낸다.

•• **I've been waiting for my bus for over half an hour now, but it hasn't come yet.**
나는 이미 30분 이상 버스를 기다리고 있는데도 아직 오직 않았다.

•• **Daddy, guess what I've been doing today.**
아빠, 오늘 내가 무엇을 했는지 알아맞춰 보세요.
>> 진행형이기 때문에 행위를 의미한다. 단순형으로 하면 성취, 즉 행위의 결과를 의미한다.

•• **This soccer match has been going on for an hour, with neither side having scored a goal.**
이 축구 시합은 벌써 한 시간 동안이나 어느 팀도 한 골도 못 넣은 상태로 진행되고 있다.

•• **I've been wondering whether or not to buy this house for a long time. Now I've decided to buy it.**
나는 오랫 동안 이 집을 살까 말까 고민해 왔다. 그런데 이제 그 집을 사기로 결정했다.

•• A: **You're ten minutes late.**
당신은 10분 늦었습니다.
B: **Yes, I know. I've been parking the car.**
네 압니다. 차를 주차하느라고 시간을 좀 보냈거든요.
>> 여기서 가령 I've parked the car.라고 하면 주차를 끝냈다는 뜻이 되어 동문서답이 될 것이다. 현재완료 진행형으로 한 것은 주차의 행위에 초점을 맞추기 위한 것이다. 주차는 이미 완료되었지만 행위는 시간이 걸리는 것이므로 늦은 것에 대한 이유 설명이 될 수 있기 때문이다.

•• **I've studied very hard for the exam and I'm not uneasy about it at all now.**
나는 이번 시험을 대비하여 그 동안 아주 열심히 공부했다. 그래서 지금 조금도 불안하지 않다.

I've been studying very hard for the exam, but I'm uneasy about it now.
나는 이번 시험에 대비하여 아주 열심히 공부는 했지만 나는 지금 불안하다.
>> 완료형 문장은 과거 행위가 현재에 준 결과를 말하고 있다. 즉 준비를 많이 해서 자신이 있다는 현재의 상태를 말한다. 반면 완료 진행형은 공부하는 행위만을 강조할 뿐이므로 준비를 완성했다는 뜻은

219

아니다. 그러므로 지금 시험에 대해서 걱정하고 있는 것이다.

- **I've been trying** to get my secretary on the phone. But **I've been getting** no reply.
  나는 내 비서를 전화로 접촉하려고 애쓰고 있으나 아직 그에게서 연락을 받지 못하고 있다.

- **I've cleaned** the car.
  나는 차를 청소했소.

  I've been cleaning the car.
  나는 차를 청소하고 있었소.

  ≫ 완료형 문장은 청소가 완료되어 차는 이제 깨끗하다는 의미이다. 반면에 진행형 문장은 화자가 방금 전까지 하고 있었던 행위를 의미하므로 십중팔구 청소가 끝났다는 뜻이 아니고 화자가 자기의 손이 더러워져 있고 차림새도 작업복이고 하여 상대에게 양해를 구하는 말이다.

- **It's been snowing** again.
  또 눈이 왔구나.

  ≫ 아침에 밖을 내다보고 밤새 눈이 왔음을 발견하며 할 수 있는 말이다. 지금도 눈이 내리고 있는 것인지는 확실하지 않다. since구나 for구 또는 [all + 기간]으로 된 구를 동반하지 않은 현재완료 진행형은 일반적으로 지금 이전에 그친 사건을 의미한다. 만일 지금도 계속되고 있다면 현재 진행형을 써서 It's snowing again.이라고 하든지 위 예문 뒤에 and it's still snowing을 붙이든지 또는 since yesterday, for ten hours 또는 all day, all week 등의 부사구를 동반해야 할 것이다.

- It **has been raining** all day. It is still raining right now.
  비가 온종일 왔고 지금 이 시각에도 오고 있다.

- I **have been getting up** at five o'clock in the morning for most of my life.
  나는 내 생애 대부분의 기간 동안 아침 5시에 일어나고 있다.

- 30cm of snow **has fallen** in just one day!
  딱 하루에 30cm의 눈이 내렸다.

  It's **been snowing** for almost ten hours now.
  거의 열 시간이나 눈이 계속해서 내리고 있다.

  ≫ 첫 문장에서 30cm의 눈이 내렸다는 것은 내린 눈의 양을 제시한 것이므로 완료의 의미이다. 계산의 기준은 지금까지이다. 두 번째 문장은 내린 눈의 양이 제시되어 있지 않으므로 그냥 눈이 내리는 사건만을 의미한다. 따라서 현재완료 진행형이 된 것이다. 또 눈이 내린 기간을 나타내는 부사구에 now가 붙은 것은 현재 순간에도 내리고 있음을 확실하게 하기 위한 것이다.

- **I've had** a good time, and I'm going home now.
  나는 충분히 즐겼다. 그러니 이젠 집에 가야겠다.

  I've been having a good time at the party and I've just come home.
  나는 파티에서 즐거운 시간을 가졌고 지금 방금 집에 돌아왔다.

  ≫ 즐거운 시간을 갖는 것은 중단은 있어도 완료는 없는 행위이다. 그러나 이것을 완료형을 써서 말하

면 자신이 기대했던 만큼 충분히 즐겼다는 개인적인 심리 상태를 의미한다. 두 번째 문장에서처럼 진행형으로 말하면 그런 의미 없이 단순히 즐기는 행위 자체만을 의미하게 된다. 집에 돌아오는 것은 집안에 들어서면 완료되는 행위이다.

- **He has been looking for a job for a month but has not found one yet.**
  그는 한 달 동안 일자리를 찾아다녔지만 아직 찾지 못했다.
  >> 일자리를 찾아다니는 행위를 진행했으나 그 완료, 즉 결실은 아직까지 없으므로 앞부분의 의미는 진행형, 뒷부분의 의미는 완료형으로 한 것이다.

- **He has been speaking English increasingly better.**
  그는 갈수록 영어를 잘 한다.

  (a) since he **has been studying it** with this book.
  그가 이 책으로 영어를 공부한 이후
  >> 현재완료 진행형이 쓰였다는 것은 그가 지금도 이 책으로 영어 공부를 하고 있음을 나타낸다.

  (b) since he **began** studying it with this book.
  그가 이 책으로 영어를 공부하기 시작한 이후
  >> 공부를 시작했으므로 지금도 공부하고 있을 수도 있고 공부가 끝난 경우일 수도 있다.

  (c) since he **studied** it with this book.
  그가 이 책으로 영어를 공부한 이후
  >> 과거형을 썼으므로 그가 지금은 공부하고 있지 않다.

현재완료 진행이 '얼마 동안'을 의미하는 시간 부사구의 제한 없이 쓰이는 경우에는 비특정 횟수의 반복을 의미하는 경우가 많다:

- A: **You should knock at the door.**
  문을 노크하라.

  B: **I've been knocking.**
  노크를 (여러 번) 했는데요.

  A: **Well, knock again.**
  그래도 다시 해보라.

  B: **I've knocked ten times.**
  열 번이나 했는데요.
  >> 특정 횟수를 완료했음을 의미하므로 이 문장에서는 완료형을 쓴 것이다.

- A: **I've ironed all your shirts.**
  나는 당신의 셔츠를 다 다렸어요.
  >> 주어는 일을 끝낸 것을 기쁜 마음 또는 홀가분한 마음으로 말하고 있다.

  B: **Oh! That's a good job done.**
  아 그래. 참 잘 했구먼.

  A: **I've been ironing all your shirts.**

나는 당신 셔츠 전부를 다 다렸어요.
> 주어는 반복된 일을 하느라 힘들었음을 말하고 있다.

B: **Oh! You must be exhausted.**
아 그래요. 그럼 당신 지쳤겠구려.

2. 기타 사항들

(1) 상태를 의미하는 동사들은 그 자체가 지속적, 진행적 의미를 갖기 때문에 진행형으로는 쓰이지 않는다. 가령 *I'm knowing him.이라고는 하지 않는다는 뜻이다. know는 순간적 의미가 아니라 지속적 의미이기 때문이다. 진행형으로 쓸 수 없기 때문에 가령 *I've been knowing him since he was a little boy.라고 해서는 안 되며 I've known him ...이라고 해야 한다:

상태 동사는 그 의미에 따라 몇 가지로 분류할 수 있다: (a) 인지적 의미를 갖는 동사들 : know, believe, realize, doubt, understand, desire, recognize, think, 등; (b) 감정적 의미를 갖는 동사들 : love, hate, like, dislike, 등; (c) 소유의 의미를 갖는 동사들 : possess, have, own, belong 등; (d) 감각동사들 hear, see, smell, feel, 등; (e) 그 외 각종 상태를 나타내는 동사들 : look, owe, exist, contain, resemble, 등이다:

- *I have always been thinking/believing/doubting/knowing that there is a God.
  → I have always thought/believed/doubted/known that there is a God.

- *He's loving/hating/fearing/liking/envying her.
  → He loves/hates/fears/likes/envies her.

외형적으로 상태동사인 것들도 비상태 동사의 의미로 쓰일 수 있다. 이 때 이들 동사는 물론 진행형으로 쓰일 수 있다:

- **These flowers smell good.**
  이 꽃들은 좋은 냄새를 풍긴다. (즉 냄새가 좋다.)

- **She is smelling the flowers.**
  그 여자는 그 꽃들의 냄새를 맡고 있다.
  > 여기서는 smell이 냄새를 맡는 능동적인 행위를 의미한다.

  She's been smelling the flowers all morning.
  그 여자는 아침 내내 꽃 냄새를 맡고 있다.

- **Do you see a butterfly over there?**
  저기 나비가 보이니?

- **She is seeing her doctor about her headache.**

그 여자는 두통 때문에 의사를 만나고 있다.
She's been seeing her doctor about her headache ever since she got divorced.
그 여자는 이혼한 이후 내내 두통으로 인해 의사를 찾고 있다.

(2) 지속 기간을 나타내는 for구, since구 또는 [all + 기간] 구를 동반하여 쓰일 때는 단순 현재완료형으로 쓰이거나 현재완료 진행형으로 쓰이거나 의미 차이가 거의 나지 않는 경우도 많다. 이런 경우에는 어느 형태를 쓰거나 발화 상황에 따라 지금 바로 전 또는 얼마 전에 끝난 행위일 수도 있고 아직도 계속되고 있는 행위일 수도 있다. 그러나 사람에 따라서는 미묘한 의미 차이를 느끼기도 한다:

- I**'ve worked/been working** on this experiment all day.
  나는 온종일 이 실험을 하고 있다.

- I**'ve lived/been living** in Italy since 1970.
  나는 1970년 이래 이탈리아에서 살았다.

- She **has learned/has been learning** the piano for ten year.
  그 여자는 피아노를 10년 동안 배웠다.

- I **have sat** here for over two hours.
  I **have been sitting** here for over two hours.
  나는 여기서 두 시간 이상 앉아 있다.

위 두 문장에 대해서 어떤 사람들은 별 차이를 느끼지 않으나 다른 사람들은 단순형 문장은 앉아 있는 행위가 지금 순간에는 완료된 것을 의미하는 데 비해서 진행형 문장은 그 행위가 지금 이후에도 계속될 수 있음을 의미하는 것으로 느낀다:

(3) 구어체 미국영어에서는 과거부터 현재까지에 걸친 시간을 의미하는 부사나 접속사를 과거형 동사 또는 경우에 따라 현재형 동사와 같이 사용함으로써 문법적으로 현재완료를 대신하는 경우가 흔히 있다. 그러나 격식적인 언어 환경에서는 물론 현재완료를 쓰는 것이 안전하다:

- **Did** you **eat** lunch **yet**?
  = Have you eaten lunch yet?
  점심을 먹었니?
  >> yet '지금까지 해서'라는 현재를 포함하는 부사의 의미로 인해서 Did you eat?가 Have you eaten?과 같은 의미가 된 것이다. 여기서 한 가지 주의할 것은 만일 yet 같은 현재를 기준으로 정하는 부사 없이 Did you eat lunch?라고 하면 오늘 점심인지, 어제 점심인지, 그 전 어느 날의 점심인지 알 수 없게 된다는 점이다.

- **Did** you **ever go** to Paris?
  = Have you ever gone to Paris?

파리에 가본 적이 있소?
>> ever의 의미 때문에 과거형이 현재완료의 의미로 이해된다.

- **You told me already.**
  = You've told me already.
  당신이 이미 내게 말해 준 것이오.

- **I'm feeling much better since I stopped smoking.**
  = I've been feeling much better since I stopped smoking.
  나는 담배를 끊은 이후 건강이 훨씬 좋아지고 있다.

- **My car's OK since I had it fixed.**
  = My car's been OK since I had it fixed.
  내 차는 수리한 이후 아무 문제도 없다.

- **It's ten years since they were last here.**
  = It's been ten years since they were last here.
  그들이 여기 마지막 온 이후 십년이 되었다.
  >> be동사는 since구나 절과 같이 쓰이면 지속적 의미를 갖는다. 따라서 It ... since ...의 문장 형태에는 It has been보다 It is가 더 일반적으로 쓰인다.

- **How long is it since you last visited London?**
  = How long has it been since you last visited London?
  당신이 런던을 방문한 지 얼마나 되었습니까?

- **Since when do you eat with your elbows on the table?**
  언제부터 너는 두 팔꿈치를 식탁에 대고 식사를 하느냐?
  >> [Since when + 단순 현재형] 의문문의 형태는 비 격식적 미국영어에서 자주 쓰이는 표현인데 놀라움과 불찬성, 즉 나무람을 내포한다. 이 표현을 제대로 하면 Since when have you been eating with your elbows on the table?이라고 해야 하겠지만 이렇게 하는 경우 나무람의 의미는 사라지고 단순히 하나의 사실을 묻는 것이 될 것이다.

(4) 현재완료와 과거는 분명히 그 존재 목적과 용법이 다르지만 구어에서 관용적으로 잘 쓰이는 Have you heard ...?와 Did you hear ...?는 이 구별을 하지 않고 동일하게 쓰인다. 이들이 쓰이는 상황이 굳이 구별을 필요로 하지 않게 만들기 때문이다:

- **Have you heard that the Government is raising taxes again?**
  정부가 또 각종 세금을 올리겠다고 하는 것을 들었느냐?

- **Did you hear about John jumping into the pool at the party with all his clothes on?**
  존이 파티에서 옷을 다 입은 채 풀에 뛰어든 것에 대해서 들었느냐?

(5) 완료형은 결과에, 그리고 완료 진행형은 행위 그 자체에 의미의 초점을 맞추지만 행위의 기간이 오래 되었을 경우에는 완료 진행형을 쓰지 않고 단순 완료형을 쓴다:

- **The cathedral has stood there for two hundred years.**
  그 사원은 그 곳에 이 백년 동안 서 있다.

- **He has been standing on the corner for two hours now.**
  그 사람은 저 구석에 지금 두 시간이나 서 있다.

- **He hasn't worked for years.**
  그는 여러 해 동안 실직 상태이다.

- **He hasn't been working very well recently.**
  그는 근래 일을 별로 잘하고 있지 못하다.

(6) 과거완료와 미래완료

현재완료는 완료의 기준을 현재에 두는 데 비해서 과거완료는 과거의 어느 특정 시점에 시간 기준을 두고 그 시점까지 해서 어떤 일이 완료되었거나 그 때까지 계속되었다는 뜻이다. 미래완료는 미래의 어느 특정 시점에 시간 기준을 두고 그 시점까지 해서 어떤 일이 완료되거나 계속될 것이라는 의미를 나타낸다:

- **Had you eaten anything before you went to bed last night?**
  어젯밤에 잠자리에 들기 전에 무엇을 먹었느냐?
  ≫ 어제 밤 잠자리에 들었던 순간을 기준으로 먹었는지 안 먹었는지를 묻고 있다.

- **I had never seen snow before I came to this country.**
  나는 이 나라로 오기 전에는 눈을 본 적이 없었습니다.

- **I was sleeping when he called last night. I had probably been sleeping for an hour or so when the phone rang.**
  어젯밤 그가 내게 전화했을 때 나는 자고 있었다. 전화가 울렸을 때 나는 아마 30분 정도 자고 있었을 것이다.
  ≫ 과거완료 진행형은 현재완료 진행형의 경우나 마찬가지로 어떤 행위의 완성이 아니라 그 행위의 진행을 의미한다. 따라서 행위의 결과가 아니고 행위의 수행 자체에 의미의 초점을 맞춘다. 이것은 미래완료 진행형에 있어서도 물론 마찬가지이다.

- **He's working overtime tonight. His family will already have eaten dinner when he arrives home.**
  그는 오늘 퇴근 시간을 넘겨 일하고 있다. 그가 집에 도착할 때는 그의 가족이 저녁식사를 이미 끝낸 다음이 될 것이다.

- **We are awfully late for our appointment with him. He will probably have been waiting for an hour when we get there.**
  우리는 그 사람과의 약속 시간에 아주 늦었다. 우리가 거기에 도착할 때는 그 사람은 아마 이미 한 시간은 기다리고 있을 것이다.

[go + ~ing]와 [no + ~ing]의 의미

1. [go + ~ing]의 구조는 다음 3가지 의미로 쓰인다:

(1) 스포츠나 기분 전환을 위한 신체 활동, 또는 어느 특정한 경우의 일시적으로 하는 활동을 의미하는 동사를 ~ing 형태로 하여 '~의 활동을 하러 가다'의 의미를 나타낸다. 예를 들면 go boating/climbing/cycling/dancing/drinking/fishing/hiking/hunting/rambling/riding/running/sailing/shooting/shopping/skating/skiing/swimming/walking 등과 명사를 ~ing 앞에 놓은 go fruit-picking/sight-seeing/house-hunting('새 집을 구하러 가다')/go window shopping 등, 그리고 부사적 의미를 갖는 명사를 앞에 두는 go water-skiing/wind-surfing/bicycle riding/mountain climbing 등은 흔한 표현이다. 이러한 [go ~ing] 구조에 쓰이는 동사들은 앞에서 지적한 의미상의 특징을 갖는 것들에 국한되며 아무 동사나 다 이렇게 쓰일 수 있는 것은 아니다. 가령, *go working, *go studying, *go travelling 등은 쓰이지 않는다.

'~의 활동을 하러 가다'에 장소의 부사구를 붙이는 경우에는 조심할 것이 있다. 이 때 우리말로는 장소가 '가다'의 목적지로 표현되지만 영어에서는 장소가 go와 연결되지 않고 ~ing 동사와 연결된다. 그러므로 가령, *go shopping to a department store라고 말하지 않고, go shopping at a department store라고 한다. 즉 shopping at a department store 전체가 go 행위의 목적어인 것이다. 우리말 표현과는 다르다는 점에 유의해야 한다:

[go ~ing]와 같은 의미로 [go for a + 명사]의 구조도 있다. go for a ride(= go riding), go for a drive*(go driving) '드라이브를 하러 가다,' go for a walk(= go walking), go for a run(= go running) '달리기를 하러 가다,' go for a swim(= go swimming) 등은 흔히 쓰이는 표현들이다. 여기에 쓰이는 명사들은 원래는 동사인데 그 용법이 명사로 확대된 것들이다. *go driving은 '차를 운전하고 가다'로 오해될 수 있어 쓰이지 않는다. 그러나 go running은 '달려서 가다'로 오해될 수 있지만 go jogging의 뜻으로 쓰인다. 또 동사 출신이 아닌 원래부터 명사인 단어를 쓰려면 go on a journey/a voyage/an excursion/an outing/a trip 등의 예처럼 [go on a + 명사]의 구조를 써야 한다. 단, 이 구조의 명사는 순수한 명사이기 때문에 첨가된 장소의 부사구는 문법적으로 명사에 걸리지 않고 동사 go에 걸린다. 따라서 go on an excursion to the suburbs, go on a trip to the country 등이 된다:

- **Where do you go shopping when in London?**
  당신은 London에 있을 때는 어디에서 물건들을 삽니까?

- **I usually go shopping in the basement of my hotel.**
  나는 보통 내가 묵는 호텔의 지하층에서 쇼핑을 하지요.

- **He says he's getting too old to go climbing.**
  그는 자기는 등산하기에는 너무 나이가 들어가고 있다고 말한다.

- **Now that we've bought a new car, why don't we go for a drive today!**
  이제 우리도 새 차를 샀으니 오늘 드라이브 한번 해 봅시다.

- **Let's go swimming this afternoon.**
  오늘 오후에 수영하러 가자.

- **Yesterday they went sight-seeing in Kyungju.**
  어제 그들은 경주로 관광을 갔다.

누구를 위와 같은 활동에 초청할 때는 go 대신 come을 쓴다:

- **Come dancing this evening.**
  오늘 저녁에 우리 집에(우리 파티에) 춤추러 와라.

- **Come for a walk this afternoon.**
  오늘 오후에 산책하러 우리 집으로(우리 동네로) 와라.

- **Come swimming with us tomorrow.**
  내일 우리와 같이 수영하러 와라.

- **Come for a sip of coffee this afternoon.**
  오늘 오후에 커피 한 잔 마시러 와라.

(2) [go ~ing]의 구조는 그 기간이 제한되지 않은 활동인 직업의 선택을 나타내기도 한다:

go nursing '간호사의 직업을 택하다,' go farming '농업을 직업으로 택하다,' go teaching '가르치는 업을 택하다,' go bricklaying '벽돌공의 업을 택하다,' go soldiering '군인을 직업으로 택하다.' 그러나 모든 직업이 다 이렇게 표현되지는 않는다. 가령, *go printing, *go publishing, *go building 등의 표현은 없다. 어떤 직업이 이 구조로 쓰이는가에 대한 명확한 원칙도 없다. 다만 일부 표현들이 관행적으로 이렇게 쓰여온 것이다. 우리로서는 [go ~ing] 구조가 이러한 의미도 갖고 있다는 것만 알면 될 것이다:

(3) 구어에서는 [go ~ing] 구조는 언급되고 있는 행동이 바람직하지 않음을 암시하기도 한다:

- **You shouldn't go boasting about your achievements.**
  너는 네가 성취한 일들에 대해서 너무 자랑하지 말라.

- **Don't go blaming yourself.**
  네 자신을 너무 나무라지 말라.

- **It's a secret, so don't go telling everyone about it.**
  이것은 비밀이다, 그러니 사람들에게 이것에 대해서 떠벌리지 말라.

- If you go eating those green apples, you'll make yourself ill.
  저런 푸른 사과들을 먹으면 병이 날 것이다.

2. [no + ~ing]의 의미

[no + ~ing]의 형태는 두 가지 문장 구조에 쓰인다. 하나는 [There's no + ~ing(타동사) + 목적어] (더러는 There's no 대신 There isn't any도 쓰임)의 구조이고, 다른 하나는 [There must be no + ~ing(자동사)]의 구조이다. 전자는 '불가능' 의미이고, 후자는 '금지' 의 의미이다:

(1) [no + 타동사 ~ing + 목적어] ('불가능' 의 의미)

- He's such a strange person; there's no knowing/saying/telling what he'll do next.
  그는 아주 이상한 사람이다. 다음에 무슨 짓을 할지 아무도 알 수 없다.

- There's no mistaking that voice.
  그 음성은 다른 사람의 음성으로 오해하기 불가능한 음성이었다.

- There isn't any telling what they will do.
  그들이 무슨 짓을 할지 알 길이 없다.

(2) [no + 자동사 ~ing] ('금지' 의 의미)

이 경우에는 no 앞의 There must be는 보통 생략된다.

- There must be no standing beyond the white line.
  하얀 줄을 넘어 사람이 서서는 안 된다.

- There must be no smoking in the room.
  방에서는 담배를 피워서는 안 된다.

- There must be no parking in this area.
  이 지역에서는 주차를 해서는 안 된다.

- There must be no standing in this zone.
  이 지역에서는 정차가 금지되어 있다.

(3) 위 1번 구조도 단축형으로 쓰이면 즉 There is 없이 [no + ~ing + 목적어]로만 되어 있으면 '금지' 의 의미가 된다:

- No playing loud music.
  음악을 크게 틀지 말 것.

  » 동명사 + 목적어

그러나 위와 같은 불가능과 금지의 의미 외에 글자 그대로의 의미를 유지하는 경우도 간혹 있다. 따라서 이런 경우에는 어느 의미가 의도되었는지는 문장 상황으로 판단해야 한다:

- **There was no smoking** in the corridors.
    - (1) 복도에서는 끽연이 금지되었다.
    - (2) 복도에서는 아무도 담배를 피우지 않았다.

027 need와 dare의 용법

일반적으로 미국영어에서는 이들 둘 다 일반동사로 쓰이기 때문에 특별히 문제될 것이 없다. 그러나 영국영어에서는 이들의 용법이 단순하지 않다. 의문문과 부정문, 그리고 함의적 부정문과 의문문(형식은 긍정 서술문이지만 의미상으로는 부정문이나 의문문인 경우)에는 이들이 조동사로 쓰이고, 그 외의 경우에는 일반동사로 쓰이기 때문이다. 다음에서 자세히 보자:

1. need와 dare가 조동사로 쓰이는 경우

(1) need (= have to)

- A: **Need you leave** so soon?
  당신은 그렇게 빨리 떠나야 합니까?

- B: **No, I needn't.**
  아닙니다. 그럴 필요 없습니다.

- B: **Yes, I must.**
  네, 그래야겠습니다.
  ≫ 긍정으로 대답하는 경우에는 need를 일반동사로 써서 Yes, I need to라고 할 수도 있으나, Yes, I must.가 일반적인 대답 형식이다.

- A: **Need I answer** your question?
  내가 당신의 질문에 꼭 대답해야 되나요?

- B: Of course, you **needn't**, if you don't want to.
  물론 원하지 않으시면 대답하지 않아도 됩니다.

- A: **Need he work** so hard?
  그는 그렇게 열심히 일을 해야만 합니까?

- B: I don't think he **need work** so hard.
  ≫ 이 문장은 의미상으로 I think he need not study so hard나 마찬가지이므로 앞 문장의 he need work so hard는 함의적 부정문이다.

- My car is more powerful than **it need be**.
  내 차는 필요 이상으로 힘이 세다.
  ≫ = My car need not be so powerful as it is.

- All **he need do** is to take a taxi.
  그는 택시만 잡아타면 된다.

- » = He needn't do anything except take a taxi.

- **I need hardly tell you that I'm disappointed with your work.**
  나는 너의 작업에 대해서 실망하고 있다는 것을 너에게 말해줄 필요도 없을 것이다.

- **You need only do as I tell you.**
  너는 내가 하라는 대로만 하면 된다.
  - » = You need not do anything except do as I tell you.

- **I asked him whether he need go.**
  나는 그에게 그가 가야 하는지 아닌지 물었다.
  - » = I asked him, 'Need you go?'

- **I wonder whether he need do that.**
  그가 정말 그런 일을 해야 하는 것일까.
  - » = Need he do that?

(2) dare '~할 용기를 내다,' '감히 ~하다'

- **How dare he act like that!**
  그가 어떻게 감히 그렇게 행동할 수 있는가!

- **How dare you accuse me of lying!**
  네가 감히 어떻게 나를 거짓말했다고 말할 수 있느냐!
  - » How dare you, he, she, they....!의 형식은 '~할 수 없다'라는 함의적 부정문으로, 화자의 분노를 나타내는 데 쓰인다.

- **How dare she suggest such a thing!**
  그 여자가 그런 것을 암시하다니!

- **How dared he tell you that!**
  그가 어떻게 감히 그런 말을 너에게 했단 말이냐!

- **We all knew he was making a mistake, but none of us dared tell him.**
  그가 실수를 하고 있다는 것을 우리는 다 알고 있었다. 그러나 우리 중 아무도 그에게 그것을 말해줄 용기를 내지 못했다.

- **I daren't tell you any more, because it's confidential.**
  나는 이 이상 너에게 말해 줄 수 없다(말해 줄 용기를 낼 수 없다). 그것은 비밀이니까.

- **Dare I open this letter?**
  내가 이 편지를 감히 개봉해도 좋을까?

- **I wonder whether he dare complain to the President.**
  그가 감히 대통령에게 불평을 할 수 있을까.
  - » I think he dare not complain to the President.와 같은 의미이다.

- **He daren't** answer.
  그는 (뭐가 무서운지) 대답하지 않는다.

- A: **Dare** I ask him?
  내가 그에게 (직접, 감히) 물어도 될까?

- B: **No, you daren't**.
  그렇게 하지 않는 게 좋겠다.

2. need와 dare가 일반동사로 쓰이는 경우

영국영어에서도 긍정 서술문에는 need와 dare가 일반동사로 쓰인다. 가령 *I need/dare go는 I want go처럼 틀린 문장이다. 당연히 I need/dare to go로 해야 한다. 또한 미국영어는 부정문과 의문문에서도 I don't need to go와 Does he dare to go?에서처럼 need와 dare를 일반동사로 쓴다는 것을 앞에서 설명한 바 있다. 다음의 예들을 보자:

- I **need to go** now. = I have to go now.

- **Do** you **need to go** now? = Need you go now?

- I **don't need to go** now. = I need not go now.

- He **didn't dare to disobey**. = He dared not disobey.

- **Does he need to study** for the exam? = Need he study for the exam?

- He **needs to learn** English. = He has to learn English.

- He **doesn't dare to go** by himself. = He daren't go by himself.

- **Does** he **dare to ask** you that? = Dare he ask you that?

- He **dares to ask** me that.
  ≫ 긍정 서술문이므로 He dare ask that로 바꿀 수는 없다.

- No one but you and me **needs to know** this. = No one but you and me need know this.

- You'll **need to go** to the dentist. = You'll have to go to the dentist.

- You **won't need to go** to the dentist. = You won't have to go to the dentist.

조동사로서의 need는 dare와는 달리 과거형이 없다. 즉, *Needed he go?나 *He needed not go라고는 할 수 없다. (일반동사로서의 need는 물론 과거형과 미래형 둘 다 가능하다: needed to go; will need to go.) 그러나 need의 의미를 과거로 만들 수는 있다. [need + have + 과거분사]의 형태를 쓰거나 need를 일반동사로 사용하면 된다. 다만 이 두 형태의 의미상 차이를 유의해야 한다:

- **I needn't have gone to the office yesterday.**
  나는 어제 직장에 나갈 필요는 없었지만 직장에 나갔었다.

- **I didn't need to go to the office yesterday.**
  직장에 나갈 필요가 없었기 때문에 나가지 않았다.
  >> 이 문장에서도 need에 특별한 발음의 강세를 가하면 needn't have gone과 같은 의미가 되어 그 앞 문장과 같은 의미가 된다.

- **It was very warm yesterday, so I needn't have put on my thick coat.**
  어제는 날씨가 아주 따뜻했다. 그래서 나는 두꺼운 코트를 입을 필요가 없었는데.
  >> = …. 그러나 사실은 두꺼운 코트를 입었다.

- **It was very warm yesterday, so I didn't need to put on my thick coat.**
  어제는 날씨가 아주 따뜻했다. 그래서 나는 두꺼운 코트를 입을 필요가 없었다.
  >> = 그러나 사실은 두꺼운 코트를 입었다.

- **The accident need not have occurred.**
  그것은 일어나지 않아도 될 사고였다.
  >> 막을 수도 있었던 사고였다는 의미이다.

- A: **Need you have told him about our plans?**
  너는 그에게 우리 계획을 알려줄 필요가 있었느냐?
  >> '그럴 필요가 없었다고 나는 생각한다'의 뜻이다.

  B: **Yes, I had to.**
  어쩔 수 없었어요.

- **No, I needn't have.**
  아니오. 꼭 그렇게 할 필요는 없었지요.

need와 dare는 미국영어에서는 일반동사로 쓰이므로 그 용법에 있어 특별히 유의할 것이 없다. 그런데 미국영어나 영국영어 중에서 더 단순한 용법 하나만 알면 되지 굳이 두 가지 형태를 다 알고 사용해야 할 필요는 없지 않을까하는 생각도 들 것이다. 물론 이 생각에는 일리가 있다. 그러나 우리가 알아야 할 것이 있다. 오늘날 외국어로서 영어를 배우지 않는 나라는 없는데 이들 대부분의 나라에서 영국영어를 배운다는 사실이다. 남미, 필리핀, 일본, 타이완, 그리고 한국을 뺀 나머지 세계 모든 나라에서 영국영어를 배운다. 외교와 무역의 세계무대에서 들리는 영어는 대부분 영국영어인 것이다.

그러나 영국영어, 미국영어 가릴 것 없이 현대영어에서는 need와 dare를 조동사로 쓰는 것은 구어체 영어에서는 일반적인 현상은 아니다. 고어적으로 들리고 표현이 묵직하여 격식적인 경우에 주로 선호된다. 이러한 변화에도 불구하고 needn't와 daren't는 구어체에서도 상당히 잘 쓰인다:

- **We dared to think** that this John Kennedy would live to comb gray hair, with his beloved Carolyn by his side. But like his father, he had every gift but length of years.
  >> 우리는 이 아이 John Kennedy가 오래 살아 그가 사랑하는 Carolyn을 옆에 두고 그의 백발을 빗게 되리라는 생각을 서슴지 않았습니다. 그러나 그의 아버지처럼 그도 온갖 재능을 다 부여받았지만 오직 긴 수명만은 부여받지 못했습니다. – Edward Kennedy 상원의원, 비행기 사고로 죽은 그의 조카 John에 대한 조사에서

- Moved by his conscience and his ethical convictions, academician Sakharov **dared to** publicly **challenge** the all-powerful machine of the totalitarian state.
  >> 자신의 양심과 도덕적 확신에 따라 행동하면서 학술원 회원 Sakharov는 전체주의 국가의 무소무위의 힘을 가진 조직에 공개적으로 도전하는 용기를 보였다. – Boris Yeltsin 러시아 대통령, Sakharov를 시사 주간지 Time의 '20세기의 인물'로 추천하면서

세계의 영어 교육도 영국이 주도하고 있다. 권위 있는 교재, 참고서, 사전, 영문법 서적 등은 거의 다 영국에서 저술되고 출판된 것들이다. 언어학에서는 미국이 주도적 국가이지만 영어학에서는 영국이 단연 앞서 있다. 이러한 사실을 지적하는 것은 미국영어와 영국영어에 대해서 가치 판단을 하기 위해서가 아니다. 오직 이들 두 영어 형태의 현주소를 알리기 위한 것이다.

영국영어와 미국영어는 발음, 어휘, 철자, 문법 등에서 서로 다른 부분이 많지만 그렇다고 서로 못 알아들을 정도는 아니다. 또 오늘날처럼 서로의 언어 접촉이 빈번한 상황에서는 상호 동화되는 현상도 일어난다. 가령 need와 dare의 경우만 하더라도 미국인들 중 상당수가 영국식 용법을 따르고 있고, 영국인들 중에서, 특히 많은 젊은 층에서 미국식 용법을 모방하고 있다. 이 과정에서 다음과 같은 영미 절충식 용법을 특히 미국영어에서 더러 볼 수 있으나 우리로서는 다만 참고 사항으로만 알면 될 것이다:

- **I don't dare ask** him.
  나는 감히 그에게 물을 수는 없다.
  >> don't dare의 dare는 don't라는 조동사를 동반하여 일반동사로 쓰이고 있다. 그러나 ask 앞에 to를 쓰지 않음으로써 dare ask의 dare는 조동사의 용법을 따르고 있다.

- **Does he dare ask** her about it?
  그가 그 여자에게 그것에 대해서 감히 묻습니까?

- He **didn't dare disobey** his boss.
  그는 그의 상사의 지시에 불복종할 용기가 없었다.

- **I don't need ask** him.
  나는 그에게 물을 필요가 없다.

Idiomatic Expressions

save (one's) face
'체면을 지키다'

>> 원래 영어에는 '체면'이라는 개념이 없었던 것 같다. face를 그런 개념으로 쓰게 된 것은 중국어의 영향이다. 이 숙어의 반대 표현은 lose face '체면을 손상하다'이다.

．．．

England *saved their face* by getting a goal in the last minute and thus drawing the soccer match with Korea.

영국은 마지막 순간에 한 골을 넣어 한국과의 축구 경기를 비김으로써 체면을 살렸다.

．．．

I have failed to keep my promise with them for the third time now. How can I *save face*?

나는 그들과의 약속을 이번으로 세 번째 못 지켰다. 어떻게 해야 내 체면을 살릴 수 있을까?

028 [be + going to + 동사] 형태와 [be + ~ing] 형태의 의미와 용법

1. [be + going to + 동사]

이 형태는 글자 그대로 '무엇을 하는 방향으로, 또는 무엇이 발생하는 방향으로 나아가고 있다' 라는 뜻으로, 다음과 같은 경우에 쓰인다:

(1) 미래에 무엇을 하겠다는 의지를 현재 갖고 있음을 나타낸다. 이 때는 의미 차이 없이 will도 쓰인다:

- He's going to/will buy a new PC for his son.
  그는 자기 아들에게 새 PC를 사주려고 한다.

- I'm going to/will be a professor when I grow up.
  나는 커서 대학 교수가 되겠다.

- I'm going to/will visit my former teacher Mr. Brown tomorrow.
  나는 내일 나의 예전 선생님이신 Brown 선생님을 방문하고자 한다.

- I know what you're going to/will say now.
  나는 네가 지금 무슨 말을 하려고 하는지 안다.

- When are you going to/will you get married?
  너는 언제 결혼하려고 하느냐?

- They're going to/will go to France next week.
  그들은 다음 주에 프랑스에 가려고 한다.
  >> 이 예문에서처럼 going to 다음에 go가 오는 경우에는 같은 동사의 반복을 피하기 위해 뒤의 go를 생략할 수 있다.

위의 예문들은 모두 주어의 의도나 의지를 나타내고 있지만 경우에 따라서는 문장의 주어가 아니라 그 문장을 말하는 사람의 의지를 나타낼 수도 있다:

- This tree is not going to be cut down.
  나는 이 나무가 베어지도록 하지 않을 것이다.

(2) 가까운 미래에 또는 금방이라도 어떤 일이 발생할 객관적인 징후가 현재 나타나 있는 경우, 이 징후를 근거로 미래에 어떤 일이 일어날 것이라고 말할 때:

- It's going to rain.
  비가 오려 한다.
  >> 가령 하늘에 끼어 있는 까만 구름을 보며 할 수 있는 말이다.

- **Turn off the gas! The milk is going to boil over.**
  가스를 꺼라! 우유가 끓어 넘치려 한다.
  >> 이것은 가령 우유를 끓이는 주전자의 뚜껑이 들썩들썩하고 있는 것을 보며 할 수 있는 말이다.

- **She is going to have a baby.**
  그 여자는 조만간 아기를 낳을 것이다.
  >> 그 여자의 배가 부른 현재의 상태를 근거로 하는 말이다.

- **Tomorrow is going to be another cold day.**
  내일도 또 하나의 추운 날이 될 것이다.
  >> 이것은 일기예보를 담당하는 사람이 어떤 객관적인 징후에 근거하여 하는 말이다.

- **Look out, Peter! You're going to be run over!**
  조심하라! 차에 치이겠다!
  >> 차가 Peter를 향해 달려오는 긴박한 상황에서 나올 수 있는 말이다.

- **I feel awful. I'm going to be sick.**
  내 몸 상태가 좋지 않다. 아무래도 병이 날 것 같다.
  >> 내 몸의 현 상태가 곧 내가 병이 날 징후인 것이다.

- **This building has so many cracks. It's going to collapse sooner or later.**
  이 건물에는 벌어진 곳이 아주 많다. 조만간 무너질 것이다.
  >> 첫 문장의 의미가 그 뒤 문장을 말할 수 있는 근거이다.

- **This building is going to collapse! It must be evacuated right away.**
  이 건물은 무너지려 하고 있다. 지금 당장 비워져야 한다.
  >> 건물이 무너지려고 하는 객관적인 징후를 보거나 느끼고 하는 말이다.

(3) 객관적인 징후나 객관적 상황에 근거하지 않고 말하는 사람 나름의 주관적인 판단에 근거하여 미래에 어떤 일이 발생할 것이라고 말할 때, 다시 말하면 어떤 일이 발생할 징후가 말하는 사람의 마음속에 확실하게 보일 때도 be going to가 쓰일 수 있다. 그러나 이 경우에는 객관적인 근거 없이 말하는 것이므로 일종의 예언에 속한다. 이 경우에는 be going to는 will과 같은 뜻이 된다:

- **I never thought my husband was going to/would give me a diamond ring. I thought he was going to/would give me a watch or something like that.**
  나는 남편이 나에게 다이아몬드 반지를 줄 것이라고는 생각도 못했다. 나는 남편이 시계나 그 정도의 어떤 것을 줄 것으로 생각했었다.
  >> 남편이 다이아몬드 반지를 줄 것이라는 징후는 느끼지 못했고 시계 정도의 것을 줄 것이라고는 나름으로 생각했었다는 뜻이다.

- **We never dreamed we were going to/would have twins!**
  우리는 우리가 쌍둥이를 갖게 되리라고는 꿈도 꾸지 못했다.

- • **Do you mean you had no idea this was going to/would happen?**
  당신은 이런 일이 일어나리라고는 미처 생각을 못했다는 말입니까?

- • **You're going to/will have to pay the fine.**
  당신은 그 벌금을 물어야 할 것이오.

- • **Reading is the beginnings of the ability to be a good student. And if you can't read, it's going to be hard to realize your dreams; it's going to be hard to go to college.**
  독서는 공부 잘 하는 학생이 되기 위한 능력의 출발 단계이다. 여러분이 잘못 읽으면 여러분의 꿈을 실현하기가 어렵게 될 것이고 대학에 가기도 어려워질 것이다.
  >> 이 말은 George W. Bush 대통령이 워싱톤 D.C.의 어느 초등학교에 갔을 때 그 학교 아이들에게 독서를 강조하며 한 말인데, Bush 자신은 학창시절 독서를 썩 많이 한 것 같지 않아 이 충고가 얄궂게 들린다. 그는 말할 때 표현의 실수, 문법의 과오, 단어 선택의 오류 등으로 유명하다. 그러나 위의 문장에는 다행히 잘못된 데가 없는 것 같다. beginnings는 '초기 단계'라는 뜻으로 형태는 복수이지만 단수로 취급된다.

(4) be going to는 will과는 달리 일반적으로 조건절과 함께 쓰이지 않는다. 이 동사구는 현재 나타난 객관적 상황이나 징후를 근거로 미래에 어떤 일이 발생할 것이라고 말하기 위해 쓰이는 어구인데 아직 발생하지도 않은 미래의 조건에 근거하여 말하는 것은 be going to의 의미에 맞지 않기 때문이다. 조건절을 쓰려면 주절에 be going to 대신 will을 써야 한다:

- • *If you buy this house, you're never going to regret it.
  → If you buy this house, you'll never regret it.
  이 집을 사시면 결코 후회하지 않을 것입니다.
  >> 집을 사는 것은 미래의 일이다. 이처럼 아직 현실이 되지 않은 것에 근거하여 be going to를 쓰는 것은 맞지 않다.

- • *I'm going to be sick if I eat any more.
  → I'll be sick if I eat any more.
  이 이상 먹으면 나는 배탈이 날 것이다.

- • *Try some of this whisky. It's going to do you good.
  → Try some of this whisky. It'll do you good.
  이 위스키를 좀 마셔봐라. 그러면 기분이 좋아질 것이다.
  >> 여기서 Try ....는 If you try ....와 같은 미래 조건의 의미이다. 위의 예문을 This whisky is marvelous. I'm sure it's going to do me good. '이 위스키는 마셔보니 아주 좋다. 내 기분이 좋아질 것이 확실하다'와 대조해 보자. 이 예문의 I'm sure it's going ....은 위스키를 이미 마셨고, 화자의 기분은 말하는 현재 순간에 이미 변하기 시작하고 있음을 뜻한다. 이 현재의 사실에 근거하여 be going to의 표현을 쓴 것이다.

더러는 if절이 실제적인 미래의 조건을 의미하지 않고 화자의 심정을 부드럽게 표현하는 데 쓰이기도 한다. 이런 경우의 if절에는 be going to를 쓸 수 있다:

- **If you're expecting a first-class hotel, you're going to be disappointed.**
  네가 일류 호텔을 기대하고 있다면 (=일류 호텔을 기대하고 있는 것 같은데) 너는 실망할 것이다.
  >> If you're expecting은 사실은 You seem to be expecting을 간접적으로 부드럽게 표현한 것이다. 즉 미래 조건이 아니고 현재의 상태이다. 이 상태에 근거하여 '너는 이미 실망을 향해 가고 있다' 고 말할 수 있는 것이다.

- **A lot of people are going to lose their jobs if things don't improve.**
  사정이 좋아지지 않으면 (즉 사정이 좋아질 것 같지가 않다. 그러니) 많은 사람들이 직장을 잃게 될 것이다.
  >> = It looks as if things will not improve. So a lot of people are going to lose their jobs.

다음 두 if절을 대조해 보자:

- ***If Tom asks his father to buy him a bicycle, his father is probably going to do so.**

- → **If Tom asks his father to buy him a bicycle, his father will probably do so.**
  Tom이 그의 아버지에게 자전거를 사달라고 한다면 그의 아버지는 아마 사주실 것이다.
  >> Tom의 아버지는 지금 그의 아들에게 자전거를 사주겠다는 생각을 하고 있는 것이 아니다. 다만 그의 아들이 사달라고 하는 미래의 일이 생기면 (그는 아들을 사랑하는 사람인지라) 아마 사줄 것이라는 뜻으로 순전히 미래의 일에 근거한 말이다. 그러므로 주절에 be going to를 쓰는 것은 맞지 않다.

- **If Tom passes the exam, his father is going to buy him a bicycle.**
  Tom이 시험에 합격하면 그의 아버지는 그에게 자전거를 사주실 것이다.
  >> 이 문장의 주절은 그 앞 문장의 주절과는 그 전제에 있어 전혀 다르다. 전자의 경우에는 그의 아버지가 지금 현재로는 그의 아들이 자전거를 원하는지 그렇지 않은지 알지 못한다. 따라서 자전거에 대해서는 전혀 생각도 하지 않고 있는 상태이다. 그러므로 be going to를 쓸 수 없다. 그러나 후자의 경우는 그의 아버지가 아들에게 자전거를 사주고 싶은 마음을 현재 갖고 있다. 다만 그 마음을 행동으로 옮길 계기를 그의 아들이 시험에 합격하는 것으로 정해 놓고 있을 뿐이다. 그의 아들이 시험에 합격하지 못한다 하더라도 그는 아마 그의 아들에게 다른 어떤 일을 계기로 하여 자전거를 사줄 것이다. 그는 현재 자전거를 사주는 방향으로 어차피 나아가고 있기 때문이다.

(5) 위 두 번째 예문은 be going to의 또 하나의 특성을 말해준다. 미래에 무엇을 하겠다고 이미 세워놓은, 즉 말하기 전에 세운 계획을 나타내는 경우에는 will을 쓰지 않고 be going to를 쓴다는 사실이다. 다음 예문들을 보자:

- A: **Why did you buy two copies of this book?**
  당신은 왜 이 책을 두 권씩이나 샀소?

  B: **I'm going to give a copy to my son.**
  한 권은 내 아들에게 줄 작정이라오.

>> 만일 I will give a copy라고 말한다면 A의 질문을 받은 현재 순간의 의지를 의미하게 되므로 책을 두 권 산 이유를 설명하는 것이 되지 않는다.

•• A: **Are you busy this evening?**
오늘 저녁에 바쁜 일이 있느냐?

B: **Yes, I'm going to meet Tom at the reading room. We're going to study together.**
일이 있다. 나는 독서실에서 Tom을 만나기로 했다. 우리는 같이 공부하기로 되어 있단다.
>> B는 이미 결정된 계획에 대해서 말하는 것이다. 말하는 순간에 결정하는 것이 아니다. 그러므로 will은 쓸 수 없고, be going to만 가능하다.

•• A: **What are you doing this evening?**
오늘 저녁에 무슨 계획이 있소?

B: **Well, nothing special, I suppose. I'll/I'm going to have dinner, of course and then I'll/I'm probably going to help my children with their lessons.**
특별한 일은 없을 것 같은데요. 물론 저녁을 먹고 그리고는 아마 아이들 학교 공부나 봐주겠지요.
>> 세워놓은 계획이 없으므로 B는 오늘 저녁의 일에 대해서 지금 순간의 생각을 말하는 것이다. 이것은 미래에 대한 현재의 의지나 예언이 된다. 이런 경우에는 will도 be going to도 다 쓸 수 있다.

•• A: **I'm going to sell my apartment and buy a smaller one.**
나는 내 아파트를 팔고 작은 아파트를 사려고 한다.

B: **What? Why?**
뭐라고? 왜?

A: **Now that my children are all married and have their homes, my wife and I have decided to find a smaller place for us two.**
이젠 내 아이들이 다 결혼해서 분가를 했으므로 내 처와 나는 우리 둘만을 위한 더 작은 곳을 찾아보기로 결정했다.
>> 이미 내린 결정, 즉 사전 계획에 대해서 말하는 것이므로 be going to만 가능하다. 만일 A가 처음에 will로 시작했다면 그의 두 번째 말과 논리적으로 맞지 않게 된다.

2. [be + ~ing]

이 형태는 '확정된 미래 계획' 을 의미하는 것으로, [be + going to + 동사]와 비슷하지만 차이가 있다. [be + going to + 동사]는 미래에 무엇을 하겠다는 현재의 의도와 사전의 계획에 따른 미래의 행위도 나타낸다는 것을 앞에서 보았다. 그러나 [be + ~ing]는 '현재의 의도' 가 아니라 확정된 미래의 사건을 의미한다. 다시 말하면 정해진 '스케줄' 을 뜻한다. 이 형태는 글자 그대로 '어떤 일이 현재 발생하고 있다' 라는 의미에서 출발하므로 '어떤 일이 발생하는 쪽으로 나아가고 있다' 라는 [be going to + 동사]의 의미보다 더 확정적 미래지사를 의미하며 그 미래지사가 임박해 있음을 암시한다.

'확정된 미래의 일' 은 그 일이 발생하도록 이미 계획을 세운 것이므로 전술한 [be going to + 동더러는 if절이 실제적인 미래의 조건을 의미하지 않고 화자의 심정을 부드럽게 표현하는 데 쓰이기도 한다. 이런 경우의 if절에는 be going to를 쓸 수 있다:

- **If you're expecting a first-class hotel, you're going to be disappointed.**
  네가 일류 호텔을 기대하고 있다면 (=일류 호텔을 기대하고 있는 것 같은데) 너는 실망할 것이다.
  >> If you're expecting은 사실은 You seem to be expecting을 간접적으로 부드럽게 표현한 것이다. 즉 미래 조건이 아니고 현재의 상태이다. 이 상태에 근거하여 '너는 이미 실망을 향해 가고 있다'고 말할 수 있는 것이다.

- **A lot of people are going to lose their jobs if things don't improve.**
  사정이 좋아지지 않으면 (즉 사정이 좋아질 것 같지가 않다. 그러니) 많은 사람들이 직장을 잃게 될 것이다.
  >> = It looks as if things will not improve. So a lot of people are going to lose their jobs.

다음 두 if절을 대조해 보자:

- *If Tom asks his father to buy him a bicycle, his father is probably going to do so.
- → If Tom asks his father to buy him a bicycle, his father will probably do so.
  Tom이 그의 아버지에게 자전거를 사달라고 한다면 그의 아버지는 아마 사주실 것이다.
  >> Tom의 아버지는 지금 그의 아들에게 자전거를 사주겠다는 생각을 하고 있는 것이 아니다. 다만 그의 아들이 사달라고 하는 미래의 일이 생기면 (그는 아들을 사랑하는 사람인지라) 아마 사줄 것이라는 뜻으로 순전히 미래의 일에 근거한 말이다. 그러므로 주절에 be going to를 쓰는 것은 맞지 않다.

- **If Tom passes the exam, his father is going to buy him a bicycle.**
  Tom이 시험에 합격하면 그의 아버지는 그에게 자전거를 사주실 것이다.
  >> 이 문장의 주절은 그 앞 문장의 주절과는 그 전제에 있어 전혀 다르다. 전자의 경우에는 그의 아버지가 지금 현재로는 그의 아들이 자전거를 원하는지 그렇지 않은지 알지 못한다. 따라서 자전거에 대해서는 전혀 생각도 하지 않고 있는 상태이다. 그러므로 be going to를 쓸 수 없다. 그러나 후자의 경우는 그의 아버지가 아들에게 자전거를 사주고 싶은 마음을 현재 갖고 있다. 다만 그 마음을 행동으로 옮길 계기를 그의 아들이 시험에 합격하는 것으로 정해 놓고 있을 뿐이다. 그의 아들이 시험에 합격하지 못한다 하더라도 그는 아마 그의 아들에게 다른 어떤 일을 계기로 하여 자전거를 사줄 것이다. 그는 현재 자전거를 사주는 방향으로 어차피 나아가고 있기 때문이다.

(5) 위 두 번째 예문은 be going to의 또 하나의 특성을 말해준다. 미래에 무엇을 하겠다고 이미 세워놓은, 즉 말하기 전에 세운 계획을 나타내는 경우에는 will을 쓰지 않고 be going to를 쓴다는 사실이다. 다음 예문들을 보자:

- A: **Why did you buy two copies of this book?**
  당신은 왜 이 책을 두 권씩이나 샀소?
  B: **I'm going to give a copy to my son.**
  한 권은 내 아들에게 줄 작정이라오.

>> 만일 I will give a copy라고 말한다면 A의 질문을 받은 현재 순간의 의지를 의미하게 되므로 책을 두 권 산 이유를 설명하는 것이 되지 않는다.

• • A: **Are you busy this evening?**
오늘 저녁에 바쁜 일이 있느냐?

B: Yes, **I'm going to meet** Tom at the reading room. **We're going to study** together.
일이 있다. 나는 독서실에서 Tom을 만나기로 했다. 우리는 같이 공부하기로 되어 있단다.
>> B는 이미 결정된 계획에 대해서 말하는 것이다. 말하는 순간에 결정하는 것이 아니다. 그러므로 will은 쓸 수 없고, be going to만 가능하다.

• • A: **What are you doing this evening?**
오늘 저녁에 무슨 계획이 있소?

B: Well, nothing special, I suppose. **I'll/I'm going to have** dinner, of course and then **I'll/I'm** probably **going to help** my children with their lessons.
특별한 일은 없을 것 같은데요. 물론 저녁을 먹고 그리고는 아마 아이들 학교 공부나 봐주겠지요.
>> 세워놓은 계획이 없으므로 B는 오늘 저녁의 일에 대해서 지금 순간의 생각을 말하는 것이다. 이것은 미래에 대한 현재의 의지나 예언이 된다. 이런 경우에는 will도 be going to도 다 쓸 수 있다.

• • A: **I'm going to sell** my apartment and **buy** a smaller one.
나는 내 아파트를 팔고 작은 아파트를 사려고 한다.

B: **What? Why?**
뭐라고? 왜?

A: **Now that my children are all married and have their homes, my wife and I have decided to find a smaller place for us two.**
이젠 내 아이들이 다 결혼해서 분가를 했으므로 내 처와 나는 우리 둘만을 위한 더 작은 곳을 찾아보기로 결정했다.
>> 이미 내린 결정, 즉 사전 계획에 대해서 말하는 것이므로 be going to만 가능하다. 만일 A가 처음에 will로 시작했다면 그의 두 번째 말과 논리적으로 맞지 않게 된다.

2. [be + ~ing]

이 형태는 '확정된 미래 계획'을 의미하는 것으로, [be + going to + 동사]와 비슷하지만 차이가 있다. [be + going to + 동사]는 미래에 무엇을 하겠다는 현재의 의도와 사전의 계획에 따른 미래의 행위도 나타낸다는 것을 앞에서 보았다. 그러나 [be + ~ing]는 '현재의 의도'가 아니라 확정된 미래의 사건을 의미한다. 다시 말하면 정해진 '스케줄'을 뜻한다. 이 형태는 글자 그대로 '어떤 일이 현재 발생하고 있다'라는 의미에서 출발하므로 '어떤 일이 발생하는 쪽으로 나아가고 있다'라는 [be going to + 동사]의 의미보다 더 확정적 미래지사를 의미하며 그 미래지사가 임박해 있음을 암시한다.

'확정된 미래의 일'은 그 일이 발생하도록 이미 계획을 세운 것이므로 전술한 [be going to + 동새 (5)번의 의미와 같다. 다만 [be + ~ing]는 그 확정성과 임박성에 있어서 [be going to + 동사] 형태보다 더 강하다는 것이 차이이다:

- **He's giving** a little party tonight.
  그는 오늘 밤 작은 파티를 연다.

- There's nothing for me to do here now. So **I'm leaving**.
  이제 여기서는 내가 할 일이 없다. 그러니 나는 떠난다.
  >> 언제 떠나는가를 나타내는 부사 없이 그냥 I'm leaving.이라고만 말하면 [be + ~ing] 형태가 내포하는 긴박성 때문에 이 말은 I'm leaving soon.으로 이해된다.

- The orchestra **is playing** a Mozart symphony after this.
  교향악단은 이번 곡 다음에 Mozart symphony를 연주한다.
  >> 이 문장은 미래 사건의 임박성을 잘 나타낸다. 즉 '이번 곡 다음에' 발생할 일이니 과장하면 '지금 발생하고 있다'는 글자 그대로의 의미와 같은 것이다.

- **I'm leaving** the university in two years' time.
  나는 2년 후에 (정년이 되어 또는 졸업을 하게 되어) 대학을 떠난다.
  >> 먼 미래를 나타내는 부사구를 동반하면 이 구조가 갖는 긴박성은 사라지고 확정성만 남는다.

- **You're sleeping** in my bedroom tonight.
  너는 오늘밤 내 침실에서 자도록 되어 있다.

- What **are** you **doing** next weekend?
  다음 주말에 무슨 계획이 짜여 있습니까?
  >> 이 문장은 확정된 계획을 묻는 말인데 가령 What are you going to do next weekend?라고 하면 무엇을 하고자 하는지, 무엇을 하려고 생각하고 있는지를 묻는 것이 된다.

- The plane **is taking off** at 5:30.
  비행기는 5시 30분에 이륙합니다.
  >> = The plane takes off at 5:30.
  현상의 순간적 변화를 나타내는 동사들 arrive, come, leave, start 등은 미래를 나타내는 부사와 같이 쓰이면 단순 현재형으로 [be + ~ing]의 의미를 갖는다. 그러나 단순형은 진행형에 비해서 더 영구적이고 또 더 불변적인 일임을 나타낸다.

- **We're getting married** in June.
  우리는 6월에 결혼식을 올립니다.
  >> 만일 이 문장에 [be + ~ing] 형태 대신 [be + going to + 동사] 형태를 쓴다면 6월에 결혼할 작정이라는 뜻이 되므로 경우에 따라서는 그 이후나 그 이전에 할 수도 있음을 의미한다.

- **Are** you **having** classes tomorrow?
  당신은 내일 수업이 있습니까?
  >> 시간표에 수업시간이 들어 있는지 묻는 것이다.

- **I'm not seeing him until next month.**
  나는 다음 달까지 그 사람을 만날 예정이 없습니다.
  >> 만일 I'm not going to see him until next month.라고 한다면 나는 다음 달까지 그를 만나지 않으려고 한다는 현재 나의 의지를 의미하게 될 것이다.

- A: **If you don't have other plans, would you like to go to the movies with me tonight?**
  다른 계획이 없으면 오늘 밤에 나랑 극장에 가지 않을래?
  B: **I'm sorry, but I'm seeing someone else tonight.**
  미안하지만 나는 오늘 밤에 누구와 만날 약속이 있다.

[be + ~ing + 동사]는 스케줄을 의미하는데 스케줄은 물론 사람이 정하는 것이다. 다시 말하면 이 형태는 사람이 정하지 않은 계획에는 쓰이지 않는다는 뜻이다. 그러므로 다음의 예문들은 잘못된 것이다:

- *The trees **are losing** their leaves soon.
  → The trees **will lose** their leaves soon.
  나무들은 조만간 그 잎을 잃게 될 것이다.

- *I'**m being** sixty next year.
  → I'**ll be** sixty next year.
  >> 내가 내년에 60이 된다는 것은 나 또는 다른 어떤 사람이 정한 것이 아니다. 이것은 인간의 결정권 밖에 있는 자연적 현상 또는 진행인 것이다.

- *I'**m having** flu tomorrow.

'나는 내일 독감에 걸린다' 라는 것은 있을 수 없는 의미이다. 인간이 결정하는 것도 아니고 또 내일은 몇 월 몇 일이다 같은 자연적 현상도 아니다. 혹시 예언으로 의미한다면 will을 써야 하겠지만 그런 예언은 사실상 있을 수 없다. 그러나 이러한 표현이 가능한 경우를 억지로 상상해 볼 수는 있다. 가령 빚쟁이를 피하려는 사장이 비서에게 이렇게 말할 수도 있겠는데('나 내일은 독감 걸려 앓아눕는다. 알지?) 영리한 비서라면 얼른 알아듣고 모든 방문객을 문전에서 돌려보낼 것이다. 그러나 실제로 지금 독감의 징후를 느끼면서 그것에 근거하여 말한다면 [be + going to + 동사]를 써서 다음과 같이 말해야 할 것이다:

- **I'm afraid I'm going to have flu.**
  나는 아무래도 독감에 걸릴 것 같구나.
  >> [be + ~ing] 형태는 사람이 계획한 스케줄임을 염두에 두면, 가령 The man was dying.은 단순히 과거 진행형의 의미이고 The man is dying next week.은 예정된 미래사건, 즉 사형집행의 예정을 의미한다는 것을 쉽게 이해할 수 있을 것이다.

Idiomatic Expressions

what (a person) says goes

'(어떤 사람이) 말하는 것은 복종되다/권위를 갖다'

>> 말의 내용이 의견이나 주장일 때는 그것이 옳고 진실인 것으로, 말의 내용이 명령이나 지시일 때는 복종되고 수행되어야 하는 것으로 권위를 갖는다는 뜻이다.

You may not like it, but *what he says goes* here even if he's evidently wrong.

너는 좋아하지 않겠지만 여기서는 그가 말하는 것은 설사 그것이 분명히 잘못된 것이라 해도 그대로 통한다.

I'm in charge here and *what I say goes*.
If you don't like it, go somewhere else.

여기서는 내가 책임자다. 그러니 내가 말하는 대로 해야 한다.
싫으면 다른 데로 가라.

'~으로 임명하다,' '~이라고 부르다,' 등의 '~으로,' '~이라고' 를 나타내는 방법

우리말의 '누구를 무엇으로 임명하다', '무엇을 무엇이라고 부르다' 등과 같은 경우의 '~으로,' '~이라고' 등을 영어로 나타내는 방법은 동사의 문법적 특성에 따라 다르다:

1. [동사 + 목적어 + 명사(구)]

동사가 전치사나 to be의 동반이 없는 명사(구)를 목적보어로 한다. 이 형태로 쓰이는 동사는 '~으로,' '~이라고,' 등의 의미를 자체 내에 포함한다고 볼 수 있다. 이런 동사들 중에서 가장 흔히 쓰이는 것들은 call('~라고 부르다'), make('~로 삼다 또는 만들다'), name('~라고 이름짓다'), baptize('~라는 세례명을 주다'), christen(= baptize), vote('~라고 의견일치로 인정하다'), wish('~였으면 하다'), keep('~으로 유지하다'), hold(= keep), declare('~라고 선언하다') 등이다:

- He called his cat Sally.
  그는 자기 고양이를 Sally라고 불렀다.

- They have made Richard captain of the team.
  그들은 Richard를 그 팀의 주장으로 만들었다.

- Her parents named/baptized/christened her Gladys.
  그 여자의 부모들은 그 여자를 Gladys로 명명했다/세례명을 주었다.

- We voted the trip a failure.
  우리는 이번 여행을 실패라고 인정했다.

- I have often wished myself a millionaire.
  나는 종종 내 자신이 백만장자였으면 했다.
  » wish가 이 구조로 쓰일 때 목적보어는 주어의 재귀대명사로 제한된다. 그래서 가령 *I wish my father a millionaire.라고는 할 수 없다.

- They kept/held the mere burglar a prisoner for fifteen years.
  그들은 그 단순한 도둑을 15년 동안 죄수 상태로 두었다. (옥살이 시켰다.)

2. [동사 + 목적어 + (to be) + 명사(구)]

이 형태의 목적보어를 갖는 동사들로는 appoint('~으로 임명하다'), nominate('~으로 임명하다'), elect('~으로 선출하다'), choose('~으로 택하다'), name('~으로 명명하다'), find('~임을 알게 되다'), prove('~임을 입증하다'), consider('~으로 생각하다'), acknowledge('~으로 인성하다'), imagine('~으로 상상하다') 등이 있다. 1번 부류의 동사들과는 달리 이 동사들은 보어 명사(구) 앞에

to be가 오거나 오지 않아도 된다. 따라서 to be를 쓰지 않는 경우에는 1번 부류의 동사와 같은 목적보어 형태를 취하는 것이 된다:

- **They** appointed him (to be) chairman.
  그들은 그 사람을 의장으로 임명했다.

- **They** elected a socialist to be President.
  그들은 사회주의자를 대통령으로 선출했다.
  >> 이 문장의 경우에는 to be를 넣는 것이 안전하다. to be 없이 a socialist President라고 하면 President가 elected에 걸리는 목적보어가 아니고 a socialist President 전체가 하나의 독자적인 명사구로 이해되어 의미는 대동소이하지만 문접적으로는 전혀 다른 '사회주의자 대통령을 선출했다' 로 이해될 수도 있기 때문이다.

- **He** chose the girl (to be) his wife.
  그는 그 여자를 그의 부인으로 택했다.

- **We** consider him (to be) an athletic hero.
  우리는 그를 체육의 영웅으로 생각한다.

- **Should we** acknowledge him (to be) our leader?
  우리는 그를 우리의 지도자로 인정해야 합니까?

- **The President** nominated him (to be) Foreign Minister.
  대통령은 그를 외무장관으로 임명했다.
  >> nominate가 [for/as + 명사]를 동반하면 nominate는 사람을 '어떤 자리 또는 후보로 지명 내지 추천하다' 라는 의미가 된다: They nominated him for President/the Presidency/as President '그들은 그 사람을 대통령 후보로 지명했다.'

- **I** found him (to be) a genius.
  겪어 보니 그는 천재였다.

- **His words only** proved him (to be) a fool.
  그의 말은 그가 바보임을 입증했다.

- **He** imagined himself (to be) a poet.
  그는 자신을 시인으로 상상했다.

to be는 원래 '~이 될' 이라는 미래의 신분, 상태, 등을 의미하므로 to be가 들어갈 때와 안 들어갈 때는 의미 차이를 기대할 수 있다. 가령 name이 '이름을 짓다' 의 의미로 쓰일 때는 to be가 필요 없다. 이름은 짓자마자 그 이름이 적용되므로 미래라는 시제가 개입할 수 없기 때문이다. 그러나 같은 동사 name이 '임명하다' 의 의미로 쓰이면 to be를 동반할 수 있다. 어떤 사람이 어떤 자리에 임명된다고 해서 반드시 그 순간 임명된 신분을 갖는다고는 할 수 없고 사실은 미래의 어느 순간부터 그 신분을 가질 수도 있기 때문이다. 위 2의 구조에서는 to be는 써도 되고 안 써도 되지만 to be를 쓰는 경우는 미래

의미의 뉴앙스가 잠재해 있다. 그러나 consider, acknowledge, find, prove등은 to be를 동반하더라도 다음 예에서 보듯이 그들 동사의 의미 자체가 미래시제의 개입을 방지한다:

- **His words proved him to be a fool.**
  그의 말이 그가 바보임을 입증했다.
  > = His words proved that he was a fool.
  > *His words proved that he would be a fool.

3. [동사 + 목적어 + (as +) 명사(구)]

이 구조에 쓰이는 동사들 중에는 acknowledge, appoint, choose, consider, imagine, elect, nominate('지명하다'), rate('~으로 보다, 평가하다'), certify('~임을 증명하다'), crown('왕으로 앉히다') 등이 있다. 이들 중 acknowledge, appoint, choose, consider, imagine, elect, nominate는 위 2번 부류에도 속한다. 즉 두 가지 용법을 갖고 있는 것이다:

- **We can't acknowledge him (as) our coach.**
  우리는 그 사람을 우리의 감독으로 인정할 수 없다.

- **They appointed him (as) chairman.**
  그들은 그 사람을 회장으로 임명했다.

- **The newspaper rates this (as) the best Chinese restaurant in town.**
  신문은 여기를 시내에서 제일 좋은 중국 음식점으로 등급 매기고 있다.

- **She was chosen (as) his wife.**
  그 여자는 그 사람의 부인으로 선택되었다.
  > choose는 이 구조에서는 주로 수동태로 쓰인다. 따라서 이 문장의 능동형 He chose her as his wife는 거의 안 쓰인다.

- **We consider him (as) a hero.**
  우리는 그 사람을 영웅으로 생각한다.
  > consider는 원래 as를 동반하지 않는 동사인데 무식한 사람들이 regard와 혼동하여 consider as를 쓰기 시작했다. 그러나 지금은 상당히 일반화된 용법이 되었다.

- **He imagined himself (as) a poet.**
  그 사람은 자신을 시인이라고 상상했다.

- **People rate him (as) the candidate most likely to win the presidential election.**
  사람들은 그를 대통령 선거에 이길 가능성이 가장 큰 후보로 보고 있다.

- **This card certifies its holder (as) a member of the club.**
  이 카드는 그 소지자가 본회 회원임을 증명한다.

- - They crowned Caesar (as) Emperor.
  그들은 Caesar를 황제로 등극시켰다.

4. [동사 + 목적어 + as + 명사(구)]

어떤 동사들은 '~으로'의 의미를 나타내기 위해서 전치사 as를 필수적으로 동반한다. 이들 동사 중 가장 일반적인 것들은 accept('~으로 받아들이다'), characterize('~으로 특징짓다'), class('~으로 분류하다'), define('~으로 정의하다'), describe('~으로 묘사하다'), intend('~으로 의도하다'), regard('~으로 간주하다'), recognize('~으로 인정하다'), see('~으로 보다'), treat('~으로 취급하다'), hire('~으로 고용하다'), nominate('어떤 자리에 지명하다') 등이다:

- - They have hired a fool as our coach.
  그들은 바보를 우리 코치로 고용했다.

- - I can't see myself as a pop singer.
  나는 내 자신을 팝 가수로 보지 않는다.

- - The opposition members characterized the trifling incident as a serious violation of the constitution.
  야당 의원들은 그 시시한 우발 사건을 심각한 헌법 위반 사건으로 특징지었다.

- - My boss treated my suggestion as a joke.
  내 상사는 나의 제안을 농담으로 취급했다.

- - I can't accept that as an apology.
  나는 그것을 사과로 받아들일 수 없다.

위의 예들을 자세히 보면 일부 동사들은 1번의 경우만 빼고 하나 이상의 목적보어 형태를 동반할 수 있는 동사들임을 알 수 있다. 물론 이들 각기 다른 형태간에 약간의 의미 차이가 생길 수도 있지만 이 의미 차이는 뉘앙스의 문제이지 절대적인 것은 아니다. 이러한 용법의 중복 현상은 발달 과정에 있는 영어 문법이 일부 동사들을 아직도 어느 한 특성으로 고정시키지 못하여 이들 동사가 우왕좌왕하고 있음을 보여주는 것으로 이해할 수 있을 것이다:

They appointed/elected/considered/named/imagined him chairman.
They appointed/elected/considered/named/imagined him to be chairman.
They appointed/elected/considered/named/imagined him as chairman.

그들은 그를 의장으로 임명/선출/생각/임명/상상했다.

간접 목적어를 나타내는 전치사 to, for, with, of, on 등에 대하여

영어에서 간접 목적어를 나타내는 전치사는 주로 to이고 그 다음이 for이지만 이 둘 외에도 of, with, on 등을 동반하는 동사들도 있다. 그러나 엄격하게 말하면 to 이외의 다른 전치사구는 간접 목적어를 나타내는 것이 아니고 그냥 부사구이다. 다만 우리말로 '~에게'로 번역되므로 여기서 편의상 간접 목적어로 분류하는 것이다. 우리말의 '~에게'를 의미하는 전치사가 영어에서는 하나로 통일되어 있지 않은 것은 많은 경우 동사가 자기의 간접 목적어를 나타내는 전치사를 결정하기 때문이다:

1. '수취자'를 나타내는 to

수취자를 동반하는 동사들은 동사 행위의 결과가 간접 목적어에게 직접 전해진다는 의미 특성을 갖는다. 그러므로 원칙적으로 이들 동사는 간접 목적어 없이는 그 의미가 완성되지 않는다. 이들 동사들은 주로 다음의 것들이다: add, admit, award, announce, bequeath('유산으로 주다'), bring, confess, describe, explain, give, hand('건네주다'), join, leave('유산으로 남기다,' '알아서 처리하도록 맡기다'), lend, make('(선물을) 주다,' '(기부를) 하다'), mention, offer, owe, pass, pay, promise, propose, read, recommend, report, say, sell, send, show, sing (for를 동반할 수도 있음), suggest, take('가지고 가다'), teach, tell, throw, welcome, write 등. 다음 예들을 보자:

- **He threw the ball to me.**
  그는 공을 나에게 (받으라고) 던졌다.
  >> 여기서 me는 ball의 수취자이다. 그러나 가령 He threw a stone at the dog.에서는 throw가 전달을 의미하지 않고, '던져서 때리다'를 의미하므로 the dog은 '수취자'가 될 수 없다.

- **He showed the photo to me.**
  그는 그 사진을 나에게 보여주었다.
  >> 그가 사진을 나에게 보여주는 순간 그 사진 속 영상은 나에게 전해지는 것이다. 또한 간접 목적어 없이 He showed the picture만 가지고는 show의 의미가 불완전하다. 즉 show는 '무엇을' 뿐만 아니라 '누구에게'를 나타내야 비로소 완전한 의미가 되기 때문이다.

- **Please explain this to me.**
  이것을 나에게 설명해 주세요.
  >> 설명이 행해짐과 동시에 설명 내용이 내 머리에 전해지는 것이다.

- **He offered drinks to everyone in the bar.**
  그는 술집에 있는 모든 사람에게 술을 제공했다.
  >> offer drinks를 하는 순간 drinks는 everyone의 몫이다. 받아들이고 안 받아들이고 하는 것은 전혀 별개의 문제이다.

• • **He owes** a lot of money **to** George.
그는 George에게 많은 돈을 빚지고 있다.
>> 주어의 채무 행위로 인해서 채권 상태가 간접 목적어에게 넘어가 있다.

위의 예들에서 보듯이 to는 동사 행위의 효과를 간접 목적어에게 옮겨주는 역할을 한다. 물론 경우에 따라서는 그것이 실제로 옮겨지지 않을 수도 있다. 가령 They offered a bribe to the policeman에서는 bribe가 policeman에게 실제로 옮겨지지 않았을 수도 있다. 그럼에도 불구하고 to는 무엇인가를 자기 뒤의 명사에게 옮기기 위해 거기에 있는 것이다.

2. 의도된 수취자를 나타내는 for

간접 목적어의 표시로 전치사 for를 동반하는 동사들은 그 의미가 간접 목적어와 직접적인 관련이 적다. 이들 동사는 사실상 간접 목적어가 없어도, 다시 말해서 직접 목적어만 있어도 완전한 의미를 나타낼 수 있다. 가령 위 1번 부류에 속하는 동사 가운데 give는 He gave the book.에서처럼 직접 목적어만 가지고는 완전한 의미를 형성하지 못한다. 이 문장에 접하는 사람이면 모두 '누구에게?'라는 의문을 갖게 될 것이기 때문이다. 물론 1번 부류에 속하는 동사 중에서도 간접 목적어를 문장에 반드시 명시할 필요가 없는 것들도 있다. 가령 He admitted his own mistake.에는 간접 목적어가 안 보인다. 이것은 이 문장을 말하는 특정 환경에서는 간접 목적어가 무엇인지 자명하여 생략했기 때문이다. 그러나 [for + 명사(구)]를 간접 목적어로 취하는 동사는 가령 He bought a car.에서처럼 간접 목적어 없이 써도 이 문장을 접하는 어떤 사람도 아무런 자연적인 의문을 갖지 않는다. 그러므로 이 문장은 문법적으로나 의미상으로나 완전하다.

이처럼 완전한 동사에 첨가되는 [for + 명사(구)]는 앞에서 이미 지적했듯이 그 기능에 있어서는 동사에 필수적으로 따라 붙는 간접 목적어라기보다는 사실상 독자적인 부사구로 '~을 위해서'의 의미이다. 다시 말하면 [to + 명사(구)]는 동사의 행위를 직접 전달받는 경우이지만 [for + 명사(구)]는 직접 전달받는 것이 아니고 전달되도록 의도되어 있음을 나타낼 뿐이다. 즉 [to +명사(구)]는 실제(actual) 수취자인 데 반해 [for + 명사(구)]는 의도된(intended) 수취자이다. 그러므로 동사 행위의 결과가 명사(구)에 반드시 전해진다는 의미는 없는 것이다.

[for + 명사(구)]를 동반할 수 있는 동사들은 주로 bring (to도 동반할 수 있음), build, buy, call, cash, catch, choose, cook(및 cook하는 방법을 나타내는 동사들: bake, fry, boil 등), cut, do, fetch, find, fix, get, keep, leave(편지, 전언, 일 등을 남기다), make(만들다), order, prepare, provide(to의 동반도 가능), reserve, save, sing (to의 동반도 가능) 등 간접 목적어가 [for + 명사(구)]로 되어 있는 경우도 우리말로는 여전히 '~에게'로 번역될 수 있지만, 뜻은 '위해서' 이다:

- **The hotel provides various free services for its residents.**
  그 호텔은 투숙자들을 위해서 각종 무료 서비스를 제공한다.

- **She cooked a lovely meal for us.**
  그 여자는 우리를 위해 훌륭한 식사를 준비했다.

- **They left plenty of work for me.**
  그들은 나더러 하라고 많은 일거리를 남겨 놓았다.

- **Can you cash this check for me?**
  이 수표를 나에게 현금으로 바꿔주시겠어요?

- **I'll find a job for you.**
  너를 위해 직장을 찾아보겠다.

- **Why don't you sing a song for/to us?**
  우리를 위해 (for us)/우리에게 (to us) 노래 하나 불러다오.
  >> 여기서는 for us나 to us가 사실상의 의미 차이를 일으키지 않는다.

- **She brought some toys for her children.**
  >> 만일 for 대신 to를 쓰면 '가져와서 주었다'가 되지만 for her children에는 '주었다'는 의미는 포함되어 있지 않다.

- **I made this toy car for my granddaughter.**
  나는 이 장난감 차를 내 손녀를 위해 (손녀에게 주려고) 만들었다.

- **The South Korean government will provide food, clothing and shelter for/to the refugees from North Korea.**
  남한 정부는 북한을 탈출한 피난민들에게 식량, 의류 그리고 거처를 제공해 줄 것이다.
  >> provide는 간접 목적어와 직접 목적어의 위치를 바꾸면 간접 목적어를 나타내는 전치사 for/to는 없어지고 직접 목적어 앞에는 with가 와야 한다: .... will provide the refugees with food, clothing and shelter

3. 기타 간접 목적어 전치사: with, of, on 등

- **I left the papers with my secretary.**
  나는 그 서류들을 내 비서에게 맡겨 놓았다.
  >> leave A with B 'A를 B의 책임 하에 두다'

- **I left my baby with a baby-sitter.**
  나는 내 아이를 애 보는 사람에게 맡겼다.

- **May I ask a favor of you?**
  당신에게 부탁 하나 청해도 될까요?

- - I inquired my way of a policeman.
    나는 어느 경찰관에게 내 길을 물었다.

- - The young girls attempted an attack on the armed robber.
    그 소녀들이 무장한 강도에게 공격을 시도했다.

- - N. Korea blamed the failure of the talks on the U.S. and its 'puppet' S. Korea.
    북한은 회담 실패의 책임을 미국과 남한 '괴뢰' 정권에게 돌렸다.

[to + 명사(구)]를 동반하는 동사들 중에서 give, pay, find 등은 특이한 데가 있다. give는 행위를 의미하는 직접 목적어와, 그리고 pay와 find는 무생물체를 나타내는 간접 목적어와 각기 나란히 붙어 쓰이지 않는다:

- - *She gave a push to me.
    ≫ push는 행위를 의미하는 명사이다. 따라서 gave a push는 결국 'pushed'의 의미이므로 *gave a push to me는 *pushed to me와 똑같은 경우가 된다.
- → She gave me a push.
    그 여자는 나를 밀었다.

- - *She gave a bath to the baby.
    ≫ gave a bath는 bathed와 같으므로 gave a bath to the baby는 *bathed to the baby와 같다.
- → She gave the baby a bath.
    그 여자는 그 아기를 목욕시켰다.

- - *She gave a nudge to me.
    ≫ gave a nudge = nudged, 따라서 gave a nudge to me는 *nudged to me와 같다.
- → She gave me a nudge.
    그 여자는 팔꿈치로 나를 꾹 찔렀다.

- - *We paid the museum a visit yesterday.
    ≫ 무생물체가 to라는 매개체 없이 pay라는 행위의 직접적인 수취인이 될 수는 없다. 그러나 가령 We paid him a visit yesterday. 같은 문장은 him이 생명체이기 때문에 하자가 없다.
- → We paid a visit to the museum yesterday.
    어제 우리는 그 박물관을 방문했다.

- - *I've found the tree a good place in my yard. (tree : 무생물체)
    ≫ 무생물체인 tree는 전치사의 매개 없이 find라는 행위의 수취인이 될 수 없다.
- → I've found a good place in my yard for the tree.
    나는 우리 마당에 그 나무를 심을 좋은 자리 하나를 발견했다.

[for + 명사(구)]를 간접 목적어로 취하는 동사도 전치사 없이 간접 목적어를 직접 목적어 앞에 놓을

수 있다. 그러나 이렇게 되면 간접 목적어는 의도된 수취인이 아니라 실제 수취인이 된다. 다음 예들을 보자:

- **Her mother made her a beautiful dress.**
  그 여자의 어머니가 그 여자에게 아름다운 드레스를 만들어 주었다.
  >> = Her mother made a beautiful dress and gave it to her.

  Her mother made a beautiful dress for her.
  그 여자의 어머니는 그 여자를 위해 아름다운 드레스를 만들었다.
  >> 드레스가 실제로 그 여자에게 주어졌는지는 알 수 없다. 그냥 주어졌으리라 짐작할 뿐이다.

- **I'll find you a good job.**
  내가 너에게 좋은 일자리 하나 찾아주겠다.

  I'll find a good job for you.
  나는 너를 위해 좋은 일자리 하나 찾아보겠다.

동사가 [for + 명사(구)]를 동반할 때는 그 의미가 애매할 수도 있다:

- **I'll cook the dinner for you.**
  내가 너를 위해 (네가 먹도록) 저녁밥을 짓겠다.
  너를 대신해서 내가 저녁밥을 짓겠다.

- **I can't describe this. Would you describe it for me?**
  나는 이것을 묘사할 능력이 없다. 네가 나를 대신해서 이것을 묘사해 주겠니?
  >> 앞 문장이 주어의 묘사 능력이 없음을 의미하므로 뒤 문장의 for me는 '나를 대신해서'의 의미임이 명백하다. 그러나 앞 문장이 없다면 뒤 문장의 for me는 '나에게' 즉 '내가 알 수 있도록'이라는 의미로 이해될 것이다.

대부분의 경우 간접 목적어를 동사 바로 다음에 놓으면 전치사 to가 필요 없지만 say, explain, report, announce, suggest, describe, confess, propose, admit, mention 등은 이런 경우에도 to가 필요하다. 그러나 promise만은 to가 있어도 되고 없어도 된다:

- **Did he say to you (*say you) such a thing?**
  그가 너에게 그런 소리를 했느냐?

- **Please explain to me (*explain me) the meaning of this sentence.**
  이 문장의 의미를 나에게 설명해 다오.

- **She promised (to) me a high position in the new government.**
  그 여자는 나에게 새 정부의 고위직을 약속했다.

- **He announced to** the audience (*announced the audience) the winner of the competition.
  그는 청중에게 경쟁의 승리자를 발표했다.

- **She suggested to** Bill (*suggested Bill) her idea about their children's education.
  그 여자는 Bill에게 그들 자녀들의 교육에 대한 자기 생각을 암시했다.

- **John admitted to/mentioned to** me (*admitted/mentioned me) his own mistake.
  John은 나에게 자기 자신의 잘못을 인정/언급했다.

031 '이유' 접속사 because, since, as, for, now that의 의미와 용법

because는 이유를 나타내는 힘이 다른 어느 이유 접속사보다 강하다. 그래서 because절은 문장에서 정보의 초점이 된다. 다시 말하면 주절의 내용은 이미 알려진 것이고 because절만이 새로운 정보를 전하는 것이다.

대부분의 경우 because절은 주절 다음에 오는데, 이것은 한 문장 속에서도 덜 중요한 것을 먼저 말하고 더 중요한 것을 나중에 말하는 영어 어법을 따르기 때문이다. 그러나 흔하지는 않지만 because절을 주절 앞에 놓고 절 끝에 comma를 찍거나 because절을 주절 뒤에 놓고 그 앞에 comma를 찍어 주절과 분리하는 것도 볼 수 있다. 이렇게 되면 주절과 because절이 다 같이 새로운 정보가 된다:

- **He must be punished because he has behaved badly.**
  그는 행동을 잘못했기 때문에 벌을 받아야 한다.
  >> 그가 벌을 받아야 한다는 것은 이미 제시되거나 논의된 바이지만 그 이유는 이 문장에서 처음 밝히는 것이다. 따라서 이 문장의 발화 목적은 because절을 말하는 데 있다.

- **He succeeded because he worked hard.**
  그는 열심히 노력했기 때문에 성공한 것이다.

- **You lost your job because you are lazy.**
  너는 게으르기 때문에 실직을 한 것이다.

- **People dislike him because he is so bad-tempered.**
  사람들이 그를 싫어하는 것은 그가 너무 퉁명스럽기 때문이다.

- **Because you've worked so well, I'm giving you a 100% bonus.**
  여러분이 일을 아주 잘 했기 때문에 나는 여러분에게 100%의 보너스를 줍니다.

- **We're not going on holiday this year, simply because we can't afford it.**
  우리는 금년에는 휴가를 가지 못합니다. 그 이유는 다름 아니라 우리가 그 비용을 감당할 수 없기 때문입니다.

반면에 as와 since는 이유가 이미 알려져 있거나 또는 알려져 있지 않다 하더라도 화자의 마음 속에서 문장의 의미 초점을 as절이 아니고 주절에 두고자 하는 경우, 즉 문장의 의미 초점을 주절에 맞출 때 쓰인다. 따라서 because절과는 반대로 as절과 since절은 주절 앞에 오는 것이 원칙이다. since와 as의 차이는 since가 as보다 더 격식적이라는 점이다:

- **As women were not supposed to be novelists, she took the name George Eliot.**
  여자들은 소설가가 되는 것으로 여겨지지 않았던 때여서 그 여자는 George Eliot이라는 이름을 썼다.
  >> 여자는 소설을 쓰는 것이 아니라고 사람들이 생각했다는 것은 화자나 청자가 다 알고 있어 정보로

서의 가치는 없고 다만 주절의 내용을 뒷받침하는 역할을 할 뿐이다.

- **Since** you refuse to cooperate, I must take legal advice.
  네가 협력하기를 거절하니 나는 법적인 자문을 구해야겠다.

- **Since** no one in my class seemed to know, I went to ask my teacher.
  우리 반 아이들 중에서는 아무도 아는 것 같지가 않아 나는 선생님에게 여쭈어 보러 갔다.

- **As** he is working hard, he is likely to succeed.
  그는 열심히 일하고 있으니 성공할 것 같다.

- **As** Jane was the eldest, she looked after the others.
  Jane은 맏딸이어서 다른 아이들을 돌보았다.

- **Since** we live near the sea, we often go sailing.
  우리는 바닷가에서 살고 있어서 자주 배타기를 한다.

for는 '왜냐하면'의 뜻으로, 어떤 언명을 하고 그 이유를 뒤에서 부연할 때 쓰인다. 이유 설명의 강도에 있어서는 because와 같으나 그 용법은 아주 다르다. 첫째로 for는 and나 but처럼 등위 접속사로서 그 앞에 제시된 언명과 for가 제시하는 이유 설명이 똑같은 의미 초점을 받는 새로운 정보를 전달한다. 둘째로 글로 쓸 때는 for 앞의 언명이 절일 경우에는 그 절 끝에 반드시 comma를 찍어야 한다. 셋째로 for는 대단히 격식적인 표현으로, 주로 글(written English)에 쓰이며 구어에서는 잘 안 쓰인다:

- He stood his ground firmly, **for** he was a brave man.
  그는 자기의 입장을 굳건히 지켰다. 왜냐하면 그는 용감한 사람이었기 때문이다.
  >> '그가 자기 입장을 고수했다'와 '그는 용감한 사람이었다'라는 두 가지 정보는 청자에게는 다 새로운 내용이다.

- The days were short, **for** it was now December.
  날들이 짧았다. 왜냐하면 그 때는 이미 12월이었으니까.

- When I saw her in the river I was frightened. **For** at that point the currents were dangerous.
  그 여자가 강물 속에 있는 것을 보았을 때 나는 겁에 질렸다. 왜냐하면 그 지점에서는 물의 흐름이 위험했기 때문이었다.

- She was angry, **for** he was rude to her.
  그 여자는 화가 났다. 왜냐하면 그 남자가 자기에게 버릇없이 굴었기 때문이었다.
  >> 두 절이 다 새로운 정보로 제시되어 있다.

다음과 같은 경우에는 because 이외의 접속사는 쓸 수 없다:

- **It is because** (*for, *since, *as) you hadn't done your best doing your job that you're fired.
  네가 해고된 것은 네가 직무를 수행하는 데 최선을 다 하지 않았기 때문이다.

- A: Why do you want to climb Mt. Everest?
  당신은 왜 Everest 산을 오르고자 합니까?
  B: **Because**(*for, *since, *as) it's there.
  그 산이 거기 있기 때문이지요.

now that도 '이유'를 나타내는 접속사이다. 그러나 다른 '이유' 접속사들과 다른 점은 이것은 '시간'을 의미하는 now가 암시하다시피 순수 이유만을 나타내는 것이 아니고 [이유 + 시간](이제 ~이므로/하므로)을 나타낸다. 여기서 시간은 과거도 될 수 있고 현재도 될 수 있다:

- **Now that** Dad has arrived, let's start to eat dinner.
  이제 아버지가 도착하셨으니 저녁을 먹기 시작하자.

- We are happy **now that** all the members of our family are gathered.
  이제 우리 가족 모두가 모였으니 우리는 기쁘다.

- **Now that** you're an adult, you should try to stand on your own feet.
  이제 너는 성인이 되었으니 혼자의 힘으로 살아가도록 노력해야 할 것이다.

- **Now that** winter is around the corner, we must get some thick clothes.
  이제 겨울이 다가왔으니 우리는 두꺼운 옷을 좀 사야겠다.

Idiomatic Expressions

throw cold water on ~
'~에 찬물을 끼얹다'

>> 이 표현은 우리말에서도 자주 쓰이는데 불을 끄기 위해 물을 끼얹는 행위로부터 따온 것이다. 의미도 우리말과 대동소이하여 계획 따위를 헐뜯거나 깎아 내리거나 좌절시키는 것을 의미한다.

■ ■ ■

When I told him about my intention of writing a handbook on English idioms, he *threw cold water on* it by saying that books on idioms are not necessary, as every dictionary lists them with their meanings.

내가 그에게 영어 숙어에 관한 소책자를 저술할 의사를 말해 주었을 때 그는 모든 사전이 다 숙어를 열거하고 설명하고 있기 때문에 숙어 책은 필요 없다고 말함으로써 나의 의도에 찬물을 끼얹었다.

■ ■ ■

He likes to *throw cold water on* a person's plan to start something new and casts doubt on its likelihood of success.

그는 사람의 뭔가 새로운 것을 착수하려는 계획을 좌절시키는 것을 즐기며 그 계획이 성공할 수 있는 가능성에 의심을 나타낸다.

[진행형 주절 + when절]의 의미와 용법

주절과 when절이 다 단순형인 경우에는 when절이 주절 앞에 나올 수도 있고 뒤에 나올 수도 있다. 그러나 사건의 발생 순서는 종속절의 내용이 먼저이고 주절의 내용은 그 다음이다. 그러나 화자가 나타내는 정보의 초점은 주절에 있다. 가령, I stood up when she came in. 또는 When she came in, I stood up.에서 she came in이 I stood up보다 먼저 일어난 일이지만 화자는 I stood up에 자기 발화의 초점을 맞추는 것이다.

반면에 주절이 진행형인 경우에는 사건 발생 순서에 있어서 주절의 내용이 먼저이고 when절의 내용이 그 다음이다. 더 정확하게 말하면 주절의 내용이 이미 시작하여 진행하고 있는 중에 when절의 내용이 발생한 것이다. 우리말 번역은 '무엇이 ~하고 있었는데(주절) 그 때 무엇이 발생했다(when절)'가 되어 의미상으로는 종속절도 하나의 주절 역할을 한다. 이처럼 두 절이 다 정보의 초점을 받는다. 가령, I was playing the piano, when suddenly the lights went out.은 I was playing the piano, and at that time the lights suddenly went out.와 같은 의미이다. 또 주절 다음에 오는 when절은 의미상 비제한절이므로 그 앞에는 보통 comma가 있기 마련이다:

- He was relieved when the policeman left.
  경찰관이 떠나자 그는 마음을 놓았다.
  >> = When the policeman left, he smiled.

- I opened the door when there was a knock at the door.
  문을 노크하는 소리가 나서 나는 문을 열었다.
  >> = When there was a knock at the door, I opened the door.

- I was driving to work, when I heard the news on the radio.
  차를 몰고 출근하고 있었는데 그 때 (출근하는 도중에) 나는 그 뉴스를 라디오에서 들었다.

- I was doing the dishes when the phone rang.
  나는 설거지를 하고 있었는데 그 때 전화벨이 울렸다.

- I was taking a bath, when the light went out.
  내가 목욕을 하고 있었는데 그 때 전기가 나갔다.

- We were just leaving home, when it began to shower.
  우리가 막 집을 떠나려고 하는데 그 때 소나기가 퍼붓기 시작했다.

- I was just beginning to take an interest in French, when I had to leave France.
  내가 막 불어에 흥미를 갖기 시작했는데 그 때 나는 프랑스를 떠나야 했다.

- **I was** just **going** to put in a call to him, **when** he called me.
  내가 그에게 막 전화를 하려고 했는데 그 때 그에게서 전화가 왔다.
  >> be going to 대신 be about to도 쓸 수 있다. be about to도 의미상의 진행형이다.

- **I had been learning** French for a couple of months, **when** I changed to German.
  나는 불어를 두어 달 배우다가 독일어로 바꾸었다.
  >> for a couple of months라는 기간을 나타내는 시간 부사구 때문에 단순 진행형은 쓸 수 없다. 그래서 과거완료 진행형을 쓴 것이다.

- **I had been thinking** about the problem for days, **when** an idea struck me.
  나는 며칠 동안 그 문제를 생각하고 있었는데 그 때 한 가지 해결책이 떠올랐다.

- She **had been running** her own business for three years, **when** she sold it up.
  그 여자는 자기 사업을 3년 동안 하다가 그것을 팔아 넘겼다.

- He **hadn't been walking** even ten ri, **when** his legs hurt.
  그는 십 리도 못 걸었는데 발병이 났다.

[단순 과거완료 + when절]의 구조도 흔히 쓰이는 구조이다. '~을 겨우 했는데 (부정문인 경우에는 ~도 못했는데) 그 때 어떤 일이 발생했다'는 의미이다:

- He **had known** her only a month, **when** he married her.
  그는 그 여자를 안 지 겨우 한 달밖에 안 되었는데 그 때 그 여자와 결혼을 했다.

- They **hadn't been** married even a month, **when** they filed for divorce.
  그들은 결혼한 지 한 달도 못 되어 이혼 소송을 했다.

- I **hadn't finished** even half my meal, **when** I felt full.
  나는 식사를 반도 끝내지 못했는데 배가 불렀다.

- I **hadn't walked** even a mile **when** I became footsore.
  나는 1마일도 못 걸었는데 그 때 발병이 났다.

- He **had been driving** his new car for only a couple of months, **when** it began to cause him trouble here and there.
  그는 새 차를 사서 겨우 두어 달 타고 있었는데 그 때 그 차가 여기저기 문제를 일으키기 시작했다.

- The burglars **had** already **run away when** the police arrived.
  도둑들이 도망치고 나니 그 때 경찰이 도착했다.

- Yesterday I **hadn't been** back home for an hour **when** I got a call from my boss and was told to immediately come back for an emergency meeting.
  어제 나는 집에 돌아와 한 시간도 못 있었는데 그 때 내 상사로부터 전화를 받고 긴급회의를 위해서 당장 사무실로 돌아오라는 지시를 받았다.

•• I had been thinking about the problem for a few days when a wonderful idea dawned on me.
나는 그 문제에 대해서 며칠 동안 생각해왔었는데 그 때 좋은 생각 하나가 떠올랐다.

Idiomatic Expressions

eat one's words

'(주장했던 것이 틀렸음이 드러나) 그 주장을 창피스럽게 철회하다,' '자신이 한 말이 잘못임을 인정하다'

>> 이 표현은 글자 그대로의 뜻을 나타낸다. 즉 자신의 입에서 나왔었던 말들을 다시 그 입 속으로 주워 담는다는 뜻이다.

* * *

I insisted that I had answered all the exam questions correctly. But when the professor showed me my exam paper, I had to *eat my words*.

나는 모든 시험문제를 다 옳게 대답했다고 주장했다. 그러나 교수님이 나의 답안지를 나에게 보여주었을 때 나는 그 주장을 철회할 수밖에 없었다.

* * *

It is by no means easy to *eat your words*. You should, therefore, make sure of your being correct before you argue about something.

일단 한 말을 다시 집어넣기는 결코 쉬운 일이 아니다. 그러므로 우리는 어떤 것에 대해서 논쟁을 할 때는 미리 우리의 주장이 옳음을 확인해야 한다.

033 문장 중간위치 부사의 의미에 대하여

부사가 문장에서 차지할 수 있는 위치는 3가지인데, 주어 앞(문두), 주어와 동사 사이(문 중간), 그리고 동사구(+ 목적어) 뒤(문미)이다. 대개의 부사들은 그 의미에 따라 이 셋 중 어느 한 위치로 고정되어 있지만 어떤 부사들은 아무 위치나 취할 수 있다. 그러나 이들 부사도 위치에 따라 문법적 기능이 달라지는 것이 보통이다.

부사의 3가지 위치 중에서 우리가 틀리기 쉬운 것은 문장 중간 위치이다. 정확히 문장의 어느 곳이 중간 위치인가, 어떤 종류의 부사들이 이 위치를 차지하는가, 그리고 이들 중간 위치 부사들은 다른 위치와 비교하여 어떤 의미를 갖는가 등에 대해서 알아보자.

1. 중간 위치

중간 위치에 오는 부사는 동사를 수식하지 않고 문장 전체에 대한 화자의 '평가,' '판단,' '논평' 등을 나타낸다. 그래서 중간 위치 부사를 '논평'의 부사라고도 부른다.

(1) 문장에 조동사가 없는 경우 중간 위치는 주어와 동사 사이이다:

- **The driver suddenly started the engine.**
  운전자는 갑자기 엔진을 시동했다.
  >> 운전자가 엔진을 시동하는 사건을 화자는 갑작스런 일이라고 말한다. 운전자가 엔진을 갑작스런 방법으로 시동을 걸었다는 뜻이 아니다.

- **They obviously wanted to go to bed.**
  그들은 명백히 잠자리에 들기를 원했다.
  >> = It was obvious that they wanted to go to bed.
  그들이 잠자리에 들기를 원하는 것이 명백했다.

- **They often go to the movies.**
  그들은 자주 극장에 간다.
  >> = It often happens that they go to the movies.

- **He definitely refused our offer. The fact that he didn't ask any questions proves it.**
  그는 확실히 우리의 제의를 거절했다. 그가 어떤 질문도 하지 않았다는 사실이 그것을 입증한다.
  >> = It is definite that he refused our offer.
  그가 우리의 제의를 거절한 것이 확실하다고 화자는 말한다.

(2) 조동사나 be동사가 있는 경우에는 중간 위치는 조동사나 be동사 다음이다:

- **We have always lived in this house.**
  우리는 언제나 이 집에서 살았다.

- **I was never happy at home.**
  나는 집에서는 행복한 적이 없었다.

- **It's a pleasure to have finally met you.**
  당신을 드디어 만나게 되어 기쁩니다.

(3) 조동사가 둘 또는 그 이상일 때는 중간 위치는 첫 번째 조동사 다음이다:

- **This job will never be finished.**
  이 일은 결코 끝나지 않을 것이다.

- **He may probably have known the fact.**
  그는 아마 그 사실을 알았을 것이다.

- **This report must certainly have been written by him.**
  이 보고서는 분명히 그에 의해서 작성되었음이 틀림없다.

(4) 문장의 술어가 완전한 동사구 대신 조동사 하나로만 되어 있거나 보어 없이 be동사로만 되어 있는 경우 중간 위치는 주어와 조동사 또는 주어와 be동사 사이이다:

- A: **Don't trust politicians.**
  정치인들을 신임하지 말라.
  B: **I never have, and I never will.**
  ≫ 나는 그들을 신임한 적이 없으며, 또 앞으로도 신임하는 일은 없을 것이다.

- A: **Are you happy?**
  너는 행복하니?
  B: **I certainly am.**
  분명히 나는 행복합니다.
  ≫ = It is certain that I am happy.

2. 중간 위치를 차지하는 부사들

(1) 문장 내용에 대한 화자의 판단, 평가, 논평 등을 나타내는 의미를 갖는 부사들이 여기에 속한다. 이 부류의 부사들 중에서 가장 일반적으로 쓰이는 것들은 certainly, clearly, definitely, easily, evidently, obviously, possibly, probably, stupidly, suddenly, surely, wisely, 등이다:

- **She very stupidly began to talk to him.**
  그 여자는 그 남자에게 말을 걸기 시작했는데 이것은 아주 어리석은 짓이었다.
  >> very stupidly는 She began to talk to him에 대한 화자의 평가이다.

  She began to talk to him very stupidly.
  그 여자는 그 남자에게 아주 어리석은 방법으로 말을 걸기 시작했다.
  >> 여기서 very stupidly는 문장의 동사구 began to talk를 수식하는 부사구이다.

- **You'll surely keep your promise.**
  너는 너의 약속을 틀림없이 지키겠지.
  >> = I'm sure you'll keep your promise.

  The cat walked quite surely along the narrow wall.
  고양이는 좁은 담을 따라 확실한 걸음으로 걸었다.
  >> 여기서 surely는 고양이의 걷는 모양을 나타내는 방법 부사로 walked에 걸리는 부사이지 논평의 부사가 아니다.

- **I can easily finish it today.**
  나는 문제없이 그것을 오늘 끝낼 수 있다.
  >> = I see no problem in my finishing it today.

  He solved the mathematical problem easily.
  그는 그 수학 문제를 쉽게 (힘 안들이고) 풀었다.

  Jane is easily the prettiest girl in the class.
  Jane은 의심의 여지없이 반에서 제일 예쁜 아이이다.
  >> = There is no doubt that Jane is ....

- **He's wisely staying home today.**
  그는 현명하게도 오늘 집에 머물고 있다.
  >> 그가 집에 머물고 있는 것은 현명한 일이다.

  Let's think hard to solve the problem wisely.
  이 문제를 현명하게 해결하기 위해서 머리를 짜내자.
  >> wisely는 solve에 걸리는 방법의 부사이다.

(2) 빈도(frequency)의 부사 중에서 시간 간격이 정해져 있지 않은 빈도를 나타내는 부사로, commonly, usually, normally, always, ordinarily, continually, constantly, frequently, often, sometimes, occasionally, rarely, seldom, never, 등은 중간 위치를 갖는다. 그러나 시간 간격이 정해진 빈도를 나타내거나 빈도의 횟수를 나타내는 부사인 daily, weekly, yearly, once a month, once, twice, ten times, 등은 문미 위치를 차지한다. 이들 간격이 정해진 빈도는 화자의 논평이 아니기 때문이다:

- **She has sometimes acted in Shakespeare plays.**
  그 여자는 더러 셰익스피어 연극에 출연했다.

- **The students are occasionally given homework.**
  학생들은 이따금 숙제가 주어진다.

- **She is often late for class.**
  그 여자는 자주 수업 시간에 늦는다.

- **He has never been in time for class.**
  그는 한 번도 수업 시간에 맞게 도착해 본 적이 없다.

- **I normally go to bed before midnight.**
  나는 보통 자정이 되기 전에 잠자리에 든다.

- **Breakfast has seldom been prepared by his wife.**
  아침식사가 그의 부인에 의해서 마련된 적이 거의 없다.

(3) both, all, each, almost, nearly도 중간 위치를 가진다:

- **They are both doctors.**
  그들은 둘 다 의사이다.

- **She and her husband both like dancing.**
  그 여자와 그 여자의 남편은 둘 다 춤추는 것을 좋아한다.

- **They each have their own car.**
  그들은 각자 자신의 차를 가지고 있다.

- **The questions must all be answered.**
  질문들은 모두 대답되어야 한다.

- **They all passed the examination.**
  그들은 모두 시험에 합격했다.

- **He almost/nearly fell off his horse.**
  그는 거의 말에서 떨어질 뻔 했다.

- **He is almost/nearly six feet tall.**
  그는 키가 거의 6피트이다.

3. 주의해야 할 경우들

(1) 부정문에서 논평의 부사는 not 앞에 위치하여 not의 수식 범위를 피해야 한다. 논평의 부사는 화자 자신의 판단을 나타내는 것인데 not가 부사 앞에 오면 not가 부사를 부정하는 의미가 되고 따라서 화자가 그 자신의 판단을 부정하는 우스운 결과가 되기 때문이다:

- **I certainly do not agree with the editorial.**
  물론 나는 그 사설에 동의하지 않는다.

- A: **Do you agree with the editorial?**
  그 신문 사설에 동의하느냐?

  B: **Certainly not.**
  물론 안 하지.
  >> *Not certainly.

- A: **Does he know this?**
  그가 이것을 아느냐?

  B: **Probably not./He will probably not know./He probably won't know./He probably does not know.**
  그는 아마 모를 것이다.
  >> *Not probably./*He won't probably know./*He doesn't probably know./*He does probably not know. 등으로는 말하지 않는다.

논평의 부사는 부정될 수 없음에도 불구하고 논평의 부사가 부정되어 있는 것처럼 보이는 경우가 있다. 그러나 이런 경우는 부사가 화자의 논평을 나타내는 것이 아니라 동사의 정도를 나타내고 있는 것이다. 다음의 예를 보자:

- **I really don't know him.**
  정말이지 나는 그를 모른다.
  >> really는 논평의 부사로 화자 자신의 말이 진짜임을 나타내는 목적으로 쓰였다.

- **I don't really know him.**
  나는 그를 잘 알고 있는 것은 아니다.
  >> really는 논평의 부사가 아니고 know의 정도를 나타내는 부사이다. 이처럼 일반적으로 논평의 의미를 갖는 부사가 비논평의 부사로 쓰이는 것은 이례적이므로 발음할 때 특별한 강세를 받는다.

빈도를 의미하는 논평의 부사는 부정될 수 있다. 이 경우 부사는 not 뒤에 오는 것이 원칙이지만 일부 빈도부사 commonly, generally, normally, ordinarily, usually는 그들이 not 뒤로 오든 앞으로 가든 사실상 논리적 차이가 나지 않는다:

- **I do not often skip breakfast.**
  나는 아침밥을 자주 거르는 것은 아니다.

- A: **Do you often skip breakfast?**
  너는 자주 아침밥을 거르느냐?

  B: **Not often.**
  자주는 아니다.

>> = I do not often skip breakfast.
　　＊Often not.

- **He usually doesn't speak from notes.**
  그는 통상 메모를 보고 연설하지 않는다.
  >> = He doesn't usually speak from notes.

- A: **Does he usually speak from notes?**
  그는 통상 메모를 보고 연설하는가?
  B: **Not usually. /Usually not.**
  아니다, 보통은. /보통은 아니다.

(2) 기타의 경우

- **They violently attacked him.**
  그들은 그 사람을 호되게 공격했다.
  >> 중간 위치 violently는 화자의 논평을 나타내기 때문에 추상적 의미로 '호되게,' '강하게' 등의 뜻이다. 따라서 attack도 이에 맞추어 언어적 공격을 의미하게 된다.

- **They attacked him violently.**
  그들은 그 사람에게 폭력적 공격을 가했다.
  >> 문미 위치 violently는 논평의 부사가 아니기 때문에 화자의 판단을 떠나 객관적 의미인 '폭력적으로'의 의미를 가진다. 따라서 attack는 신체적 공격을 의미하게 된다.

- **He completely denied it.**
  그는 그것을 강하게 부인했다.
  >> 중간 위치 completely는 화자의 주관적 논평이기 때문에 '강하게'의 의미일 수밖에 없다.

- **He denied it completely.**
  그는 모든 면에 있어서 (조목조목) 그것을 부인했다.
  >> 문미 위치 completely는 객관적인 의미로 '모든 면에 있어서, 조목조목'이다.

034 표현의 비문법성과 부자연성에 대하여

우리말로는 아무런 하자 없는 표현이 영어로는 심하게는 말이 전혀 통하지 않거나 오해를 불러 일으키는 경우 또는 말은 통하지만 부자연스럽거나 이상하게 느껴지는 경우들이 있다. 우리의 언어표현의 논리와 표현의 관행이 영어의 경우와 서로 다를 수 있기 때문이다. 그래서 우리가 만든 영어 문장을 영어 모국어 화자가 읽고 '잘못되었다' 또는 '부자연스럽다' 라고 하면 우리는 '도대체 무엇이 잘못되었고 무엇이 부자연스럽다는 건가?' 하고 얼른 수긍하기 어려운 경우가 생기는 것이다. 다음에 이러한 예들을 열거하고 이들에 있어서 무엇이 문제인가를 살펴본다:

- *I don't know where and what he is doing now.
- → I don't know what he is doing now, and where.

  나는 그가 지금 어디서 무엇을 하고 있는지 모르겠다.
  >> 우리는 이 문장을 자연스럽게 이해하지만 영어로는 얼른 이해가 가지 않는다. where는 그 앞에 그것이 받을 수 있는 절이 없으니 그 구체적인 의미를 알 수 없다. 이런 경우에는 where를 what절 다음에 놓아 그것이 where절의 내용인 what he is doing now와 연결되게 해야 한다. 그러면 where는 where he is doing it의 의미라는 것을 누구나 다 이해하게 된다.

- *Who and why broke into my room?
- → Who broke into my room, and why?

  누가 왜 내 방을 침범했을까?
  >> 의문부사 why는 주어가 될 수 없는데 위 잘못된 문장에서는 주어의 위치에 와 있다. 이렇게 되어 and why는 문장 속에서 연결되는 곳이 없다. 즉 잘못된 위치에 있는 것이다. 그러나 why를 문미에 놓으면 why 다음에 무엇이 생략되어 있는지 자명해진다.

- *She made up her mind and then her face.
- → She made up her mind and then she made up her face.

  그 여자는 마음을 정하고 나서 얼굴에 화장을 했다.
  >> make up one's mind에서 make up은 마음을 '결정하다' 의 의미이지만 make up one's face에서는 똑같은 make up이 얼굴을 '화장하다' 의 의미이다. 그런데 한 단어는 한번에 한 의미밖에 나타낼 수 없다. 그러므로 make up her mind and then her face로 하면 '결정하다' 의 의미가 her face까지 목적어로 취하는 것이 되어 말이 안 된다. 같은 단어라도 의미가 달라지면 한 번 더 써야 한다.

- *We have washed, dried, and put the dishes away.
- → We have washed, dried, and put away the dishes.

  우리는 접시들을 씻고, 말리고 그리고 나서 정리했다.
  >> away를 문미에 놓으면 'washed the dishes away, dried the dishes away, and put the dishes away' 와 같게 되어 away가 의도되지 않은 동사구들에까지 걸리게 되어 말이 되지 않는다.

- *My brother likes going to the races and to bet on the horses.
- → My brother likes going to the races and betting on the horses.
  - 나의 형은 말 경주장에 가서 말에 돈 거는 것을 좋아한다.
    - ≫ like의 목적어구로 동명사 going과 부정사 to bet는 서로 어울리지 않는다.

- *He was eager to talk to the girl sitting in the corner and who had smiled at him.
  - ≫ girl에 걸리는 두 개의 수식어구가 하나는 현재분사 형태로, 하나는 [and + 관계대명사] 절로 되어 있어 서로 어울리지 않는다.
- → ... the girl who was sitting in the corner and who had smiled at him.
  - 그는 구석에 앉아 있었고 또 자기에게 미소를 보냈던 여자에게 말을 걸기를 갈망했다.
- → ... the girl sitting in the corner who had smiled at him.
  - 자기에게 미소를 보냈던 구석에 앉아 있는 여자에게 말을 걸기를 갈망했다.
    - ≫ 이처럼 앞의 수식어를 현재분사로 하여 하나의 명사구로 만든 다음 그 명사구를 관계대명사절로 수식하면 문제가 없다.

- *In this way we hope to strengthen and make the police force more efficient.
  - ≫ strengthen은 완전 타동사로 목적보어가 필요없다. 그러나 make는 불완전 타동사로 쓰였기 때문에 목적보어가 필요하다. 따라서 [목적어 + 목적보어] 형태인 the police force more efficient는 strengthen에는 걸릴 수 없는 것이다. 그러므로 strengthen은 자기 나름의 목적어를 따로 가져야 한다.
- → In this way we hope to strengthen the police force and make it more efficient.
  - 이런 방법으로 우리는 경찰력을 강화하고 또 더 능률적이 되도록 할 수 있기를 희망하고 있다.

- A: What are you doing here? Eating something?
  - 넌 여기서 무얼 하고 있느냐? 뭘 먹고 있느냐?
- B: *I'm not doing or eating anything.
  - ≫ anything이 서로 다른 종류의 목적어를 요구하는 doing과 eating의 공동 목적어로 되어 있는데 이것은 잘못이다. doing의 목적어는 '행위'가 되어야 하며, eating의 목적어는 '음식'이 되어야 한다. 그러나 한 단어가 동시에 두 가지 의미를 가질 수 없으므로 doing or eating anything으로 하여 anything이 행위와 음식을 동시에 의미하게 해서는 안 되며 같은 단어지만 한 번 더 써서 앞의 것은 행위를, 뒤의 것은 음식을 의미하게 해야 한다.
- → I'm not doing anything and not eating anything.
  - 나는 무엇을 하고 있는 것이 아니며, 또 무엇을 먹고 있는 것도 아니다.
    - ≫ doing의 목적어인 anything은 '행위'를 의미하며, eating의 목적인 anything은 '음식'을 의미한다.

- *What can I help you?
  - ≫ I는 주어이고 you는 can help의 목적어이다. 그러면 의문 대명사인 what은 이 문장에서 무슨 기능을 하는가? 어디에 연결되는가? what은 이 문장에서는 발 붙일 곳이 없다. 그래서 이 문장은 틀린 것

이다. 우리말의 '무엇을 도와드릴까요?' 에서 '무엇을' 은 '도와드리다' 의 목적어이다. 대신 우리말 표현에서는 의미상으로 진정한 목적어인 상대방이 나타나 있지 않다. 그러나 영어로는 you를 help의 목적어로 해야 하며 what은 help you에 걸리는 부사로 대치해야 한다:

→ **How** can/may I help you?
무엇을 도와드릴까요?

•• *He's in conference now, and **you** can't disturb him.
》 문장을 He에 대한 이야기로 시작해 놓고는 바로 뒤에서 you에 대한 이야기로 바꾼 것이 잘못이다. 테마의 통일성이 없어서 문장의 포인트가 산만하여 부자연스럽다.

→ **He's** in conference now, and **can't** be disturbed.
그는 지금 회의 중이니 방해받을 수 없다.

표현의 부자연성은 문법적으로나 어휘 의미적 측면에서의 잘못 맞추어진 결과로만 생기는 것은 아니다. 사실상 같은 의미를 갖는 단어들의 불필요한 중복 나열도 표현을 부자연스럽게 만든다:

•• *His apology was not **sufficient enough**. So we'll not accept it.
》 sufficient enough는 '충분히 충분한' 이라는 의미로 불필요한 의미의 중복이 된다.

→ His apology was **not sufficient**. So ....
그의 사과는 충분하지 않다. 그러니 우리는 그 사과를 받아들일 수 없다.

•• *The **new innovations** at the World's Fair were fascinating.
》 innovations는 'new ideas' 라는 뜻이다. 따라서 new를 또 첨가하는 것은 중언부언으로 듣기 거북하다. advance forward, return back 등도 같은 부류이다.

→ The **innovations** at ....
세계 박람회에 출품된 혁신적인 물건들이 매혹적이었다.

•• *We had **four different kinds** of soup on the menu.
》 four kinds는 그 의미가 '서로 다른 것들' 이다. 여기에 different를 또 붙일 필요가 없다.

→ We had **four kinds** of soup on the menu.
메뉴에는 네 종류의 수프가 있었다.

•• *They have **combined** the three departments **into one**.
》 combine은 하나로 합치는 것을 의미하는데 굳이 into one을 붙여 중언부언할 필요가 없다.

→ They have **combined** the three departments.
그들은 3개의 과를 합쳤다.

•• *The smoke from the camp fire rose softly **through the air**.
》 연기는 물론 공중으로 솟아오른다. 따라서 또다시 '공중으로' 라는 표현을 덧붙일 필요가 없다. 이런 것을 굳이 틀렸다고 말할 수는 없으나 표현의 과잉 현상이며 중언부언이므로 피하는 것이 좋다. 일반적으로 우리 한국 사람들은 '역전 앞,' '치가 집,' 선수의 '등 번호,' '과거 역사' 등을 아무 거리낌없이 쓰는 것에서 보듯이 과잉 표현을 좋아하지만 영어로 글을 쓸 때는 피해야 한다.

→ The smoke from the camp fire rose softly.
야영지의 모닥불에서 연기가 부드럽게 솟아올랐다.

•• *He leafed through the pages of the book.
》 leaf through는 '책의 페이지를 넘기며 대충 본다'는 뜻인데 그 목적어로 pages를 다시 들먹일 필요는 없다.

→ He leafed through the book.
그는 그 책을 대충 훑어보았다.

•• *Give the explanation of the reason for the delay of it.
→ Explain the reason for its delay.
그것이 지연된 이유를 설명해 달라.
》 explain이라는 한 단어로 표현될 수 있는 의미를 쓸데없이 give the explanation of라고 복잡하게 표현할 필요가 전혀 없다.

•• *The population is estimated at about 100,000.
→ The population is estimated to be 100,000.
인구는 십만 명으로 추산된다.

The population is about 100,000.
인구는 약 십만 명이다.
》 estimated와 about는 사실상 같은 의미를 나타낸다.

•• *They are about 12 to 15 years old.
→ They are 12 to 15 years old.
그들은 12세에서 15세 사이이다.
》 12 to 15은 정확한 수가 아니다. 여기에 또 정확한 수가 아니라는 의미의 about를 덧붙이는 것은 중언부언이다.

같은 의미를 중복하여 나열하는 것은 피해야 하지만 여기에 조심할 점이 있다. 가령 다음 예문에서는 gone home 앞에 had는 불필요하다. 그 앞에 나온 had practiced의 had가 gone home에도 연결되기 때문이다:

•• When I arrived at the grounds, our team had already practiced and (had) gone home.
내가 운동장에 도착했을 때 우리 팀은 이미 연습을 끝내고 돌아갔었다.

그러나 다음의 예처럼 동사의 주어들이 서로 다를 때는 앞 절의 조동사가 그대로 뒤 절의 조동사로 옮겨지는 데 문제가 생길 수 있다:

•• *The walls have been painted and the door repaired.
》 the door repaired는 문법적으로 *the door have been repaired가 되어 have가 3인칭 단수를

받는 결과가 된다. 따라서 위의 문장은 비록 거추장스럽기는 하지만 조동사를 생략해서는 안 된다.

→ The walls have been painted and the door has been repaired.
벽들은 페인트가 칠해졌고 문은 수리가 되었다.

•• The incumbent president has been defeated, and a new president elected.
현 대통령은 패배하였고 새 대통령이 선출되었다.
≫ 이 문장에서는 앞 절의 조동사구 has been이 그대로 뒷 절의 조동사구가 될 수 있으므로 문제가 전혀 없다.

•• *A new president has been elected, and the new ministers announced.
≫ the new ministers announced는 *the new ministers has been announced와 같다.

→ A new president has been elected, and the new ministers have been announced.
새 대통령이 선출되었고 새 장관들이 발표되었다.

•• *Mother told Mary she should reduce.
≫ 대명사를 쓸 때 그것이 앞에 나온 어느 명사를 받는가가 명확해야 하는데 she should reduce의 she가 Mother를 의미하는지 Mary를 의미하는지 알 수 없다.

→ Mother told Mary, "I should reduce."/Mother told Mary, "You should reduce."
어머니는 매리에게 "나는 감량을 해야 되겠다."/"너는 감량을 해야 되겠구나"라고 말했다.

이같은 잘못된 문장은 우리 같이 영어를 외국어로 배우고 있는 사람들만 범하는 잘못은 아니다. 물론 정도와 종류의 차이는 있지만 이것은 영어의 모국어 화자들 속에서도 발견되는 현상이기도 하다. 언어 의식이 확립된 그리고 자신의 말에 신경을 쓰는 사람들은 그런 경우가 드물지만 자기 모국어라고 해서 생각없이 마구 함부로 말하는 사람들과 학교의 영어 시간에 잠만 잔 사람들은 자주 그런 잘못을 범한다. 다음 두 문장은 영문법 학자인 Randolph Quirk로부터 인용한 것으로 영어 모국어 화자들이 범한 실수이다:

•• *A burglar at the Berwick Inn forced a fruit machine to steal 40 pounds.
— 영국의 어느 지방 신문 기사에서
≫ 위 문장을 직역하면 '버위크 여관에 들어온 어느 도둑이 과일 파는 기계로 하여금 40파운드를 훔치도록 강제했다.' 이다. 즉 기계가 돈을 훔치도록 만들었다는 것이 된다. 그러나 이 문장을 읽은 사람은 물론 그렇게 이해하지 않고 '40파운드를 훔치기 위해서 기계를 억지로 열었다'로 이해했을 것이다. 만일 to steal 40 pounds가 없다면 force a machine만 가지고도 '억지로 열다'의 의미가 되지만 뒤에 to steal이 있으므로 '기계로 하여금 훔치게 만들다'의 의미가 되는 것이다. 그러므로 이런 경우에는 동사로 forced만 쓸 것이 아니라 forced open '억지로 열다' 라고 해야 올바른 의미가 된다.

→ A burglar at the Berwick Inn forced open a fruit machine to steal 40 pounds.
버위크 인에 들어온 도둑이 과일 판매 기계를 뜯어 열고 40 파운드를 훔쳤다.

•• *Buckingham Palace said that 22-year-old Prince Andrew, son of Queen Elizabeth and a Navy helicopter pilot, would sail with the Invincible.
- 어느 미국 신문 기사에서

>> 위 문장의 의도된 의미는 분명 '엘리자베스 여왕의 아들이며 해군 헬리콥터 조종사인 앤드류 왕자가 군함 인빈스블호를 타고 (전쟁터로) 갈 것이라고 버킹엄 궁이 발표했다' 일 것이다. 그러나 이 문장은 불행히도 그 뜻만이 아니라 '여왕과 조종사의 아들인 앤드류 왕자' 라는 어처구니 없는 의미도 될 수 있다. 즉 앤드류 왕자는 여왕과 어느 해군 헬리콥터 조종사 사이에서 태어났다는 뜻이 가능한 것이다. 따라서 이 문장은 아주 잘못된 것이다. 잘못의 원인은 명사구들을 잘못 나열하여 a Navy helicopter pilot가 of의 목적어가 될 수 있게 한 데 있다. 그러므로 이 의미를 배제하려면 나열의 순서를 바꾸어 of가 Queen Elizabeth에게만 걸리도록 해야 한다.

→ Buckingham Palace said that 22-year-old Prince Andrew, a Navy helicopter pilot and son of Queen Elizabeth, would sail with the Invincible.
버킹엄 궁은 해군 헬리콥터 조종사이고 엘리자베스 여왕의 아들인 스무 살의 앤드류 왕자가 인빈스블 호를 타고 갈 것이라고 발표했다.

자기 모국어에 대한 문법 의식이 별로 강하지 않고 또 자신의 언어행위에 별로 주의를 기울이지 않는, 따라서 자신의 모국어 실력이 그리 좋지 않은 사람으로 유명한 미국인이 있다. 바로 George W. Bush 대통령이다. Internet에서 찾을 수 있는 그의 셀 수 없이 많은 언어 실수 중 몇 개만 예를 들어보자:

•• *One year ago today, the time for excuse-making has come to an end.

>> 위 문장의 의도된 의미는 '변명할 수 있는 시점은 일년 전 오늘 끝이 났다.' 일 텐데 문법이 잘못되어 있다. one year ago today '일년 전 오늘' 은 과거를 의미하는 부사구이다. 따라서 현재완료 형과는 같이 쓰일 수 없는 것이다. has come을 came으로 고쳐야 한다.

•• *You disarm, or we will.

>> 위 문장은 그의 연설 중 Saddam Hussein에게 향하여 하는 말이었다. 의도된 의미는 분명 '무장을 해제하라. 안 그러면 우리가 강제로 무장 해제를 시킬 것이다.' 일 것이다. 그러나 이 문장대로라면 '무장을 해제하라. 안 그러면 우리가 무장을 해제할 것이다.' 즉 미국이 무장을 해제하겠다는 뜻이 된다. we will force you to disarm이라고 말했어야 옳았다.

•• *For a century and a half now, America and Japan have formed one of the great and enduring alliances of modern times.

>> 위 문장을 그대로 번역하면 '지금까지 1세기 반에 걸쳐 미국과 일본은 근대사에서 위대한 그리고 지속적인 동맹체 중의 하나를 형성해 왔다.' 인데 이것은 역사적 사실이 아니다. 미국과 일본이 동맹체가 된 것은 2차 대전 이후부터이다. 그러므로 Bush 대통령은 마음으로는 '반세기' 즉 half a century를 생각했을 텐데 입으로는 명사구의 순서를 혼동하여 a century and a half라고 잘못 말한 것이다.

•• *Reading is the basics for all learning.

>> basics는 복수이다. 따라서 Reading is the basics.는 어법에 맞지 않다. 이처럼 주어가 단수이면 basics를 써서는 안 되고 형용사를 써서 Reading is basic to all learning. '독서는 모든 배움의 기초

이다.'라고 하거나 아니면 주어를 복수로 하여 가령 Reading, writing, and arithmetic are the basics for all learning.이라고 해야 한다.

- *Our enemies never stop thinking about new ways to harm our country and our people, and neither do we.

    ≫ 위 문장의 직역은 '우리의 적들은 우리나라와 우리 국민을 해치기 위한 새로운 방법을 생각해 내는 것을 멈추지 않는다. 그런데 우리도 그렇다.' 여기서 문법적으로 and neither do we는 그 앞에 있는 동사구 stop thinking about new ways to harm our country and our people을 생략한 것이다. 그래서 '우리도 우리나라와 우리 국민을 해치기 위한 방법을 생각해 내는 것을 멈추지 않는다' 는 뜻이 된다. 그러므로 끝부분을 and neither do we stop thinking about new ways to destroy them '우리 역시 그들을 때려잡기 위한 새로운 방법을 생각해 내는 것을 멈추지 않는다.' 라고 했어야 옳다.

더러는 문법이나 논리의 문제를 떠나 영어와 우리말의 근본적인 표현 차이에서 생기는 부자연성이나 어색함이 있다. 이런 예들은 아주 많지만 우리말과 영어 표현의 차이에도 유의하도록 자극하는 의미에서 다음에 몇 개의 예를 들어보자:

- *How do you think of my idea?

    → What do you think of my idea?

    How do you like my idea?

    너는 내 생각에 대해서 어떻게 생각하느냐?

- *Why do you say like that?

    → Why do you say that?

    너는 왜 그렇게 말하느냐?/그런 말을 하느냐?

- *How should I do?

    → What should I do?

    내가 어떻게 해야 할까요?

- A: I want you to finish this by tomorrow.

    네가 내일까지 이 일을 끝내기를 바란다.

    B: *I know.

    → I understand.

    알겠습니다.

    ≫ I know는 상대가 말하기 전에 이미 알고 있다는 뜻이므로 상대의 요구를 듣고 '그렇게 하겠다' 는 의미가 될 수 없다.

- A: What color is it?

    그건 무슨 색이지?

    B: *It's green color.

→ It's green.

그건 초록색이다.

>> 우리말은 일반적으로 '초록색,' '빨간색,' '노란색,' 등처럼 색의 이름 뒤에 '색' 이라는 명사를 붙이지만 영어는 그냥 green, red, yellow, 등만으로 색을 나타낸다. 굳이 명칭으로의 '색' 을 말하려면 색과 색 이름을 동격으로 하여 the color green, the color red, the color yellow 등으로 표현한다. 다시 말해서 묘사적 목적으로는 가령 *My car is red color. 라고는 하지 않고 My car is red.라고 말하며, 어떤 색의 총칭적 명칭으로는 동격 구조를 써서 가령 The color red once symbolized Communism. 처럼 표현한다.

이 기회에 우리 자신들의 모국어 사용에 대해서도 한번 반성해 보자. 우리 한국 사람들은 수식어를 통한 중언부언을 특별히 좋아하는 것 같다. 다음의 예들에서 괄호 부분은 의미의 중복일 뿐이며 따라서 언어 통화 목적으로는 사실상 전혀 불필요한 것이다: (간단히) 요약하다, (남은) 여생, 해변 (가), 역전 (앞), 처가 (집), (흰) 눈 (흰색 이외의 다른 색의 눈도 있는가?), (앞)가슴 (뒷 가슴, 옆 가슴도 있는가?), 돼지 (족)발, (먼저) 선취하다, (등번호) 10번(을 단) 선수(등번호와 가슴 번호가 다른가?) 등등.

또 이런 부류 이외에도 문법적으로, 또는 어휘의 의미에 있어서, 또는 습관적 표현에 있어서 말이 전혀 안 되는 표현들도 많이 쓰인다:

*도와주신 분들께 고마운 말씀을 드립니다. → 감사의 말씀을 드립니다. '고마운 말씀' 은 말씀 자체가 고맙다는 뜻으로, 말씀을 드리는 사람 즉 "내가 당신에게 고마운 사람이다"라고 말하는 셈이 된다; *되어지다 → 되다, *도착되다 → 도착하다 ('되어지다,' '도착되다' 등은 우리말에 없는 단어들이다. 혹시 에스페란토어가 아닌지?); *방금 전에 → 방금; *물 세 잔 → 물 석 잔, 우유 네 잔 → 우유 넉 잔; *오십 하나 → 쉰하나/오십 일; 육월 삼십날 → 유월삼십일; 약 백여 명 → 백여 명/백 명 정도/약 백 명; *한글 번역 (TV 영화 자막에 자주 나오는데 이것은 말이 아니다. 한글은 말이 아니고 문자이다. (가령 *'그 미국 사람은 한글을 유창하게 한다.' 라고 말할 수 있는가?) → 우리말 번역/한국어 번역; *여든 세가 되는 할머니 (어느 TV 리포터의 보도 중에서) → 팔십 세/여든 살이 되신 할머니; 남북 이산가족 상봉의 현장을 중계하는 리포터들이 '백 일 살,' '백 사 살,' '백 오 살' 과 같이 노인들의 연령을 말했는데 이것은 우리말의 연령을 나타내는 방법이 아니다. '백 한 살,' '백 네 살,' '백 다섯 살' / '백 일 세,' '백 사 세,' '백 오 세' 등으로 해야 한다. 백여 명 이상의 부상자 → 백여 명의 부상자/백 명 이상의 부상자 *우리 편이 이겨서 기분이 좋은 것 같아요 → 우리 편이 이겨서 기분이 좋아요; *사장님실 → 사장실; *한국분들, *외국분들 (어느 특정인을 말하는 것이 아니고 일반적인, 중립적인 의미일 때는 높임의 대상이 아니다) → 한국인들, 외국인들; *저의 부인 → 저의 처/ 저의 집사람, 저의 안사람; 다음은 대통령께서 치사를 하시겠습니다 → 이제 대통령께서 치사를 하시겠습니다; 이상은 관리사무소에서 안내 말씀 드렸습니다 ('이상은' 이 아니라 '이상' 이라야 한다. 그래야 '지금까지' 라는 의미가 되어 말이 된다. '이상은' 을 굳이 쓰려면 '이상은 관리 사무소에서 알려드린 안내 말씀입니다.' 라고 해야 문법에 맞다.

우리가 보통으로 받아넘기는 말들 중에도 알고 보면 그래서는 안 되는 것들이 많다. 가령 의사들은 의례 동료 의사들을 '선생님'으로 지칭한다. 의사가 환자들을 상대로 다른 의사들을 그렇게 지칭해서는 안 되며 그냥 '의사'로 지칭하여 가령 '외과의사와 상의하십시오'라고 해야 마땅하다. 성직자들도 신자들을 상대로 자신들을 높여 부를 이유가 전혀 없다. 젊은 성직자들이 자신들의 부모 뻘 되는 신자들에게까지도 다른 젊은 성직자들을 '님'을 붙여 지칭하는 것은 사회 예의에 어긋나는 것이다. 이런 현상은 아마 교사들이 어린 학생들에게 말할 때 자신들을 '선생님'으로 지칭하는 지극히 당연한 교육적 관행을 잘못 원용한 것이 아닌가 한다. 또 젊은 부인들이 시청자 앞에서 자기네 남편에 대해서 가령 '저의 남편께서는 매운 음식을 못 잡수세요.'라고 말하는 것을 흔히 들을 수 있는데 희극이 아니고서야 이럴 수는 없는 일이다.

　　백화점 같은 데서 젊은 종업원에게 무엇을 물어보면 '저기 저 아가씨에게 여쭈어 보세요.'라고 보통 말하는데 요즈음 젊은 사람들은 '여쭙다'가 웃사람이 아랫사람에게 묻는 것을 의미하는 것으로 알고 있는 것 같다. 그래서인지 대학에서도 학생이 교수를 찾아와서 '무엇 좀 물어보러 왔는데요.'라고 흔히 말한다. 이런 학생들은 자신이 아랫사람이므로 웃사람인 교수에게 문의하는 것은 '묻다'로 해야지 '여쭙다'를 쓰면 안 되는 것으로 알고 있는 것이 분명하다. 이것과 관련하여 필자가 겪은 실화가 있다. 대학의 학생 연구 클럽 중의 하나인 TIME 반 학생이 연구실로 찾아와 TIME지를 펴들며 '무엇 좀 물어보러 왔는데요.'라고 하기에 필자가 '지금 내가 마침 나가려는 참이니 너희 선배들에게 물어보라.'라고 했더니 그 학생은 '선배님들에게 여쭈어 봤는데 모른다고 하시기에 교수님에게 물어보러 왔는데요.'라고 했다.

　　많은 사람들, 특히 많은 젊은이들이 우리말에는 높임말이 있다는 것만 알지 그것을 어떻게 쓰는지는 가정에서도 초등, 중등, 고등 교육 과정의 어느 곳에서도 가르침을 받은 것 같지 않다. 그래서 '같은 은행 안에서도 수수료가 나오십니다.' 또는 '감기가 오셨나 봐요.' '우유가 상하시기 전에 드셔야 합니다.' 등은 우리가 흔히 듣는 표현이다. 어느 강도를 당한 집을 현장 취재하여 보도하는 TV 화면에서는 집주인 아주머니가 자신의 집을 털고 자신을 위협한 강도에 대해서 '나를 이 방에 밀어 넣으시드라구요.'라고 말했다. 시골의 노인들을 취재하는 젊은 여성 리포터들 중에는 '지금 나이가 몇이세요?'나 '며느리가 마음에 드세요?' 등으로 말하는 것을 드물지 않게 접하게 된다.

　　많은 사람들이 틀리게 쓰면서 그것이 틀리다는 것을 전혀 모르는 것 중의 하나가 인칭 대명사 '저희'이다. '우리'는 '우리 인간은 결국 다 죽는다'에서처럼 청자와 화자를 다 포함하는 'inclusive' we일 수도 있고, '그 일은 우리에게 맡겨주십시오'에서처럼 청자는 제외하고 화자 쪽만 의미하는 'exclusive' we일 수도 있다. 청자를 포함하지 않을 경우에는 화자 쪽을 낮추고 청자를 높이기 위해 '우리' 대신 '저희'를 쓸 수 있다. 그러나 청자를 포함하는 경우에는 '우리'는 낮출 수 없다. 화자는 자신을 낮출 수 있어도 청자를 낮출 수는 없다. 또 이렇게 하여 누구를 높인다는 것인가?

* '저희나라'는 방송에서 흔히 듣는 잘못된 말이다. 이 표현이 말이 안 된다는 것을 모르고 마구 쓰는 출연자들 중에는 교육의 고하와 신분의 고하를 다 포함한다. '우리나라'의 '우리'가 청자를 배제하는 뜻으로 썼단 말인가? 어찌 * '저희나라'라고 할 수 있는가? 이것은 '우리말' 대신에 * '저희 말'이라고 하는 것과 같다. 우리가 외국인과 말할 때는 '우리나라'의 '우리'가 듣는 사람을 물론 배제한다. 그러나 이런 경우라도 '저희나라'는 말이 안 된다. 왜냐하면 '우리나라'의 '우리'는 가령 '우리 회사'의 경우처럼 어느 특정 관련자들을 의미하는 것이 아니라 우리 국민 모두를 의미하기 때문이다. 누가 감히 우리 국민 모두를 누구 앞에서 낮출 수가 있다는 말인가? 화자가 우리 국민 모두를 낮출 수 있는 경우는 딱 하나만 가능하다: '자비로우신 하느님, '저희' 하나 쓸 줄 모르는 저희 나라, 저희 국민을 불쌍히 여기소서.'

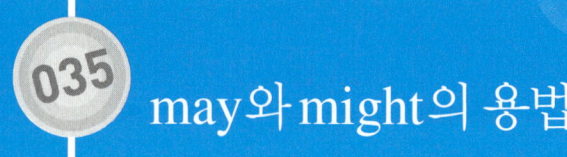

may와 might의 용법

1. may와 might는 '가능성'을 서술하는 데 가장 많이 쓰인다. 물론 여기서 might는 may의 과거형이 아니고 독자적인 조동사로서의 단어를 말하며 could처럼 그 자체로서 현재형, 미래형, 과거형을 다 겸한다. 일반적으로 직설법 형태인 may는 가정법 형태인 might보다 확실한 가능성을 나타내지만 흔히 이 둘은 별 차이없이 쓰이기도 한다:

- A: Why wasn't Mary in class yesterday?
   왜 Mary가 어제 수업에 나오지 않았느냐?
   B: I don't know. She may/might have been sick in bed.
   잘 모르겠는데. 아파 누워있었는지 모르겠다.

- A: Will you come to the meeting?
   회의에 참석하겠느냐?
   B: That depends. I may/might come or I may/might not.
   상황에 달려 있다. 참석할 수도 못할 수도 있다.

- A: Why hasn't he come yet?
   그가 왜 아직 안 나타나느냐?
   B: He may/might have missed the bus.
   그가 버스를 놓쳤을지도 모른다.

- Let's look at the map. We may/might be going in the wrong direction.
   지도를 보자. 우리는 지금 엉뚱한 방향으로 가고 있는지도 모른다.

- A: What was that noise?
   지금 무슨 소리였지?
   B: It may/might have been my dog chasing a cat.
   우리 개가 고양이를 쫓는 소리였을지도 모른다.

가능성을 묻는 질문에는 may나 might는 쓸 수 없다. may/might는 기껏 50 대 50 정도의 가능성을 나타내는 조동사인데 우리가 질문할 때 그 정도의 가능성만을 알고자 하는 것은 아니기 때문이다. 물론 불확실한 가능성으로 대답은 할 수 있지만 처음부터 그렇게 대답하도록 질문하지는 않는 것이다. 우리말에서는 질문에 '누구일까?'라고 할 수 있으나 사실은 이것은 누구에게 대답을 구하는 질문이 아니라 자문하는 것으로 I wonder who that is.와 같은 뜻이다. 그러나 Who can that be?에서는 can의 의미가 may/might보다 강하기 때문에 '누구일 수 있는가'라고 묻는 것이 아니고 '도대체 누구인가'라고 확실한 가능성을 묻는다. 그러므로 질문으로서 성립될 수 있다:

- *Who may/might that be at the door?
  → Who can/could that be at the door?
  저기 문에 서 있는 사람은 도대체 누구인가?

- He may/might be the new manager.
  그 사람은 새로 부임한 지배인일 가능성이 있다/지배인일지도 모른다.
  >> can은 가능성의 의미로는 긍정 서술문에는 쓰이지 않으며 의문문과 부정문에 쓰인다.

might는 could처럼 '할 수도 있을 텐데,' '하면 좋을 텐데,' '가능할 텐데' 등의 부드러운 암시적 요청의 의미로 쓰일 수 있다. 결국 could와 같은 의미지만 could보다 더 고어적이고 점잖은 표현이다. 이런 의미는 may로는 나타낼 수 없다. may를 쓰면 허가의 의미가 되기 때문이다. '했으면 좋았을 텐데,' '하는 것도 가능했을 텐데' 는 [might have + pp]로 하면 된다. :

- A: I'm having trouble in math class.
  나는 수학 과목에 어려움을 겪고 있다.

  B: Then you might talk to your teacher or your parents.
  그러면 선생님이나 부모님과 상의해보면 어떨까.
  >> You might보다 더 강한 표현들이 있는데 가장 강한 것의 순으로 보면 You must; You should; Maybe you should; Why don't you; You might; You could이다.

- I can't figure out the meaning of this English sentence. You might perhaps help me with it.
  나는 이 영어 문장을 이해할 수 없습니다. 혹시 선생님께서 도움을 주실 수 있을는지요.
  >> might보다 might perhaps가 좀 더 겸손하게 들린다.

- You might go home now.
  당신은 이제 댁으로 가시는 것이 좋을 것 같은데요.
  >> 이 문장은 '당신은 더 이상 여기 있을 이유가 없으니 여기서 서성거리지 말고 집에 가라'는 말을 부드럽게 표현한 것이다. might 대신 may를 쓰면 이런 의미는 표현되지 않고 허락의 의미가 된다.

- You might pass me the salt, please.
  소금 좀 이리로 밀어주시면 하는데요.

- We might ask him to come to our party.
  우리는 그 사람을 우리 파티에 초대해도 될 텐데.
  >> 초대하자는 의미를 부드럽고 간접적으로 나타내는 말이다.

- You might at least say "Thank you" when someone helps you.
  누가 너를 도와주면 최소한 "감사합니다"라는 말 정도는 하는 것이 좋을 텐데.
  >> 그런데 너는 왜 그 정도의 인사도 안 하느냐고 부드럽게 나무라는 말이다.

- - You might have told me you were going to be late.
    늦는다고 미리 나에게 말을 해주지.

may는 직설법 형태이고, might는 가정법 형태이기 때문에 문장에 따라서는 의미의 차이가 생길 수 있다. [may have + pp]는 실제로 어떤 일이 발생했을지도 모른다는 뜻인 반면 [might have + pp]는 어떤 일이 발생할 뻔 했지만 실제로는 발생하지는 않았다는 뜻이다:

- - It was a good thing he didn't go to Iraq. He might have been killed or wounded.
    그가 이라크에 가지 않은 것은 잘한 일이다. (갔더라면) 사망했거나 부상당했을지도 모를 텐데.
    ≫ 실제로는 그가 사망하거나 부상 당하지 않았다는 뜻이다. 이런 경우에는 may를 쓸 수 없다.

- - He may have drowned under the ice.
    그는 얼음 밑에서 익사했을지도 모른다.
    ≫ 그가 실제로 익사했을 가능성을 말한다. 이런 경우에는 might를 쓸 수 없다.

- - He might have drowned then.
    그는 그 때 익사할 수도 있었다.
    ≫ 이 문장은 가령 if I hadn't helped him 같은 말이 생략되어 있는 것으로, 실제로는 익사하지 않았다는 뜻이다. 이런 경우에는 may를 쓸 수 없다.

- - The car nearly hit me; I might have been killed.
    그 차가 나를 거의 치었다. 그래서 나는 하마터면 죽을 뻔 했다.
    ≫ 이 문장도 가령 if I hadn't stepped aside quickly 같은 조건절이 생략되어 있는 것이다. 그러므로 may는 쓸 수 없다.

may와 might의 가능성의 의미는 뒤에 but를 동반하여 '무엇을 할 수 있겠지만 그러나' 라는 양보의 표현으로도 잘 쓰인다:

- - He may/might be fat, but he can run very fast.
    그는 비록 뚱뚱하기는 하지만 아주 빨리 달릴 수 있다.

- - She may/might be beautiful, but that doesn't guarantee her a happy life.
    그 여자는 비록 아름답기는 하지만 그것이 그에게 행복한 삶을 보장하는 것은 아니다.

- - He may/might have gotten first prize in the Lotto lottery, but he is as poor in spirit as before.
    그가 로또 복권의 1등에 당첨되었을지는 모르지만 그의 마음 속에서는 전과 똑같은 가난뱅이이다.

2. may와 might는 '허가'를 구하거나 줄 때 쓰일 수 있다. 허가를 구하는 것은 일반적으로 윗사람이나 허가의 권한을 가진 사람에게 하는 것이다. 따라서 May I ....?의 형태는 상하 관계나 권위 또는

격식적 상황을 전제하기 때문에 표현이 딱딱하다. 그래서 평등주의가 지배하는 지금의 현실에서는 잘 쓰이지 않는다. 대신 can을 써서 허가를 구하거나 허가를 준다. can은 상하관계나 상황의 격식성 같은 것을 내포하지 않아 일반적으로 쓰인다.

일상생활에서 '가방을 들어드릴까요?' 와 같은 호의의 제안은 얼마든지 있을 수 있는데 이럴 때마다 굳이 허락을 구하는 may를 쓸 필요가 있겠는가. 상대가 특별히 높은 위치에 있는 사람이 아닌 이상 Can I carry your suitcase?가 적당할 것이다. 또 다른 예로 우리가 바쁠 때 누가 전화를 걸어 또는 찾아와서 긴 이야기를 하려고 할 때 영미인들은 서슴치 않고 '지금 내가 바쁘니 다음에 내가 전화를 걸면 안 될까요?' 라고 말한다. 이 경우 영어로는 I can't talk to you now. Can I/Could I call you? 라고 할 수 있을 것이다. 그러나 이 때 can/could 대신에 may/might를 쓰는 것은 적합하지 않다. 다시 말하면 경우에 맞지 않게 너무 겸손한 표현이 되어버리는 것이다. 왜냐하면 이 경우는 진정한 의미에서 허락을 구하는 것이 아니고 '나중에 내가 전화 할게' 라는 사실상 일방적 통고를 부드럽게 표현하는 것이기 때문이다. 그러나 Can/could I call you?가 위와 같은 환경에서 쓰이는 경우가 아니라 글자 그대로 상대에게 전화를 걸 수 있는 허락을 구하는 경우라면 물론 can/could 대신 may/might를 쓸 수 있다. may/might의 사용이 적당하지 않은 다음의 예를 살펴보자:

- ? May/Might I get by, please?
  - → Could/Can I get by, please?
    좀 지나갈 수 있을까요.
    ≫ 이것은 만원 버스나 엘리베이터에서 나가기 위해 좀 비켜달라는 의미로 하는 말인데 (= Please move so I can get out), 이 말 역시 진정한 의미에서 상대의 허락을 구하는 것이 아니고 비키라는 일종의 명령인데 다만 사교적으로 부드럽게 그리고 간접적으로 이 명령을 나타내는 것이다. 따라서 could/can 대신 might/may를 쓴다면 좀 우습게 들릴 것이다.

- ? May/Might I have the bill?
  - → Could/Can I have the bill?
    계산서를 주시겠어요?
    ≫ 이것은 식당 같은 데서 식사를 하고 나서 웨이터에게 또는 식당을 나오면서 카운터의 사람에게 하는 말인데 "얼마지요?"와 같은 뜻이다(= Waiter, check, please.). 즉 계산을 해달라는 명령인 것이다. 따라서 허락을 구하는 것이 아니므로 이 경우 역시 may/might는 쓰기에 부적합하다.

격식적인 상황에서나 상하관계에서는 허가를 주는 경우에 주로 may를 쓴다. 반면 허가를 요청하는 경우에는 may와 might를 다 쓸 수 있는데 might는 요청하는 힘이 may보다 약해서 부드럽고 겸손하게 들린다. 그러나 허가를 줄 때는 물론 might도 쓸 수는 있지만 실제로는 굳이 약한 표현을 쓸 필요가 없다. 확실하고 힘 있게 허가하는 것이 예의에 맞다. may not는 허가를 안 주는 것, 즉 금지를 의미한다. 금지는 확실하게 해야 하므로 might not는 적합하지 않다:

- A: **May** I smoke in here?
  여기서 담배를 피워도 될까요?

  B: You **may** smoke in the smoking room. But you **may not** smoke in here.
  끽연실에서는 담배를 피워도 됩니다. 그러나 여기서는 담배를 피워서는 안 됩니다.

- A: **Might** I ask you a question?
  질문을 하나 해도 될까요?
  >> 요청은 약하게 할수록 부드럽고 공손하게 들린다. 그래서 May I보다 Might I가 윗사람에게 말할 때나 격식적인 표현에서 선호된다.

  B: Yes, you **may**.
  물론입니다.
  >> 허락은 강하고 확실하게 주는 것이 오히려 예의에 맞다.

- You **may not** leave the examination room until the bell rings.
  종이 울릴 때까지는 시험장을 떠나서는 안 된다.
  >> You may not leave는 금지의 의미지만 may 다음에 잠깐의 휴지를 두고 not에 stress를 붙여 You may NOT leave라고 하면 금지가 아니고 허가이다. 즉 I permit you not to leave '너는 안 떠나도 된다'의 의미가 된다.

- A: **May**/**might** I see your passport, please?
  당신의 여권을 좀 볼 수 있을까요?

  B: Yes, you **may**. Here you are.
  네, 그렇게 하시지요. 여기 있습니다.

- How much did you pay for it, if I **may** ask?
  실례가 되지 않는다면, 그것을 얼마 주고 사셨습니까?
  >> if I may/might ask의 may/might는 허락의 의미이다. 즉 if you permit me to ask '내가 그런 것을 물을 수 있도록 허락을 하신다면' 이라는 의미이다.

허가를 주는 경우 can과 may는 용법상의 차이가 있다. may를 쓰면 허가를 주는 사람은 화자이다. 반면 can을 쓰면 허가를 주는 사람은 화자일 수도 있고 화자가 아닐 수도 있다. 다음 예문들을 보자:

- You **may** leave whenever you like.
  너는 언제든 네가 원할 때 떠나도 좋다.
  >> 여기서 You may leave는 I permit you to leave와 같다.

- You **can** leave whenever you like.
  너는 언제든 네가 원할 때는 떠날 수 있다.
  >> 이 문장에서는 You can leave는 상황에 따라 You may leave와 같을 수도 있고 규정이 그렇게 되어 있다는 뜻으로 You are permitted to leave와 같을 수도 있다.

- A: **Can** I come and see you at your office this afternoon?
  오늘 오후에 당신 사무실로 찾아가 뵐 수 있을까요?
- B: Sure. You **can** come anytime you like.
  물론이지요. 언제든지 편리할 때 오십시오.

전에는 may/might도 지금의 can과 같은 '능력'의 의미로 쓰였다. 아직까지도 그 흔적이 문어체나 관용적 표현에서는 남아 있다. 다음 문장들에서 may는 모두 can의 의미이다. 따라서 may 대신 can을 써도 된다:

- You **may** lead a horse to water but you can't make it drink.
  우리는 말을 물가로 끌고 갈 수는 있으나 억지로 물을 먹일 수는 없다.

- I'll help you as best I **may**.
  나는 최선을 다 해서 너를 돕겠다.

- I leave home very early so that I **may** catch the first train.
  나는 첫 차를 탈 수 있기 위해서 아주 일찍 집을 떠난다.

036 분사구문에 대하여

분사구문은 현재분사나 과거분사로 종속절을 시작하여 문장을 만드는 어법을 의미한다. 능동의 의미는 현재분사로, 수동의 의미는 과거분사로 절을 시작한다. 이 때 분사는 주절과의 의미를 연결하는 접속사의 역할과 술부 동사의 역할을 한다. 분사구문의 주어는 대부분의 경우 의미상으로 주절의 주어와 일치해야 하지만 그렇지 않을 수도 있다. 종속절이 능동형인 경우 동사구가 단순형이면 본동사를 진행형으로 하여 절을 시작하며, 동사구가 완료형이면 조동사 have를 진행형으로 하여 절을 시작하고, 동사구가 수동형이면 과거분사로 절을 시작한다.

접속사가 없어도 분사절은 시간, 이유, 조건, 양보, 순서, 방법, 상황 등 두 절의 의미를 논리적으로 연결할 수 있는 수많은 접속사 의미를 거의 다 나타낼 수 있다. 따라서 우리는 분사절을 접하는 경우에 그 절이 주절과 어떤 논리관계에 있는가를 상식적으로 판단하고 이해하게 된다.

이 문법 구조는 화자가 마음속에서 일반적인 부사절을 떠올린 다음에 그것에 다시 문법 규칙을 적용하여 만들 수밖에 없는 것이므로 급히 말을 이어가야 하는 구어에서는 잘 쓰이지 않고 문장의 형태에 신경을 쓸 여유가 있는 경우, 즉 글로 표현하는 때에 주로 쓰인다. 따라서 우리가 영어책을 읽을 때 자주 접하게 되는 구조이다. 그러므로 우리가 글을 쓸 때는 구어체만 써서는 안 되며 그 내용에 어울리는 어법을 구사해야 하는 것이다. 이제 이 구조에 대해서 상세히 알아보자:

1. 능동형 분사절

- **Being** cautious, he thought for some time before answering my question.
    = As he was cautious, he thought ....
    그는 조심스런 사람인지라 내 질문에 대답하기 전에 얼마 동안 생각을 했다.
    >> '조심스럽다' 와 '생각하다' 는 이유와 결과의 관계이다. 그러나 이러한 논리적 귀결을 떠나서도 분사절의 being은 항상 이유를 나타낸다.

- **Having eaten** their lunch, the children were allowed to go out.
    = Now that the children had eaten lunch, they were ....
    아이들은 이제 점심을 먹었기 때문에 밖으로 나갈 수 있도록 허락되었다.

- **Not having finished** my homework yet, I cannot go out tonight.
    = Since I have not finished my homework yet, I ....
    나는 아직 숙제를 끝내지 못했기 때문에 오늘 밤에는 밖에 나갈 수 없다.

- **Going** cautiously into the dark room, he felt for the light switch.

= As he was going cautiously into the dark room, he ....

그는 조심스럽게 어두운 방으로 들어가면서 전등의 스위치를 더듬어 찾았다.

>> '조심스럽게 들어가다' 와 '스위치를 더듬어 찾다' 라는 두 행위의 동시성을 나타내는 관계로 보는 것이 상식적일 것이다.

- **Reaching** the river, we pitched camp for the night.

  = After we reached the river, we ....

  강에 도착한 다음에 우리는 그날 밤을 지내기 위해서 천막을 쳤다.

  >> '도달하다' 와 '천막을 치다' 라는 두 행위의 순서 관계이다.

- **Opening** a drawer, he took out a small box.

  = After he opened a drawer, he ....

  그는 서랍을 열고 작은 상자 하나를 꺼냈다.

- **Using** an ax, the fireman broke into the locked room.

  = By using an ax, the fireman ....

  도끼를 이용해서 그 소방관은 잠겨있는 방을 뚫고 들어갔다.

  >> by using은 물론 절은 아니다. 이처럼 방법을 나타내는 동명사구도 분사구문으로 전환할 수 있다.

- **Getting** slowly to his feet, the inspector faced the man and said, "Why didn't you tell me about that before?"

  = As he was getting slowly to his feet, the inspector ....

  천천히 일어서면서 조사관은 그 사람의 얼굴을 보고 "왜 그것에 대해서 나에게 진작 말해주지 않았소?"라고 물었다.

  >> 위 문장만 가지고는 분사구문의 의미가 '일어나면서' 인지 '일어난 다음' 인지 확실하지 않다. 이처럼 때로 분사구문은 그 정확한 의미를 판단하기 어려울 때도 있다. 이런 경우에는 화자는 뒤에서 설명하는 바와 같이 자신의 의미를 명백하게 나타내도록 접속사를 분사 앞에 붙여 써야 한다.

- **Hiding** behind a large tree, he reloaded his gun.

  = While he was hiding behind a large tree, he ....

  큰 나무 뒤에 숨어서 그는 그의 총에 다시 탄환을 쟀다.

- **Opening** the door, he nodded to his superior, who was busy on the phone.

  = After he opened the door, he ....

  문을 열고 그는 그의 상사에게 고개를 끄덕였는데 그의 상사는 통화중이었다.

  >> 문을 여는 것은 순간적인 동작이므로 분사절이 주절과 동시성을 나타내기는 어렵고 '문을 연 다음에' 라는 순서의 의미이다. 문장의 의미는 그가 상사의 방문을 열었는데 그의 상사가 마침 통화중이었으므로 고개만 끄덕여 인사했다는 뜻이다.

- **Thinking** he was asleep, I walked into the room on tiptoe.

  = I thought he was asleep. So I walked ....

  그가 잠들어 있는 것으로 생각하고 나는 발끝으로 걸어서 방으로 들어갔다.

- **Leaving** the room, he tripped over the mat.

  = When he was leaving the room, he ....

  방을 나가다가 그는 매트에 걸려 넘어졌다.

- **Considering** today's situation as a whole, we are evidently worse off than a year ago.

  오늘의 상황을 전체적으로 볼 때 우리는 분명히 일 년 전보다 못 살고 있다.

- **Happening** in war time, what they are doing now would have brought about life imprisonment, if not capital punishment.

  = If they had been doing in war time what they are doing now, it ....

  그들이 지금 하고 있는 짓을 만일 전시에 하고 있었다면 그들의 행위는 사형은 아닐지 몰라도 종신형을 불러왔을 것이다.

- **Not wanting** to give offence, I hurt his feelings a little all the same.

  = Although I did not want to give offence, I ....

  나는 그의 감정을 상하게 하고 싶지는 않았지만 그래도 어차피 그의 감정을 조금은 상하게 할 수밖에 없었다.

  ≫ 분사절의 의미와 주절의 의미는 상반되므로 두 절의 의미 관계는 양보이다.

- **Not having** an umbrella with me when it suddenly started to shower, I put a newspaper over my head and ran for shelter.

  갑자기 소나기가 내리기 시작했을 때 나는 우산이 없어 신문지를 머리 위에 들고 비 피할 곳을 찾아 달렸다.

2. 수동형 분사절

- **Trained** in taekwondo, he nevertheless used a gun to defend himself.

  = Even though he was trained in taekwondo, he ....

  그는 태권도 훈련을 받았으나 자신을 방어하는 데는 총기를 사용했다.

  ≫ 주절에 nevertheless라는 단어가 들어 있어 종속절이 양보의 의미라는 것이 더욱 명백하다. 그러나 만일 주절이 가령 he defended himself without using a gun.이라면 종속절은 이유를 의미하게 될 것이다. 그렇게 이해해야 두 절의 의미가 논리적으로 연결될 수 있기 때문이다.

- **Told** of the accident, he immediately inquired about his son's safety.

  = When he was told of the accident, he ....

  그 사고에 대한 소식을 듣자 그는 즉시 아들의 안위를 문의했다.

- **Born** and **bred** a countryman, he was bewildered by New York City.

  = Because he was born and bred a countryman, he ....

  그는 시골사람으로 태어나고 자랐기 때문에 뉴욕을 보고 어리둥절했다.

- **Discovered** almost by accident, the substance has revolutionized medicine.

  = Although it was discovered almost by accident, the substance ....

거의 우연히 발견되긴 했지만 그 물질은 의학에 혁명을 가져왔다.

- **Compelled** to take stern measures, the administration lost popularity.

    = As it was compelled to take stern measures, the administration ....
    단호한 조치를 취하지 않으면 안 되게 되어 행정부는 인기를 잃었다.

- **Filled** with anger, he marched out of the room.

    = As he was filled with anger, he ....
    그는 화가 치밀어 방을 힘차게 걸어 나갔다.

- **Followed** by his dog, the old man walked along the river for a couple of hours.

    = With his dog following him, the old man ....
    그의 개가 그를 따르는 속에서 그 노인은 강을 따라 두어 시간 걸었다.
    >> 여기서 분사구문은 주절을 묘사하는 부대 상황을 나타낸다.

- **Looked at** politically, it was a very difficult decision.

    = If it is looked at politically, it was ....
    정치적으로 본다면 그것은 대단히 어려운 결정이었다.

- **Persuaded** by his wife, he gladly contributed a large sum of money to our orphanage.
    그는 자기 부인의 설득을 받아 큰 액수의 돈을 기꺼이 우리 고아원에 기부했다.

지금까지의 예문들에서는 분사절과 주절의 주어가 의미상으로 일치한다. 그러나 다음 예문들에서는 이같은 주어의 일치가 되어 있지 않아 두 절이 논리적으로 연결되지 않는다:

- *Grilled on charcoal, everyone liked the fish.
    >> 이 문장대로라면 숯불에 구워진 것은 fish가 아니라 everyone이다.
    → As the fish was grilled on charcoal, everyone liked it.

    Grilled on charcoal, the fish tasted delicious and everyone like it.
    숯불에 구웠기 때문에 생선은 맛이 있었고 그래서 모두가 잘 먹었다.

- *Driving home after work last night, an excellent idea struck me.
    >> an excellent idea가 집으로 가고 있었다는 뜻이 된다.
    → I was driving home after work last night, when an excellent idea ....
    어젯밤에 일을 끝내고 집으로 차를 몰고 가고 있었는데 그 때 좋은 생각이 나의 뇌리를 스쳤다.

3. 분사절의 위치는 문두뿐 아니라 문장 중간(주어 다음)과 문미도 가능하다. 사실 실제 사용 빈도를 보면 분사절의 세 위치 중에서 문미가 가장 많이 쓰인다:

- - **Not knowing** what to say, John kept silent.

    John, **not knowing** what to say, kept silent.

    John kept silent, **not knowing** what to say.
    John은 무슨 말을 해야 할지 몰라서 가만히 있었다.

- - **Being** a close friend of mine, you should come to my wedding.

    You, **being** a close friend of mine, should come to my wedding.

    You should come to my wedding, **being** a close friend of mine.
    너는 나의 가까운 친구이니까 나의 결혼식에 와야 한다.

- - **Not looking** at me, he refilled his cup with hot coffee and drank it slowly.

    He, **not looking** at me, refilled his cup with hot coffee and drank it slowly.

    He refilled his cup with hot coffee and drank it slowly, **not looking** at me.
    그는 나를 보지 않고 그의 잔에 더운 커피를 다시 채우고 천천히 마셨다.
    >> 사실은 마지막 예문은 애매한 데가 있다. 분사절이 바로 앞에 있는 drank it slowly에만 걸리는 것인지 아니면 앞 문장 전체에 걸리는 것인지 문법적으로는 애매하다. 만일 and 앞에 comma를 찍으면 and 다음의 동사가 문법적으로는 그 앞 절과 더 많이 분리되므로 분사절이 and drank it slowly에만 걸리는 것으로 볼 수도 있을 것이다. 그러나 의미상 그 두 절이 크게 분리될 수 있는 것이 아니다. 따라서 여전히 애매하다. 이런 경우에는 분사절을 문미에 놓지 않는 것이 안전하다.

- - He launched into a tirade of abuse against the President, **complaining** that he was looking more like a radical leftist than a believer in free democracy.
    그는 대통령이 자유민주주의 신봉자라기보다는 과격 좌파처럼 보이고 있다고(좌파 같은 언동을 하고 있다고) 불평하면서 대통령에 대해서 독설의 장광설을 퍼부었다.
    >> 이 문장에서는 분사절이 길기 때문에 문미가 정 위치이다.

- - The young man, **having discarded** his jacket, moved threateningly toward the old man.
    = The young man, after discarding his jacket, moved ....
    그 젊은이는 자기 웃옷을 벗어 던지고는 노인을 향해 위협적으로 다가왔다.
    >> 분사절의 위치는 세 군데 모두 가능하다.

- - Now about one third of workers are part-time, **compared** to about 10 percent a few years ago.
    지금은 몇 년 전 10퍼센트 정도였던 것에 비해 노동자 약 3분의 1이 시간제로 일한다.
    >> 여기서는 분사절이 문두에 와도 된다. 그러나 중간 위치, 즉 workers 다음은 대단히 부자연스럽다. 그렇게 하면 술어 부분이 그 앞에 나오는 문장 부분에 비해 너무 짧아 문장의 균형이 맞지 않기 때문이다.

- - The man, **closing** his eyes, listened to the music.
    = With his eyes closed, the man listened ....

그 사람은 눈을 감고 음악을 들었다.
>> 이 문장에서 분사절의 위치는 세 군데 모두 가능하다.

문미의 분사절은 많은 경우 앞에 나온 주절의 내용과 동시에 발생한 사건으로 주절의 내용에 대해서 좀 더 구체적으로 세부적 설명을 보태거나 주절의 내용에 이어 연속적으로 발생한 사건으로 추가적 정보를 제공한다:

- **She entered, accompanied by her mother.**
  그 여자는 자기 어머니의 동반을 받으며 입장했다.
  >> 여기서 주절과 분사절은 동시에 발생한 사건으로 accompanied는 entered를 좀 더 구체적으로 설명한다.

- **He went out, slamming the door.**
  그는 문을 쾅 닫으며 나갔다.
  >> 두 절의 사건이 동시에 발생한 것이다.

- **The speaker was off the subject, telling about his vacation abroad.**
  연사는 강연의 주제를 벗어나 자기의 해외 여행에 대해서 이야기했다.
  >> off the subject와 telling은 동시에 발생한 것이다.

- **The policeman fired, wounding one of the bandits.**
  그 경찰관은 총을 쏴서 도둑 중 한 명에게 부상을 입혔다.
  >> He fired and as a result wounded ....와 같은 의미이다.

- **The three of us used to sleep in one big bed and keep each other awake most of the night, giggling and speculating on the Christmas gifts mom and dad must have prepared for us.**
  우리들 셋은 하나의 큰 침대에서 자면서 밤 대부분의 시간 서로를 깨어 있게 하곤 했다. 낄낄거리며 또 엄마와 아빠가 우리를 위해서 준비했을 크리스마스 선물에 대해서 추측을 하면서 말이다.
  >> 분사절 giggling ....은 주절과 동시 발생으로 주절을 좀 더 세부적으로 설명하는 것이다.

- **"Oh all right, then," he said, concealing his disappointment.**
  "아 그렇다면 좋다"라고 그는 자신의 실망감을 감추며 말했다.
  >> said와 concealing은 동시 발생의 사건으로 분사절은 주절의 동사 행위를 좀 더 구체적으로 묘사한다.

- **He fell, striking his head against a stone on the street.**
  그는 넘어져 길에 있는 돌에 머리를 찧었다.

- **Our bus left Seoul at ten, arriving in Pusan at three.**
  우리 버스는 열 시에 서울을 떠나 세 시에 부산에 도착했다.
  >> 분사절은 주절과 동시에 발생한 것이 아니고 순차적으로 발생한 것이다.

- **Deeply disappointed, he gazed down at the floor, biting his lip.**
  크게 실망하여 그는 입술을 깨물며 바닥을 응시했다.
  >> 위의 경우와 같이 분사 앞에 comma를 찍으면 발음할 때도 주절의 동사와 분사절의 동사에 다 강세를 붙인다. 이것은 하나로 묶여서 제시되는 어떤 행위나 사건이 사실은 두 가지 요소로 구성되어 있음을 나타낸다. 따라서 글로 쓸 때는 구두점으로, 말로 할 때는 강세로 의미의 초점을 두 군데에 맞추는 것이다.

다음의 예들에서와 같이 분사절 앞에 comma가 없는 경우도 있는데, 이럴 때는 발음의 강세도 분사에만 있다. 이것은 주절의 동사와 분사절의 동사를 합쳐 완전히 하나의 의미 단위로 제시하는 것이다:

- **George sat reading the newspaper.**
  George는 신문을 보며 앉아 있었다.
  >> 여기서 sat reading은 사실상 'sat-reading' 처럼 하나의 의미 단위 역할을 한다.

- **The little boy came running towards his mother.**
  그 꼬마 아이는 자기 어머니를 향해 달려 왔다.

그러나 위의 원리가 적용될 수 없는 경우도 있다. 다음 두 문장을 비교해 보자:

- **He was sitting in the shade of a pine tree with his dog, eating a packed lunch.**
  그는 그의 개와 함께 소나무 그늘에 앉아서 도시락 점심을 먹고 있었다.
- **? He was sitting in the shade of a pine tree with his dog eating a packed lunch.**
  그는 도시락을 먹고 있는 그의 개와 함께 소나무 그늘에 앉아 있었다.(?)
  >> 도시락을 먹고 있는 것은 문법적으로만 보면 사람이 아니라 개이다. 물론 실제로 그렇게 알아들을 사람은 없겠지만 이것은 그리 잘 된 문장이라고 할 수는 없다.

위의 예에서처럼 분사 앞에 명사가 나오면 문법적으로 분사는 멀리 있는 주어보다는 바로 앞의 명사에 연결될 수밖에 없다. 그러나 이 원리 역시 문장의 상황에 맞추어 이해해야 한다:

- **Write out the dialogue changing vocabulary items.**
  어휘를 바꾸어 대화를 완성하라.
  = ... by changing vocabulary items.
  >> 여기서 분사절은 주절 동사의 방법을 나타내는 부사절이다.

4. 종속절의 주어가 주절의 주어와 다른 경우에도 종속절을 분사절로 바꿀 수 있다. 이 때는 분사절 앞에 그 절의 주어가 표시되어야 한다. 이같은 분사절이 문두에 올 때는 분사는 being이나 having이 되는 경우가 많다. 이런 분사절을 절대 분사구문이라고 부르는데 아주 격식적인 표현으로 구어에서는 잘 안 쓰인다:

- **No further discussion** arising, **the meeting** was brought to a close.

  = As no further discussion arose, the meeting was ....

  더 이상의 논의가 나오지 않아 회의는 종결되었다.

- **Everything** considered, **that** is the best we can do.

  모든 사정을 고려해 볼 때 그것이 우리가 할 수 있는 최선이다.

- **The last bus** having left, **we** had to walk home.

  = Because the last bus had left, we had to ....

  마지막 버스가 떠나버려 우리는 집으로 걸어갈 수밖에 없었다.

- **Several thousands of Western words** are in common use in Japan today, **most of them** borrowed from English.

  수천 개의 서양 단어들이 오늘의 일본에서 일상적으로 사용되고 있는데 그들 대부분이 영어에서 빌려온 것들이다.

- **We** explored the caves, **Peter** acting as guide.

  = We explored the caves with Peter acting as guide.

  Peter가 안내자 역할을 하는 속에서 우리는 동굴들을 탐험했다.

  >> with Peter acting as guide는 형식적으로는 절이 아니지만 주어와 동사를 가지고 있으므로 의미상으로는 절이다.

- I felt like spitting at him, but **the situation** being what it was, **I** restrained myself.

  = ..., but since the situation was what it was, I restrained myself.

  나는 그에게 침을 뱉어주고 싶었으나 상황이 상황인지라 참았다.

- **The purse** not having been found, **they** called the police.

  = Because the purse had not been found, they called ....

  핸드백이 발견되지 않아서 그들은 경찰을 불렀다.

- **The damaged window** having been paid for by the boy's parents, **the police** were not called.

  = Since the damaged window had been paid for by the boy's parents, the police ....

  파손된 유리창이 그 아이의 부모들에 의해 배상되었으므로 경찰을 부르지는 않았다.

- **The rain** having stopped, **she**'s gone for a walk.

  = As the rain has stopped, she's gone ....

  비가 개어서 그 여자는 산책을 나갔다.

- **Weather** permitting, **the match** will be played tomorrow.

  = If the weather is fine, the match will ....

날씨가 좋으면 시합은 내일 개최될 것이다.

>> weather permitting, time permitting '시간이 나면,' God willing '사정이 되면' 등은 조건을 나타내는 숙어적 표현이기 때문에 단순한 부사로 취급하여 문두, 문 중간, 문미의 아무 위치에나 올 수 있다.

- **The bus drivers** being on strike, **many people** had to go to work on foot.

    = Since the bus drivers were on strike, many people had to ....

    버스 운전사들이 파업 중이어서 많은 사람들이 걸어서 출근해야 했다.

- **They** spend a lot of time together now, **he** reading his books and **she** drawing pictures beside him.

    = ..., with him reading his books and her drawing pictures ....

    그들은 이제 많은 시간을 같이 보낸다. 그는 책을 읽고, 그 여자는 그 사람 옆에서 그림을 그리면서.

    >> 이 문장의 분사절은 '무엇이 무엇을 하는 상태에서' 라는 부대 상황을 의미한다.

- **Other things** being equal, **I** would choose the cheaper one.

    = If everything else is equal, I would ....

    다른 것이 다 같다면 나는 더 싼 것(쪽)을 택하겠다.

- **The estate** was divided, **the greater part** going to a charity, **the remainder** to the surviving family.

    = The estate was divided: the greater part went to a charity and the remainder went to the surviving family.

    그 부동산이 분배되었다. 큰 부분은 자선 단체에 주어졌고 나머지는 유족에게 주어졌다.

- **The man from the Party** having left the room after being bribed to do so, **the long-separated family members** opened their hearts, betraying their suppressed emotions.

    당에서 나온 사람이 방을 좀 떠나주도록 뇌물을 받은 다음에 방을 떠나자 오랫동안 헤어져 있던 가족들이 가슴을 열고 억눌렸던 감정을 드러냈다.

- **The giant bomber** crashed, **its bombs** exploding as it hit the ground.

    그 대형 폭격기가 추락했는데 그것이 땅에 닿는 순간 실려 있던 폭탄들이 폭발했다.

- **All our savings** gone, **we** started looking for jobs.

    = Since all our savings were gone, we started ....

    우리의 저축이 다 떨어져 우리는 직장을 구하기 시작했다.

위 문장에서 All our savings being/having gone이라고 물론 할 수 있지만 과거분사나 형용사 앞에서는 being이나 having been이 흔히 생략된다. 이런 문장들을 더 살펴보자:

- **The discussion** (having been) **completed**, the chairman adjourned the meeting for half an hour.

= When the discussion was completed, the chairman adjourned ....

논의가 끝나자 의장은 회의를 30분 동안 휴회했다.

- **Lunch (being/having been) finished**, the guests retired to the lounge.

    = When lunch was/had been finished, the guests retired ....

    오찬이 끝나자 손님들은 휴게실로 퇴장했다.

- George Bush did not return at once to the White House after 9/11 because he was worried about threats to Air Force One. But it's to be noted that Franklin Roosevelt and Winston Churchill didn't hesitate to enter war zones during World War II. **That said**, Bush subsequently responded fairly to 9/11.

    부시 대통령은 9/11 사태가 발생한 후 자기 비행기 Air Force One에 공격이 있을까 두려워 즉시 백악관으로 돌아오지 않았다. 그러나 루즈벨트 대통령과 처칠 수상은 2차 세계대전 중 전쟁 지대에 들어가기를 주저하지 않았다는 것을 지적해야 되겠다. 그렇기는 하지만 부시는 그 후 9/11 사태에 대해서 썩 잘 대응했다.

    ≫ That said,는 That having been said, Even though that may be said,/Although one should admit that,와 그 의미가 같다. That said 대신 Having said that라고도 할 수 있는데 거의 숙어화한 표현이다. '그럼에도 불구하고(nevertheless),' '그 점은 인정해야 하지만' 의 의미로 양보를 나타낸다.

- 50 years from now, I suspect that Bush's opposition to gay marriage will look as misguided as opposition to civil rights in the 1960s looks today. **That said**, Bush does accurately reflect the core beliefs of the majority of the public.

    지금부터 50년 후에는 동성 결혼에 대한 부시의 반대가 1960년대의 민권에 대한 반대가 오늘날 보이는 것 만큼 그만큼 오도된 것으로 보이지 않을까 하고 나는 생각한다. 그렇기는 하지만 부시는 대다수 일반인들의 핵심적 믿음을 정확하게 반영한다.

5. 분사절과 주절의 논리 관계는 두 절의 의미를 가장 논리에 맞게 이해하면 된다고 앞에서 설명했다. 그러나 두 절 간의 관계가 애매하거나 오해의 소지가 있거나 이 관계를 좀 더 확실하고 강하게 나타내고 싶으면 종속 접속사를 분사절 앞에 놓을 수 있다:

- **When returning** merchandise, be sure to bring your receipt.

    = When you return your merchandise, ...

    상품을 반환할 때는 잊지 말고 영수증을 가지고 오십시오.

    ≫ 분사 앞에 when이 없다면 그 의미가 '반환하면서' 인지 '반환할 때에는' 인지 확실하지 않다.

- **Unless told** otherwise, be here before nine o'clock in the morning.

    = Unless you are told otherwise, ...

    달리 지시가 없는 한 아침 아홉 시까지 이리로 오시오.

    ≫ 분사가 unless를 동반하지 않으면 '달리 지시를 받으면' 의 의미가 된다.

- **Once having left** the U.S. without obtaining a permit from the University, you will have difficulty reentering the country.
  대학으로부터 허가를 받지 않고 일단 미국을 떠나면 재입국할 때 어려움이 있을 것이다.

  = If you have once left the U.S. without obtaining a permit from the University, you ....

  ≫ 분사 앞에 접속사 once가 들어감으로써 '일단 하고 나면'의 의미가 확실히 부각된다.

- **Once having made** a promise, you should keep it.

  = Once you have made a promise, you ....

  일단 약속을 했으므로 너는 그 약속을 지켜야 한다.

- **When writing** an academic paper, you must support with evidence every point you maintain.

  = When you write an academic paper, you ....

  학술 논문을 쓸 때는 우리는 우리가 주장하는 모든 점에 대해서 증거의 뒷받침을 해야 한다.

- The elections were peaceful, **though hampered** by delays in the counting of ballots.

  = ..., though they were hampered ....

  이번 선거는 비록 투표지의 계산에 있어 지체의 사례들로 해서 방해를 받기는 했으나 평화롭게 이루어졌다.

- **While declining** to say what his views were on the social and political situation today, he asked for mine.

  = While he declined ..., he ....

  그는 지금의 사회, 정치적 상황에 대한 자신의 견해를 말하는 것은 피하면서 나의 견해가 무엇인가만 물었다.

- He stared up at me **as if asking** a question.

  = ... as if he were asking a question.

  그는 마치 내게 질문이라도 하려는 듯이 나를 쳐다보았다.

- **When dining** in a restaurant, you shouldn't let your children run around making loud noise and disturbing other dinners.

  = When you dine in a restaurant, you ....

  우리는 식당에서 식사를 할 때 우리 아이들이 시끄럽게 소리를 내고 다른 식사하고 있는 사람들을 방해하며 뛰어다니도록 내버려두어서는 안 됩니다.

6. 분사절의 주어가 누구인지 자명한 경우에는 분사절의 주어가 주절의 주어와 달라도 분사절에 주어를 나타낼 필요가 없다:

- **Generally speaking**, a young athlete is better than an old one.
  일반적으로 말해서 젊은 운동선수가 나이든 운동선수보다 더 낫다.
  >> '일반적으로 말해서 무엇이 어떠하다' 라고 말하는 경우 무엇이 '말하다' 의 주어인지는 뻔하다. 즉 비특정, 일반적 의미의 '우리' 이다. broadly speaking '광범위하게 말하면,' loosely/roughly speaking '대충 말해서,' figuratively speaking '비유적으로 말하면,' putting it mildly '부드럽게 말해서' 등도 같은 부류의 표현으로 거의 숙어처럼 되어 있다.

- **Given** their inexperience, they've done a good job.
  그들의 경험 부족을 놓고 볼 때 그들은 일을 잘 한 것이다.

- **Put** in another way, he's reconsidering his decision.
  다른 말로 표현하면 그는 자신의 결정을 재고하고 있는 것이다.

- **Being** Christmas, all the stores and the government offices were closed.
  크리스마스였기 때문에 모든 상점과 관청이 문을 닫았다.
  >> Being Christmas는 Since it was Christmas의 의미이므로 무엇이 주어인지 자명하다. 물론 접속사만 빼고 It being Christmas라고도 할 수 있다.

- **Speaking** of your brother in the U.S., has he obtained a doctorate yet?
  미국에 있는 너의 형에 대한 말이 나왔으니 말인데 이제 박사학위를 땄느냐?

037 politeness의 표현 방법

politeness는 영어권 문화의 중요한 특징으로 우리로서는 이해하기 쉽지 않은 개념이다. 단어 자체의 의미는 대화 상대자에 대한 예절, 그의 기분과 감정에 신경 씀, 사교적으로 옳은 태도 등의 의미를 통합한 개념이다. 어린이들은 가정과 학교, 사회로부터 polite하게 말하고 행동하도록 배우지만 그렇다고 아랫사람이 예의를 갖추어 웃사람에게 대하는 태도만을 polite하다고 하는 것은 아니다. 따라서 우리말의 '공손한'과 맞지 않은 경우가 많다. 사회 구성원 모두가 서로서로에게 polite해야 하는 것이 영어권의 언어문화이며 이것은 상류사회로 갈수록 또 점잖고 교양있는 사람일수록 더 엄격하게 지켜진다.

politeness는 일상적인 언어표현에서 특히 중요하다. 가정에서 자녀는 부모에게 polite한 표현을 써야 하지만 부모 역시 자녀에게 어떤 의미에서는 polite한, 다시 말해서 합당한 예의를 갖춘 표현을 써야 한다. 웃사람도 아랫사람에게 polite해야 한다는 것은 우리에게는 잘 이해되지 않을 것이다. 그러나 민주와 평등의 서구 사회에서는 군대나 기타 엄격한 계급조직에서가 아니면 모든 개인은 사회적 지위와 연령의 고하, 혈연관계의 고하에 상관없이 서로를 나와 똑같은 인격체로 인정하고 존중해야 한다.

이 정신문화는 일상적인 사교생활에서 크게 두 가지 방향으로 반영되는데, 하나는 소극적인 태도로서 상대의 인격을 훼손하거나 상대가 듣기 싫어하거나 부담을 느낄 종류의 말은 가능하면 삼가는 것이고, 또 하나는 적극적인 태도로서 상대에 대한 관심, 호의, 인격의 존중 등을 나타내는 말과 표현을 아끼지 않는 것이다. 그러나 사회생활을 하다 보면 사람들은 상호 인격성의 영역을 침범하여 청자에게 육체적 수고나 정신적 부담을 주지 않을 수 없는 상황에 처하게 된다. 이런 경우에도 사람들은 그들의 언행이 상대에게 줄 수 있는 감정적 충격을 최소화해야 하는 것이다. 이 정신문화는 언어의 표현으로 나타나는데 그 표현을 politeness라고 부르며 이것이 곧 영어권 사람들의 언어문화인 것이다.

영어에서 politeness를 구현하는 방법은 여기서 일일이 다 열거할 수 없을 정도로 많다. 다음은 그 중에서도 가장 일반적으로 쓰이는 방법들이다:

1. 요구나 요청은 간접 표현으로 나타낸다.

가령, Pass me the salt.와 같이 화자의 뜻을 직접적으로 말하는 대신 Can you pass me the salt?와 같은 표현을 써서 자신의 뜻을 간접적으로 나타낸다. 간접 표현은 직접 표현에 비해 그 요구 강도가 낮다. (글자 그대로 이해한다면 Can you ...?는 상대의 능력을 물었을 뿐 화자가 무엇을 명령하거나 요청한 것은 아니다.) 이 경우 politeness의 정도를 높이기 위해서 can을 가정법 could(과거형은 그 의미가 현재로부터 떨어져 있어 당연히 현재형보다 말발이 약할 수밖에 없다.)로 바꾸거나, '혹시' 라는 의미의 부사(구), 즉 possibly, by any chance, perhaps 등을 보태서 상대가 나의 요구를 들어줄 수 있는 능력을 기정 사실화하는 것을 피함으로써 상대로 하여금 나의 요구를 거절할 수 있는 길을 제공하거나,

문미에 please를 붙여 부탁을 하거나, 아니면 이들 부사(구) 중 몇을 동시에 선택하여 politeness의 정도를 높일 수 있다. 표현 문화가 다른 우리말로는 구별하여 번역할 수는 없지만 이런 선택사항이 많이 사용될수록 politeness의 정도는 높아진다. 다음은 '소금 좀 건네주세요'를 정중성의 정도를 더해가며 표현한 것이다:

Can you pass me the salt?
Could you pass me the salt?
Could you possibly pass me the salt?
Could you possibly by any chance pass me the salt, please?

위와 같은 의문문 형태에서 can의 부정형을 쓰면 polite한 표현이 되지 않는다. 다시 말해서 *Can't you pass me the salt, please?나 *Couldn't you open the door for me, please?처럼 해서는 안 된다. 그러나 다음의 경우처럼 요청을 의문문 형태가 아닌 서술문 형태로 할 때는 can이 부정형이 되는 것이 일반적이다. 긍정 의문문은 그 의미가 확실하게 '요청'이지만, 긍정 서술문은 그 의미가 '요청' 뿐만 아니라 그것과는 의미가 다른 단순한 '암시'로도 느껴질 수도 있기 때문이다. 즉 의미가 애매하다는 것이다. 또 부정문에는 politeness의 정도를 높이기 위해서 끝에 부가 의문문을 붙일 수도 있다:

- • You couldn't/can't perhaps pass me the salt please, could/can you?
  소금 좀 건네주시겠어요?

- • Could/Can I have your name please, sir?
  성함을 말씀해 주시겠습니까?
  >> Can I ...?는 Could I보다 덜 공손한 형태로 주로 어린이들에게 쓰는 표현이다.

- • Would you get those chips in there, Michael? Could you put them with the crackers?
  마이클, 저 칩들을 저기에 넣어두겠니? 그 칩들을 크렉커랑 같이 넣어두렴.
  >> 이러한 부드럽고 사교적인 명령이 엄마와 자식 사이에서 쓰이는 것이다.

- • Mother: Would you like to have a rest now, Tom?
  어머니: Tom, 이제 좀 쉬겠니?

  Tom: No, Mom. I'm fine.
  톰: 괜찮아요, 엄마.

  Mother: Would you get those chips in there? And could you put them with the crackers, Michael?
  엄마: 저 과자 조각들을 저 안에 넣어두겠니? 그리고 그것을 크랙커랑 같이 넣어 놓겠니, 마이클?

- • Mother: Are you finished with your homework, Tom?
  어머니: Tom, 숙제를 끝냈니?

  Tom: Yes, ma'am. Could I be excused?
  Tom: 네, 엄마. 이제 나가도 되나요?

Mother: **You're excused.**
어머니: 그래, 나가도 된다.
>> 격식적으로 말할 때는 아버지를 sir로 어머니를 ma'am으로 호칭할 수 있다.

• • **It's rather cold in here.**
여기는 좀 춥군요.
>> Close the window. Turn the heater on. 등의 직접적 표현 대신 그 의미를 간접적으로 나타낸 것이다.

다음은 같은 내용을 politeness의 정도순으로 나열한 것으로서 우리말 번역은 그냥 참고일 뿐이다:

• • **Lend me your car.**
당신의 차를 빌려 주세요.

• • **May I borrow your car,** please?
당신의 차를 좀 빌릴 수 있을까요?

• • **I'd like to borrow your car,** if you wouldn't mind.
괜찮으시다면 당신의 차를 빌렸으면 합니다.

• • **Could you possibly by any chance** lend me your car?
혹시 당신의 차를 저에게 좀 빌려주실 수 있을까요?

• • **I don't suppose I could possibly** ask you to lend me your car.
당신의 차를 내게 빌려달라고 요청하는 것은 아마 안 되는 일이겠지요?
>> 이 문장에서 I don't suppose를 빼면 이미 위에서 설명한 바와 같이 요청으로서의 의미가 성립하지 않는다. could가 긍정형으로 되어 있기 때문이다. 그러나 이 문장에서는 could 앞에 나와 있는 I don't suppose가 결국 could를 의미상으로 couldn't와 같게 만들어 주어 요청을 의미하는 문장이 성립되는 것이다.

• • **There wouldn't I suppose be any chance of** your lending me your car, would there?
당신은 당신의 차를 내게 빌려줄 수 있는 형편은 아니겠지요, 그렇지요?

2. 자기의 생각을 약하고 부드럽게, 약간 어정쩡하게, 즉 단호하지 않게 표현한다. 무엇을 '하고 싶다'는 욕구의 표현도 약하게 표현한다. 순전히 이 목적을 위해 존재하는 표현들이 영어에는 상당히 많다. 이들은 자기 자체의 의미는 없고 전체 문장을 부드럽게 들리게 할 뿐이다. 자기 욕구 표현을 약화시키는 데는 주로 would를 이용한다:

• • **I suppose**/ **I guess**/ **I think** that we've got to go now.
우리는 이제 집에 가야 할 것 같소.

>> 이 문장의 의미는 We've got to go now.이다. I suppose 등은 자체의 의미는 없이 문장을 부드럽게 하는 역할만 한다.

- **Is Mary at home perhaps/by any chance?**
  메리가 혹시 집에 있습니까?

- **I wonder if John went out.**
  존이 나갔는지 모르겠구나.
  >> Did John go out?과 의미는 같지만 그보다 덜 단도직입적인 표현이다.

- **I wonder if I could have another piece of cake.**
  케익을 한 조각 더 먹었으면 하는데요.

- A: **When will our politicians stop fighting over things that have nothing to do with the miserable plight of the people?**
  우리의 정치인들은 국민의 비참한 사정과는 아무 관계도 없는 것들을 가지고 싸움질 하는 것을 언제나 멈출까요?

  B: **I wouldn't know. But it'll perhaps go on that way until the end of this regime, won't it?**
  모르겠네요. 그러나 아마도 이 정권이 끝날 때까지는 그런 식으로 나아가지 않을까요?
  >> I wouldn't know는 I don't know보다 덜 단호하다. 그래서 더 사교적이고 겸손하게 들린다. I wouldn't know를 의문문 형식으로 바꾸어 How would I know? '내가 어떻게 알겠어요?' 라고도 하는데 이것은 I wouldn't know보다 덜 겸손한 표현이다. 또 would 대신 should를 써서 How should I know? '내가 어떻게 알아?' 라고 하면 너무 강한 대꾸가 된다. 한술 더 떠서 가령 How the hell should I know?라고 하면 너무 강하여 좀 상스럽고 신경질적으로 들린다.

- **We're sort of a little bit getting drunk.**
  우리는 지금 약간 취기가 돌고 있다.
  >> 글자 그대로 취기가 약간만 있다는 뜻은 아니다. 사실은 상당히 취기가 돈다는 뜻이다. 실제적으로는 We are getting drunk.와 같은 의미이다.

- **Close the door if you want/if you can/if you don't mind.**
  괜찮다면 문을 닫아다오.
  >> 일방적인 요청이지만 형식적인 조건절을 붙여 상대방의 의지를 존중하는 표현을 쓴 것이다. 물론 의미는 Close the door.와 같다.

- **I don't know whether you're interested, but Jane's getting married next week.**
  네가 관심이 있을지는 모르겠지만 제인은 다음 주에 결혼한단다.
  >> I don't know whether you're interested는 화자가 지금 전하려 하는 정보는 상대방에게는 관심사가 아닐 수도 있다는 것을 미리 전제하는 표현이다. 결국 관심 밖에 있는 말을 해도 이해해 달라는 요청이다.

- A: **When will the next train get in?**
  다음 열차가 언제 들어오나요?

- B: **Sorry, I wouldn't know.**
  미안합니다만 글쎄올씨다.
  >> I wouldn't know는 '저도 알 길이 없는데요'이다. 따라서 자기에 대한 질문에는 이런 대답은 맞지 않는다. 가령 Why did you do that?라는 질문을 받았을 경우 자신도 모른다면 대답은 I don't know.이다.

- •• **If I were you**, I'd get rid of that old car.
  내가 너라면 나는 그 오래된 차를 그만 치워버리겠다.
  >> 이런 표현은 Get rid of that old car.보다 훨씬 부드럽게 들린다.

- •• A: I'm thinking of trading this car in on a new one.
  나는 이 차를 넘겨주고 돈을 더 보태서 새 차를 살까 한다.
  B: **I wouldn't if I were you.** That car of yours is still new.
  나 같으면 그렇게 하지 않겠는데. 그 차 아직 새 것이잖아.
  >> I wouldn't if I were you.는 관용적으로 쓰이는 어구로 무엇을 하지 말라고 충고하는 겸손한 표현이다.

- •• A: **Would** you like a glass of milk?
  우유 한 잔 드시겠어요?
  B: **No, I'd love/prefer/like** a cup of coffee.
  아니오, 커피 한 잔 했으면 하는데요.

3. 간접 조건의 문장 형식을 사용한다:

이것은 상대방의 의지를 존중한다는 뜻을 나타내거나, 자기가 지금 하려는 말에 대해서 상대를 심리적으로 준비시키거나, 자기가 지금 하려는 말이 상대에게는 불필요한 것일 수도 있음을 나타냄으로써 상대에게 '건방지다'는 인상을 주지 않게 하는 방법이다:

- •• **If you don't mind my saying so**, your slip is showing.
  저의 말씀을 불쾌하게 받아들이지 않는다면, 부인의 속옷이 밖으로 나와 있는데요.
  >> 상대가 듣고 부끄러워 할 수 있는 말을 마음의 준비 과정도 주지 않고 불쑥 말하는 것은 예의에 어긋나는 일이다.

- •• **If you don't mind**, that is my seat.
  말씀드리기 죄송하지만 그 자리는 저의 자리인데요.

- •• **If I may change the subject**, we have an examination tomorrow.
  화제를 바꾸어서 미안하지만 내일 우리는 시험이 있다.

- •• **If I may interrupt**, we're running out of time.
  말씀 중에 죄송하지만 우리는 시간이 없습니다.

- **If you're going my way**, I need a lift.
  혹시 당신이 우리 집 방향으로 가신다면 저를 좀 차에 태워주실 수 없는지요.

- **If you're looking for your wife**, she is waiting for you at the elevator.
  선생께서 혹시 부인을 찾고 계시다면 부인은 승강기 앞에서 기다리고 계신데요.

- **If you excuse me**, I have something to do.
  괜찮으시다면 나는 일을 좀 해야겠습니다.
  >> = Please leave me alone.

- The coat room is around the corner, **if you'd like to check your coat**.
  외투 맡기는 곳이 저 모퉁이를 돌면 있습니다. 혹시 외투를 맡기시고자 하신다면 말씀인데.
  >> 여기서 조건절을 쓰지 않으면 외투를 맡기라는 일방적인 의미로도 들릴 수 있다. 그러나 조건절을 부연하면 그냥 정보로 알려드린다는 부드러운 어감을 준다.

- The concession stand is over there, **if you'd care for something**.
  구내 매점은 저쪽에 있습니다. 혹시 무슨 음료, 다과, 기념품 등을 원하신다면 말씀인데.
  >> 여기서 something은 다과, 음료, 간단한 먹을거리 또는 기념품을 의미한다. concession stand가 극장이나 스포츠 경기장 같은 시설에서 그런 것들을 파는 구내 매점이기 때문이다.

4. 상대방이 나의 요청에 대해서 강압성을 느끼지 않도록 한다.

남에게 무엇을 요청할 때 그 요청의 힘을 약화시켜 상대방으로 하여금 내 요청을 쉽게 거절할 수 있는 길을 열어주는 것이다:

- **Could**/**would** you do me a favor?
  저에게 호의 하나 베풀어 주시겠습니까?
  >> 직설법인 Can you/Will you보다 가정법인 Could you/Would you가 실현 가능성이 더 적음을 전제한다. 따라서 듣는 사람은 강압성을 덜 느끼게 되어 그만큼 요구를 거절할 수 있는 자유를 느끼며, 그래서 그만큼 더 듣기 좋은 표현이 된다.

- **Would** you have a cigarette?
  담배 한 개비 얻을 수 있을까요?
  >> Do you have a cigarette?와 뜻은 같지만 요청의 힘이 더 약하다.

- **If you would** put things where they belong, they wouldn't get lost.
  물건들을 제자리에 놓아 주신다면 사라지지 않을 텐데요. (찾기가 쉬울 텐데요.)
  >> 여기서 would는 상대의 의지를 나타낸다. 즉 '그렇게 해 준다면' 이라는 의미이다.

- You don't have any money on you, **do you by any chance**?
  '가지신 돈이 없으시겠지요?'
  >> 돈을 꾸려고 하면서 가령 You have some money on you, don't you?라고 말한다면 '갖고 있는 돈 내 놓으라' 는 의미가 될 것이다. 그러면 누가 돈을 꾸어 주겠는가. 그러므로 상대방이 돈을 가지고

있지 않을 가능성에 더 큰 무게를 두면서 '그래도 혹시' 있다면 꾸어달라고 해야 하는 것이다.

- **You haven't seen** my watch around here, **have you**?
  이 근방에서 혹시 내 시계를 보지 못 했지요?

- **You haven't got** any letters for me, **have you**?
  저한테 온 편지 가지신 것 없지요?

  >> [부정문 + 부가 의문형]의 형태는 위에서 본 것처럼 polite하게 들리지만 그냥 부정 의문문은 전혀 그렇지 않다. 윗 문장 대신 Haven't you got any letters for me?라고 한다면 '당신이 내 편지들을 갖고 있지 않으세요? 갖고 있는 줄 아는데.' 라는 의미가 된다. 그러니 polite와는 거리가 멀다. 긍정 의문문인 Have you got my letters?는 완전히 중립적인 의미로 단순히 정보만 묻는 것이 된다.

- **Do you care to**/**want to** dance?
  춤 추겠소?

  >> 상대방의 바람을 묻는 말로 Let's dance. 같은 명령보다는 더 부드럽지만 허물없는 사이에는 Would you like to dance?보다 더 일반적인 표현이다.

- **Could I have** the next dance?
  다음 춤은 저랑 추실 수 있을까요?

  >> Would you like ...?보다 더 점잖게 들린다.

- **May I have** the next dance?
  다음 춤은 저랑 추어 주시겠어요?

  >> May I ...?는 상대의 허락을 요청하는 것이기 때문에 공손이나 격식의 정도가 가능성을 묻는 Could I...?보다 더 높다.

5. 지금 하려는 말이나 행위가 상대를 방해하거나 폐를 끼치는 것이거나 미안한 일일 때는 유감을 표명하고 본의 아니게 그렇게 한다는 것을 밝히는 말도 같이 하면 좋다:

- **I'm sure you must be very busy, but** would you please help me with this?
  네가 지금 바쁘다는 것은 알지만 이것 좀 도와줄래?

- **I don't want to bother you, but** I can't simply manage to solve this problem.
  너를 성가시게 하고 싶지는 않지만 나는 이 문제를 풀어낼 수가 없구나.

- **I don't want to interrupt you, but** you're wanted on the phone.
  방해하고 싶지는 않지만 전화가 왔는데요.

  >> 전화를 받아야 할 사람이 지금 어떤 일을 하고 있거나 누군가와 이야기를 하고 있다면 전화가 왔다는 말을 전하는 것도 방해가 되는 일임을 전제하고 하는 말이다.

- **I'm sorry to bother you, but** do you know how to get to the railroad station?
  방해를 해서 미안합니다만 정거장 가는 길을 가르쳐 주실 수 있겠습니까?

- **I don't want to contradict you, but** our traditional policy of national defence, based on military alliance with the U.S., would seem to be the best conceivable.
  당신의 말씀에 이의를 달고 싶지는 않습니다만, 미국과의 동맹에 토대한 우리의 전통적인 국방 정책이 우리가 생각해 낼 수 있는 최선의 방법일 것 같습니다.

- **I'm sorry**, what was your name again?
  미안합니다만 당신의 이름이 무엇이었는지요. 다시 한 번 말씀해 주시겠어요?

- I didn't catch your name. **I'm terrible at people's names**.
  당신의 이름을 잘 듣지 못했습니다. 저는 사람들의 이름을 듣는 데 아주 형편 없답니다.

6. 가정법 과거형 화법 조동사 또는 사실의 반대 가정법 동사를 쓰거나 단순 과거형을 써서 동사 의미의 현실성을 약화시켜 요청, 권고 또는 질문을 부드럽게 들리도록 한다:

- **If you were to think** twenty years back to when you were a university student, what kind of work did you think you would be doing in 2010?
  귀하께서 20년 전의 대학생 시절로 생각을 돌려 보신다면 2010년에는 어떤 종류의 일을 하고 계실 것으로 생각하셨는지요?
  ≫ [were to + 동사]는 현실성 없는 미래의 일을 가정하는 데 쓰이는 형태이다. 가령 If the sun were to rise in the west tomorrow '내일 해가 서쪽에서 뜬다면'과 같이 현실성 없이 그냥 상상해 보는 데에 쓰이는 것이다. 그러나 여기서는 '생각해 보라'는 현실적 요구를 강요성 없이 부드럽게 나타내는 기능을 한다.

- **If you gave/were to give me** some money, I'd go to the movies today.
  돈을 좀 주신다면 저는 오늘 극장에 가고 싶은데요.
  ≫ Please give me some money so that I can go to the movies today.를 겸손하게 표현한 것이다.

- **You might** drop this letter into a mailbox on your way to the office.
  사무실로 가시는 길에 이 편지를 우체통에 넣어주셨으면 합니다.

- **You might** call at the baker's on your way home and get some bread for dinner.
  퇴근 길에 빵집에 들러 저녁식사 때 먹을 빵을 좀 사오셨으면 하는데요.
  ≫ 여기서 You might 대신에 You'll perhaps/kindly/please를 써도 된다.

- **You might** say "thank you" when someone helps you.
  누가 도와주면 고맙다는 인사를 하는 것이 좋습니다.
  ≫ You might say는 You must say, You should say, You had better say 등과 같이 권고나 충고의 의미이지만 더 정중하고 공손한 표현이다.

- **You might** have offered to carry the luggage for the old lady.
  그 할머니를 위해서 짐을 대신 들어드리겠다고 나셨더라면 좋았을 텐데요.

》 [You might have + pp]는 [You should have + pp]와 같은 의미로 '~했더라면 좋았을 텐데' 이지만 더 부드럽고 공손한 표현이다. 여기서 조심할 것이 하나 있다. [might have + pp]는 you를 주어로 할 때에 한해서 이러한 의미를 갖는다는 것이다. 다음 문장들의 의미를 비교하여 보자: He may have drowned. '그는 익사했을지도 모른다(현실적 가능성).' He might have drowned. '그는 익사할 수도 있었는데 용케도 살아났다(이론적 가능성).' 즉 이 문장들은 표현의 겸손과는 아무런 관계도 없는 것이다.

- - **This is my composition. Perhaps you could look it over at your leisure.**
    이것은 저의 작문입니다. 시간 나실 때 좀 보아 주셨으면 합니다.
    》 probably는 화자의 확신이 perhaps를 썼을 때보다 강하다. 그러므로 표현을 부드럽게 만드는 도구로는 적합하지 않다.

- - **Could I help you?**
    도와드릴까요?
    》 Can I ...?도 가능하지만 politeness의 정도가 낮다. 따라서 윗사람이 아랫사람에게 또는 동배끼리 하는 말이다. 아랫사람이 윗사람에게 말할 때는 May I ...?, How may I ...?, Could I ...? 등을 써야 한다. Might I ...?도 쓸 수 있지만 너무 격식적이어서 자주 쓰이지는 않는다.

- - **Would/Could you pass me the pepper?**
    Will you pass me the pepper, please?
    Can you pass me the pepper, please?
    후추를 좀 건네주시겠어요?
    》 Will you ...?도 뒤에 please를 동반하면 결국 politeness의 정도는 Would/Could you ...?나 같다. 요청의 의미로 Can you ...?는 비격식적인 상황에서 허물없는 사이에 쓸 수 있는 표현으로 politeness의 정도는 위 예문들 중에서 가장 낮다.

- - **Might I call you by your first name?**
    당신을 (성을 붙이지 않고) 이름만으로 불러도 될까요?
    》 Might I ...?는 May I ...?나 Could I ...?보다 더 겸손한 표현이지만 너무 격식적이어서 보통의 경우에는 잘 쓰이지 않는다.

- - A: **I'm having trouble in math class.**
    나는 수학시간에 어려움을 겪고 있다.
  B: **You could talk to your teacher. Or maybe I could try to help you.**
    담당 선생님을 찾아가 말씀드려보면 어떨까. 아니면 내가 돕도록 해볼 수도 있겠는데.
    》 You might talk to .....도 가능하지만 위의 문장과 같은 암시 행위에는 could가 일반적이다. 이런 경우 might 대신 may를 쓰면 '허락'의 의미가 되어 상황에 맞지 않는다.

- - **That would seem to be a good idea.**
    그것 참 좋은 생각일 것 같군요.
    》 That is a good idea.는 너무 결정적인 표현이어서 겸손하게 들리지 않는다.

- **I would think so.**
  그렇게 생각이 듭니다.
  >> I think so.보다 주장의 힘이 약해서 부드럽게 들린다.

- **Why would you ask such a thing?**
  왜 그런 질문을 하시나요?
  >> 이 말은 예의에 어긋나는 질문을 받아 화가 난 상태에서 응답으로 할 수 있는 질문이다. 그러나 이런 경우에도 우선은 부드럽게 반문하기 위해 would를 쓴 것이다. Why do you ask ...?나 How can you say such a thing?보다 부드럽고 예의바르게 들린다.

- A: **Do you suppose** the President told the truth?
  대통령이 진실을 말했을까?
  B: **I wouldn't** be too sure of that.
  그랬으리라고는 생각이 들지 않는데요.
  >> 의미는 I don't think so.이지만 훨씬 더 부드러워 점잖게 들린다.

- Thursday **wouldn't** be convenient to me.
  목요일은 나에게는 편리하지 않은 날일 것 같군요.

- **Would you mind** closing the door?
  문을 좀 닫아 주시겠습니까?
  No./Not at all./I'd be glad to./Of course not./ No, that would be fine.
  네, 닫겠습니다.

- **Did** you want to see me, sir?
  저를 보시고자 하시는지요?
  >> 과거형으로 물었으나 의미상으로는 Do you want ...?나 마찬가지이다. 그러나 어감은 훨씬 더 부드럽다.

- What kind of car **did** you have in mind/**were** you looking for?
  어떤 종류의 차를 마음에 두고/찾고 계시는지요?

- What color **did** you want?
  어느 색깔을 원하시는지요?

perhaps는 would/will이나 could/can과 같이 쓰여 요청을 부드러우면서도 점잖게 들리도록 한다. perhaps는 probably와 의미는 거의 같지만 probably보다 확실성의 정도가 더 낮다. 따라서 요청의 강도나 질문 내용의 현실성을 약화시키는 데 쓰인다:

- **Perhaps** you **could** bring me the report tomorrow.
  그 보고서를 내일 저한테 가져다 주실 수 있을까요?

- **Perhaps** you **would** be good enough to explain this for me?
  이것을 내게 설명해 주실 수 있겠습니까?

- **You'll perhaps** mail this letter on your way to work.
  이 편지를 출근길에 부쳐주시면 좋겠는데요.

- I wrote this report last night. **Perhaps you could** look it over at your leisure. I'll appreciate any critical comment **you'd care** to make on it.
  내가 어젯밤에 이 보고서를 썼습니다. 혹시 시간이 나면 이것을 훑어봐 주시겠습니까? 무슨 비판적 논평을 보태주신다면 감사하겠습니다.

- "Young man, **perhaps you would** be good enough to tell me what it was about my lecture that moved you so deeply," asked the lecturer. The young man said, "Yes, of course. I slept all through your lecture. I hadn't slept so soundly in a long time."
  "젊은이, 내 강의에 있어서 어느 부분이 자네를 그렇게 깊이 감동시켰는지 말 좀 해줄 수 있겠는가?"라고 연사가 물었다. 그 젊은이 왈, "저는 선생님의 강의 중 내내 잤습니다. 오랜 기간 동안 그렇게 곤하게 자 본 적이 없었답니다."

  ≫ perhaps you would be good enough to ....는 상대에게 무엇을 해달라는 부드러운 간접 요청이다. 이러한 겸손한 요청에 비해서 젊은이의 대답은 강사에게는 대단히 실망적인 내용이다.

[Would/Do you mind ~ing?]의 형태에서 mind의 의미는 '(~하기를) 싫어하다'이다. 그러므로 늘 쓰이는 [Would/Do you mind ~ing?]는 직역하면 '(~하는 것을) 싫어하시겠습니까?'이다. 따라서 상대의 요청에 응하겠다는 대답은 당연히 No가 되어야한다. 그러나 No는 우리의 표현 방식에 따라 편의상 '네'로 번역한다. 사교적으로 이 형태의 요청에 Yes로 대답하는 경우는 없다. 그런데 비격식적인 허물없는 사이에서는 Do you mind ~? 형태의 요청에 대하여 Yes의 구어 형태인 Sure나 Okay로 흔히 대답한다. 이 대답은 마치 Yes, I('d) mind. '아니오. 나는 그렇게 하기가 싫소.'를 의미하는 것처럼 해석될 수 있지만 현실적으로는 이 경우에 한하여 Sure와 Okay가 No를 의미한다.

[Would/Do you mind ~ing?]와 더불어 [Would/Do you mind if I ...?]의 형태도 잘 쓰인다. 이것의 의미는 '내가 무엇을 하면 싫어하시겠습니까?' 즉 내가 무엇을 해도 괜찮겠느냐는 뜻이다. 물론 대답은 [Would/Do you mind ~ing?]의 경우처럼 No, I wouldn't. 또는 No, I don't.이다. Would you...?로 물으나 Do you ...?로 묻거나 No, I don't.가 일반적인 대답 형태이며 No, I wouldn't는 격식적이다. 또 비격식적인 구어에서는 Do/Would you mind ...?를 한 단어 Mind ...?로 줄여 말하기도 한다:

- **Would you mind if** I smoked?
  Do you mind if I smoke?
  담배를 좀 피워도 될까요?

  ≫ Would you ...? 문장에서는 would가 가정법 과거형이므로 뒤에 나오는 smoked도 가정법 과거형이 되어야 앞뒤가 맞을 뿐 아니라 더욱 겸손하게 들린다. 그러나 구어체 영어에서는 Would you ...? 또는 Do you ...? 문장에서 if절의 동사를 직설법 현재형으로 쓰는 것을 흔히 볼 수 있다: Would you mind if I close the window?

- I don't like this TV program. Do you mind if I change the channel?
  이 TV 프로는 마음에 들지 않는다. 내가 채널을 바꾸어도 되겠니?

  Sure. Please do.
  물론. 어서 그렇게 해라.

- Mind if I join you?/if I smoke?
  같이 앉아도/담배를 피워도 되겠습니까?

  >> join you는 식탁에 빈 자리가 있을 때 기왕에 거기 앉아있는 사람에게 허락을 구하고자 할 때, 그리고 다른 사람들이 어떤 운동이나 놀이를 하고 있을 때 끼고 싶을 때 보통 쓰는 말이다.

구어에서 If you don't mind는 조건절로도 쓰이지만 그 자체로서 하나의 완전한 문장으로도 역할을 한다. 가령 비록 본의는 아니더라도 누군가 나에게 피해를 입히고 있는 경우, 내가 불쾌감을 참으면서 그 사실을 상대에게 깨우쳐 줄 때, 또는 누구에게 어떤 일을 시켰는데 상대가 그 일을 되묻는 경우, 그것을 재확인해 줄 때 쓰인다. 조건절로서는 누구에게 어떤 단순한 요청을 하면서 그 요청을 부드럽게 하기 위해 쓰인다:

- When I accidentally sat on her hat in the seat next to her, she said angrily, "If you don't mind! That's my hat you're sitting on!"
  내가 본의 아니게 그 여자 옆자리에 놓여있던 그 여자의 모자를 깔고 앉자, 그 여자는 화난 목소리로 "아이구 어쩌면 좋아! 당신은 내 모자를 깔고 앉았어요."라고 외쳤다.

  >> 이런 경우 If you don't mind.는 우리말로는 상황에 따라 여러 가지로 번역될 수 있다. 위 문장의 경우 "조심해야지요." "일어 서세요." "눈은 어디 두고 다녀요." 등으로 번역될 수 있는데 영어에서는 의미는 같지만 표현만은 이런 화나는 경우에서 조차도 상당히 사교적이다.

- Daughter: Do you want me to do all those dirty dishes, Mom?
  딸: 엄마. 나더러 저 접시들 설거지를 다 하라구요?

  Mother: If you don't mind.
  어머니: 그래줄래?

  >> If you don't mind.는 글자 그대로라면 '네가 싫어하지 않는다면' 의 의미이지만 여기서는 Yes.와 같은 의미이다. 다만 더 사교적인 표현일 뿐이다.

- If you don't mind, could you move a little to the left so that that old lady can sit?
  미안합니다만 저 할머니가 앉을 수 있도록 왼쪽으로 조금만 움직여 주시겠어요?

if절의 동반 없이 Do you mind?만으로도 다음과 같은 두 가지 경우에서 자주 쓰인다: 하나는 '당신이 지금 하고 있는 행동이 나를 성가시게 하고 있으니 중단해 달라' 는 의미로서, 화자가 지금 신경질이 나 있음을 나타내는 경우이고 또 하나는 내가 지금 하려고 하는 것을 역시 하려고 하는 다른 사람이 있는 경우 그에게 '내가 이것을 하면 당신이 언짢게 생각하겠는가' 라고 물으며 상대의 양해를 구하는 경우이다. 다음 예를 보자:

- **The man in line behind me kept pushing against me every time the line moved. Finally, my patience with him wore out and I turned and said, "Do you mind?"**
  내 뒤에 서 있던 사람이 줄이 움직일 때마다 나를 계속 밀었다. 드디어 그 사람에 대한 나의 인내심이 다 소모되어 나는 몸을 돌리고 "나를 밀지 않으시면 고맙겠는데요"라고 말했다.
  >> 이렇게 신경질이 나 있는 상태에서도 Don't push me!라고 직접적인 표현을 안 쓰고 상대의 의지를 존중하는 위와 같은 표현을 쓰는 것은 어떤 경우에도 말만은 함부로 하지 않으려는 것이 영미인들의 사회 문화이다.

- **There was only one piece of cake left on the large plate when my turn came. But there was a lady right behind me, eyeing the cake. So for a second, I hesitated to carry it and looked at her and asked, "Do you mind?" "Not at all." said she with a smile. "Go ahead and carry it."**
  내 차례가 왔을 때는 그 큰 쟁반 위에 케익이 한 조각만 남아 있었다. 그러나 바로 내 뒤에는 그 케익을 노려보고 있는 여자가 있었다. 그래서 나는 잠깐 그 케익을 가져오는 것을 주저하며 그 여자를 쳐다보고 "이것을 내가 가져가도 될까요?"라고 물었다. 그 여자는 웃음을 띠며 "물론이지요. 어서 가져가세요"라고 대답했다.

7. 명령의 의미도 가능하면 요청의 형태로 나타낸다. 또한 명령문으로 하는 경우에도 상대방의 의지를 묻는 부가 의문형 will you?나 shall we?를 붙여 명령의 무뚝뚝함을 줄인다. 이 때 주의할 점은 발음할 때 you나 we를 올려 끝내는 억양으로 해야 한다는 것이다. 만일 반대로 will이나 shall을 올리고 you나 we를 떨어지는 억양으로 발음하면 마치 화자가 짜증을 내고 있는 것 같은 느낌을 준다. 이처럼 will you 등을 문미에 놓는 명령 형태는 이들을 처음부터 문두에 놓는 정상적인 의문문 (즉 간접 명령) 형태와 의미는 같지만 politeness의 정도는 더 낮다고 할 수 있다:

- **Will/Would/Could you answer the phone?**
  전화를 좀 받아 주겠소?
  >> = Answer the phone.

- **I wouldn't mind a cup of coffee, if you please.**
  괜찮으시다면 커피 한 잔 했으면 합니다만.

- **I wonder/I would be very grateful if you would kindly tell me the way to the National Theater.**
  국립극장에 가는 길을 좀 알려주셨으면 합니다.

- **Help me with my homework, will you?**
  내 숙제를 좀 도와줄래?
  >> = Will you help me with my homework?

- **Shut the door, will you?**
  문 좀 닫아 줄래?

>> = Will you shut the door?

- **Let's sing a song, shall we?**
  우리 노래 한번 불러볼까?
  >> = Shall we sing a song?

8. 단순히 사실만을 묻는 질문은 긍정형으로 한다:

부정형의 질문은 단순 질문이라기보다 무엇이 아직 이루어지지 않았다는 데 대한 질문자의 놀라움이나 실망을 나타낼 수 있다. 당연히 겸손이나 부드러움은 나타나지 않는다:

- **Haven't you got any letters for me?**
  저한테 온 편지는 없나요?/저한테 편지 안 왔나요?
  >> 이 질문은 '편지가 왔어야 하는데/왔을 텐데 이상하다'와 같은 어감을 준다.

- **Have you got any letters for me?**
  저한테 혹시 편지가 왔나요?
  >> 이 질문은 단순히 편지가 왔는지 안 왔는지만 묻는다.

- **Aren't you supposed to be working at the office now?**
  너는 지금 사무실에서 근무하고 있어야 하는 때 아니냐?
  >> 왜 지금 여기 있느냐며 따져 묻는 말이 된다.

- **Hasn't John come home yet?**
  존은 아직까지도 집에 안 왔느냐?
  >> '와야 하는 시간이 지났는데'를 내포하는 말로 질문자의 실망을 나타낸다. 단순히 존이 집에 왔는지만 알고 싶다면 Has John come bome yet?라고 해야 한다.

본문이 부정형인 부가 의문문은 부드럽고 겸손한 질문 형태이다:

- **You haven't got any letters for me, have you?**
  혹시 저한테 온 편지 없지요?

9. 호의를 받아들이거나 사양할 경우엔 무뚝뚝하게 들리지 않도록 한다:

호의를 받아들일 때 Yes. 또는 Yes, please.라고만 대답하거나 사양할 때 No, thank you.라고만 대답하는 것은 호의의 승낙이 너무 힘차서 약간 무뚝뚝하게 들릴 수 있다. 한 두 마디 덧붙이면 더 사교적인 표현이 된다:

- A: **Would you** care for a drink?
  한 잔 드시겠어요?
- B: **Yes, please. That's very kind of you.**
  네, 좋습니다. 아주 친절하시군요.
  Thank you, but I'd rather have a glass of water.
  감사합니다만 나는 그보다는 물을 한 잔 마시고 싶군요.
  >> 이 경우 A의 제의에 B가 'Yes, sir.' 또는 'Thank you, sir.' 라고 대답하는 것은 전혀 어울리지 않는다.

- A: **Would you** have lunch with us today?
  오늘 우리와 점심을 같이 하시겠어요?
- B: **Yes, I'd be delighted/glad/happy to.**
  물론입니다. 기쁜 마음으로 같이 하겠습니다.

10. 상대의 장점이나 자랑의 대상이 되는 것은 과장하여 표현한다:

- What a fantastic garden you have!
  환상적인 정원을 가지셨군요!

- How absolutely marvellous!
  기가 막힐 정도로 놀랍습니다.

- Your sense of coloring is just outstanding!
  당신의 색감은 정말로 뛰어나십니다!

11. 진행형이나 과거형을 써서 표현한다. 현재 진행형은 단순 현재형보다 그 의미 지속 기간이 짧다. 따라서 의미 강도가 약하고, 또 그럼으로써 화자의 표현 태도를 부드럽게 만든다. 과거 진행형은 현재 진행형보다 더 부드럽게 들린다. 과거형은 현재로부터 떨어진 시공을 의미하므로 의미의 현실성이 약하여 상대방이 긴장하지 않고 자유로운 마음으로 들을 수 있기 때문이다. 미래 진행형은 단순 미래형보다 더 부드러운 어감을 준다. 단순 미래형은 많은 경우에 주어의 의지를 나타내므로 강한 어감을 준다. 그러나 미래 진행형은 의지와는 상관없이 어떤 일이 이미 세운 계획에 따라 발생할 것이라는 정보를 전하는 것이므로 주장의 힘이 약할 수밖에 없다:

- **I'm hoping** to borrow some money.
  돈을 좀 빌렸으면 하는데요.
  >> I hope to .... 보다 희망하는 기간이 짧다.

- **I was hoping** to borrow some money.
  돈을 좀 빌렸으면 했습니다만.

>> I'm hoping to ....보다 의미의 현실성이 더 적다. 마치 '현재는 돈을 빌릴 생각이 없지만 과거에는 그런 생각을 하고 있었다' 는 것 같은 표현이다. 실제 의미는 물론 '지금 돈 좀 빌리고 싶다' 이다.

- **Policeman: Were you thinking of parking here, sir?**
  경찰관: 여기에 주차하려고 하십니까?

  Man: Oh, yes. I'm trying to find a space.
  남자: 네, 맞습니다. 주차할 자리를 찾는 중이지요.

  Policeman: I'm sorry, but this is a no-parking area. You might try round the corner, sir.
  경찰관: 미안합니다만 여기는 주차금지 구역입니다. 코너를 돌아가서 자리를 찾아보시지요.

- **Are you free for a couple of moments? There was something I wanted to ask you.**
  시간 좀 잠깐 낼 수 있으신지요? 여쭤어 보았으면 하는 것이 있는데요.

  >> There is something I want to ask you. 같은 표현은 무뚝뚝하고 상대방에 대한 존경심도 나타나 있지 않다. 경우에 따라서는 신문조의 말투로 들릴 수도 있을 것이다.

- **I'll be seeing you next month.**
  다음 달에 만나자.

  >> [will be + 진행형]은 '예정에 따라 당연히 하게 되어 있음'을 나타내므로 현재의 의지만을 나타내는 I'll see ....보다 더 부드러운 어감을 주며 더욱 확실한 미래를 의미한다.

- **When will you be seeing Mr. Brown?**
  브라운 씨를 언제 만나시는지요?

  >> 이 말은 가령 비서가 스케줄을 확인하기 위해 사장에게 묻는 말로 적합하다. 그러나 사장이 비서에게 '자네 이 편지들을 언제 완료할 작정인가?'라고 어떤 확정된 미래 시점을 묻는 경우라면 진행형 대신 단순형을 써서 When will you finish these letters?라고 해야 할 것이다.

- **Will you be using a credit card?**
  신용카드로 결제하시겠습니까?

  >> 점원이 손님에게 하는 말로 손님의 의지를 묻는 것이 아니고 단순한 미래 사실을 묻는 것이므로 의지를 묻는 Will you use ...?보다 겸손하게 들린다.

- **Did you want to see me now?**
  지금 저를 보자고 하셨나요?

  >> 위 질문의 현재형 Do you want to see me now?는 직접적이다. 그래서 위의 간접적 즉 과거형 질문에 비해 단도 직입적이다.

- **A: What were you wanting?**
  뭐 원하시는 것이 있으신가요?

  >> What do you want?보다 부드러운 표현이다.

- - B: I was hoping you would give me some advice about my plan.
     내 계획안에 대한 충고를 좀 해주셨으면 합니다만.

- - Waiter: Would you care for a drink before the meal?
     웨이터: 식사 전에 술을 한 잔 드시겠습니까?

   Guest: No, thanks. I'll be doing without one this evening.
   손님: 아니오, 오늘 저녁은 술을 안 마십니다.
   > 이 경우에 만일 I'll do ...라고 한다면 will은 화자의 의지를 의미하여 '안 마시겠다'로 거절하는 것이 되어 무뚝뚝하게 들린다.

- - I wondered if you could help us.
     네가 나를 도와줄 수 없을까 했다.
     > I wonder if you can help us.보다 부드럽고 겸손한 표현이다.

12. politeness를 나타내는 관행화 한 부사들인 kindly, cordially, graciously, humbly 등을 적절하게 사용한다. 또 pleasure라는 명사도 같은 목적으로 자주 사용하는 단어이다. cordially와 humbly는 주어가 1인칭일 때 쓰이고, kindly와 graciously는 주어가 2인칭 또는 3인칭일 때 쓰인다. 이들은 항상 본동사 앞에 위치하여 문장을 polite하고 동시에 격식적으로 만들 뿐 단어 자체는 별 의미를 갖지 않는다. 따라서 우리말로는 잘 번역되지 않는다:

- - Will you kindly address a few words to the audience?
     청중에게 몇 마디 말씀해 주시겠습니까?

- - We cordially invite you to our party.
     우리는 귀하를 파티에 초대하는 바입니다.

- - You are cordially invited to the wedding.
     우리는 귀하를 우리의 결혼식에 초청하는 바입니다.

- - The Queen announced that she will graciously consent to our request.
     여왕 폐하께서 우리의 요청에 응하시겠다고 발표하셨습니다.

- - May I humbly offer my apologies?
     저의 사과를 받아 주시겠습니까?

- - Will you kindly take your seats?
     앉아 주시겠습니까?

- - Kindly leave the room.
     방을 떠나 주시겠습니까?

- - Will passengers kindly refrain from smoking?
     승객님들께서는 끽연을 삼가해 주시겠습니까?

- **Passengers are kindly requested to refrain from smoking.**
  승객님들께서는 끽연을 삼가해 주시기를 요청합니다.
  >> kindly와 cordially는 수동문장에 쓰여 문장을 격식적이고 사무적으로 만든다.

- **May I have the pleasure of dancing with you now?**
  지금 춤 한 번 같이 출 수 있을까요?

- A: **Would you please hold the door open for me?**
  문을 좀 열린 채로 잡고 계셔주시겠어요?
  B: **With pleasure.**
  네, 물론이지요.

- A: **Thank you for helping me with my homework.**
  숙제하는 것을 도와주셔서 감사합니다.
  B: **It was a pleasure. / My pleasure.**
  별 말씀을 다 하십니다.

13. 사람들을 열거하는 경우에는 청자, 제 3자, 그리고 화자의 순으로 한다:

- Jill and/or I (제 3자 + 화자)
- You and/or Jill (청자 + 제 3자)
- You, Jill and/or I (청자 + 제 3자 + 화자)
- My wife and/or I (제 3자 + 화자)

14. 기타

- A: **Might I drop in on you someday?**
  내가 언제 당신에게 들러도 되겠습니까?
  B: **Yes, you may.**
  물론이지요.
  >> A는 B에게 허락을 구하기 위해 polite한 might를 쓴 것이다. 그러나 B는 Yes, you might.라고 대답해서는 안 된다. 허락한다는 의미로 might, could 또는 would를 쓰면 거만하게 들릴 수 있다.

- A: **Would you pay for me?**
  내 대신 돈을 지불해 주시겠어요?
  B: **Yes, I will.**
  네, 그렇게 하겠습니다.
  >> I would로 대답하면 주어의 의지가 I will보다 약하며, 따라서 승락의 강도도 약하여 사교적이지 못 하다. 요구는 약하게 하는 것이 polite하지만 요구에 대한 승락은 강하게 하는 것이 polite하다.

- - A: Could I see you for a moment?
    잠깐 좀 만나 뵐 수 있을까요?

  B: Yes, you can.
    물론입니다.

- - A: May I borrow your bicycle?
    내가 너의 자전거를 빌릴 수 있을까?

  B: Of course.
    물론이지.
    >> 위의 예에서처럼 요청에 대한 대답으로는 of course가 certainly와 같은 의미가 되지만 요청이 아닌 순수한 질문에 대한 대답으로는 of course는 polite하지 않다. 이런 경우의 Of course는 '그것도 몰랐느냐?'의 의미를 함축하기 때문이다. 순수한 질문에는 yes나 no로 대답해야 한다.

겸손과 부드러움을 나타내기 위해 will 대신 would를 쓴 경우가 아니고 아예 would로 고정되어 있는 표현이 있다. [would like to + 동사(무엇을 하고싶다)]와 [would have + 목적어 + 원형동사(누가 무엇을 하기를 바라다)] 등이 이에 속한다. 또한 이들 형태가 쓰인 질문에 대한 대답에도 will은 쓰이지 않는다. would를 써야 한다:

- - A: What would you have me do for you?
    너는 내가 너를 위해 무엇을 해주기를 바라느냐?

  B: I would have you help me with my homework.
    나는 네가 내 숙제를 도와주기를 바란다.

- - A: Would you have your Government control your daily life?
    당신은 정부가 당신의 일상생활을 통제하기를 바랍니까?

  B: No, I wouldn't.
    아니오, 바라지 않습니다.

상대에게 명령적이거나 경고성 내용의 말을 할 때 표현을 부드럽게 하기 위해서 상대를 직접적으로 지적하는 you 대신 we를 쓰기도 하는데, 이것은 주로 하인이나 유모가 주인 집의 어린 자녀들을 상대로 쓰는 표현이다:

- - Now, Master James, if we don't eat our spinach, we don't get any ice cream, do we?
    자, 제임스 도련님. 시금치를 안 먹으면 아이스크림을 안 가져다 줘요, 알지요?
    >> 여기서 we는 you를 대신한다.

가정법 would(n't)는 동사의 의미를 직설법의 경우보다 덜 단호하게, 즉 부드럽게 하여 겸손하게 들리게 하는 데 자주 쓰인다:

- A: I've put my car up for sale for five million won. Would that seem a reasonable price for it?

  나는 내 차를 5백만 원에 팔려고 내놓았는데 그 정도면 합당한 가격일까?

  >> Does that seem …?과 근본적으로는 같은 뜻이다.

- B: Five million won would seem to be rather expensive for a 1992 Sonata, I would think.

  5백만 원이면 '92년 형 소나타로는 너무 싼 것 같은데.

  >> I would think는 I think보다 단정적 태도가 약하다. 따라서 더 겸손하게 들리는 것이다.

- I'm not free on Thursday, but Friday afternoon would be fine.

  I'm not free on Thursday, but I would think Friday afternoon will/would be fine.

  금요일 오후라면 괜찮을 것 같군요.

- That wouldn't seem to be a good idea.

  그건 좋은 생각인 것 같지 않군요.

  >> That doesn't seem to be a good idea.보다 더 사교적으로 들린다.

요청을 할 때는 표현을 약하고 부드럽게 하는 것이 상대에게 강압성을 덜 느끼게 하는 겸손의 방식이지만 종종 그와는 반대로 강하게 표현해야 겸손하게 들리는 경우도 있다:

- You must have some of this cake I made today.

  You should have some of this cake I made today.

  내가 오늘 구운 이 케익을 좀 드셔보세요.

  >> 위 두 문장은 우리말로는 둘 다 똑같이 번역될 수 있지만 영어 어감으로는 must have만 공손하고 사교적으로 들린다. 요구의 힘에 있어서 must가 should보다 더 강하다. 그러나 위 예문처럼 화자나 제 3자를 위한 것이 아니고 상대방에게 좋은 것을 요구하는, 즉 권하는 경우에는 강하게 표현하는 것이 예의에 맞으며 겸손한 것이다. should는 그 의미가 화자가 청자에게 개인적으로 요구하는 것이 아니고 객관적 상황의 요구를 의미하는 것이므로 위의 경우 should have는 '먹어 보는 것이 좋을 걸. 안 먹으면 후회할 텐데'의 어감을 주어 거만하게 들릴 수 있다.

038 Excuse me와 I'm sorry의 용법 차이

이 두 표현은 별 의미 차이 없이 상호 교환적으로 쓰이는 경우도 있다. 가령 많은 사람들이 북적거리는 환경에서 어떤 두 사람이 부주의하여 서로 부딪쳤을 때라면 Excuse me.('실례했습니다.') 또는 I'm sorry.('미안합니다.') 등 다 쓰일 수 있다. 또 상대의 말을 못 알아들었을 때 다시 말해달라는 의미로도 Excuse me?나 (I'm) sorry?를 쓸 수 있다.

그러나 이 두 영어 표현을 우리가 흔히 잘못 쓰는 것은 우리말로는 '실례합니다만'과 '미안하지만'이 별 차이 없이 쓰이는 경우가 많지만 영어에서는 Excuse me와 I'm sorry는 의미와 용법에 있어 서로 크게 다르기 때문이다.

Excuse me는 상대의 방해 받지 않을 사회적 권리를 사소하게나마 본의 아니게 침해했거나 의식적으로 지금 침해하려고 할 때 상대의 양해를 구하는 말이다. 즉 사회적 예의를 위반할 때 쓰는 표현이다. 우리말로는 '실례를 했군요' 또는 '실례합니다'의 의미로 사회적 예의에 초점을 맞춘 것이다. 반면 I'm sorry는 나의 행위로 인해서든 나와 상관없는 일로 인해서든 상대가 처한 좋지 않은 상황에 대해서 상대에게 유감이나 동정을 나타내거나, 내가 상대에게 좋지 않은 말을 하면서 그렇게 하는 것에 대한 미안함을 나타내는 표현이다. 우리말의 '미안합니다' 또는 '안됐군요'와 비슷하다. 다시 말하면 사회적 예의와는 상관없이 화자와 청자간의 개인적 관계에 초점을 맞춘 말로서 사과나 동정을 나타내는 표현이다.

한 가지 유의할 것은 사전에 양해를 구하지 않은 채 상대의 사회적 권리를 일단 침해한 후에 Excuse me로는 충분한 사과가 되지 못한다. 즉 사회적 예의 침해보다는 상대에 대한 미안한 마음이 앞서는 것이다. 따라서 이 경우에는 일반적으로 I'm sorry가 더 적절하다. 그러므로 대부분의 경우 Excuse me는 지금 실례를 하려고 할 때 쓴다. 다음 두 예를 비교하여 보자:

- **Excuse me**, I have to leave now.
  실례지만 나는 지금 떠나야겠습니다.

- **I'm sorry**, but I have to leave now.
  미안하지만 나는 지금 떠나야겠습니다.

위의 예에서 Excuse me는 내가 지금 떠나야 한다는 사실에 대해서 양해를 구하는 것이 아니다. I have to leave now라는 말을 하는 것이 상대를 방해하는 것이므로 양해를 구하는 것뿐이다. 반면, I'm sorry는 상대가 나에게 좀 더 있다가 가라고 권하는 상황에서 내가 할 수 있는 말로서 상대에 대해서 내가 갖는 미안한 마음을 나타내는 표현이다. 다음을 보자:

- A: I don't know if you heard or not, but I didn't get a scholarship.

너도 들었는지 모르지만 나는 장학금을 타지 못했어.

B: Oh, I didn't know. I'm sorry.
이런, 나는 몰랐는데. 안 됐구나.

위의 A와 B간의 대화에서 A가 scholarship을 못 받은 것은 B의 행위로 인한 것이 아니다. 그러므로 이 경우의 I'm sorry.는 That's too bad.('안 됐군요.')와 같은 동정의 의미이다. 그러나 가령 어떤 학생이 오는 주말에 숙제를 해야 하므로 놀 수 없다고 말하면 듣는 사람의 입장에서는 그 사실이 분명 동정의 대상이긴 하지만 듣기에 미안할 정도로 동정의 대상이 되는 것은 아니다:

A: I have so much homework to do this weekend.
이번 주말에는 나는 해야 할 숙제가 많아.

B: That's too bad.
안 됐구나.
>> *I'm sorry.는 적합하지 않다.

가령 어떤 사람이 다른 사람에게 피해를 입혔다면 이것은 '실례'라는 사회적 예절의 문제가 아니라 사과를 해야 하는 경우이다. 이처럼 사과를 해야 하는 경우에 Excuse me는 적절하지 않다:

A: That hurts!
아이고 아파라!

B: Ohhh. I'm sorry. I didn't mean to hurt you.
아이고, 죄송합니다. 일부로 그렇게 한 것은 아니었습니다.

*Ohhh. Excuse me. I didn't mean to hurt you.

I'm sorry.는 동정에서 좀 더 나아가 애도의 의미도 나타낸다. 애도의 경우에는 물론 That's too bad.는 전혀 맞지 않다. That's too bad.는 일상적으로 가볍게 쓰이는 표현으로 '거 안됐군.' 정도의 의미이기 때문이다:

A: My father-in-law died last week.
저의 장인께서 지난주에 돌아가셨습니다.

B: Your father-in-law died? I'm sorry.
장인께서 돌아가셨다고? 이런.

*Your father-in-law died? That's too bad.

Student to Professor: *I'm sorry, but it is time to finish.
→ Excuse me, it is time to finish.

학생이 교수에게: 실례의 말씀이지만 교수님께서 강의를 끝내실 시간이 됐습니다.

학생이 교수에게 강의가 끝날 시간이 되었다고 상기시키는 말을 I'm sorry로 시작하는 것은 무례하게 들린다. I'm sorry는 교수에게 어떤 좋지 않은 것을 통고하는 형식이 되므로 명령조의 건방진 표현이 되기 때문이다. 그러나 Excuse me를 쓰면 어떤 말을 하기 위해서 '강의를 방해하는 것을 용서해 달라'는 뜻이 되므로 자연스럽다. 반면 같은 말이라도 교수가 학생들에게 하는 경우라면 I'm sorry는 당연한 표현이 된다. 교수는 학생들에게 좋지 않은 것을 통고할 수도 있는 입장에 있기 때문이다:

- - Professor to the Students: I'm sorry, but it is time to finish.
  교수가 학생들에게: 미안하지만 내가 강의를 끝낼 시간이 다 되었구먼.
  ≫ '그러니 오늘은 이만 하고 다음 시간에 계속하기로 하지.'의 뜻이다.

위의 I'm sorry는 it is time to finish라는 말의 내용에 대해서 교수가 학생에게 나타내는 미안함을 표현한다. 따라서 위의 문장은 교수가 학생에게 하는 말로는 전혀 무례하지 않다. 또 다음의 예를 보자:

- - A: Excuse me, do you have any matches?
    실례지만 혹시 성냥 있으신가요?
  *I'm sorry, but do you have any matches?
  B: I'm sorry, but I don't have any.
    미안합니다만 성냥이 없습니다.

우리말로는 '미안하지만 혹시 성냥을 가지셨는지요?'라고 말할 수 있으나 영어로는 맞는 말이 못된다. 그러나 B의 I'm sorry는 I don't have any라는 자기 대답의 내용에 대해서 A에게 미안한 마음을 나타내고 있다.

미국영어에서는 Excuse me도 I'm sorry처럼 사과의 목적으로 쓰이는 경우도 있다. 이 목적으로 Pardon me 또는 격식적인 I beg your pardon도 쓰인다:

- - Excuse me / I beg your pardon; I didn't realize this was your seat.
    죄송합니다. 이 자리가 댁의 자리인지 몰랐습니다.

Idiomatic Expressions

in (out of) one's element

'자신이 좋아하고 또 능력을 발휘할 수 있는 일을 하고 있는 (자신이 좋아하지 않고 따라서 능력을 발휘할 수도 없는 일을 하고 있는)'

>> (element)는 옛날에는 자연을 구성하는 것으로 믿어진 네 가지 기본 물질 중의 하나를 의미했는데 그 기본 물질은 흙(earth), 공기(air), 불(fire) 그리고 물(water)이었고, 이들을 the four elements라고 불렀다. 그리고 생명체는 각기 그것이 속하는 element에서 사는 것이다. 가령, 새는 공중에 있을 때(in its element) 가장 좋아하고 또 새로서의 능력을 발휘할 수 있으며, 물고기는 물 속에 있을 때 그 능력을 발휘할 수 있는 것이다. 가령, 새를 물 속에 넣거나(out of its element) 물고기를 흙 위에 놓아두면 이들이 좋아하는 환경에 있지 않기 때문에 능력을 발휘할 수 없음은 당연한 일이다. 이러한 사실이 비유적으로 사람에 대해서도 쓰이게 된 것이다.

• • •

Professor Kim is *in his element* when he's talking about learning and teaching a foreign language.

김 교수는 외국어를 배우고 가르치는 것을 이야기할 때 가장 신나고 또 가장 잘 가르친다.

• • •

That boy is out of his element when it comes to studying and is bad almost at every school subject. But when he's playing computer games, he's *in his element* and hasn't found any worthy match.

그 아이는 공부하는 것에 있어서는 능력을 발휘하지 못한다. 그래서 거의 모든 학과목의 성적이 엉망이다. 그러나 그 아이가 컴퓨터 게임을 할 때는 타고난 능력이 발휘된다. 그래서 지금까지 상대할 만한 적수를 발견하지 못했다.

039 '돕다' 의미의 help의 용법

help의 의미는 크게 둘이다. 하나는 '돕다' 이고 다른 하나는 '피하다,' '안하다' 의 의미이다. 여기서는 help의 이 두 가지 의미 중에서 '돕다' 의 의미로 쓰일 때의 용법을 알아본다:

1. help가 목적어 또는 목적보어로 다른 동사를 동반하는 경우

help가 이렇게 쓰이는 경우에는 목적어나 목적보어 앞에 to를 붙일 수도 붙이지 않을 수도 있다. 통계에 의하면 to 없는 형태가 70~80%에 이를 정도로 일반적이다. 특히 구어 미국영어에서는 거의 언제나 to 없이 쓰인다. 그러나 학술 논문 같은 격식적인 글에서는 to를 동반하는 형태와 to를 생략한 형태가 거의 반반으로 나타난다:

- The military helped (to) keep the peace.
  군대가 치안을 유지하는 것을 도왔다.

- Everyone in the village helped (to) rebuild the old man's house that had been swept away by the flood.
  마을의 모든 사람들이 홍수로 휩쓸려간 그 노인의 집을 재건하는 일을 도왔다.

- These exercises will help (to) increase your vocabulary.
  이같은 연습이 우리의 어휘를 증대시키는 데 도움을 줄 것이다.

- The mass demonstrations were staged to help (to) promote democracy in the country.
  그 대중시위는 그 나라의 민주주의를 증진하는 것을 돕도록 하기 위해 행해진 것이었다.

- That period was a very difficult time for me but my wife helped me (to) get over it.
  그 시기는 나에게는 대단히 어려운 시간이었는데 내 처가 나를 도와서 그것을 극복할 수 있었다.

- South Korea can help North Korea (to) grow up to be a capitalistic democracy, can't we?
  남한은 북한을 자본주의 민주국가로 성장하도록 도울 수 있다, 안 그런가?

- Don't worry too much. I'll help you (to) find a new job.
  너무 걱정 마라. 네가 새 일자리를 찾을 수 있도록 도와주마.

- Can somebody help me (to) find my car key?
  누가 좀 내 차 열쇠를 찾는데 도와주지 않겠어요?

- My car has gone dead. Would you please help me (to) move it to the

curbside?
저의 차가 고장 났습니다. 차를 인도 쪽으로 옮기도록 도와주시겠어요?

- **The press helped the President (to) change his idiosyncratic way of governing and listen to the people.**
  언론은 대통령으로 하여금 그의 개인 특유의 통치 방법을 바꾸고 국민의 소리에 귀를 기울이도록 만드는 일을 도왔다.

- **Would you like to help me peel the potatoes?**
  감자 껍질 벗기는 일을 도와주시겠어요?

- **The tax increases that Congress passed have to be enforced as soon as possible to help stabilize the economy.**
  의회가 통과시킨 세금 인상은 경제를 안정시키는 것을 돕도록 가능한 빨리 시행되어야 한다.

- **The company has bought six new computers to help monitor sales.**
  그 회사는 판매량 관리를 돕기 위해 여섯 대의 새 컴퓨터를 샀다.

- **The troops were brought into the city to help keep the peace.**
  치안을 유지하는 것을 돕도록 군인들을 그 도시로 불러들였다.
  >> to help to keep라고 말할 경우 문법적으로 틀리지는 않지만 듣기에 썩 좋은 것은 아니다.

- **Part of my job as the President's secretary is to help organize conferences and keep him informed.**
  사장 비서로서 나의 직무 중 하나는 회의를 계획하는 일을 돕고 또 사장이 매사를 알고 있도록 하는 것이다.

- **This drug will help you sleep well.**
  이 약을 먹으면 잠이 잘 올 것입니다.

그런데 help 자체가 그 앞에 to를 동반하고 있는 경우는 자신의 목적어나 목적보어가 되는 동사 앞에서 to를 생략하는 경향이 특별히 강하다. 이것은 to를 두 번 반복하는 것을 피하기 위함이다:

- **Mrs. Brown offered to help clean up the house after the party.**
  Brown 부인은 파티가 끝난 다음 집 청소하는 일을 돕겠다고 자청했다.
  >> 영어 모국어 화자들은 to help to clean으로 [to + 동사]의 형태를 반복 발음하는 것을 싫어한다.

2. [help (+ 사람) + with/in + 명사]의 구조

with/in 다음의 명사는 도와주는 대상을 의미한다:

- **Mom, can you help me with my homework?**
  엄마, 내 숙제 좀 도와주세요.
  >> '그의 숙제를 돕다'를 *help his homework라고는 하지 않는다.

- ***What can I help you?**

>> '무엇을 도와드릴까요?'를 의도한 말인데 문법이 맞지 않다. can help는 you를 목적어로 하고 있는데 what은 어디에 걸리는 것인가? 문장에서 걸리는 곳이 없다. 위 문장에서 what은 들어갈 자리가 없는 것이다. 흔히 할 수 있는 말로 '더 도와드릴 것은 없습니까?'라는 질문도 *Isn't there anything else I can help you?라고 하면 잘못된 것이다. 위 예문의 문미에 with를 붙여 What can I help you with?라고 하면 what이 with의 목적어가 되어 문법적으로는 하자가 없다. 그러나 이 경우에는 with가 help의 대상도 되지만 '도구'의 의미로 '무엇을 가지고?'의 의미도 될 수 있어 잘 쓰이지 않는다. 이런 이유로 다음의 표현들이 일반적으로 쓰인다.

→ How may / can I help you? What can I do for you? / What can I do to help you?

• • Isn't there anything else I can help you with?
더 도와드릴 것은 없습니까?
>> 이 문장에서는 with가 '가지고'의 뜻으로 이해될 수가 없다.

• • I'm looking for an assistant who can help me with computers.
나는 나의 컴퓨터 업무를 도와줄 보조원을 찾고 있다.

• • Don't worry about your daughter Cindy. She's a good kid. She even helps me with the other kids.
Cindy에 대해서는 걱정 마세요. 착한 아이입니다. 다른 아이들에 대해서도 규율을 잡아 나를 돕고 있답니다.
>> Cindy가 선생님에게 도움이 되는 방향으로 다른 아이들을 다루어 준다(돌봐준다)는 의미이다.

• • The older children volunteered to help their mother with the dishes.
나이 든 아이들은 그들 어머니의 설거지를 돕겠다고 나섰다.

• • Could you help me with this crossword puzzle/my work/my problem/my English?
내가 이 크로스워드 퍼즐을 푸는 데/내 일을 하는 데/내 문제를 해결하는 데/내가 영어를 배우는 데 도움을 줄 수 있겠습니까?

• • Go and help with the washing-up.
가서 설거지를 도와라.
>> 도움을 받는 사람이 누구인지는 발화 상황으로 보아 뻔할 것이기 때문에 표시되지 않았다. 아마도 '엄마'일 것이다.

• • He helped me off/on with my overcoat.
그는 내가 외투를 벗도록/입도록 도와주었다.
>> = He helped me take off/put on my overcoat.

도움의 대상을 나타내는 데는 전치사 with나 in이 쓰인다. with는 도움의 대상이 순수한 명사적 의미(정적 의미), 즉 위에서 보는 것처럼 물건, 아이들, 또는 숙제나 일 같은 것일 때 쓰인다. 동적 의미에도 with가 쓰이기도 하지만 이것은 일반적인 경향은 아니다. 반면 in은 도움의 대상이 동적 의미를 갖는 명사일 경우에 쓰인다. 동적 의미의 명사란 그 자체가 동명사이거나 아니면 형태는 완전한 명사일지라도 동적 의미로 의도된 명사를 말한다. 도움의 대상이 물건일 경우에 in은 쓰이지 않는다. in은 '무엇을 하는 데 있어 돕다' 라는 뜻이 의도되기 때문이다. with의 경우도 물론 번역은 '무엇을 하는 데 있어 돕다' 로 할 수는 있으나 이것은 우리말의 편의상 그렇게 하는 것이다:

- **They must learn skills that will help them in life.**
  그들은 실생활을 해나가는 데 있어 도움을 줄 그런 기능을 배워야 한다.
  >> in life는 '살아가는 데 있어' 라는 동적 의미이다.

- **My boyfriend helped me in doing my homework/in my homework.**
  내 남자 친구가 내 숙제하는 일을 도와주었다.
  >> in my homework = in doing my homework. 즉 with my homework는 homework를 순수한 명사적 의미로 의도한 것이고, in my homework는 '숙제를 하는 데 있어' 라는 동적 의미로 의도된 것이다.

- **The goal of this book is to help the learners of English in their practical purpose** – that they will learn to speak like a native language.
  이 책의 목표는 영어 학습자들의 실용적 목적, 다시 말하면 모국어 화자처럼 말할 수 있도록 배우자는 목적을 달성하는 데 도움을 주는 것이다.
  >> in their practical purpose = in achieving their practical purposes

- **The nurse helped the surgeon in performing the operation.**
  그 간호사는 의사가 수술하는 것을 도왔다.

- **We must help them in casting off the chains of poverty, starvation and dictatorship.**
  우리는 그들이 빈곤과 기아 그리고 독재의 사슬을 벗어버리는 일을 도와야 한다.

- **Dr. Kim, who helped in the operation, said the surgeon in charge did his best to save the patient's life.**
  그 수술을 (수행하는 것을) 도왔던 김 박사는 책임 의사가 환자의 생명을 구하기 위해 전력을 다했다고 말했다.

- **You should help a person in his troubles/in difficulty.**
  우리는 사람이 고통에 빠져 있을 때/어려움에 처했을 때에는 그를 도와야 한다.
  >> 위의 예에서는 in his troubles/difficulty를 물론 in overcoming his troubles/difficulties로 이해할 수 있지만 이 전치사구를 그 앞의 a person과 연결시켜 a person who is in his troubles/difficulties로 이해할 수도 있다. 어느 쪽으로 보든 결과적 의미는 같다.

격식적인 용어인 assist도 [with/in + 명사]를 동반하여 help와 같은 의미로 쓰인다. 그러나 이 두 동사에는 다음과 같은 차이가 있다. (a) assist는 *[assist a person (to) + 동사]의 형태로는 쓰이지 않는다. (b) assist는 '보좌하다' 라는 의미 측면이 있어 assist하는 사람은 assist 받는 사람보다 낮은 위치에 있음을 암시하지만 help는 이런 의미를 갖지 않는다. 또한 (c) assist는 도움을 받는 사람도 도움을 주는 사람과 같이 노력을 하는 경우에만 쓰이지만 help는 양자가 함께 노력하는 경우와 그렇지 않는 경우에 다 쓰인다. 다음을 보자:

- The nurse assisted the surgeon in performing the operation.
  그 간호사는 의사가 수술하는 것을 도왔다.

- My secretary assists/helps me in my duties.
  내 비서는 나의 직무 수행을 돕는다.

- My graduate students assist/help me in my research.
  내 대학원생들이 나의 연구를 돕는다.

- He's an excellent swimmer. He once helped/*assisted a drowning man.
  그는 수영을 아주 잘 한다. 그는 언젠가 물에 빠져 죽어가고 있는 사람을 구한 적이 있다.
  >> a drowning man을 assist한다면 그로 하여금 drown하도록 돕는다는 뜻이 된다.

- His job consists of helping/*assisting old people who live alone.
  내 직무는 독거 노인들을 돕는 일이다.
  >> 힘없는 사람, 어려움에 처해 있는 사람은 help의 대상이지 assist의 대상은 아니다.

- They have developed a new information system that will greatly assist/help all library users.
  그들은 도서관 이용자 모두를 크게 돕게 될 새로운 정보 체계를 개발했다.
  >> 이 문장의 의미 관계에서는 assist와 help는 아무 차이도 나타내지 않는다.

- His high level of intelligence and far-sightedness assisted/helped with making the decision.
  그의 고도의 지능과 선견지명이 그 결정을 내리는 데 도움을 주었다.

3. [help + 비인칭 명사 (사람을 의미하지 않는 명사)]

이 구조의 help는 목적어의 의미 종류에 따라 우리말로 다양하게 표현할 수 있다:

- What drug have you got that will help a cold?
  감기 치료에 도움이 될 수 있는 무슨 약이 있습니까?

- Spending helps the economy.
  소비는 국가 경제 활성화에 도움이 된다.

- Will some money help your problem?
  돈이 좀 있다면 당신의 어려움을 해결하는 데 도움이 되겠습니까?

- This book will certainly help your English.
  이 책을 공부하면 당신의 영어실력을 향상시키는 데 틀림없이 도움이 될 것입니다.

4. help를 이용한 일상적인 표현들

- **Can I have a drink? – Sure. Help yourself.**
  마실 것 한 잔 들어도 될까요? – 물론이지요. 마음대로 드십시오.
  >> help oneself는 '(먹을 것을) 마음대로 먹다,' '(물건을) 멋대로 챙기다 또는 이용하다' 의 의미이다. 먹는, 챙기는, 또는 이용하는 대상 앞에는 to를 붙인다.

- **Do help yourselves to some more wine.**
  포도주를 좀 더 드시지요.

- **Don't wait to be served. Just help yourselves to the foods and drinks!**
  가져다 주기를 기다리지 말고 음식과 음료를 마음대로 가져다 먹어라.

- **He saw a ten-dollar bill on the ground and no one was around, so he helped himself (to it).**
  그는 땅에 10달러 짜리 지폐가 떨어져 있는 것을 보았다. 그런데 주변에는 아무도 없었다. 그래서 그는 그것을 차지해 버렸다.

- **May I use your telephone? – Please help yourself (to it).**
  당신의 전화를 쓸 수 있을까요? – 마음대로 쓰십시오.

- **Those thieves have helped themselves to my jewels!**
  그 도둑들이 내 보석들을 훔쳐갔다.

- **It's polite to hold a car door open and help a lady in/out.**
  차문을 열어놓고 숙녀를 도와 차에 태우는 것/차에서 내리게 하는 것은 예의바른 일이다.

- **When an old man slipped and fell on the icy street, a young man rushed to help him up.**
  그 노인이 얼음판에서 미끄러져 넘어졌을 때 한 젊은이가 달려가서 부축여 세웠다.

표현의 격식성과 비격식성에 대하여 (1)

사람들은 같은 의미라도 그것을 발화하는 상황에 따라서 표현을 달리 한다. 점잖고 격식적인 표현을 써야 할 자리가 있고 그런 격식을 떠나서 의미만 전달하면 되는 허물없는 자리가 있기 때문이다. 언어를 사용한다는 것은 문법에 맞는 문장을 만드는 것뿐만 아니라 언어 환경에 알맞은 표현을 쓰는 것이기도 하다. 그래서 표현을 '생각의 옷(the dress of thought)'으로 비유할 수 있다. 우리는 우리가 할 활동이나 우리가 처하게 될 상황에 알맞은 옷을 골라 입는다. 언어 표현도 마찬가지이다. 우리는 우리의 뜻을 나타낼 때 우리가 처한 상황을 옳게 판단해야 하고 그것에 알맞은 표현을 찾아 써야 하는 것이다. 이처럼 표현을 상황에 맞추는 것을 언어의 (비)격식성((in)formality)이라고 한다. 다음 예를 보자:

- **Smokers are requested to occupy rear seats.**
  담배를 피우는 분들은 뒷자리에 앉아 주시기를 청합니다.

- **Smokers please sit at the back.**
  담배를 피우는 분들은 뒤에 앉아 주십시오.

- **If you smoke, sit at the back.**
  여러분 중에 담배를 피우는 분이 계시면 뒤에 앉으십시오.

- **Smokers must sit at the back.**
  담배를 피우는 사람들은 뒤에 앉아야 합니다.

- **Smokers at the back.**
  담배 피우는 사람들은 뒤로.

위의 문장들은 끽연자들은 뒷자리에 앉으라는 하나의 의미를 극히 격식적인 표현으로부터 극히 비격식적인 표현에 이르기까지 다양하게 예시한 것이다. 이 중에서 어느 것이 가장 좋은 표현인지에 대한 절대적 가치 평가는 존재할 수 없으며 화자가 처한 특정 발화 상황에 가장 알맞은 것이 가장 좋은 표현이다.

사회생활을 하면서 우리가 처하는 발화 상황은 아주 다양해서 이들을 격식적 상황과 비격식적 상황으로만 단순 양분할 수는 없다. 사회생활에는 극히 격식적인 상황과 극히 비격식적인 상황이 있을 것이며 또 그 사이에는 여러 중간적 상황들이 있어 (비)격식성의 다양한 정도들이 있기 때문이다. 그러나 우리는 영어에서는 이러한 (비)격식성을 어떻게 나타내는가만 알면 그때 그때 우리가 처한 환경을 판단하고 우리의 언어 스타일을 그것에 맞출 수 있는 것이다.

일반적으로 말하면 글로 쓸 경우가 말로 하는 경우보다 더 격식적인 상황이다. 글도 물론 여러 종류가 있다. 중요한 자리에서 하는 진지한 연설문, 법조문, 논설, 기고문, 저술, **business**상의 통신문, 초대장, 졸업장, 증명서, 계약서 등은 높은 격식성을 요구하지만 가령 가족, 친지, 친구 등에게 쓰는 개인적인 편지 등에서는 허물 없는, 편안한, 즉 비격식적인 말투가 요구된다. 말로 하는 경우에도 낯선 성인들 사이나 화자보다 훨씬 높은 위치의 사람과의 대화, 회의의 진행이나 회의에서의 발언, 대중 앞에서의 연설 등에서는 격식적인 표현을 써야 한다. 반면에 친구나 친지, 동료, 가족원 등과의 대화에서는 '구어적' 표현이 일반적이다.

영어에서의 표현의 격식성을 나타내는 방식은 크게 다음 몇 가지 측면에서 접근할 수 있다.

1. 어휘

격식성의 정도가 높을수록 일상적인 구어적 어휘는 적게 사용되고 교육을 통해 배운 점잖고 어려운 단어들이 선호된다. 어휘의 격식성에 대한 감을 잡기 위해 예를 몇 개 들어보자. 왼쪽 단어는 일상적이고 구어적인 표현에 쓰이는 것이고 오른쪽 단어는 격식도가 높은 표현에 쓰이는 것이다:

find out 찾아내다	−	discover 발견하다
come across 우연히 만나다	−	encounter 조우하다
look into 들여다보다	−	investigate 조사하다
put up with 참아내다	−	tolerate 묵인하다
want to do 하고자 하다	−	wish to do 하기를 소원하다
die 죽다	−	pass; pass away; expire; perish 서거하다
because of ~ 때문에	−	on account of ~로 인하여
room 방	−	accommodation 숙박(시설)
come to 이르다	−	reach 도달하다
carry 가지고 가다	−	bear 지참하다
throw 던지다	−	cast 던지다
shut 닫다	−	close 닫다 폐쇄하다
begin 시작하다	−	commence 개시하다
finish 끝내다	−	complete 완료하다
hide 숨기다	−	conceal 숨기다
work 일	−	labor, toil 수고 노동
send off 보내다	−	dispatch 파견하다
gift 선물	−	donation 기부(금품)
draw 끌다	−	pull 끌다
try 시도하다	−	endeavor 노력하다
job 일(자리)	−	employment 고용, 직업
fight 싸움	−	struggle 투쟁

give 주다	−	extend 제공하다
ask 묻다	−	inquire 문의하다
lunch 점심	−	luncheon 오찬
get 얻다	−	obtain 획득하다
be sorry 미안하다	−	regret 유감으로 생각하다; apologize 사과하다
go 가다	−	proceed 진행하다
buy 사다	−	purchase 구매하다
say 말하다	−	remark 언명하다
send for 데리러 보내다	−	summon 소환하다
kid 아이	−	offspring 후손(들)
stand up 일어서다	−	rise 일어서다

근본적으로는 양쪽 어휘가 서로 같거나 비슷한 의미를 갖고 있지만 일상적으로 쓰이는 비격식적인 단어들은 자주 쓰여 그 의미 범위가 넓어져 의미 한계가 애매한 경우들이 많다. 가령, job은 보수를 받든 안 받든, 정규적이든 비정규적이든 단순히 '일'을 의미하지만, 그 단어와 대응하는 격식적인 단어인 employment는 '보수를 받는 정규적인 일'로 그 의미 한계가 뚜렷하다. work는 육체적이거나 정신적이거나, 힘들거나 힘들지 않거나 가리지 않고 그냥 '일'이지만 이것과 대응하는 격식적인 단어인 labor나 toil은 '힘든 육체적인 일'로 그 의미가 구체적이고 명확하다. 또 offspring은 '혈통을 이어 받은 사람(들)'로 그 의미가 제한되어 있지만 children은 혈통을 이어 받지 않은 양자와 일반적인 어린이들을 다 의미하기 때문에 그 의미 범위가 넓다.

다음 각 쌍에서 첫째 문장은 격식적 표현이고 둘째 문장은 일반적인 표현이다:

- **The meeting will commence at 4 p.m.**
  회의는 오후 4시에 개회될 것입니다.
  The meeting will begin at 4 p.m.
  회의는 오후 4시에 시작할 것입니다.

- **The government is continuing its struggle against inflation.**
  정부는 인플레이션과의 투쟁을 계속하고 있다.
  The government is keeping up its fight against inflation.
  정부는 인플레이션과의 싸움을 늦추지 않고 있다.

- **Only a small number of the passengers were rescued.**
  오직 소수의 승객들만 구조되었다.
  Only a few of the passengers were rescued.
  승객들 중 오직 몇 사람만 구조되었다.

- **I regret that I was unable to keep my promise.**

내가 내 약속을 지키지 못한 것을 유감으로 여기는 바입니다.

I'm sorry I couldn't keep my promise.
내가 약속을 지키지 못해서 미안합니다.

They have several offspring.
그들은 자손이 몇 명 있다.

We met a group of college kids in the park.
우리는 공원에서 일단의 대학생들을 만났다.

> 여기서 만일 offspring 대신 children을 쓰면 이들이 모두 주어 they의 혈통을 이어 받은 생물학적 자손인지 아니면 그 중에 입양한 아이가 있는지 알 수 없게 된다. college kids는 college students를 의미한다. 어른들의 눈에는 대학생들도 마치 자기 '아이들'처럼 보이는 것이다. 그러나 college children이라고는 할 수 없다. child는 kid보다는 더 격식적 의미여서 그 의미가 제한되어 있기 때문이다. 그래서 child를 student의 의미로는 쓸 수 없는 것이다.

일반적으로 말하면 같은 의미라도 동사보다는 형용사를 쓰는 것이, 형용사보다는 명사를 쓰는 것이 더 격식적이다. 동사는 행위 자체를 직접 가리키지만 형용사는 행위로부터 한 걸음 떨어져 그것을 묘사하며 명사는 형용사보다 더 떨어진 행위의 명칭을 의미한다. 영어에서는 행위자가 행위로부터 멀리 떨어질수록 더 점잖고 더 격식적인 어감을 준다. 다음 세 문장은 격식도가 높은 순으로 나열한 것이다:

Your good performance on the examinations made a favorable impression on us.
귀하가 이번 시험에서 거둔 훌륭한 성취가 우리에게 좋은 인상을 주었습니다.

Your performing well on the examinations was impressive to us.
당신이 이번 시험을 잘 본 것이 우리에게 인상적이었습니다.

You performed well on the examinations and that impressed us favorably.
당신은 이번 시험을 잘 보았소. 이것이 우리에게 좋은 인상을 주었소.

2. 비개인성 (impersonality)

표현의 비개인성은 행위자가 없는 수동문을 쓰거나 능동문을 쓰는 경우에는 청자나 화자에 대한 직접적 언급(you, your, I, my, me 등의 사용)을 피하고 간접적 표현을 씀으로써 구현된다. 다음 쌍들에 있어 첫째 문장은 격식적인 비개인적 표현이고 둘째 문장은 일반적인 표현이다:

The management regrets any inconvenience to clients during their repair work to the premises.
관리자 일동은 구내 시설 보수 기간에 손님 여러분께 불편을 끼치게 되는 것에 대하여 유감을 표명하는 바입니다.

We're sorry about any inconvenience to our clients during our repair work to the premises.
우리는 구내시설 보수 기간에 우리 손님들에게 끼치게 되는 불편에 대해서 죄송하게 생각합니다.

- It would be appreciated if passengers would please refrain from smoking.
  손님들께서 흡연을 삼가 주시면 대단히 감사하겠습니다.

  We would appreciate it if you please refrain from smoking.
  여러분이 담배를 삼가 주시면 감사하겠습니다.

- The audience is kindly requested to keep their seats until the President has left the hall.
  청중 여러분은 대통령께서 식장을 완전히 떠나실 때까지 계속 자리에 앉아 계시기 바랍니다.

  Please be seated until the President has left the hall.
  대통령이 식장을 완전히 떠나실 때까지 앉아 계십시오.

- Candidates for all degrees will please rise and switch tassels from right to left. Now candidates will be seated.
  모든 학위 후보들은 일어서 주십시오. 그리고 학위모의 술을 오른쪽에서 왼쪽으로 옮기십시오. 이제 후보들은 앉으십시오.

  Candidates for all degrees, stand up and switch tassels from right to left. Now sit down.
  모든 학위 후보들은 일어서 주십시오. 그리고 학위모의 술을 오른쪽에 왼쪽으로 옮기십시오. 이제 모두 앉으십시오.

- The class will rise and welcome Professor Kim with applause.
  학생들은 일어서서 김 교수님을 박수로 환영하여 주십시오.

  Class, please stand up and welcome Professor Kim with a big hand.
  반 학생 여러분, 모두 일어서서 김 교수님을 큰 박수로 환영해 주십시오.

3. 문장구조의 복잡성

문장구조의 복잡성은 구보다는 절, 짧은 형태보다는 긴 형태, 쉬운 표현보다는 어려운 표현을 씀으로써 구현된다. 다음 쌍들에서 첫 번째 문장은 복잡하고 따라서 격식적이다:

- You are hereby summoned to appear at 10 o'clock on the morning of November 15th.
  귀하를 11월 15일 오전 10시에 출두하도록 소환하는 바입니다.

  Please come and appear at 10 o'clock a.m., November 15.
  11월 15일 오전 10시에 출두하여 주십시오.

- It is difficult to avoid regarding his statement as patently ridiculous.
  그의 언명은 명백하게 웃기는 것으로 간주하는 것을 피하기 어렵다.

  His statement is patently ridiculous.
  그의 언명은 명백하게 웃기는 말이다.

- He died so that others might live.
  그는 다른 사람들이 살 수 있도록 하기 위해 죽었다.
  He died for others to live.
  그는 다른 사람들이 살 수 있도록 죽었다.

- They intended that the news be suppressed.
  그들은 그 뉴스가 은폐되도록 의도했다.
  They intended to suppress the news.
  그들은 그 뉴스를 은폐하려고 했다.

- He kept silent, not knowing how he should answer the question.
  그는 그 질문에 어떻게 대답해야 할지 몰라서 가만히 있었다.
  He kept silent because he didn't know how to answer the question.
  그는 그 질문에 대답할 방법을 몰라서 가만히 있었다.

- On the decease of his father, he was obliged to seek another employment.
  그의 부친이 돌아가시자 그는 다른 직업을 찾지 않으면 안 되었다.
  After his father's death, he had to change his job.
  그의 부친이 돌아가신 다음 그는 직장을 바꿔야 했다.

- It would give us great pleasure if you could come to Seoul for a weekend this spring, in order to give a talk to teachers of English on 'The importance of grammar.'
  귀하께서 영어 교사들을 상대로 '문법의 중요성'에 대한 발표를 하여 주시도록 이번 봄에 한 주말을 서울에 오셔서 보내주실 수 있으시다면 저희로서는 큰 기쁨이 되겠습니다.

- We would be very glad if you could come to Seoul for a weekend this spring to give a talk to teachers of English on the 'The importance of grammar.'
  귀하께서 영어 교사들을 상대로 '문법의 중요성'에 대한 발표를 하여 주시도록 이번 봄에 한 주말을 서울에 오셔서 보내주실 수 있으시다면 저희로서는 큰 기쁨이 되겠습니다.

- Could/Can you come to Seoul for a weekend this spring and give a talk to teachers of English on 'The importance of grammar'?
  이번 봄에 서울에 오셔서 '문법의 중요성'에 대하여 영어교사들에게 강의를 해줄 수 있겠습니까?

구어적이고 비격식적인 표현일수록 문장은 단순하다. 문장을 단순화하는 데는 생략의 방법이 동원된다. Are you ready? 대신에 Ready?만 쓰는 현상이나 가령 겨울 아침에 남편이 식탁에 나와서 Cold!라고 말한다면 부인은 상황에 따라 그것을 It's cold today!로 이해할 수도 있고, (The) Coffee's cold!로 이해할 수도 있을 것이다. I believe that I can help you도 I believe I can help you 또는 Believe I can help you 등으로 단축될 수 있고 A friend of mine told me so는 Friend of mine told me so로 단축될 수 있다. 문두에 나오는 강세가 없는 단어들은 친밀한 사이의 구어체 표현에서는 거의 다 생략의 대상이 될 수 있다. Thank you는 I thank you의 단축형이고, Thanks는 Many thanks의 단축형이다. 단축형은 대개 구어체 표현으로 쓰이지만 단축형 Thank you는 격식체로서도 쓰인다. 그러나 Thanks는 비격식의 구어체 표현으로 남아 있다.

하나의 단어나 표현을 많은 다양한 의미로 쓰는 것도 구어적 표현의 특징이다. 가령 thing은 다목적 단어이다. I'd like to tell you one more thing.에서 thing은 '사실,' '항목,' '문제,' '계획,' '사건' 등 상황에 따라 얼마든지 많은 의미를 가질 수 있다. 전치사 on, about 등도 많은 의미를 가지는 다목적 단어들이다. Come on!은 글자 그대로의 뜻 말고도 상황에 따라 다양한 의미로 이해될 수 있는 다목적 구어체 표현이다. Come on, Korea! '한국 팀이여, 힘내라!' Come on! We're out of time. '서둘러라. 시간이 없다.' Oh, come on! You don't mean it, do you? '그러지 말고 솔직히 말해보라. 너 그런 뜻 아니지?' Come on, cheer up! '자, 의기소침해 있지 말고 기분 좀 내라.' 등:

Idiomatic Expressions

get wind of
'(비밀을) 알게 되다,' '냄새를 맡다,' '눈치를 채다'

>> 동물들은 먹이가 있는 곳 또는 자기의 천적을 바람에 실려 오는 냄새를 맡고 알게 된다. 이와 같은 사실에서 만들어진 이 표현은 비밀로 간직되고 있는 어떤 사실을 눈치 챈다는 뜻으로 쓰이고 있다.

■ ■ ■

Despite all their precautions, the detective *got wind of* the men planning to rob a bank.

그들의 온갖 조심에도 불구하고 그 형사는 그 사람들이 은행을 털려고 계획하는 것에 대해서 눈치를 챘다.

■ ■ ■

I wonder how the newspaper *got wind of* Kim Jeung Ill's secret visit to China.

그 신문은 어떻게 해서 김정일의 비밀 중국 방문을 알게 되었을까.

표현의 격식성과 비격식성에 대하여 (2)

1. 일상 표현에서의 (비)격식성

일상 표현들은 대개 비격식적이지만 대화 상대에 따라 격식적 표현들이 필요한 경우들도 있다. 가령 '감사'의 표현도 Thanks.가 Thank you.보다 더 격식성이 낮으며 또 각기 그 뒤에 부사구가 따르면 부사구가 없는 것보다 더 정중하다. 즉 Thanks. 또는 Thank you.라고만 말하는 것보다는 그 뒤에 very much/so much/a lot/for everything/for your help 등을 붙이는 것이 더 격식적이고 정중하게 들린다. 감사 표현에 대한 대답도 허물없게 들리는 Any time. No trouble. No problem. Don't mention it. It was nothing. 등 보다는 You're (most) welcome. (It was) My pleasure. The pleasure was (all) mine. 등이 더 정중하다. 일상 생활에서 우리는 본의 아니게 실수를 할 수 있는데 그 때 잘못을 인정하고 사과하는 것이 필요하다. 이 때 간단하게 (I'm) Sorry.라고만 말하는 것보다는 경우에 맞게 가령 It's (all) my fault. I apologize. Please accept my sincere/heartfelt apology. I beg your forgiveness. 등의 표현들 중 하나를 첨가하는 것이 더 정중하게 들린다.

Good morning. Good afternoon. Good evening. Good night. Good day.(고어적) 중에서 원래는 Good night만 빼고 나머지는 만날 때나 헤어질 때 썼던 인사말이었는데 근래에는 이들이 주로 만날 때 쓰이고 있다. 그래서 이들 표현이 헤어질 때 쓰이면 고풍스럽고 격식적 어감을 준다. Good night는 예전이나 지금이나 헤어질 때만 쓴다:

2. 규범문법의 준수

규범문법은 전통적이고 보수적인 그리고 때로는 고어적인 형태의 규범들을 의미한다. 이런 규범이 지켜진 문장은 어느 언어에 있어서나 점잖고 격식적으로 느껴진다. 다음 각 쌍들에 있어서 첫째 문장은 규범문법을 따른 것으로 격식적인 상황에서 쓰인다:

- **May I help you?**
  도와드릴까요?

  Can I help you?
  도와줄까?

  >> 상대방의 허락을 구하는 May I ...?의 형태는 당연히 격식적일 수밖에 없다. Can I ...? 형태에서 Can의 모음을 아예 빼버리고 C'n I ...?로 발음하면 더욱 비격식적으로 들린다.

- **It is I who said so.**
  그렇게 말한 사람은 저입니다.

  It's me who said so.
  그렇게 말한 사람은 나요.

100 Essentials of Practical English Grammar

•• Whom do you admire (the) most?
당신은 누구를 가장 훌륭하다고 생각하십니까?

Who do you admire (the) most?
당신은 누가 제일 훌륭하다고 생각하세요?

•• This is the house in which Shakespeare lived and wrote his plays.
이것이 Shakespeare가 살면서 그의 희곡들을 썼던 집입니다.

This is the house Shakespeare lived and wrote his plays in.
이것이 Shakespeare가 살면서 그의 희곡들을 썼던 집입니다.

•• He advised that I accept the offer.
그는 내가 그 제의를 받아들여야 한다고 충고했다.

He advised me to accept the offer.
그는 나더러 그 제의를 받아들이라고 충고했다.

•• Have you not heard the news?
당신은 그 소식을 듣지 못했습니까?

Haven't you heard the news?
당신은 아직 그 소식을 못 들었소?

•• She cooks chicken in the way her mother did.
그 여자는 자신의 어머니가 했던 방식으로 닭을 요리한다.

She cooks chicken like her mother.
그 여자는 자기 어머니처럼 닭을 요리한다.

•• One never knows what may happen.
사람은 미래에 어떤 일이 발생할지 알 수 없다.

You never know what may happen.
우리는 미래에 어떤 일이 발생할지 알 수 없다.

•• "You, sir," the Republican Senator addressed the President, "may resign your post."
그 공화당 상원의원은 대통령을 향해, "귀하께서는 대통령 직을 사임하십시오"라고 말했다.

"You resign! You resign!" shouted Democrats.
(그러자) "당신이나 사임하시오! 당신이나 사임하시오"라고 민주당 의원들은 소리쳤다.

》 may를 요구의 의미로 쓰는 것은 고어적 용법인데 여기서는 대통령에 대한 격식을 갖추기 위한 표현이다. 또 '누구를 향해 말하다'의 의미로 address도 격식적인 표현이다. 반격에 나선 민주당 의원들은 대통령을 공격한 공화당 의원에게 도리어 사임을 요구하는 반격을 가하고 있으므로 격식의 may를 쓰지 않은 것이다.

•• Hankuk University, in recognition of the successful completion of the prescribed course of study in the College of Arts and by virtue of authority granted by the Ministry of Education, has conferred upon Kildong Hong the degree of Bachelor of Arts, this twentieth day of February in the year twenty hundred eight.

한국대학교는 본교 문과대학에서 소정의 과정을 성공적으로 이수하였음을 인정하여 교육부에 의해 허가된 직권에 따라 홍길동에게 문학사 학위를 수여함. 서기 2008년 2월 20일

위의 격식적 표현 부분을 일반적 표현으로 바꾸면 다음과 같다:

- in recognition of the successful completion of the prescribed course of study
  → since he has successfully completed the fixed course of study

- by virtue of authority granted by the Ministry of Education
  → by means of authority given by the Ministry of Education

- has conferred upon Kildong Hong the degree of Bachelor of Arts
  → has given Kildong Hong the Bachelor of Arts/B.A. degree

- this twentieth day of February in the year twenty hundred eight
  → on February 20, 2008

개인적 약속이라도 공식 문서로 나타낼 때, 가령 계약서의 서식 등의 경우 또는 법이나 협약 등의 규정에는 의무의 의미로 shall이 쓰인다:

- **Payment shall be made by cheque and the terms shall be as follows.**
  대금 지불은 수표로 할 것이며 조건은 다음과 같다.
  ≫ 위의 내용을 일상적 표현으로 바꾸면 I will pay by cheque according to the following terms. 가 될 것이다.

- **All legislative powers herein granted shall be vested in a Congress of the United States, which shall consist of a Senate and House of Representatives. (Article 1, Section 1 of the U.S. Constitution)**
  본 헌법에서 부여하는 모든 입법권은 (앞으로 탄생될) 미합중국의 의회에 부여될 것이며 의회는 상원과 하원(앞으로 형성될)으로 구성될 것이다. (미합중국 헌법 제1조 제1항)
  ≫ 위의 예문에서 Congress of the United States와 Senate and House of Representatives 앞에 정관사 the를 쓰지 않고 부정관사 a를 쓴 것은 언급된 입법기구들이 헌법 작성 시점에서는 아직 존재하지 않았기 때문에 가리키는 의미를 갖는 the를 써서 가리킬 수 없었기 때문이다. 반면 부정관사는 현존하는 어떤 특정한 것을 가리키는 것이 아니고 머리 속에서 생각하거나 구상하는 비현존의 대상도 의미할 수 있기 때문에 여기에 쓰인 것이다. (예: Let's work for a unified Korea. '통일된 Korea를 (탄생시키기) 위해 노력하자.' 여기서 a unified Korea는 아직은 현존하지 않고 우리 마음속에만 있는 것이다. 현존하지 않는 대상이라도 부정관사를 써서 일단 언급한 다음에는 그것을 다시 언급할 때는 언급된 것을 가리키기 때문에 정관사를 써서 지칭해야 한다.) 미국 헌법 제1조 제2항부터는 the

Congress of ..., the House of Representatives ..., the Senate ...등으로 정관사가 붙어 나온다.

3. 호칭

부부간이나 부모가 아이들에게 말할 경우 또는 애인들끼리 말할 때는 상대방의 이름(given name/ first name/forename)을 부르는 것 외에 사랑의 감정을 나타내는 호칭들, 즉 baby, darling, dear, honey, sweetheart, sweetie(sweetheart) 등이 흔히 쓰인다. baby는 주로 이성간에 쓰이고 darling 은 젊은이들이 서로를 부를 때나 가족원들을 부를 때 사용하는데 나이 든 사람들은 일반적으로 dear를 선호한다. honey, sweetheart, sweetie 등은 부부간이나 사랑하는 사이에 쓰인다. 그런데 honey는 미국에서는 보통 사람에게도 친근하게 부를 때 흔히 쓰인다.

친밀하지 않은 사람을 부르는 경우에는 Excuse me, sir. / Doctor, do you have a moment, please? / We'll follow your orders, Captain. 등에서 보는 것처럼 sir나 상대방의 칭호(Doctor, Officer, Captain 등)로 호칭한다. 상대방을 멸시하며 욕할 때는 idiot, stupid, dickhead, blockhead 등으로 호칭하는 것을 볼 수 있으나 이들은 모두 '바보,' '멍청이' 라는 뜻으로 영어를 배우는 우리로서는 알고만 있을 뿐 쓰지는 말아야 할 것이다. 그러나 이런 호칭도 남자들끼리는 아주 비격식적인 환경, 즉 Come on, you old rascal/bugger, have another drink. '이 악당아, 한 잔 더 해.' 에서처럼 앞에 you를 붙여 아주 다정한 호칭으로 흔히 쓰인다.

일반적으로 말하면 서로 가까운 사이라면 서로를 성(surname/family name/last name)을 빼고 이름만으로 George, Mary 등으로 부르는데 이런 관계를 on first-name terms라고 한다. 친밀하게 알지 못하는 사람들끼리는 서로를 호칭할 때 그의 성 앞에 Mr., Mrs., Ms, Miss, Dr. 등의 title을 붙인다. 그러나 대답할 때는 남자에게는 Yes, sir로, 여자에게는 Yes, ma'am/madam으로 상대를 호칭하는데 madam이 ma'am보다 격식적 호칭이다. Ms는 결혼, 미혼에 상관없이 성인 여성을 나타내는 title로 여성의 원래 성 앞에 붙여 쓰는데 지금은 세계적으로 쓰이는 편리한 title이 되었다.

영,미권 문화에서는 사회 평등주의가 지배하고 있어 사람들이 조금만 가까워지면 곧 on first-name terms가 되기를 좋아한다. 성 앞에 title을 붙여서 거리감을 주는 격식 대신에 성을 빼고 그냥 이름을 불러 친근감을 느끼는 것이다. 우리 한국적 문화에서는 그냥 이름만을 부를 수 없는 그러한 나이 많은 사람도 자기보다 훨씬 젊은 사람에게 곧잘 Call me John이라고 요청한다. 그냥 이름을 부르라는 뜻이다. 이것은 호칭만 그렇게 하라는 것이 아니고 말하자면 '말을 트고 지내자' 는 뜻이기도 하다. 그러나 직장에서 상사와 on first-name terms가 되기는 어렵다. 물론 상사는 자기 밑에 있는 사람을 first name으로 부른다.

나이나 신분에 있어 서로 비슷한 사람들은 소개가 끝나자마자 흔히 서로 first name으로 불러달라고 말한다. 한국사람들은 그런 요구에 얼른 응하기가 어려워 계속 격식적 표현을 쓰는데 상대방은 일방적으로 말을 격식에서 비격식으로 낮추어버리는 경우가 많다. 이렇게 되면 '언어의 code'가 맞지 않게 된다. 언어의 code는 언어 격식의 수준을 의미하는데 가령 Yes 대신 쓰는 Yeah, Yes의 강한 표현인 Sure나 I see '알겠다,' That's right '그렇소,' I know '알고 있소,' unhunh(상대방의 말뜻을 따라가고 있다는 음성 신호) 등은 일상적으로 자주 쓰이는 비격식적인 상용 어구로 영어의 비격식 스타일을 나타내는 code-label '코드 꼬리표' 이고, Sir나 Madam 등은 격식을 나타내는 code-label인 것이다. 어느 층의 격식으로 말하다가 상황을 봐서 다른 층의 격식으로 바꾸는 수도 있는데 이렇게 말의 격식을 바꾸는 것을 code-switching '격식 전환' 이라고 한다.

가정에서는 격식적인 상황이라면 혈연관계 호칭으로는 Father, Mother, Grandfather, Grandmother 등이 사용된다. 그러나 아주 격식적이고 전통적인 집안에서는 Mother 대신 Mama, Father 대신 Papa를 쓰기도 한다. 그러나 보통은 비격식적인 호칭인 Dad, Daddy, Mom(미국영어), Mum(영국영어), Mommy(미국영어), Mummy(영국영어), Granddad, Grandpa, Grandma 등의 호칭이 선호된다. 자식들이 어릴수록 부모를 부를 때 비격식적인 호칭을 사용하지만 장성함에 따라 격식적 혈연관계 호칭으로 바뀌기 마련이다. 이 현상은 세계 어느 나라에서나 마찬가지일 것이다. 그런데 일부 진보적인 집안에서는 자식들이 부모를 first name으로 부른다. 우리나라 문화에서는 이것은 상상도 할 수 없는 일이다. 그러나 요즈음 일부 젊은이들이 '진보는 좋은 것,' '보수는 나쁜 것' 이라고 하는 반 문화적, 반 사회적 주장을 하고 있으니 우리 나라에서도 부모와 자식간에 말을 트고 서로 '너' 라고 부르는 그 진보적 시대가 그리 멀지 않은 것도 같다.

남에게 자기 배우자를 언급할 때 Mr. Brown, Mrs. Brown처럼 Mr.나 Mrs.의 title을 붙이는 것은 거만하게 들린다. 상대와 자기 배우자가 서로 아는 경우라면 가령 Bill doesn't know it. Mary's going to have a baby.에서처럼 자기 배우자를 first name으로 지칭한다. 그러나 듣는 사람과 자기 배우자가 서로 모르는 사이라면 자기 배우자를 my wife, my husband로 지칭한다. 그러나 상대방의 배우자를 언급할 때는 서로 잘 아는 사이가 아니라면 your husband나 your wife로 호칭하는 것은 예의에 어긋나므로 Mr. Brown 또는 Mrs. Brown으로 호칭한다. (우리 나라에서는 많은 남자들이 자기 배우자를 '내 와이프' 라고 지칭하는데 이것은 아주 잘못된 것이다. 외국 사람들이 들으면 한국어에는 wife라는 단어도 없다고 생각할 것이다. '내 처,' '내 안사람,' '제 처,' '제 집사람' 등으로 지칭해야 하며 상대방의 배우자는 '(당신의) 부인' 으로 지칭해야 할 것이다.) 그러나 격식적인 자리라도 부모는 자식을 first name으로 부른다.

낯선 사람을 부를 때 원칙적으로 쓰일 수 있는 호칭들로는 Miss(젊은 여자를 부를 때), Ma'am (나이 든 여성을 부를 때), Mister, Sir 등이 있다. 그러나 영국에서는 Mister와 Miss는 누구를 부를 때 Can you help me, Miss? '아가씨, 나 좀 도와주겠어요?' 처럼은 거의 쓰이지 않는다. Sir와 Madam은 격식적인 호칭이다. Hey도 쓰일 수 있으나 낯선 사람에게는 피해야 하며, 대신 Excuse me나 좀 더 격식적인 I beg your pardon을 쓰는 것이 일반적이다. 여러 사람을 동시에 호칭할 때는 물론 Ladies and gentlemen!을 쓴다.

직업명을 호칭으로 쓰는 경우에는 조심할 점이 있다. 어떤 직업명은 그것이 직업명이면서 동시에 사회적 신분명이기도 하다. 가령 President, Prime Minister, Father(신부), Sister(수녀), Bishop(주교), professor, doctor, general 등이 이 부류인데 이들 명칭은 그 명칭의 소유자가 그 직업 환경 속에 있든 또는 직업과 상관없는 일반 환경에 있든 언제나 그 사람을 부를 때 쓰이는 호칭이다. 반면에 가령 waiter, driver, bartender, conductor(차장), nurse, officer(경찰관) 등은 직업명일 뿐, 사회적 신분명은 아니다. 그러므로 이들 명칭의 소유자가 그 직업을 수행하는 환경에서만 이들은 호칭으로 쓰일 수 있다. 다시 말하면 의사는 그가 병원에 있거나 병원 이외의 곳에 있거나 Doctor라고 불리지만 간호사는 일단 병원을 떠난 환경에서는 Nurse라고 불리지 않는다.

과거 습관을 나타내는 used to와 would의 용법 차이

이들 두 조동사는 '과거의 습관'을 나타내는 공통적인 의미를 가지며, 많은 경우에 상호 교환적으로 쓰일 수 있다. 그러나 이들의 구체적인 의미와 용법에는 우리가 알아야 할 차이점이 있다.

1. used to는 '과거에 상당 기간 지속된 습관, 반복된 행위, 또는 상태'를 나타내는 데 쓰인다:

- I used to smoke a pack of cigarettes a day.
  나는 과거에는 하루 한 갑씩 담배를 피웠다.

- She used to attend my class regularly.
  그 여자는 전에는 내 반에 정규적으로 다녔다.

- He used to play a lot of tennis, but he's getting too old for it.
  그는 전에는 테니스를 많이 쳤었지만 지금은 테니스 치기에는 너무 나이가 들고 있다.

- People used to think that the earth was flat.
  전에는 사람들이 지구는 평평한 것이라고 생각했다.

- He didn't used to be like this.
  그 사람이 전에는 이렇지 않았다.

- He used to sleep-walk.
  그는 전에는 몽유병 환자였다.

- Daughters-in-law used to have to get up before their mothers-in-law did.
  과거에 며느리들은 그들의 시어머니들보다 먼저 일어나지 않으면 안 되었다.

- He drives much more carefully now than he used to.
  그는 지금은 전보다 훨씬 더 조심스럽게 차를 몬다.

  ≫ used to는 과거의 어느 기간에 걸친 습관적 행위를 의미하므로 어떤 시간부사를 반드시 동반할 필요는 없다. 그러나 위 문장에서 used to 대신 did를 쓴다면 시간 부사의 동반이 필수적이다: He drives a lot more carefully now than he did when he was younger. 여기서 did는 when절과 결합하여 어느 기간에 걸친 행위임을 나타낼 수 있게 된다.

used to의 문법적 용법에 있어서는 영국영어와 미국영어의 차이가 있다. 원래 영국 사람들은 used to를 완전한 조동사로 인식하고 다음과 같이 썼다:

- I usedn't to smoke.
  나는 전에는 담배를 피우지 않았다.

- **He used to smoke, usedn't he?**
  그는 전에는 담배를 피웠지요?

- **Used he to smoke?**
  그가 전에는 담배를 피웠나요?

그러나 현대에 와서는, 그리고 특히 미국영어에서는 used to를 일반동사처럼 취급하는 경향이 지배적이다. 그래서 위와 같은 용법은 지금은 영국영어에서 조차도 고어적 어감을 주어 잘 쓰이지 않으며, 많은 사람들이 다음과 같은 미국영어 용법을 따르고 있다:

- **I didn't use(d) to smoke.**
  나는 전에는 담배를 피우지 않았다.
  >> 과거 조동사 did와 같이 쓰일 때도 과거형 used를 유지할 수 있는 것은 used to의 진화가 아직도 진행 중에 있기 때문이다.

- **He used to smoke, didn't he?**
  그는 전에는 담배를 피웠지, 그랬지?

- **Did he use(d) to smoke?**
  그는 전에는 담배를 피웠느냐?

used to가 의문문과 부정문에서 do를 동반하게 된 것은 tag question으로부터 시작되었다. 가령 He used to smoke, usedn't he? 같은 문장에서 usedn't he가 didn't he로 바뀐 것이다. 그리고 조동사 do를 동반한 문장에서도 과거형 used가 아직도 쓰일 수 있는 것은 used가 아직 완전히 본동사의 신분을 얻지 못하고 있는 증거이다. 그러나 부정문과 의문문에서 일단 조동사 do를 쓰면 used보다는 원형동사 use를 쓰는 것이 일반적인 용법이다. 이같은 언어 변화에 대해서 어떤 사람들은 저항적 태도를 보인다. 이런 사람들은 원래의 used to를 유지하기 위해 부정 서술문에서는 not 대신 never를 써서 가령 I never used to smoke 같은 표현을 쓰는데 이것은 아무에게도 저항 받지 않는 안전한 표현이다.

used to와 use to는 발음으로는 구별되지 않는다. 영어에는 같은 음소(이 경우에는 [t])가 연속되더라도 하나의 음소만 발음하기 때문이다. 따라서 didn't used to나 didn't use to나 발음은 같다. 다만 표기하는 데 있어서 어느 쪽을 택하느냐는 사람에 따라 다른 것이다:

- **Did you use(d) to have long hair?**
  너는 전에는 머리를 길게 길렀느냐?

  No. I never used to have long hair.
  아니오. 나는 머리를 길게 길러본 적이 없습니다.

2. would는 used to와는 달리 다음과 같은 의미와 용법상의 특징을 가진다:

(1) would는 used to보다 격식적인 표현이다.

- **In the spring, the birds would return to their old nests, and the woods would be filled with their music.**
  봄에는 새들이 옛 둥지로 돌아오고 숲은 그들의 노래 소리로 가득차곤 했다.

- **The old man would go everyday to the park to feed the birds.**
  그 노인은 날마다 공원으로 가서 새들에게 먹이를 주곤 했다.

(2) would는 원래 '습관'을 나타내기 위해 존재하는 조동사가 아니다. 따라서 그것 혼자로는 습관을 나타내는 힘이 used to보다 약하다. 그래서 일반적으로 습관을 암시하는 every day, often 같은 시간부사(구) 또는 시간부사절을 동반하여 쓰인다:

- **He would often go all day without eating anything.**
  그는 자주 온종일 아무 것도 먹지 않고 지내곤 했다.

- **Every morning he would go for a long walk.**
  매일 아침 그는 오랜 산책을 나가곤 했다.

- **We used to work in the same office and we would often have coffee together.**
  전에 우리는 같은 사무실에서 일했는데 자주 커피를 같이 마시곤 했지.

- **When I worked on a farm, I would always get up at 5 a.m.**
  내가 농장에서 일할 때는 나는 늘 아침 5시에 일어나곤 했다.

- **I used to be very shy. Whenever a stranger came to our house, I would hide behind a big tree in the yard.**
  나는 전에는 아주 수줍음을 많이 탔다. 낯선 사람이 우리 집에 올 때마다 나는 마당의 큰 나무 뒤로 가서 숨곤 했다.
  >> 여기서 would 대신 used to를 쓸 수도 있지만 used to가 반복되기 때문에 좋지 않다.

- **When I was a child, my mother would read me a story at night before bedtime.**
  내가 어렸을 때 나의 어머니는 밤에 자기 전에 나에게 이야기책을 읽어주곤 했다.

- **In the heyday of Japan Inc., seniors were whisked directly from college, even before their graduation, into a corporate career, where they would be sheltered by a paternalistic business culture for life.**
  '주식회사 일본'의 전성기에는 4학년 학생들은 졸업도 하기 전에 대학으로부터 기업의 전문직으로 실려 나갔고, 그 직에서 그들은 아버지같이 보살피는 기업 문화로 종신토록 보호받으며 살았다.

(3) would는 원래 주어의 '의지'(volition) 또는 '하고자 함'(willingness)을 나타내는 조동사이므로, '습관'의 의미로 쓰일 때도 주어의 의지나 하고자 함과 관계없는 일에는 쓰이지 않는다:

- **When he lived by the river, he** *would/used to **suffer from rheumatism.**
  그가 강가에 살았을 때 그는 류마티즘을 앓았다.
  >> 류마티즘을 앓는 것이 주어의 의지일 수는 없다.

- **There** *would/used to **be a big pottery works here once.**
  전에는 여기에 도기 제조공장이 있었다.
  >> 사람이 주어가 아니므로 의지나 하고자 함이 나타날 수 없다.

- **It** *would/used to **be said that the earth was flat.**
  지구는 평평하다고 사람들은 말했다.
  >> it의 의지가 있을 수 없다.

- **I would often hear him saying something to himself.**
  나는 자주 그가 혼잣말을 하고 있는 것을 들었다.
  >> 여기서 would는 주어의 의지를 반영한다. 즉 주어가 관심 또는 호기심을 가지고 들었음을 의미한다.

(4) would는 무의지 상태를 의미하는 동사, 즉 think, know, be interested 등과는 같이 쓰이지 않는다. 이들은 주어의 의지로 되는 행위가 아니고, 그것과는 상관없이 주어에게 발생한 상태를 의미하는 동사들이기 때문이다:

- **I** *would/used to think **so in those days.**
  나는 그 시절에는 그렇게 생각했다.

- **She** *would/used to know **me for a long time.**
  그 여자는 나를 오랜 동안 알았다.

- **I** *would/used to be interested **in bird-watching in those days.**
  나는 그 시절에는 새를 보는 것에 관심이 있었다.

(5) used to는 반복적 행위나 상태 모두를 나타내지만 would는 상태는 나타내지 못한다. would는 used to에 비해 짧은 시간 동안의 정규적인 반복 행위를 강조하는 힘이 더 강하기 때문이다:

- **I** *would/used to be **a waiter, but I'm a taxi-driver now.**
  나는 과거에는 웨이터였지만 지금은 택시 운전사이다.

- **I** *would/used to have **a beard, but I've shaved it off.**
  나는 과거에는 턱수염이 있었으나 지금은 깎아버렸다.
  >> have a beard는 '소유'의 의미인데 소유는 '상태'이다.

- **She** *would/used to possess **a Mercedes Benz.**
  그 여자는 전에는 벤츠 차를 가지고 있었다.

- **I** *would/used to live **in California.**

나는 전에는 캘리포니아에서 살았다.
>> live나 living은 '살고 있다' 라는 상태의 뜻이다.

•• **He** *would/used to be a Boy Scout **in high school.**
그는 고등학교에서는 보이 스카우트 회원이었다.

(6) would는 이야기의 시작 문장에는 쓰이지 않는다:

•• **We** *would/used to **swim every day when we lived by the river. We** would **run down to the river and jump in.**
우리가 강가에 살았을 때는 날마다 수영을 했다. 우리는 강으로 달려 내려가서 강에 뛰어들곤 했다.

지금까지의 설명에서 드러나듯이 used to는 '습관'을 나타내는 전문 조동사이기 때문에 그 용법에 있어 제한이 없는 데 반하여 would는 그 같은 전문성이 결여되어 몇 가지 용법상의 제한을 받고 있는 것이다:

Idiomatic Expressions

to be on the safe side

'안전을 기하기 위해,' '만일의 경우에 대비하기 위해,' '혹시 모르므로'

I don't think I need any money today, but I'll keep some money, just *to be on the safe side*. You can't tell what emergency may happen.

나는 오늘 특별히 돈이 필요할 것 같지는 않지만 그래도 혹시 모르니 돈을 조금은 가지고 있겠다. 어떤 비상사태가 일어날지 아무도 모르는 것이다.

The snowy season seems to be over now. But as we're going to drive on mountain roads, we'd better take snow chains, just *to be on the safe side*.

눈 오는 계절은 이제 끝난 것 같지만 우리는 산악 도로를 달릴 것이므로 만일을 위해 스노우 체인을 가지고 가는 것이 좋을 것이다.

043 강조의 do와 exactly의 용법

1. do

do는 긍정 서술문과 긍정 명령문에서 술어 행위를 강하게 표현할 때 쓰일 수 있다. do가 이렇게 쓰일 경우에는 다른 조동사와 같이 쓰일 수 없으며, 항상 강조의 기능에 맞게 발음의 강세를 받는다. 물론 강조는 보통의 평범한 의미 상황에서 쓰이는 것이 아니므로 그 강조를 정당화시킬 수 있는 특별한 객관적 의미 상황이 전후 관계에서 나타나 있어야 자연스럽게 들리고 또 언어 논리에도 맞게 된다.

(1) 긍정 서술문

do 강조는 전제된 내용을 부인하면서 사실을 올바르게 전하기 위해 쓰이는 어법이므로 이것을 뒷받침하는 접속사 but, however, nevertheless, although 등이나 부사 finally, certainly 등을 동반하는 경우가 많다:

- A: **Will it help if I tell him twice?**
  내가 그에게 두 번 말하면 도움이 될까요?

  B: **Well it does help if you say it twice.**
  그 말을 두 번 하면 분명 도움이 됩니다.
  >> B의 does help는 A의 의문을 풀어주기 위한 강조이다.

- **But in the final hour he did keep his promise.**
  그러나 마지막 순간에 그는 자신의 약속을 지켰다.
  >> 처음에는 그가 약속을 지키기를 거부했었다가 마음을 바꾸는 반전이 발생했다는, 다시 말해서 예상하지 못한 상황이 일어났음을 강조하는 말이다.

- **None of the players received a medal. They did have the consolation of a team medal, however.**
  선수들 중 어느 누구도 메달을 따지 못했다. 그러나 그들은 팀 메달을 받는 위로는 받았다.

- **She does talk a lot, doesn't she?**
  그 여자 참 말이 많지, 그렇지?
  >> 그 여자가 수다스럽게 떠드는 것을 화자와 청자가 같이 듣고 나서 그 여자가 수다스럽다는 자신의 판단을 청자에게 확인하기 위해 하는 말이다.

- A: **Why didn't you return the book to the library?**
  왜 도서관에 책을 반납하지 않았느냐?

  B: **But I did return the book.**
  (무슨 소리냐.) 나는 반납했다.
  >> 상대의 오해를 풀기 위한 강조이다.

- - A: Why don't you like me?
    너는 왜 나를 싫어하느냐?
  B: But I do like you.
    (무슨 소리냐.) 나는 너를 좋아한다.

- - Finally he did pass the exam.
    결국 그가 시험에 합격했다.
    >> finally라는 부사를 사용함으로써 화자는 '그가 시험에 여러 번 낙방했었지만'과 같은 의미를 전제하고 있다.

- - But I certainly did study hard for the exam.
    나는 시험을 대비하여 공부를 열심히 했다.
    >> 내가 시험 준비를 하지 않았다는 상대방의 전제를 깨기 위해 한 말이다.

- - I don't smoke now, but I did smoke a lot when I was younger.
    나는 지금은 담배를 피우지 않지만 내가 더 젊었을 때는 많이 피웠었지.
    >> 현재에 비해서 과거를 대조적으로 강조한다.

- - Nevertheless, some newspapers do print biting criticisms of the Government.
    그럼에도 불구하고 일부 신문들은 정부에 대한 신랄한 비판을 싣고 있다.
    >> nevertheless는 집권층의 언론에 대한 억압을 전제한다.

- - Although individuals vary, there does seem to be a behavioral pattern common to most children.
    비록 개인에 따라 차이는 있지만 대부분의 어린이들에게 공통적인 행동 양식이 분명 있는 것 같다.

- - I do need a new car, but I'm not sure I can afford one at this time.
    나는 물론 새 차가 필요하다. 그러나 지금 이 때 새 차를 살 형편이 되는지 모르겠다.

- - I do get annoyed with people who don't keep appointments.
    나는 만날 약속을 안 지키는 사람들만은 정말 참을 수 없다.

- - The flood swept through the city with mighty force and anything that would flow did flow.
    홍수가 무서운 힘으로 그 도시를 휩쓸었다. 그래서 무엇이든 흐를 수 있는 물건은 다 흘러갔다.
    >> did flow는 물에 뜨거나 밀리는 특성을 가진 물건들은 그 특성을 다 발휘했음을 나타낸다.

- - Oh dear! I did so want to wear a silk tie.
    여보. (그러잖아도) 나는 실크 넥타이 한번 꼭 매보고 싶었다오.
    >> 이 말은 가령 부인으로부터 실크 넥타이를 선물로 받고 남편이 할 수 있는 표현으로 '내가 이것을 그리도 갖고 싶어 했다는 것을 어떻게 알았소'와 같은 의미이다.

(2) 명령문

do 명령문은 설득을 위한 강조 어법이다. 단순한 명령의 의미가 아니다. do 명령은 그 자체로서는 겸손한 태도일 수도 있고 겸손하지 않은 태도일 수도 있다. 그 의미와 상황에 따라 다르다:

- **Do come** in.
  들어오세요.
  >> 단순히 문을 노크하는 소리를 듣고 곧바로 할 수 있는 표현은 아니다. Come in이라고 말했는데도 안 들어오고 계속 노크만 하고 있을 때 할 수 있는 표현이다.

- **Do sit** down.
  (1) 좀 앉으세요.
  (2) 앉아 계세요.
  >> (1) 누가 방에 들어오면 Sit down.이라고 말한다. 그러나 앉지 않고 계속 서 있으면 Do sit down.이 어울리는 표현이 된다. (2) Do sit down.은 어떤 사람이 누구에게 소개되기 위해서 또는 존경의 표시로 일어섰다면 상대 쪽에서 겸손의 표시로 '그냥 앉아 계세요' 라고 말할 때 쓰이는 고정적 표현이기도 하다.

- **Don't stop! Do get** on with your work.
  일을 중단하지 마시오. 하던 일을 계속하시오.
  >> 윗사람이 아랫사람에게 할 수 있는 말이다.

- I'm sorry I'm late. I **do apologize**.
  늦어서 미안합니다. 정말 사과드립니다.

- Child: **Give me a ten, Daddy!**
  아이: 십 불만 주세요.

  Father: **I have nothing for you.**
  아버지: 네게 줄 돈이 없다.

  Child: **Do give** me just a ten.
  아이: (그러지 마시고) 제발 십 불만 주세요.
  >> 돈을 줄 수 없다는 이미 앞에 나온 부정적 대답을 극복하기 위해서는 특별한 강조가 필요한 것이다.

- **Be indifferent, be stupid, be arrogant. But do be the man for the job!**
  평범해도 좋고, 어리석어도 좋고, 거만해도 좋다. 그러나 (제발) 너의 직무에 알맞은 사람이 되라.

- **Do be** careful/quiet, for God's sake!
  제발 좀 조심해/조용해 다오.

- **Do have** another drink.
  한 잔 더 드시지요.

- Wife: **How do you like this blue dress?**
  아내: 이 파란 드레스 어때요?

Husband: **It's nice.**
남편: 좋아요.

Wife: **There's no need to be polite.**
부인: 의례적일 필요 없어요. (= 솔직하게 말해주세요)

Husband: **But it does look nice. Really.**
남편: 그러나 좋아 보이는 것을 어떻게 해요. 정말이오.

- **We're going to miss our bus. Do hurry up.**
  버스를 놓치겠다. 제발 좀 서둘러라.

- Bill: **This scampi is great!**
  Bill: 이 새우튀김은 아주 훌륭합니다!

  Hostess: **Thank you, Bill. Do have some more.**
  여주인: 고마워요, 빌. 좀 더 드세요.
  ≫ 손님이 요리가 훌륭하다고 하니까 여주인은 그 말과 연결하여 그러면 좀 더 들라는 의미로 do 강조 어법을 쓴 것이다.

2. exactly

한국 사람들이 영어로 '정확히는 모르겠다'라고 말할 때 I don't know exactly.라는 표현을 흔히 쓴다. 그러나 이 표현을 쓸 때는 유의할 점이 있다. exactly는 동사나 형용사를 수식하는 일반 방법부사와는 달리 강조의 기능으로 주로 다음 3가지에 그 용법이 제한되어 있는 특별한 부사이다: (1) 의문사(who, whose, whom, what, where, how, why, when, where)나 숫자에 문장의 의미 초점을 모아 그 의미를 강조하는 역할, (2) 화자의 주장이나 표현에 힘을 보태주며 강조하는 역할, (3) 질문에 대한 강한 대답으로 'quite right'의 의미 등이 exactly의 용법이다. I don't know exactly.는 이들 용법 중 어느 것에도 해당하지 않는다. 다음 예들을 보자:

- **That is exactly what I mean.**
  그것이 바로 내가 의미하는 것이다.

- **Exactly who is asking for me?**
  정확히 누가 나를 보자고 하는가?

- **What exactly do you want from me?**
  네가 나에게서 바라는 것이 정확히 무엇이냐?

- **I know exactly where to find him now.**
  지금 정확히 어디 가면 그를 찾을 수 있는지 나는 알고 있다.

- **The train arrived at exactly six o'clock.**
  기차는 정확히 6시에 도착했다.

- **Exactly ten** people were present at the meeting.
  정확히 10명이 그 모임에 참석했다.

- The train arrived **exactly on time**.
  기차는 정확히 정시에 도착했다.
  >> exactly는 on time을 강조한다.

- He is **exactly like** his father.
  그는 그의 아버지와 똑같이 생겼다.
  >> exactly는 like를 강조한다.

- They were doing **exactly the opposite** to what we had told them.
  그들은 우리가 해달라고 요청했던 것의 정확히 정 반대의 일을 하고 있었다.
  >> exactly는 the opposite를 강조한다.

- He is **exactly the man** for the job.
  그는 그 일에 딱 맞는 사람이다.
  >> exactly는 the man for the job을 강조한다.

- A: Do you believe we must spend more money on education?
  우리가 교육에 더 많은 돈을 써야 한다고 생각합니까?
  B: **Exactly**. (= That's **exactly what** I believe we must do.)
  네, 맞습니다.

I don't know exactly.가 틀린 것은 위에서 본 exactly의 용법에 맞지 않기 때문이다. 다시 말해서 이 문장에서는 exactly가 know라는 동사를 수식했는데 exactly는 동사를 수식하는 '방법'의 부사로는 우리말과는 달리 know와 연결될 수 없다. 즉 우리말의 '정확히 알다' 는 영어로는 know accurately 이다. 그러므로 I don't know exactly. 대신에 I don't know accurately.나 I don't know for sure/for certain.또는 더 구어적이고 일반적인 표현인 I'm not sure.를 써야 한다. '나는 정확히 모른다' 는 내가 모른다는 사실을 강조하는것이 아니라 오히려 그 의미를 부드럽게 즉 약화시키는 어감을 줄 뿐이다. 그러나 I don't know exactly.가 어떤 언어 환경에서나 다 쓰이지 않는다는 뜻은 아니다. know와 연결되어 방법을 의미하는 부사로 쓰일 수 없다는 것일 뿐, 우리말의 '정확히 알다' 로는 쓰이지 않는다는 것이다. exactly가 know가 아니고 앞에서 열거한 의문사들과 연결됨이 나타나면 I don't know exactly.를 쓸 수 있다. 다음 예들을 보자:

- A: Do you have any idea of the time?
  지금 몇 시나 되었을까요?
  B: **I don't know exactly**, but it's after nine.
  정확히 몇시인지는 모르겠으나 9시는 넘었을 겁니다.
  >> 이 문장에서의 exactly는 exactly what time it is의 생략형이다. 즉 정확한 시간을 강조하는 것이다.

- A: **How old is he?**
  그 사람은 몇 살입니까?

  B: I don't know exactly, but he's probably over fifty.
  정확히 몇 살인지는 모르지만 아마 50세는 넘었을 것입니다.
  >> exactly = exactly how old he is

- A: **Does he speak French?**
  그가 불어를 하나요?

  B: *I don't know exactly.

  → I'm not sure.
  잘 모르겠는데요.

exactly는 질문에 대한 강한 긍정 반응을 보일 때와 not exactly의 형태로 부분 부정('not altogether true')을 할 때도 쓰인다:

- A: **So you missed the bus.**
  그래 버스를 놓쳤군요.

  B: Not exactly. I got to the terminal just before the bus started.
  꼭 그런 건 아닙니다. 버스가 출발하기 직전에 터미널에 도착은 했답니다.

044 상태 변화를 나타내는 동사들 get, become, grow, come, go, turn 의 의미와 용법

주어의 상태 변화를 나타내는 이들 동사들은 주어가 어떤 기존의 상태로부터 다른 상태로 변한다는 뜻을 가지는데 우리말로는 모두 '되다' 로 번역될 수 있다. 이들은 공통적인 의미를 갖고 있어 상호 교환적으로 사용될 수 있는 경우도 많다. 그러나 서로 완전히 같은 의미와 용법을 가진 것들은 없으며 각기 나름의 의미와 용법상의 특성을 가지고 있다.

1. get

가장 일반적인 상태 변화 동사이다. 의미는 become과 같으며 구어에서 주로 쓰인다. 진행형으로 쓰이면 변화의 과정을 의미하고 단순형으로 쓰이면 변화된 결과를 의미한다. 주로 형용사를 보어로 동반하지만 to-infinitive 또는 부사구를 동반하여 쓰이기도 한다:

- It's getting/becoming dark. Let's get down the mountain quickly.
  날이 어두워지고 있다. 빨리 하산하자.

- Come quickly. The food is getting/becoming cold.
  빨리 와라. 음식이 식고 있다.

- A: I never win anything in the lotto game.
  나는 로또 복권에서 한 번도 등수 안에 들어 본 적이 없다.
  B: Who knows? You might get lucky this time.
  누가 아느냐? 이번에는 재수가 좋아질지.

- The young man got/became gloomy and sad after he had been drinking.
  그 젊은이는 술을 마신 다음 우울하고 슬퍼졌다.

- He's getting/becoming worried about his exam, because he hasn't been studying hard this semester.
  그는 시험에 대한 걱정이 커가고 있는데 그는 이번 학기에 공부를 열심히 하지 않았기 때문이다.

- I'm getting tired now. Let's take a break.
  피곤해지는구나. 좀 쉬었다 하자.

- He got/became sick soon after he returned from his trip.
  그는 여행에서 돌아온 지 얼마 안 되어 병이 났다.

- Get ready/set, go!
  준비, 출발!
  ≫ 육상 경기에서 쓰이는 표현이다.

- **At first, I didn't like it here, but I'm getting to like this place.**
  나는 처음에는 이 곳을 좋아하지 않았지만, 지금은 이 곳이 점점 좋아지고 있다.

- **They soon got to know each other better.**
  그들은 곧 서로를 더 잘 알게 되었다.
  >> get가 단순형으로 to-infinitive를 목적어로 하면 변화의 과정과 결과를 동시에 의미한다. 가령 How did you get to know him?이라는 질문은 어떤 과정을 거쳐 그를 알게 됐느냐고 묻는 것이다.

- **You may not like him now, but you'll soon get to like him.**
  네가 지금은 그 사람을 안 좋아할지 모르지만, 너는 곧 그를 좋아하게 될 것이다.

- A: **Get away! / Get out of here!**
  꺼져라! / 여기서 사라져라!
  B: **O.K. I'm going! I'm going!**
  그래. 나 간다! 나 간다니깨!
  >> get away와 get out of here는 결과에 의미 초점을 맞춘 의미로 '사라져 없어지다'의 의미이다. 보기 싫은 사람을 쫓아낼 때 하는 말이다. 그러나 go away는 단순히 leave의 의미로 우리말의 결과에 초점을 맞춘 '꺼지다'의 뜻은 아니다.

2. become

become과 get은 각기 의미의 초점이 다르다. get은 진행형으로 쓰이지 않는 한 '완료된 변화'를 의미하는 데 비하여 become은 변화의 결과뿐 아니라 변화의 과정을 포함하는 의미라는 점에서 get과 다르다. 그래서 become은 단순형으로 쓰여도 가령 increasingly('갈수록 더'), gradually('점차') 같은 어떤 기간에 걸쳐 발생함을 의미하는 부사와 같이 쓰일 수 있으나 단순형 get은 이들 부사와 같이 쓰이지 못한다. become은 보어로 형용사, 과거분사 그리고 명사(구)를 동반하여 쓰이는데 명사(구)를 동반하는 경우에는 변화의 결과만을 의미한다. 다음 예들을 보자:

- **The weather became/grew warmer day by day.**
  날씨가 하루하루 더 따뜻해졌다.
  >> day by day는 어떤 기간에 걸치는 현상을 의미한다.

- **She became/grew suspicious about her husband's behavior.**
  그 여자는 자기 남편의 행동에 대해서 의심을 품게 되었다.
  >> 의심을 품어가는 과정을 전제한다.

- **We soon became/grew acclimated to the tropical climate.**
  우리는 곧 열대 기후에 적응하게 되었다.
  >> 이 경우 get을 쓰면 결과만을 의미하게 되는데 사람이 무엇에 적응하는 데는 시간, 즉 과정이 필요하다는 일반적 사실과 맞지 않아 동사의 올바른 선택이 못 된다.

•• **His mind is becoming unhinged.**
그의 마음이 흔들리고 있다.
>> become의 단순형이 과정을 지나 결과에 이르는 것을 의미하는 데 비하여 진행형은 과정 자체만을 의미한다.

•• **At the age of forty, he became the richest man in the country.**
마흔 살이라는 나이에 그는 그 나라에서 제일 가는 부자가 되었다.

•• **He became a lawyer.**
그는 변호사가 되었다.
>> become은 명사(구)를 동반할 수 있지만 get은 그렇게 쓰이지 않는다. 그러나 get도 [to + be + 명사(구)]를 동반하여 He got to be a lawyer.라고 하면 위 예문과 같은 뜻이 된다.

3. grow

점차적인 그리고 주로 자연적인 변화를 의미하며 보어로는 형용사나 to-infinitive를 동반한다. 의미는 become과 거의 같으나 격식적이고 문어적이다:

•• **When it grew/became dark, the police gave up the search.**
날이 점점 어두워지자 경찰은 수색을 포기했다.

•• **The weather is growing/becoming/getting colder now.**
날씨가 더 추워지고 있다.

•• **The little boy has grown very tall now.**
그 꼬마 아이가 성장하여 지금은 키가 대단히 크다.

•• **The sound of the music grew/became faint as the band marched away.**
악단이 멀리 행진해 감에 따라 그 음악 소리도 점점 희미해져 갔다.

•• **She grew to believe that honesty is the best policy.**
그 여자는 정직이 최선의 방책이라고 믿게 되었다.

•• **In time you will grow/get to like him.**
시간이 지남에 따라 당신은 그 사람을 좋아하게 될 것이오.

•• **She is growing to be more and more like her mother.**
그 여자는 점점 자기 어머니를 닮아가고 있다.

4. come

'변화'의 come에는 두 가지 상반된 의미가 들어 있다. '반대'의 의미인 un-을 접두어로 하는 과거분사(undone, untied, unscrewed, unveiled, unhinged, unstitched 등)나 형용사 loose를 보어로

동반하면 원래의 상태로부터의 이탈을 의미한다. 그러나 come right '(꼬인 일이) 잘 풀리다,' come alive '(사람이나 일이) 다시 생기를 찾다,' '(고장난 전기 기구 등이) 다시 작동하다' 등에서는 원래의 상태로의 복귀를 의미한다. 그 외에 잘 쓰이는 표현으로 come true는 '(꿈이) 실현되다,' come due '시한이 되다' 등이 있다:

- **The string of my shoe has come untied/undone. I must tie it again.**
  내 한 쪽 구두끈이 풀렸구나. 다시 매야겠다.

- **The whole of the scandal will come unveiled sooner or later.**
  그 스캔들의 전모가 조만간 밝혀질 것이다.

- **The knot came/became untied.**
  그 매듭이 풀렸다.

- **Don't worry. Everything will come right in the end.**
  걱정 마라. 모든 것이 결국 잘 풀릴 것이다.

- **Our national dream came true when our football team finally joined the semifinal in the 2002 Korea-Japan World Cup Games.**
  우리 축구팀이 2002 한일 월드컵 경기에서 드디어 4강전에 올랐을 때 우리 국민의 꿈이 실현되었다.

- **When does the bill come/become due?**
  그 어음은 언제 만기가 되느냐?

- **The hinges of the door have come loose.**
  그 문의 경첩들이 다 헐렁헐렁해 졌다.

- **The astronaut came near becoming an eternal space vagabond when his safety tether came loose during a spacewalk.**
  그 우주비행사는 우주 산책 중에 그의 안전을 위한 줄이 풀렸을 때 영구적인 외계 방랑자가 될 뻔 했다.

5. go

항상 그런 것은 아니지만 go는 주로 좋지 않은 쪽으로의 변화를 의미한다: go wrong '잘못되다' (그러나 go right는 '변화'의 의미가 아니라 '진행'의 의미로 '제대로 진행하다' 이다), go astray '(정도에서) 벗어나다', go dead '(기계 등이) 작동을 멈추다', go sour '(우유 등이) 시어지다', go wild '사나워지다', go mad '미치다' ('화를 내다'의 의미로는 get mad가 쓰임), go blind '눈이 멀어지다', go deaf '귀가 먹다', go bald '대머리가 되다', go bad '(음식이) 변하다', '(사람이) 악한으로 변하다', go extinct '멸종하다'; 등.

go는 형용사를 동반하여 변화를 나타내지만 not의 의미인 un--ed 형태의 과거분사를 동반하면 변화를 의미하지 않고 현상의 지속(to remain)을 의미한다: go unpunished '벌 받지 않은 상태로 있다', go unnoticed '주목 받지 않은 상태로 있다' 등. go는 종종 명사를 동반하는 경우도 있는데 이 때는 명사가 형용사 기능을 한다:

- **She went/turned pale when she heard the news.**
  그 여자는 그 소식을 들었을 때 얼굴이 창백해졌다.

- **He's/His hair's going grey.**
  그의 머리가 하얗게 되어가고 있다.

- **He hit the ball a long way, but regrettably it went foul.**
  그는 볼을 길게 쳤는데 아깝게도 파울 볼이 되었다.

- **I'm not sure whether bin Laden, 'the murderer of the century,' is a good guy gone bad or a plain madman.**
  나는 '세기의 살인자' 빈 라덴이 원래 좋은 사람이였다가 악인으로 변한 건지 아니면 원래부터 의심의 여지가 없는 미치광이였는지 확신이 서지 않는다.

- **In Korea today everyone, including Buddhist monks and peasants, is going virtual.**
  지금 한국에서는 불교 승려들로부터 시골의 농사꾼들을 포함하여 모든 사람들이 가상 현실에 빠져 있다.
  >> Internet에서 정보를 얻고 있다.

- **Our telephone has gone dead.**
  우리 전화는 불통 상태가 되었다.

- **In pushing ahead with its scheme for going nuclear, North Korea is actually pushing ahead with its scheme for going bankrupt.**
  북한은 자기네의 핵 국가화 계획을 추진해 감으로써 그들은 사실상 국가 파산 계획을 추진하고 있는 것이다.

- **Not only will the feared war between North and South Korea not go nuclear, but it will not even go conventional. The North Korean leaders are not so stupid as to do something that will certainly take their lives.**
  남북한 간에 일어날 것으로 사람들이 두려워하고 있는 전쟁은 핵전쟁화 하지 않을 뿐 아니라 재래식 전쟁이 되지도 않을 것이다. 북한 지도자들은 틀림없이 그들의 생명을 앗아갈 그런 짓을 저지를 만큼 어리석지는 않다.

- **The whole of Korea is fast going digital and thus is going online.**
  한국 전체가 지금 급속도로 디지털화하고 인터넷 망으로 묶이고 있다.

- **Last week, a Vietnam War hero was forced to go public with the story of a mission that became a massacre.**
  지난주에 월남전의 한 영웅이 결국 대학살이 되어버린 임무에 대한 이야기를 공개하도록 강요되었다.
  >> go public은 회사가 주식회사로 전환하는 것, 비밀 같은 것을 공개하는 것 또는 사람이 은둔 생활을 청산하고 대중과 어울리는 것 등을 의미한다.

- **At first, she guarded her privacy closely, declining all media interviews. Only after her youngest child turned ten did she begin to go public.**
  그 여자는 처음에는 모든 매체의 인터뷰 요청을 거부하며 자기의 사생활을 철저히 지켰다. 자기의 막내 아이가 열 살이 되고 나서야 비로소 그 여자는 공개적인 생활을 하기 시작했다.

- **The bitter complaints of the majority of the nation about the political and economic changes being forced by the handful of anachronistic radical revolutionaries in power at present have gone unnoticed quite a long time now.**
  현재 집권하고 있는 한 줌밖에 안 되는 시대착오적인 과격분자들에 의해 강요되고 있는 정치적, 경제적 변화에 대한 국민 대다수의 비통한 불만들이 이미 꽤 오랫 동안 주목되지 않은 채 존재해 왔다.

- **Internet shopping malls have gone mainstream in sales today.**
  지금은 인터넷 쇼핑몰이 판매의 주류가 되었다.

- **Go gas!**
  (전기나 석유 대신에) 가스를 쓰자.
  >> 가스 회사의 선전 문구이다. 인터넷에는 Go ski!라는 스키 동호인들의 사이트가 있는데 이 명칭의 뜻은 '스키 타러 갑시다'가 아니다. 그 뜻이라면 Go skiing!이라고 해야 한다. Go ski!는 '스키를 즐기라,' '스키 동호인으로 변하라'를 의미한다.

- **If you're planning to go skiing, Goski is the site to ski to.**
  여러분이 스키를 타러 가실 계획을 갖고 계시다면 Goski가 여러분이 스키타고 가볼 (방문해야 하는) 사이트입니다.
  >> Go ski는 '스키를 타는 스포츠를 즐기라' 즉 스키에 취미를 가져보라는 권유의 의미이다. Goski는 이런 의미를 이용한 스키 동호회의 사이트 이름이다.

- **If you want to stay healthy, you have to go lean, and, even better than that, go fish.**
  건강하게 살고 싶으면 지방이 별로 없는 고기를 드십시오. 아니 그보다도 더 좋기로는 생선을 드십시오.
  >> go lean은 'eat lean meat'의 의미이다.

- **India used to be a British colony for a long time before it went independent.**
  인도는 독립하기 전까지 오랫동안 영국의 식민지였다.

- **400,000 years after the Big Bang, the cosmos went black.**
  대 폭발이 있고 나서 40만 년 후에 우주는 암흑 상태로 변했다.

go가 remain의 의미로 쓰이는 경우는 not을 의미하는 un-으로 시작하는 과거분사와 결합하는 경우 말고도 관용적으로 쓰이는 표현인 go hungry '배고픈 상태로 지내다,' go naked, '헐벗은 상태로 지내다,' go armed '무장한 상태로 지내다' 등이 있다:

- **If you can't be bothered to work, you'll just have to go hungry and naked.**
  네가 일하는 수고를 하기 싫다면 너는 그냥 굶주리고 헐벗은 상태로 있을 수밖에 없다.

- In North Korea, food is perennially in short supply. Troops eat better than the country's starving citizens, but some units raise cabbages and pigs to keep from going hungry.
  북한에서는 식량이 항상 부족하다. 군인들은 그 나라의 굶는 일반 시민들보다는 잘 먹는다. 그러나 일부 부대는 기아 상태를 면하기 위하여 양배추와 돼지를 기른다.

6. turn

turn은 형용사나 관사 없는 명사를 동반하여 자주 자연적 변화에 쓰인다. 그리고 색깔의 변화에도 많이 쓰인다:

- The weather has turned / become much colder.
  날씨가 훨씬 추워졌다.

- When it freezes water turns to ice.
  물은 얼면 얼음으로 변한다.

- I believe you will never turn traitor.
  너는 절대로 반역자로 변하지 않을 것으로 나는 믿는다.

- One of the robbers turned informer and gave the police crucial information about the robbery.
  강도들 중 한 명이 밀고자로 변하여 경찰에게 그 강도 사건에 대한 결정적인 정보를 제공했다.

- He's a former professional wrestler turned politician.
  그는 정치인으로 전환한 전 프로 레슬링 선수이다.
  >> = He's a former professional wrestler who has turned politician.

- The bachelor turned 40 last week.
  그 총각은 지난주에 나이 40이 되었다.

- The baseball player turned pro at age 18.
  그 야구선수는 열여덟의 나이에 프로로 전환했다.

- This ink turns / becomes black when it dries.
  이 잉크는 마르면 까맣게 된다.

- In autumn the leaves turn / become brown.
  가을에는 나뭇잎이 갈색으로 변한다.

- His skin had turned brown from the weeks he spent working in the sun.
  몇 주 햇볕에서 일한 덕에 그의 피부가 갈색으로 변했다.

turn은 명사를 보어로 동반하는 경우 추상적인 의미인 상태나 신분의 변화를 의미하기 때문에 명사에 관사를 붙여서는 안 된다. 관사를 붙이면 그 같은 상태나 신분을 가진 물건 또는 사람을 의미하기 때문이다. 구체적인 물건이나 사람이 되는 것은 become의 의미이다. 그래서 **He turned traitor.**에는 관사가 없고 **He became a traitor.**에는 관사가 있는 것이다:

7. 기타

지금까지 설명한 동사들 외에도 주어의 상태 변화를 나타내는 동사로 wear, run, fall 등이 있다. 그러나 이들은 극히 소수의 형용사들과만 같이 쓰이고 있어 이들에 대해서는 용법을 설명하기보다는 그냥 숙어로 취급하는 것이 더 편리하다: **wear thin** '(인내가) 한계에 이르다,' '(오래 사용하다) 점점 얇아지다', **run dry** '(우물이나 개울물이) 점점 마르다', **fall asleep/silent/sick/ill** '잠들다'/'조용해지다'/'병들다'.

045 동명사의 주어 표시 방법

동명사의 주어는 그것이 사람을 의미하는 고유명사이거나 인칭 대명사일 경우에는 소유격이 되고 그 이외의 것이 주어가 되는 경우에는 목적격이 되는 것이 전통적인 문법 규범이었으며, 지금도 격식적인 표현에서는 이 규범이 준수된다:

- I don't like to think of John's/his/her/their/our doing that.
  나는 John이/그 사람이/그 여자가/그들이/우리가 그 일을 한다는 것은 생각도 하기 싫다.

- I didn't know about the weather being so bad in this area.
  나는 이 지역의 날씨가 이렇게 나쁘다는 것에 대해서 알지 못했다.
  ≫ being의 주어 weather는 사람을 지칭하지 않으므로 weather's로 할 수 없다.

- I look forward to it getting warmer soon.
  나는 날씨가 따뜻해지기를 기다리고 있다.
  ≫ getting의 주어 it는 사람을 지칭하지 않으므로 its로 할 수 없다.

- A: Could you describe your pain to me?
  당신의 통증을 묘사해 주시겠어요?
  B: I feel like somebody keeping pricking my leg with a needle.
  나는 누군가가 내 다리를 바늘로 계속 찌르고 있는 느낌입니다.

그러나 동명사의 주어는 가능한 한 소유격으로 해야 한다는 전통적 규칙은 현대 영어에서는 크게 약화되었다. 동명사의 주어 형태에 대해서 현대 영어에서 일반적으로 준수되고 있는 규칙은 다음과 같다:

1. 격식적 표현에서와 동명사 절이 문두에 나오는 경우에는 전통적 규칙을 따른다:

- I intend to voice my objections to their receiving an invitation to the ceremony.
  본인은 그들이 예식에 초대받는 것에 대해서 반대를 표명하고자 하는 바입니다.

- My forgetting her name was embarrassing to her.
  내가 그 여자의 이름을 잊은 사실이 그 여자에게는 당혹스러운 일이었다.

- Your being right doesn't necessarily mean my being wrong.
  네가 옳다는 것이 반드시 내가 잘못이라는 것을 의미하는 것은 아니다.

- I've never heard of anyone doing such a thing like that.
  나는 누가 그런 짓을 했다는 이야기를 들어본 적이 없다.

2. 위의 경우가 아닐 때는 양쪽 다 가능하지만 목적격이 일반적이다. 인칭 대명사가 동명사의 주어가 되는 경우에도 목적격을 쓰는 사람들이 구식 소유격을 쓰는 사람들보다 더 많은 것이 현실이다:

- Please excuse me/my interrupting you.
  내가 당신의 말을 방해하는 것을 용서해 주십시오.

- He resented me/my opening the mail.
  그는 내가 우편물을 개봉한 것에 화를 냈다.

- He was chosen because of him/his being fully qualified for the job.
  그는 그 자리에 충분한 자격을 갖추었기 때문에 선택되었다.

- She was annoyed at you/your mentioning it.
  그 여자는 네가 그것을 언급한 것으로 인해서 불쾌감을 가졌다.

- We are quite used to William/William's grumbling.
  우리는 William이 불평하는 것에 상당히 익숙해져 있다.

- They are looking forward to their son coming home.
  그들은 그들의 아들이 집에 오는 것을 즐거운 마음으로 기다리고 있다.

- Do you mind me/my smoking in here?
  내가 이 안에서 담배를 피워도 되겠습니까?

- There is no possibility of him/his getting elected.
  그가 당선될 가능성은 전혀 없다.

- I (dis)like him/his driving my car.
  나는 그 사람이 내 차를 모는 것을 싫어한다./좋아한다.

- Your story is not consistent, if you'll forgive me/my saying so.
  내가 이런 말하는 것을 네가 용서해 준다면 (한 마디 하겠는데) 너의 이야기는 시종 일관되지 않는다.

- I hate them/their quarreling among themselves.
  나는 그들이 자기네끼리 싸우는 것을 싫어한다.

- What's so interesting about me/my slipping down?
  내가 미끄러져 넘어지는 것이 뭐가 그렇게 우습니?

3. 동명사의 주어가 일반 명사일 때는 소유격 어미 -'s를 붙이는 것이 적당하지 않다. 가령, boy's는 소리로 들을 때 boy's인지, boys인지, boys' 인지 구별할 수 없어서 그 의미가 애매해지기 때문이다. 이런 저런 이유로 일반 명사에 소유격 -'s 어미를 붙이는 것은 현대 영어에서는 빨리 사라져 가고 있다:

- • • I don't like **strangers interfering** in my affairs.
    나는 낯선 사람들이 내 일에 간섭하는 것을 좋아하지 않는다.

- • • I don't like to think of **my daughter marrying** the man.
    나는 내 딸이 그 사람과 결혼하는 것을 생각도 하기 싫다.

- • • Restructuring firms would inevitably involve **workers being dismissed**.
    회사를 구조조정 하는 것은 불가피하게 노동자들이 해고되는 것을 포함할 것이다.

4. 동명사의 주어가 길거나 소유격 -'s를 붙일 수 없는 종류일 때는 목적격이 주어가 된다:

- • • Do you remember **the students and teachers protesting** against the rule?
    학생들과 교사들이 그 규칙에 반대 항의한 것을 기억하느냐?

- • • Can you think of **a man in his right mind doing** such a thing?
    제 정신인 사람이 그런 짓을 한다고 상상할 수 있겠느냐?

- • • The safety of our country depends on **these being** rightly understood.
    우리 나라의 안전은 이런 점들이 옳게 이해되는 것에 달려 있다.

- • • You seem to be ignorant of **there being** two sides to a coin.
    너는 동전에는 양면이 있다는 것을 모르고 있는 것 같구나.
    ≫ There are two sides…에서 문법적으로는 there가 주어이다.

동명사는 동사적 의미로 '행동'을 의미할 수도 있고, 명사적 의미로 '사실,' '양식,' '형식' 등을 의미할 수도 있다. 다음 문장들을 보고 이들 의미를 구별해보자:

- • • **Your driving** a car in your physical condition disturbs me.
    네가 너의 지금 몸 상태로 차를 운전한다는 것이 나를 불안하게 한다.
    ≫ 운전한다는 것 = 운전한다는 사실

- • • **My driving** a car to work took longer than usual because of the heavy traffic.
    내가 직장으로 차를 운전하고 가는 것이 혼잡한 교통 때문에 평상시보다 더 오래 걸렸다.
    ≫ 운전하고 가는 것 = 운전하는 행동

- • • **Your driving** has improved considerably since I last saw you.
    너의 운전은 내가 지난번 너를 만난 이후 상당히 좋아졌구나.
    ≫ 너의 운전 = 너의 운전 방식, 솜씨

- **They liked our/us singing.**
  그들은 우리의 가창 양식을/우리가 노래하는 것을 좋아했다.

- **They liked our singing folk songs.**
  그들은 우리가 민요를 불러주는 것을 좋아했다.
  >> 비록 소유격 our의 지배하에 있긴 하지만 singing은 목적어를 동반하고 있으므로 동사적 의미로 이해될 가능성이 크다.

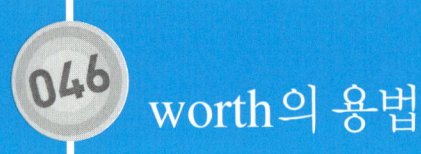

worth의 용법

worth는 좀 특별한 단어이다. 의미는 형용사와 명사를 겸하지만, 형용사로 쓰일 때는 반드시 목적어를 동반하므로 용법상으로는 마치 전치사 같기도 하다. 이 단어의 용법을 보자:

1. [worth + 명사구(절)/동명사] '~의/~할 가치가 있는'

- **His words are worth notice.**
  그가 하는 말들은 주목할 가치가 있다.

- **How much is the ring worth?**
  그 반지는 얼마의 가치가 있는가?

- **He is worth one billion dollars.**
  그는 10억 달러의 재산가이다.
  >> 사람이 얼마의 가치가 있다는 말은 얼마의 재산이 있다는 뜻이다.

- **Learning English is worth the trouble/bother/effort.**
  영어를 배우는 것은 수고의 가치가 있는 일이다.
  >> worth the trouble/the bother/the effort는 '수고의 가치가 있는' 이라는 의미로 숙어화한 표현이다.

- **My stereo isn't worth anything now, but it was quite expensive when I bought it ten years ago.**
  내 stereo는 지금은 가치가 없지만 10년 전에 내가 그것을 샀을 때는 꽤 비쌌다.
  >> not worth anything = worth nothing = worthless

- **This car isn't worth repairing. It isn't worth it, because I hardly ever drive now.**
  이 차는 수리할 가치가 없다. 그럴 가치가 없는 것이다. 왜냐하면 나는 지금은 거의 차를 운전하지 않으니까.

- **Although his book is long and difficult, it's still well worth reading.**
  그의 책은 분량이 많고 어렵지만, 그 책은 그래도 읽을 가치가 충분히 있다.

- **The English language is worth learning.**
  영어는 배울 가치가 있다.

- **What is worth doing at all is worth doing well.**
  일단 할 가치가 있는 일은 잘 할 가치가 있다.

- **This car isn't worth what you paid for it.**
  이 차는 네가 지불한 돈의 가치가 없다.

- **The house is worth much more than you paid for it.**
  그 집은 네가 지불한 금액보다 훨씬 더 값어치가 있다.

- **Although this car costs more than other cars, you must admit it is worth the price.**
  비록 이 차는 다른 차들보다 더 비싸긴 하지만 이 차는 그 가격의 가치가 있음을 인정하셔야 합니다.

- **Many politicians in our society today are actually not worth even getting angry with.**
  오늘날 우리 사회의 많은 정치인들은 사실상 우리가 화를 낼 가치도 없는 사람들이다.

- **My lawyer is not worth his fee. I'm going to dismiss him.**
  내 변호사는 수임료의 대가를 못하고 있다. 그를 해고시켜야겠다.

2. [worth + (your) while] '(네가) 수고할 가치가 있는'

이 구조에 쓰이는 명사 while은 '시간' 또는 '시간을 바치는 노력'이라는 의미로 worth의 목적어이다. while 앞에 오는 소유 대명사는 대부분의 경우 your이다. 즉 이 외의 소유 대명사는 거의 안 쓰인다는 뜻이다:

- **It is worth (your) while reading/to read this book.**
  이 책을 읽는 것은 너의 수고의 가치가 있다.
  >> to read/reading this book은 이 문장의 진주어이다. 진주어로는 to-infinitive나 동명사를 다 쓸 수는 있으나 to-infinitive가 더 일반적이다.

- **It is not worth while to do/doing it.**
  그것을 하는 것은 수고의 가치가 없는 일이다.

- **It's not worth your while reading every article in a newspaper.**
  신문의 모든 페이지를 다 읽는 것은 그럴 만한 수고의 가치가 없는 일이다.

3. 문법적으로는 맞지 않지만 많이 쓰이는 표현들

- **This car isn't worth while repairing.**
  >> worth의 목적어가 while과 repairing으로 둘이어서 비논리적이다.
  = **This car isn't worth repairing.**

- It isn't worth repairing this car.
  >> repairing this car는 worth의 목적어인지 It에 걸리는 진주어인지 알 수 없다.
= It isn't worth while to repair/repairing this car.

worth (your) while과는 다른 형태인 worthwhile이라는 형용사가 있다. 이 단어는 '시간을 소비할 가치가 있는'의 의미로 worth (your) while과 의미는 같지만 완전한 하나의 형용사라는 점에서 다르다. a worthwhile job, a worthwhile book, a worthwhile gift; It's worthwhile to read this book 등의 예에서 보는 것처럼 worthwhile은 가령 useful과 같은 보통의 형용사이다. 위의 잘못된 표현들은 그 사용자들이 worth (your) while과 worthwhile을 같은 것으로 생각하고 하는 말이다. 나중에는 worth (your) while이 worthwhile로 아예 통합될지도 모른다:

- It is worthwhile to learn English.
= It is advisable to learn English.

make it worth your while은 특별한 의미를 갖는 숙어로서 잘못한 일에 대해서 눈감아주면 대가를 지불하겠다는 뜻이다:

- Look, if you forget about the whole thing, I'll make it worth your while.
  이보세요, 당신이 이 일을 없었던 것으로만 해준다면 그 은혜를 보답하겠소이다.

worth와 연결하여 다음의 표현들도 알아두자:

- That event is worthy of being remembered.
  그 사건은 기억될 가치가 있다.

- He's a poet worthy of the name.
  그는 시인이라는 이름에 걸맞은 시인이다.

- This is a matter worthy to be considered.
  이것은 고려될 가치가 있는 문제이다.

- She's a woman worthy to become your wife.
  그 여자는 너의 부인이 되기에 충분한 여자이다.

- He has found a worthy adversary in a long time.
  그는 오랜만에 좋은 적수를 발견했다.

- It was an act worthy of praise.
  그것은 칭찬 받을 가치가 있는 행동이었다.

Idiomatic Expressions

waste one's breath

'아무리 말해도 소용이 없다(헛수고만 하다)'

>> 직역하면 '숨을 낭비하다'이다. '숨'은 '말'을 의미하므로 숨을 낭비하는 것은 곧 말을 낭비하는 것이 된다.

■ ■ ■

He's hopelessly addicted to smoking, and you'll only *waste your breath* if you entreat him to stop smoking because it causes lung cancer.

그는 돌이킬 수 없을 정도로 끽연에 중독되어 있다. 그러니 끽연이 폐암을 일으키니 제발 끊으라고 그에게 애원해봐야 너만 헛수고하는 것이 될 것이다.

■ ■ ■

Don't *waste your breath*. I can't grant your request. I'm not in a position to make my own decision. All I can do is do as I'm told.

헛수고하지 말라. 나는 너의 요청을 들어줄 수 없다. 나는 내 맘대로 결정을 내릴 수 있는 위치에 있지 않다. 내가 할 수 있는 것은 시키는대로 하는 것뿐이다.

[no use/no good/no sense/no point + ~ing] 형태에 대하여

위 명사구들은 동명사와 연결되어 '소용없다'의 뜻이 된다. 이들 명사구나 형용사들은 to-infinitive와 같이 쓰이지 않는다:

1. [It's no use/no good/not much good/not + any good + ~ing]

- **It's no use seeing** him now.
  그 사람을 지금 만나 봐야 소용이 없다.

  *It's no use to see him now.

- **It is no use crying** over spilt milk. (속담)
  엎질러진 우유를 보며 울어 봐야 소용이 없다.

- The land here is **not any good** for building apartments.
  이 곳 땅은 아파트를 짓기에는 적합하지 않다.

- **Is it any use trying** to phone him now?
  지금 그에게 전화를 시도하는 것이 무슨 소용이 있는가?
  >> 의문문에는 no use 대신에 any use를 쓴다

- **It is no use your phoning** him now.
  네가 지금 그에게 전화해 봐야 소용 없다.

- It is **no good/not much good talking** to her, because she never listens.
  그 여자에게 말을 해 봐야 소용이/별 소용이 없다. 왜냐하면 그 여자는 절대 남의 말을 듣지 않으니까.

- Is it **any good/any use trying** to explain everything now?
  이제 와서 모든 것을 설명해 봐야 무슨 소용이 있겠느냐?

동명사의 주어는 인칭 대명사일 때는 소유격으로, 일반 명사일 때는 목적격으로(사람의 이름에도 소유격 어미 -'s를 붙이지 않는다) 하는 것이 원칙이다. 그러나 구어에서는 인칭 대명사의 경우에도 목적격을 쓰는 일이 흔하다:

- It is no use **his/the man/Mr. Smith/**Mr. Smith's telling** me not to worry.
  그 사람이/Smith 씨가 나에게 걱정 말라고 말해봐야 소용이 없다.

- It's no use **your/you talking** to her.
  네가 그 여자에게 말해봐야 소용이 없다.

- It won't be much use our/us learning English if a translating program is to be perfected soon.
    만일 번역 프로그램이 곧 완성된다면 우리가 영어를 배워봐야 별 소용이 없을 것이다.
    >> not much use는 no use보다 의미의 강도가 좀 낮다.

이처럼 It is 다음에 명사구가 아닌 형용사 useless, pointless, senseless를 쓸 수 있다. 이 경우에는 진주어로서 동명사뿐만 아니라 to-infinitive도 쓸 수 있다:

- It is useless/pointless trying to cheat me.

    It is useless/pointless to try to cheat me.
    나를 속이려고 해봐야 소용이 없다.

2. [There is no use/no sense/no good/no point + in + 동명사]

이렇게 There is로 시작하는 구조에서는 명사구 다음에 in이 필요하다. 그러나 no use 다음에서는 전치사 in은 흔히 생략된다:

- There's no use (in) repairing that old car.
    그 낡은 차를 수리해봐야 소용이 없다.

- There's no point in your/you trying to persuade him. He'll never change his mind.
    네가 그를 설득하려고 해봐야 소용이 없다. 그는 결코 자기 생각을 바꾸지 않을 것이다.

- There's no sense in telling a lie to cheat him. He's not so stupid.
    그 사람을 속이기 위해 거짓말을 해봐야 소용이 없다. 그 사람은 그렇게 어리석지 않다.

- Is there any use/any good/any sense in waiting for the bus at this time of day?
    이 시간에 버스를 기다리는 것이 무슨 소용이 있겠느냐?

'제외'의 의미 except, except for, but의 용법

이들은 의미상으로는 차이가 없으나 용법상으로는 차이가 있다.

1. except와 except for는 every, no, never, any, all 등 '모두'를 의미하거나 '모두'를 부정하는 의미의 명사 또는 always 등의 의미와 연결되어 '제외'의 단서를 제공한다. 즉 이 기능으로는 except와 except for는 차이 없이 쓰인다:

   - We turned off every light except/except for one small lamp in the corner.
     우리는 구석에 있는 작은 등 하나만 빼고 모든 등을 다 껐다.

   - Everyone in class except/except for him answered the question correctly.
     그만 제외하고 반의 모든 학생이 그 질문에 옳게 대답했다.
     》 except/except for him은 everyone이라는 한 명사에만 걸리는 예외 단서이다.

   - I answered all the questions except/except for the last one.
     나는 마지막 질문만 빼고는 모든 질문에 다 대답했다.

   - We have lessons everyday except/except for Saturday and Sunday.
     우리는 토요일과 일요일만 빼고 매일 수업이 있습니다.

   - They eat everything except/except for pork.
     그들은 돼지고기만 빼고 뭐든지 먹는다.

   - Nobody except/except for him knows how to operate the machine.
     그를 빼고 아무도 그 기계를 작동하는 법을 모른다.

   - No Minister has ever challenged the President except/except for this man.
     이 사람 말고는 지금까지 대통령에게 도전한 장관은 아무도 없었다.

   - He had nothing with him except/except for a few coins.
     그는 동전 몇 개를 빼고는 아무 것도 몸에 지니고 있지 않았다.

   - Everyone was tired except/except for John.
     John을 빼고는 모두가 피곤했다.

   - None of us had any money except/except for John.
     John만 빼고는 우리 중 아무도 돈이 없었다.

   이렇게 의미가 겹치는 경우에도 한 가지 차이가 있다. except는 언제나 그것이 걸리는 명사 뒤에 오지만 except for는 문장 앞에 올 수 있다는 점이다:

- **Except for John**, everyone was tired.

  *Except John, everyone was tired.

  → Everyone was tired except John.

  존만 빼고 모두들 지쳤다.

2. except for는 except와 차이 없이 쓰이는 위 1번의 용법 외에 문장의 한 부분이 아닌 문장의 주장, 즉 문장의 명제에 대한 제외 단서를 제공하는 데도 쓰인다. except는 이렇게 쓰이지 않는다:

- She is free from faults, except for jealousy.

  그 여자는 흠이 없다. 다만 한 가지, 질투심만 뺀다면.

  >> except for jealousy는 She is free from faults라는 명제에 붙는 제외 단서이다.

- The street was empty except for a policeman on duty.

  근무 중인 경관 한 사람만 뺀다면 거리가 텅 비어 있었다.

- We had a very pleasant time, except for the weather.

  우리는 아주 즐거운 시간을 보냈다. 다만 한 가지, 날씨만 뺀다면.

- There was a complete silence except for the occasional sound of distant traffic.

  이따금씩 들리는 멀리서 지나가는 차 소리만 뺀다면 완전한 침묵만이 있었다.

- Your essay is excellent except for a couple of careless mistakes.

  너의 논문은 두어 군데 부주의로 인한 잘못을 뺀다면 훌륭하다.

- The bus was empty *except/except for one lady.

  여자 승객 한 사람을 빼고는 그 버스는 텅 비어 있었다.

- The house was in perfect condition *except/except for a few windows.

  창문 몇 개를 빼고는 그 집은 완전한 상태였다.

3. except는 전치사이지만 부사(구), 부사절, that절 등을 목적어로 취할 수 있다. 그러나 except for는 오직 명사(구)만을 목적어로 취한다:

- The city was well fortified except/*except for here.

  그 도시는 여기만 빼고는 잘 요새화되어 있다.

- I can take my vacation at any time except/*except for in August.

  나는 8월만 빼고는 언제든지 휴가를 얻을 수 있다.

- I always like her except/*except for when she is angry.

  나는 그 여자가 화를 내고 있을 때를 빼고는 언제나 그 여자를 좋아한다.

- **We know nothing about him** except/*except for **that he lives next door.**
  우리는 그가 우리 이웃에 산다는 것을 빼고는 그에 대해서 아는 바가 없다.

- **We know nothing about him** except/*except for **the fact that he lives next door.**
  우리는 그가 우리 이웃에 산다는 사실 외에는 그에 대해서 아는 것이 없다.
  >> 여기서는 that절 앞에 the fact를 넣음으로써 절을 명사구로 만들었기 때문에 except for도 쓸 수 있다.

- **The house was just as I had left it** except/*except for **that everything was covered with dust.**
  그 집은 모든 것이 먼지에 덮여 있었던 것만 빼고는 내가 전에 떠나왔던 때의 상태 그대로였다.

- **He's a good student** except/*except for **that he's occasionally late for class.**
  그는 이따금 시간에 늦는다는 것만 빼면 훌륭한 학생이다.

4. but는 except의 의미로 쓰이기 위해서는 no, little, all, any, every, each, the last 등과 연결되거나 who, what, where 등의 의문사와 연결되어야 한다:

- **There is** no one **here** but **me.**
  여기에 나 말고는 아무도 없다.

- Who but **a mad man would do such a thing?**
  미친 사람이 아니고는 누가 그런 짓을 하겠느냐?

- Where **on earth could you find such tall trees** but **here in California?**
  여기 캘리포니아 말고는 세상 어디서 그렇게 키가 큰 나무들을 볼 수 있겠느냐?

- **I'll eat at** any **restaurant** but **that one.**
  나는 그 식당을 빼고는 어느 식당에서라도 먹겠다.

- **He had** little choice but **that.**
  그는 그것 외에는 선택의 여지가 거의 없었다.

- **His house is** the last but **one in this street.**
  그의 집은 이 길 마지막에서 두 번째 집이다.

- **This window is never opened** *but/except **in summer.**
  이 창은 여름 말고는 열리지 않는다.
  >> but은 never와는 연결되지 않는다.

5. except와 but은 동사를 목적어로 할 수 있다. 이 경우 목적어 동사는 [to + 동사]의 형태가 되는 것이 원칙이지만 to 없이 원형동사가 오는 경우도 있다. 일반적으로, (1) 격식체에서는 to가 붙으며, (2) 앞 동사가 화법 조동사와 같이 쓰였으면 그 조동사가 목적어 동사에까지 걸리는 것으로 느껴져 to가 붙지 않으며, (3) 앞 동사가 do everything, do nothing, do anything이면 목적어 동사에 to가 붙지 않는다:

- Nothing remains for us to do, except to wait.
  기다리는 것을 빼고는 우리가 할 일은 아무 것도 없다.

- Despite the tragedies of its space program, America has no choice but to push on.
  우주 프로그램의 비극들에도 불구하고 미국은 계속 밀고 나아가는 것 외에 다른 선택의 길이 없다.

- India and Pakistan might have little choice but to compromise over Kashmir.
  인도와 파키스탄은 카슈미르 문제에 대해서 타협하는 것 외에는 다른 선택이 거의 없을지도 모른다.

- The dictator had little choice but to surrender to the people.
  그 독재자는 국민에게 항복하는 것 외에는 다른 선택이 없었다.

- The children could do nothing with their money, except spend it on sweets.
  아이들은 사탕 사 먹는 것에 쓰는 것 말고는 자기네 돈을 가지고 할 일이 없었다.

- You don't have to do anything but send us your name and address.
  당신은 우리에게 당신의 이름과 주소를 보내주는 것 말고는 아무 것도 할 일이 없습니다.

- She can do everything but cook.
  그 여자는 요리하는 것 빼고는 무엇이든 잘 한다.

- I'll do anything for you except lend you money.
  나는 돈을 빌려주는 것만 빼고는 너를 위해 무엇이든 하겠다.

- He does nothing but complain.
  그 사람은 불평하는 것 빼고는 아무 것도 안 한다.

6. excepting과 excepted에 대해서도 알아두자. 의미는 except와 같지만 쓰이는 방법은 다르다. 능동형인 excepting은 오직 not excepting 또는 without excepting의 형태로 부정적 의미로만 쓰인다. *not except라고는 하지 않는다. 반면 수동형인 excepted는 제외되는 대상 뒤에서만 쓰인다:

- All religions, not excepting/without excepting Christianity, run the risk of becoming fossilized.
  기독교까지도 포함해서 모든 종교가 다 화석화될 위험을 안고 있다.

- **They were all saved** not excepting / without excepting **the captain.**
  그들은 선장까지 포함해서 모두 구출되었다.

- **All of us were tired,** John excepted.
  John을 빼고는 모두 피곤했다.
  = John excepted, all of us were tired.

Idiomatic Expressions

Two blacks do not make a white / Two wrongs do not make a right

'남이 하기에 나도 그렇게 했다고 해서 잘못한 일이 잘한 일이 될 수는 없다'

>> a black은 a wrong과 같이 'a bad act'의 의미이다. 직역은 나쁜 행위가 여러 번 반복된다고 해서 그것이 a white/a right, 즉 'a good act'가 되는 것이 아니라는 뜻인데 현실적으로는 남의 잘못된 행위를 따라 했다고 해서 따라 한 사람은 죄가 없는 것이 아니라는 의미로 쓰인다.

...

You say you simply followed the vehicle in front of you making a left turn. But *two wrongs do not make a right*. You should have made sure yourself if a left turn was permitted there.

당신은 좌회전하는 앞차를 단순히 따라갔다고 말하지만 남을 따라했다고 해서 당신의 위법행위가 정당한 행위가 되는 것은 아닙니다. 당신은 거기서 좌회전이 허락되는지 직접 확인했어야 했습니다.

...

Korean motorists are apt to follow suit when somebody is violating a traffic rule. They seem to believe *two blacks make a white*.

한국의 운전자들은 누가 교통 법규를 위반하고 있으면 그를 따르는 경향이 있다. 그들은 남의 잘못을 따라 하면 그것은 옳은 일이 된다고 믿는 것 같다.

'택일'의 접속사 if와 whether의 용법 차이

if와 whether가 '~인지 아닌지'라는 택일의 접속사로서 동사의 목적절을 이끌 때 일반적으로는 이들 중 어느 것이나 쓸 수 있지만 특별한 문장 환경에서는 그렇지 않다:

1. if와 whether가 다 쓰일 수 있는 경우

- I don't know if/whether it will rain or be sunny.
  비가 올지 해가 뜰지 나는 모르겠다.

- I wonder if/whether you've got any letters for me today.
  오늘 내게 온 편지들이 있는지요.

- She didn't tell me if/whether she was married.
  그 여자는 자기가 결혼했는지 안 했는지 나에게 말해주지 않았다.

- It doesn't matter if/whether a cat is white or black, so long as it catches mice.
  고양이는 그것이 쥐만 잡는 한 그 색깔이 하얗든 까맣든 문제가 되지 않는다.
  » 중국의 등소평이 한 말로, 중국의 경제만 발전시킬 수 있다면 그것이 공산주의든 자본주의든 상관하지 않겠다는 유명한 탈 공산주의 선언이다.

- I asked him if/whether he was coming to our party.
  나는 그가 우리 파티에 올 것인지 아닌지 그에게 물었다.

- I don't care if/whether they join us or not.
  나는 그들이 우리와 합세하든 안 하든 상관하지 않는다.

- We can't find out if/whether the flight has been delayed or cancelled.
  우리의 항공편이 지연된 것인지 취소된 것인지 알 수가 없다.

이렇게 양쪽을 다 쓸 수 있는 경우에도 사실은 용법상의 차이가 있다. if는 구어체이고 whether는 문어체이다. 따라서 if가 whether보다 더 일반적으로 쓰인다. 그러나 whether는 택일하는 힘이 if보다 강하기 때문에 문미에 or not이나 그 외 다른 or구를 동반하는 경우가 if보다 많다:

2. whether만 쓸 수 있는 경우

(1) or not을 바로 뒤에 동반할 때

- I don't care whether or not (*if or not) your car breaks down.
  너의 차가 고장이 나든 말든 나는 관심 없다.

(2) whether절은 주절이 될 수 있으나 if절은 주절이 될 수 없다:

- Whether (*If) he comes or not doesn't concern me.
  그가 오느냐 안 오느냐는 나의 관심 밖이다.

(3) to-infinitive 앞에서

- I haven't decided whether (*If) to go or stay.
  나는 갈 것인가 머물 것인가 결정하지 못했다.

(4) 명사 뒤에서

- It's your decision whether (*if) you go or stay.
  네가 갈 것인지 머물 것인지는 너의 결정 사항이다.

(5) 전치사 뒤에서

- There is some doubt about whether (*if) he is guilty.
  그가 유죄인지에 대해서는 의심의 여지가 있다.

(6) be동사 뒤에서

- The question is whether (*if) he has signed the contract.
  문제는 그가 그 계약서에 서명했느냐는 것이다.

(7) '~이든 아니든'의 의미일 때

it doesn't matter if .... 또는 I don't care if .... 등의 표현에서는 if가 예외적으로 '~이든 아니든'이라는 선택적 양보의 의미를 갖는 부사절을 이끌 수 있지만 그 이외의 문장 환경에서는 이러한 의미를 가질 수 없다. 그러므로 다음의 문장 환경에서는 if가 쓰일 수 없다:

- He swims everyday whether (*if) it's hot or cold.
  그는 날씨가 덥든 춥든 날마다 수영을 한다.

- I'll go, whether (*if) you come with me or stay home.
  네가 나와 같이 가든 안 가든 나는 가겠다.

3. if만 쓸 수 있는 경우

whether는 부정절을 이끌 수 없다:

- I don't care if (*whether) he doesn't come to my party.
  그가 우리 파티에 안 오더라도 나는 상관 없다.

그러나 다음과 같은 whether절은 부정절로 취급되지 않는다:

- **I don't care whether it rains or not.**
  비가 오든 안 오든 나는 상관하지 않는다.

  ≫ 문미의 or not은 it rains를 부정절로 만들지 않는다.

- **I wonder whether he doesn't think too much of himself.**
  그는 자신을 너무 높이 평가하고 있지 않나 싶다.

  ≫ whether절이 형식상으로는 부정절이지만 사실상의 의미는 긍정으로서 I think he thinks too much of himself.와 그 의미가 같다.

4. doubt, doubtful과 같이 쓰일 경우

- **I doubt if/whether/that the story is true.**
  나는 그 이야기가 사실이라고 믿어지지 않는다.

  ≫ doubt의 목적절로 if절이나 whether절이 오면 doubt는 그 의미가 약화되어 '반신 반의하다'가 되며, that절이 오면 그 의미가 강화되어 '믿지 않는다'가 된다. 또 전자의 경우 if와 whether가 다 쓰일 수 있지만 앞에서 이미 언급한 바와 같이 whether는 격식적이고 문어적이며 if는 구어적이다.

- **It is doubtful whether/that the story is true.**
  그 이야기가 사실인지 의심스럽다.

  ≫ doubtful은 뒤에 whether절이 오든 that절이 오든 그 자체의 의미는 같다. 다만 이 문장처럼 It is doubtful로 시작될 때는 if절은 안 쓰는 것이 원칙이다. if절이 조건절로 이해될 수도 있기 때문이다.

- **There is some doubt whether/that he will come on time.**
  그가 제 시간에 올 것인가에 대해서는 의심스러운 데가 있다.

  ≫ 이 같은 문장 형태에서는 if절은 안 쓰는 것이 원칙이다. if절이 조건절로 이해될 수 있기 때문이다.

5. 부정문과 의문문에서는 whether와 if는 쓰이지 않는다. 이것은 부정문이나 의문문의 의미는 긍정문의 의미보다 그 힘이 더 강하기 때문에 뒤에 그 의미가 단정적인 that 보다 약한 if 나 whether 를 동반하는 것은 앞뒤가 의미상 잘 맞지 않기 때문이다:

- **I don't doubt that the story is true.**
  그 이야기가 사실이라는 것을 나는 의심하지 않는다.

- **Is there any doubt that the story is true?**
  그 이야기가 사실이라는 점에 의심이 있는가?

- **Is it doubtful that he will keep his promise?**
  그가 자기 약속을 지키리라는 것이 의심스러운가?

•• **There is no/little doubt that** he will keep his promise.
그가 자기 약속을 지키리라는 점에 대해서는 의심의 여지가 없다.

•• **There isn't any doubt that** he is guilty.
그가 유죄라는 데에는 의심의 여지가 없다.

if절을 쓸 때는 조심할 점이 있다. 그 if절이 조건의 의미로 이해될 가능성이 있으면 if는 안 쓰는 것이 안전하다:

•• *It's irrelevant **if** she is under thirty.
>> '그 여자가 서른 살 미만이라면 그것은 문제가 아니다' 라는 의미인지, '그 여자가 서른 살 미만이냐 아니냐는 문제가 아니다' 의 의미인지 알 수 없다. 후자의 의미라면 whether를 써야 한다.

➔ It's irrelevant **whether** she is under thirty.
그 여자가 서른 살 미만이냐 아니냐는 문제가 아니다.

•• *You have to justify **if** your journey is really necessary.
>> '너의 여행이 꼭 필요하다면 그 근거를 대라' (justify를 자동사로 이해한 경우)와 '너의 여행이 꼭 필요한지를 밝혀라' (justify를 타동사로 이해한 경우)의 두 가지 해석 중 어느 쪽이 의도되었는지 애매하다. 후자가 의도되었다면 whether를 써야 한다.

➔ You have to **justify whether** your journey is really necessary.
너는 너의 여행이 진정으로 필요한지를 정당하게 밝혀라.

•• *Let me know **if** you intend to come to our party.
>> 올 의사가 있으면 알려달라는 것인지, 아니면 오고자 하는지 아닌지를 알려달라는 것인지 알 수 없다.

➔ Let me **know whether** you intend to come to our party.
당신이 우리 파티에 올 의사가 있는지 없는지 알려주십시오.

관계대명사로서의 as, than, but의 용법

이들은 원래는 접속사인데 관계대명사로서의 역할을 할 수 있다. 흔히 '의사' 관계대명사라고 불리는 이들은 모두 선행사의 선택이 제한되어 있다.

1. as

선행사가 the same, as, so 또는 such로 시작할 때 이들과의 상호 연결 속에서 관계대명사로서의 역할을 할 수 있다:

- **This is the same watch as I lost.**
  이것은 내가 잃어버린 바로 그 시계입니다.
  >> = ... the same watch that I lost.

- **You've made the same mistake as you made last time.**
  너는 네가 지난번에 범했던 것과 똑같은 실수를 이번에도 범했구나.
  >> = ... the same mistake that you made last time.

- **He is not the same man as he was then.**
  (지금의) 그는 그 때의 그와 똑같은 사람이 아니다.
  >> = ... the same man that he was then.

- **He is as brave a man as ever lived in this world.**
  그는 지금까지 이 세상에 살았던 어떤 사람에도 못지 않게 용감한 사람이다.
  >> = ... as brave a man as any man who ever lived ....

- **I'll marry as rich a man as I can find.**
  나는 내가 발견할 수 있는 사람 중에서 가장 돈 많은 사람과 결혼할 것이다.
  >> = I'll marry the richest man that I can find.

- **I don't have so many girl friends as you have.**
  나는 네가 가지고 있는 만큼 그렇게 많은 여자 친구를 갖고 있지 않다.

- **Bring to the party as many girls as you know.**
  파티에 네가 아는 만큼 많은 (네가 아는 모든) 여자들을 데려 오라.
  >> as many girls as you know = all the girls who you know

- **Choose such friends as will benefit you.**
  너에게 이익을 줄 그런 친구들을 택하라.
  >> = Choose only those friends who will benefit you.

- **Such** evidence **as** exists not only does not support his statements made to the press conference by the Minister of Education yesterday, but leads to a strong rebuttal of them.
  현존하는 증거들은 어제 교육부 장관이 기자회견에서 한 언명을 뒷받침하지 않을 뿐만 아니라 그런 언명들에 대한 강력한 반박에 이르고 있다.

- Few societies in history have seen **such** a transformation **as** China experienced in the last quarter of the 20th century.
  중국이 20세기 마지막 4분기 중에 겪은 그러한 변화를 경험한 나라들은 역사상 거의 없다.

그러나 [the same + 명사] 형태가 문장의 주어가 되어 있는 경우 이 주어의 관계대명사로 as는 쓰이지 않는다. 대신 that을 써야 한다:

- *The same man as came here yesterday is here again.
  → The same man **that** came ....
  어제 왔던 바로 그 사람이 또 왔다.

- *The same mistake as I made then will never be made again.
  → The same mistake **that** I made then ....
  내가 그 때 범했던 그 같은 실수는 다시는 없을 것이다.

as가 such와 연결되어 관계대명사로 쓰일 때 이 such ... as 구조는 경멸적 어감을 줄 수도 있다:

- **Such** girls **as** he knew were all bar waitresses.
  그가 알고 지내던 그런 부류의 여자들은 전부 술집 종업원이었다.
  ≫ 이 문장에서 such girls는 '그런 부류의 여자들'이라고 번역해야 할 정도로 화자의 경멸적 태도를 나타내고 있다.

- He's not **such** a man **as** would cheat on an exam.
  그는 시험에서 부정행위를 저지를 그런 부류의 인간은 아니다.
  ≫ such구는 그 의미로 보아도 경멸의 대상일 수밖에 없다.

- I'll give you **such** information **as** I have.
  내가 가지고 있는 그런 정도의 정보는 드리겠습니다.
  ≫ 내가 아는 것은 '별 것 아니지만' 또는 '얼마 안 되지만'의 의미이다.

2. than

선행사가 비교급의 의미일 때 이 의미와 상관적으로 관계대명사로서의 기능을 갖는다:

- He spends **more** money **than** he makes.
  그는 자기가 버는 것보다 더 많은 돈을 쓴다.

- It was more heated a discussion than we thought it would be.
  그것은 우리가 그러리라고 생각했던 것보다 더 격렬한 토론이었다.

- He said more than was necessary.
  그는 필요 이상의 말을 했다.

- I make less money than I need to support my family.
  나는 내 가족을 부양하는 데 필요한 돈보다 버는 것이 더 적다.

- He is a greater statesman than his people think he is.
  그는 자기 국민이 생각하는 것보다 더 위대한 정치가이다.

- He has more money than he can spend all his life.
  그는 일생 쓰고도 남을 돈을 갖고 있다.

- Scratch the surface and there's far more confusion and uncertainty in our economy than meets the eye.
  표면을 벗겨 보면 눈에 보이는 것보다 훨씬 많은 혼란과 불안이 우리 경제 속에 있다.

3. but

but은 'that ... not'의 의미를 갖고 있는 부정 관계대명사의 기능을 가진다. 부정문에서 그 부정의 의미와 연결되어 또 하나의 부정의 의미를 첨가함으로써 결국 문장 전체의 의미를 긍정으로 만드는 데 쓰인다. but이 목적격으로 쓰이는 예는 거의 볼 수 없으며 주격 관계대명사로만 쓰인다. but의 관계대명사 용법은 현대 영어에서는 격식적이고 고어적인 표현에 주로 쓰이며, 구어체 표현에서는 잘 안 쓰인다:

- There is no rule but has some exceptions.
  몇몇 예외가 없는 원칙은 없다.
  >> but has some exceptions = that has not any exceptions

- There are none of us but respect his honesty.
  그의 정직성에 경의를 갖지 않는 사람은 우리 중에 아무도 없다.
  >> = Everyone of us respects his honesty.

- What person is there but feels a deep sympathy for the handicapped?
  장애인들에 대해서 깊은 동정을 느끼지 않는 사람이 있는가?
  >> What person is there ...?는 형식상으로는 의문문이지만 무엇을 몰라서 묻는 말, 즉 진정한 의미의 의문문이 아니며 사실상으로는 There is no person ....과 같다. 그래서 but이 이 문장에서 부정 관계대명사로서의 기능을 할 수 있는 것이다.

- When she was telling her story, there was not a man but had tears in his eyes.
  그 여자가 자기 이야기를 하는 동안 눈에 눈물이 고이지 않은 사람이 없었다.

Idiomatic Expressions

till one is blue in the face

'입에 침이 마르도록 (말하다)'

>> '사람의 얼굴이 파랗게 될 때까지' 가 직역이다. 우리말에서는 누구에게 무엇을 설득, 부탁, 사정하느라고 오랜 동안 정신을 집중하여 말하는 것을 '입에 침이 마르도록 말한다' 라는 표현을 쓰는데 영어에서는 그 똑같은 상황을 '얼굴이 파래질 때까지 말한다' 는 표현을 쓴다. 이 표현은 그렇게 말해도 결국 소용이 없다는 부정적 의미이다. 그리고 이것은 관용표현으로 굳어진 것이기 때문에 till 대신 until을 쓰지 않는다.

...

You can call that dog *till you're blue in the face* but he will never come.

입에 침이 마르도록 불러도(아무리 불러도) 그 개는 오지 않을 것이다.

...

His wife talked to him, entreating him to stop smoking, *till she was blue in the face*, but he went on smoking anyway. She simply wasted her breath.

그의 부인은 그가 제발 담배를 끊으라고 간청하면서 입에 침이 마르도록 말을 했으나 그는 계속 담배를 피웠다. 그의 부인을 결국 헛수고만 한 것이다.